L'AMOUR ET L'OCCIDENT

DENIS DE ROUGEMONT

L'Amour et l'Occident

Préface de Philippe Sollers

FRANCE LOISIRS
123, boulevard de Grenelle, Paris

Édition du Club France Loisirs, Paris
avec l'autorisation de la librairie Plon

ISBN 2-7242-4396-X
ISSN : 1140-1451

LES MÉSAVENTURES DE L'AMOUR

Préface de Philippe Sollers

Voici donc le sujet des sujets, celui qui n'arrête pas de nourrir et d'inquiéter l'imaginaire humain de façon publique et privée, la source de milliers de poèmes, de romans, d'opéras, de tableaux, de films, mais aussi de tortures et de crimes : sa majesté l'Amour, à qui cette Somme est dédiée.

L'Amour et l'Occident *est un livre remarquable par son information et son audace. J'allais dire aussi : par son parti pris. Publié à la veille de la guerre (1939), repris et corrigé en 1956, puis en 1972, c'est l'œuvre constante d'une vie. On sent que l'auteur accompagne une récapitulation et une mutation sans précédent de notre conception de l'amour; qu'il a vu venir une catastrophe unique en méconnaissant partiellement ses causes. Tout se passe, en effet, comme si nous avions, maintenant, changé d'univers. Raison de plus pour connaître l'ancien, celui de tant de passions et de rêves; le monde disparu que Lautréamont appelait froidement « l'erreur de la légende douloureuse ».*

Rougemont n'a cessé, au cours des rééditions de son livre, de mettre l'accent sur un événement capital : la naissance, au XIIe siècle, de la poésie courtoise. Rapide comme une cristallisation, apparaît alors la grande tradition des troubadours. Liée, selon lui, à l'hérésie cathare contestant ces deux piliers du christianisme : le mariage et la reproduction, la passion amoureuse se fortifie de séparation et d'obstacles, d'adultère et de philtres magiques. Deux noms mythiques la résument : Tristan et Iseult. Pour la première fois, semble-t-il, on fera l'apologie de l'amour malheureux, impossible. Les amants ne peuvent se rejoindre que dans la mort. « L'amour heureux n'a pas d'histoire. Il n'est de roman que de l'amour mortel, de l'amour menacé et condamné par la vie même. » Nous pourrions dire, d'un trait : voilà toute une culture, la nôtre, qui découvre les plaisirs du masochisme avant que la notion en soit clairement formée (Chrétien de Troyes : « Je suis malade avec délices. ») Nous sommes aussi loin de l'érotisme triomphant du Cantique des Cantiques *(texte d'ailleurs gênant, à travers le temps, pour toutes les orthodoxies religieuses) que des poésies licencieuses grecques ou latines (lesquelles constitueront le fond secret de la Renaissance et de l'âge classique). Que s'est-il donc passé ? L'idéalisation de la figure féminine, la Dame, la Reine, détournement du culte de la Vierge et surgissement d'une sensibilité compliquée, allusive, à travers l'interdit, la douleur, le vertige de la disparition comme vérité du sentiment. Nous, modernes, lecteurs plus ou moins lucides de Freud, nous dirions que l'impossibilité chrétienne de parler directement de la jouissance sexuelle fait place au désir de mort, à ce que Rougemont dépeint comme « une passion active de la nuit ». Nous entrons alors dans un étrange laboratoire qui va donner lieu à des chefs-d'œuvre, dans tous les domaines de l'art.*

Ce fil noir, ce fil de l'Amour considéré comme noir, nous le suivons tout au long de l'histoire occidentale, comme une religion particulière. Il s'épanouit dans le romantisme, culmine chez Wagner, occupe les sur-

réalistes et se brise sans doute sous nos yeux, à moins que, décidément incassable, il se renoue autrement, ailleurs. Les deux jumeaux immortels et toujours en lutte, Éros et Thanatos, sont donc représentés dans une disproportion qui donne l'avantage à Thanatos, telle est la bizarrerie fondamentale. Comme si la « vieille mélodie » devait être celle instrumentée par Wagner : « Désirer et mourir ! » Rougemont n'hésite pas (là est son choix) à identifier roman et romantisme. Ce goût du malheur, faut-il le faire remonter à la civilisation celte pour laquelle l'idée de mort domine tout ? Ou bien est-elle une composante de chaque culture ? « L'éternel féminin » de Goethe est-il une illusion maternelle enracinée dans l'inconscient humain ? Et Novalis a-t-il raison d'écrire que « la femme est le but de l'homme » ? Quoi qu'il en soit, le pacte qui, désormais, accorde la Dame inaccessible et son paladin poète est une invention de notre Occident inquiet, tendu vers des réalisations de plus en plus hautes, complexes, où l'amour profane et l'amour sacré, le corps souffrant et l'esprit mystique, semblent échanger sans cesse leurs places et leurs fonctions.

Les pages les plus célèbres de l'Amour et l'Occident, celles qui se lisent avec le plus d'intérêt, déploient la merveilleuse et mystérieuse tapisserie des troubadours, à commencer par le plus étonnant d'entre eux : Guillaume IX, comte de Poitiers et duc d'Aquitaine, grand-père d'Aliénor d'Aquitaine, elle-même mère de Richard Cœur de Lion. Guillaume est la personnalité la plus importante de notre Occident amoureux. Ses démêlés avec Robert d'Arbrissel sont l'image du débat interminable entre vie libre et religion, disons brutalement : entre bordel et couvent. La réputation de Guillaume ? « Prodigue et coureur d'aventures », « enragé amateur de femmes », « ennemi de toute pudeur et sainteté ». « On aurait pensé, dit Guillaume de Malmesbury dans son Historia regum Anglorum, qu'il crût le monde gouverné par le hasard, non par la Providence. » Et pourtant, aussitôt, la contradiction : « Audacieux, pieux, et d'un caractère extrêmement joyeux. » Comment ne pas rêver devant cette dualité qui, peut-être, nous est devenue incompréhensible ? Comment ne pas subir le charme de ce grand seigneur deux fois excommunié, ainsi que de la vicomtesse de Châtellerault, sa maîtresse, au surnom insolite et attirant : Dangereuse ? Cet homme vit, croit, ne croit pas, déborde d'énergie mais aussi de mélancolie, ses poèmes magnifiques l'attestent, comme ceux de ses camarades poitevins, provençaux, charentais, gascons, limousins. Sont-ils tous des libertins déguisés ? Hérétiques ? Devons-nous voir dans leurs chansons codées une mystique d'un genre nouveau plongeant, par ramifications occultes et croisades interposées, dans l'Orient lointain, chinois, indien ou arabe ? Telles sont les questions que pose, avec insistance et ferveur, cet essai monumental si proche de nous. Proche, parce que moi, lecteur et acteur de la fin du xxe siècle, je ressens cette dualité du passé ; je l'éprouve tout en vivant une aventure bien différente, agressée de partout par la technique et la publicité, mais aussi intérieurement éclairée par le pli sombre de la mémoire. Je suis très loin de Tristan, du droit féodal, des lourdes conséquences de l'adultère, de l'usage de l'épée, du cheval, de la harpe ou du philtre, mais, après tout, les émotions peuvent être les mêmes avec un revolver, une voiture, une machine à traitement de texte ou l'opium. Les cours d'amour ont disparu, mais d'autres conventions discrètes sont à l'œuvre. Le baron félon, celui qui révèle les secrets de l'amour courtois, le « losangier » malveillant, peut être à chaque instant telle ou telle personne négative de mon entourage. Je peux, pour-

quoi pas, me plier à un rituel de retenue, de distance, si mon plaisir profond est en jeu. Et si je lis, par exemple, Raimbaut, oui Raimbaut d'Orange — « J'entrelace des mots rares, sombres et colorés, pensivement pensif » —, tout à coup, les mots, les syllabes, la musique verbale traversant les siècles jusqu'à moi, viennent souffler sur les lignes que je suis en train d'écrire. En réalité, l'amour et la poésie sont toujours hors la loi, *et je comprends qu'un monde sans amour et sans poésie (le nôtre) est le plus dangereux des mondes, puisqu'il s'agit alors (qui dira le contraire ?) d'un monde sans foi ni loi.*

Il est fort révélateur (l'auteur de l'Amour et l'Occident *le remarque), que l'introduction de la pièce féminine dans le jeu d'échecs ait eu lieu à la même époque, le* XIIe *siècle, sous forme de la Reine. L'origine en est-elle la diffusion massive du culte de la Vierge ? Sans doute. Culte bientôt tordu, comme on voit, vers des zones troubles, où le troubadour a désormais contre lui (d'où ses ruses) la troupe des juges, des prêtres, des reclus, des maris. Lui, le poète amoureux, l'errant, pense et parle à sa Dame pour son propre usage, privé, scandaleux. Et même le plus éblouissant des poèmes chrétiens,* la Divine Comédie, *a pu être soupçonné de sentir le soufre : on ne prétend pas, sans risques, avoir été conduit par une femme jusqu'au cœur du paradis, cette femme fût-elle morte et sauvée, éternisée et pure, dans un au-delà de lumière. Se donner le droit, au cours du voyage, de mettre quelques papes en enfer, n'est-ce pas* trop ? *Mais on pourrait légitimement (les Églises ne s'en sont pas privé, pas plus que les pouvoirs politiques) soupçonner tous les mystiques d'avoir caché, sous leurs emportements et leurs extases, des débordements d'un autre ordre. Quel théâtre ! Saint Jean de la Croix et sainte Thérèse, Dante et Béatrice, poursuivent à travers Dieu un amour d'autant plus* fort qu'il se sait impossible et qu'il brûle de cette impossibilité même. La grande singularité du christianisme est là, on la trouve condensée dans la définition des deux natures du Christ au concile de Chalcédoine, en 456 : l'« union sans fusion, sans séparation et sans subordination ». De ce point de vue, en effet, l'Occident est là pour rassembler toutes les traditions, c'est son destin ultime. Et Rougemont peut alors dénoncer, avec raison, « l'erreur du romantisme embourgeoisé » qui aura été de « fonder le mariage sur l'amour passionnel ». Nous sommes ici dans le tunnel du XIXe siècle, dont les romanciers (Flaubert en tête) nous racontent la pesanteur et la chute, l'oubli de la grâce devenue glace.

On permettra à un écrivain de suivre, avec un intérêt violent, les représentations littéraires de l'amour. Allons plus loin : l'amour est une question littéraire. Le grand public, comme on dit, ne se doute peut-être pas que le moindre amour, où qu'il se produise, n'est qu'une tentative, sublime ou pitoyable (ou encore les deux), d'avoir accès au monde enchanté des légendes, des contes, des poèmes, des romans. Combien de gens s'occuperaient d'amour s'ils n'en avaient d'abord entendu parler ? demande le moraliste. Et Rougemont : « Plus un homme est passionné, plus il y a de chance qu'il réinvente les figures de la rhétorique ; qu'il redécouvre leur nécessité. »

Reste ce que j'ai appelé le parti pris de ce livre. Il se confond avec l'idéologie spontanée concernant l'amour en Occident. Résumons-le d'un vers célèbre d'Aragon : « Il n'y a pas d'amour heureux. » Ou encore : « La femme est l'avenir de l'homme » (décidément, rien de nouveau sous le soleil). L'Amour et l'Occident est, de part en part, une apologie du sentiment idéalisé et de l'éternité féminine. C'est une machine de guerre contre le matérialisme, et il n'y *manque pas le couplet antifreudien de rigueur. On ne s'étonnera donc pas que l'*autre *tradition occidentale, celle qui donne l'avantage à l'amour sur la mort, à Éros sur Thanatos, celle qui se veut critique de l'illusion amoureuse, soit combattue par l'auteur. Le libertinage, l'obscénité subversive sont ici constamment dévalorisés* (comme dans la société majoritaire tout entière). *Cette autre tradition, celle des fabliaux et de Boccace, mais aussi de Cervantès (anti-Tristan systématique), Molière, Sade, Voltaire, Stendhal, Proust, et bien d'autres, ouvre en effet sur une scène de clarté. Là, l'« amour » est analysé, disséqué, souvent ridiculisé, traité comme anomalie ou perversion, en tout cas : moyen de connaissance. Cet Occident-là (auquel l'auteur de cette préface est aussi attaché qu'à l'autre) est considéré, dans* l'Amour et l'Occident, *avec condescendance, quand ce n'est pas avec mépris. Peut-on aimer à la fois* la Princesse de Clèves *et* les Liaisons dangereuses? Roméo et Juliette *et* Beaucoup de bruit pour rien? L'Astrée *et* la Philosophie dans le boudoir? *Racine et Baudelaire? Dante et Proust? Mais oui, pourquoi pas? Quand Rougemont, à propos de Don Juan, nous répète les stéréotypes connus : « angoisse », « multiplicité pauvre », « déficience sexuelle », « impuissance »; quand il fait le procès d'une « aristocratie déchue de l'héroïsme féodal » (sans comprendre qu'à sa manière Sade est un héros fabuleux); quand il nous présente Casanova comme vivant « une aventure scélérate »; quand Proust se voit ramené au concept de « littérature bourgeoise ». Ce préjugé, pour ne pas dire cet obscurantisme, est encore souvent actuel, il annonce moins la liberté promise qu'une étrange fascination pour la guerre. « Quel Wagner surhumain, demande Rougemont, sera en mesure d'orchestrer la grandiose catastrophe de la passion devenue totalitaire? » Nous ne sommes pas sûrs de désirer cette*

« orchestration ». La passion totalitaire (dans l'Histoire comme dans la vie privée), *nous, à la fin du deuxième millénaire, nous en passerons volontiers. La question, maintenant, serait plutôt : que va devenir l'amour dans un monde impitoyablement régi par l'argent et ce qu'on pourrait appeler la biologie du profit ? Nous ne le savons pas. Écrivons donc ici, pour finir et en signe de conjuration, le nom qui, à mes yeux du moins, scintille comme la perfection d'une sagesse accomplissant d'un même mouvement le sublime et la transgression, le sentiment le plus pur et la jouissance la plus positive, ce miracle d'équilibre dans la nuit des passions : Mozart.*

Philippe Sollers

AVERTISSEMENT

J'ai appelé « livres » les différentes parties de cet ouvrage, parce que chacune esquisse le contenu d'un volume de dimensions ordinaires.

Le grand nombre des faits et des textes cités, le jeu des « leitmotive » entrelacés, risqueraient d'égarer certains lecteurs si je ne donnais ici la clé de ma composition. Le premier livre expose le contenu caché de la légende ou du mythe de Tristan. C'est une descente aux cercles successifs de la passion. Le dernier livre indique une attitude humaine diamétralement opposée, et par là il achève la description de la passion, car on ne connaît que les choses dépassées, ou du moins celles dont on a pu toucher, fût-ce même sans les franchir, les limites.

Quant aux livres intermédiaires : le deuxième tente de remonter aux origines religieuses du mythe, tandis que les suivants décrivent ses effets dans les domaines les plus divers : mystique, littérature, art de la guerre, morale du mariage.

⁂

L'agrément de parler des choses de l'amour est un prétexte assez peu convaincant, lorsqu'il s'agit d'un volume aussi dense. Douteux avantage d'ailleurs : on rougirait de le partager avec tant d'auteurs à succès. Aussi me suis-je donné quelques difficultés. Je n'ai pas voulu flatter ni déprécier ce que Stendhal nommait l'amour-passion, mais j'ai tenté de le décrire comme un phénomène historique, d'origine proprement religieuse. Or les hommes, et les femmes, tolèrent fort bien que l'on parle d'amour, et même ils ne s'en lassent jamais, si commun que soit le discours ; mais ils redoutent que l'on définisse *la passion, pour peu de rigueur que l'on y apporte. La plupart, estime Laclos, « renonceraient même à leurs plaisirs, s'il devait leur en coûter la fatigue d'une réflexion ». Il s'ensuit que ce livre montrera sa nécessité dans la mesure où d'abord il déplaira ; et il n'aura d'utilité que s'il convainc ceux qui auront pris conscience, en le lisant, des raisons qu'ils pouvaient avoir de le trouver d'abord déplaisant. Cette manière me vaudra bien des reproches. Les amoureux me tiendront pour cynique, et ceux qui n'ont jamais connu la vraie passion s'étonneront de m'y voir consacrer tout un livre. Les uns diront qu'à définir l'amour, on le perd ; les autres, qu'on y perd son temps. A qui plairai-je ? A ceux qui veulent savoir, peut-être, ou même guérir ?*

⁂

Je suis parti d'un type *de la passion telle que la vivent les Occidentaux, d'une forme extrême, exceptionnelle en apparence : le mythe de Tristan et Iseut. Il nous faut ce repère fabuleux, cet exemple éclatant et « banal » — comme on dit d'un four qu'il est banal, donc unique — si nous voulons comprendre dans nos vies le sens et la fin de la passion.*

Il est donc entendu que j'ai simplifié. Pourquoi perdre son temps et son style à expliquer sans cesse que la réalité est plus complexe que tout ce qu'on peut en dire ? Que la vie soit confuse ne saurait signifier qu'une œuvre écrite doit l'imiter. Si j'ai parfois dogmatisé, je n'en demanderai pardon qu'à ceux de mes lecteurs qui estimeront que mes stylisations font tort au sens profond du mythe.

*
**

Entraîné par mes analyses dans des domaines réservés d'ordinaire aux « spécialistes », j'ai profité autant que je l'ai pu des travaux réputés classiques, et de quelques autres ; et si je n'en ai cité qu'un nombre assez restreint, ce n'est pas toujours par ignorance, mais par souci de m'en tenir à l'essentiel. Les spécialistes me pardonneront-ils d'avoir tenté un effort de synthèse que toute leur formation technique condamne ? A défaut d'une science universelle qu'il faudrait plusieurs vies pour maîtriser, je me suis borné à rechercher ici et là des confirmations opportunes à certaines vues tout intuitives. J'en ai trouvé d'ailleurs plus qu'il n'était besoin, et n'ai livré qu'un résumé de mes recherches. Ce compromis m'expose à un double péril. J'aurais peut-être convaincu quelques lectrices si je n'avais pas donné des preuves. Et je me serais acquis l'estime des spécialistes si je n'avais pas tiré de leurs travaux des conclusions... Dans cette situation fâcheuse, il ne me reste qu'un espoir : celui d'instruire les lectrices tout en amusant les savants.

*
**

J'ai vécu ce livre pendant toute mon adolescence et ma jeunesse ; je l'ai conçu sous forme d'œuvre écrite, et nourri de quelques lectures, depuis deux ans ; enfin je l'ai rédigé en quatre mois. Ceci me rappelle le mot de Vernet, à propos d'un tableau qu'il vendait assez cher : « Il m'a demandé une heure de travail, et toute la vie. »

D. de R.
21 juin 1938.

PRÉFACE À L'ÉDITION DE 1956

C'est à la suggestion de mon éditeur anglais — qui par une chance dont je m'honore se trouve être T.S. Eliot — que je dois d'avoir entrepris la révision de cet ouvrage.

Trois lustres ont passé depuis sa parution, une guerre aussi, et bien des expériences mettant mes thèses à dure épreuve. Je n'ai rien oublié mais j'ai un peu appris, plus en vivant, d'ailleurs, qu'en lisant mes critiques, car ceux-ci n'étaient guère d'accord entre eux. Certains cependant m'ont convaincu : j'ai remplacé, dans cette nouvelle version, quelques outrances de plume par quelques analyses dont je sens qu'elles aggravent mon cas.

Les historiens ont déploré mon insistance sur les relations troublantes que j'observais entre cathares et troubadours : eux n'en sont pas troublés, faute de « preuves » suffisantes. Plusieurs théologiens de tradition romaine ou grecque m'ont amicalement reproché de contraster l'Éros et l'Agapè d'une manière trop irrémédiable[1]*, et qui ne laisse point*

1. Voir en particulier le bel ouvrage du P.M.C. d'Arcy S.J., *The Mind and Heart of Love*, Londres, 1945, largement consacré à l'exposé critique des points de vue représentés par Anders Nygren *(Éros et Agapè)* et par ce livre.

de place aux formes de passage sans lesquelles nous ne saurions vivre. Aux historiens, je répondrai simplement que j'étais à la recherche d'un sens existen*tiel. Je ne songeais donc nullement à chasser sur leurs terres. Les documents que je cite, les rapprochements que je suggère, sont beaucoup moins des preuves que des illustrations. Cependant, des recherches nouvelles, dès 1939, sont venues renforcer mes hypothèses : j'en ai largement profité pour récrire à peu près en entier le livre II, traitant du* XII*e siècle, du catharisme, des troubadours, et de Tristan. C'est là le principal de cette nouvelle version.*

Pour ceux dont la critique s'attachait au sens *même que j'ai cru pouvoir dégager, je suis tenté de leur donner raison sur plus d'un point : j'avais à déblayer le terrain, à marquer les contrastes, et je n'ai pas toujours su nuancer le tableau. Un chapitre ajouté au livre VI, et d'innombrables corrections de détail, témoignent, je l'espère, d'un réalisme accru.*

Décrire le conflit nécessaire de la passion et du mariage en Occident, tel était mon dessein central; et cela reste à mes yeux le vrai sujet, la vraie thèse de mon livre tel qu'il est devenu.

Quant à l'actualité de ma recherche, après la deuxième guerre mondiale, je ne la crois nullement modifiée. Je mentionnais à la fin du livre V, en particulier, l'éventualité d'un conflit qui mettrait fin aux problèmes que j'étudiais. Cette crainte a bien failli se voir justifiée, et je ne puis que la reporter sur les résultats prévisibles d'une guerre atomique intercontinentale. De plus, un séjour de sept ans en Amérique m'a fait voir que le mythe de la Passion — dégradée en simple romance *— n'est pas près d'épuiser ses effets; le cinéma les propage au monde entier, et les statistiques de divorce permettent d'en mesurer l'ampleur. Si notre civilisation doit subsister, il faudra qu'elle opère une grande révolution; qu'elle recon-*

naisse que le mariage, dont dépend sa structure sociale, est plus grave que l'amour qu'elle cultive, et veut d'autres fondements qu'une belle fièvre.

*Les voies de cette révolution nous sont encore imprévisibles, je m'en explique au livre VI. Mon ambition se borne à sensibiliser l'attention de mes lecteurs à la présence du mythe ; par suite, à les mettre en mesure de détecter ses radiations dans la vie comme dans l'œuvre d'art. Amener quelques esprits à cette prise de conscience ne peut être tout à fait vain. Car s'il est vrai que les mutations du cœur se préparent et s'opèrent dans l'inconscient, elles datent en fait de leur épiphanie dans l'*expression *écrite, plastique ou picturale — comme un amour de son premier aveu.*

D. de R.

LIVRE PREMIER

LE MYTHE DE TRISTAN

1. Triomphe du roman, et ce qu'il cache

« Seigneurs, vous plaît-il d'entendre un beau conte d'amour et de mort ?... »

Rien au monde ne saurait nous plaire davantage.

A tel point que ce début du *Tristan* de Bédier doit passer pour le type idéal de la première phrase d'un roman. C'est le trait d'un art infaillible qui nous jette dès le seuil du conte dans l'État passionné d'attente où naît l'illusion romanesque. D'où vient ce charme ? Et quelles complicités cet artifice de « rhétorique profonde » sait-il rejoindre dans nos cœurs ?

Que l'accord d'*amour* et de *mort* soit celui qui émeuve en nous les résonances les plus profondes, c'est un fait qu'établit à première vue le succès prodigieux du *roman.* Il est d'autres raisons, plus secrètes, d'y voir comme une définition de la conscience occidentale...

Amour et *mort,* amour mortel : si ce n'est pas toute la poésie, c'est du moins tout ce qu'il y a de populaire, tout ce qu'il y a d'universellement émouvant dans nos littératures ; et dans nos plus vieilles légendes, et dans nos plus belles chansons. L'amour heureux n'a pas d'histoire. Il n'est de roman que de l'amour mortel, c'est-à-dire de l'amour menacé et condamné par la vie même. Ce qui exalte le lyrisme occidental, ce n'est pas le plaisir des sens, ni la paix féconde du couple. C'est moins l'amour comblé que la *passion* d'amour. Et passion signifie souffrance. Voilà le fait fondamental.

Mais l'enthousiasme que nous montrons pour le roman, et pour le film né du roman ; l'érotisme idéalisé diffus dans toute notre culture, dans notre éducation, dans les images qui font le décor de nos vies ; enfin le besoin d'évasion exaspéré par l'ennui mécanique, tout en nous et autour de nous glorifie à tel point la passion que nous en sommes venus à voir en elle une promesse de vie plus vivante, une puissance qui transfigure, quelque chose qui serait au-delà du bonheur et de la souffrance, une béatitude ardente.

Dans « passion » nous ne sentons plus « ce qui souffre » mais « ce qui est passionnant ». Et pourtant, la passion d'amour signifie, *de fait*, un malheur. La société où nous vivons et dont les mœurs n'ont guère changé, sous ce rapport, depuis des siècles, réduit l'amour-passion, neuf fois sur dix, à revêtir la forme de l'adultère. Et j'entends bien que les amants invoqueront tous les cas d'exception, mais la statistique est cruelle : elle réfute notre poésie.

Vivons-nous dans une telle illusion, dans une telle « mystification » que nous ayons *vraiment* oublié ce malheur? Ou faut-il croire qu'en secret nous préférons ce qui nous blesse et nous exalte à ce qui semblerait combler notre idéal de vie harmonieuse ?

Serrons de plus près cette contradiction, par un effort qui *doit* paraître déplaisant, puisqu'il tend à détruire une illusion. Affirmer que l'amour-passion signifie, de fait, l'adultère, c'est insister sur la réalité que notre culte de l'amour masque et transfigure à la fois ; c'est mettre au jour ce que ce culte dissimule, refoule, et refuse de nommer pour nous permettre un abandon ardent à ce que nous n'osions pas revendiquer. La résistance même qu'éprouvera le lecteur à reconnaître que passion et adultère se confondent le plus souvent dans la société qui est la nôtre, n'est-ce pas une première preuve de ce fait paradoxal : que nous voulons la passion et le malheur à condition de ne jamais avouer que nous les voulons en tant que tels ?

⁂

Pour qui nous jugerait sur nos littératures, l'adultère paraîtrait l'une des occupations les plus remarquables auxquelles se livrent les Occidentaux. On aurait vite dressé la liste des romans qui n'y font aucune allusion ; et le succès remporté par les autres, les complaisances qu'ils éveillent, la passion même qu'on apporte à les condamner quelquefois, tout cela dit assez à quoi rêvent les couples, sous un régime qui a fait du mariage un devoir et une commodité. Sans l'adultère, que seraient toutes nos littératures ? Elles vivent de la « crise du mariage ». Il est probable aussi qu'elles l'entretiennent, soit qu'elles « chantent » en prose et en vers ce que la religion tient pour un crime, et la loi pour une contravention, soit au contraire qu'elles s'en amusent, et qu'elles en tirent un répertoire inépuisable de situations comiques ou cyniques. Droit divin de la passion, psychologie mondaine, succès du trio au théâtre — soit qu'on idéalise, ou subtilise, ou ironise, que fait-on si ce n'est trahir le tourment innombrable et obsédant de l'amour en rupture de loi ? Ne serait-ce pas qu'on cherche à s'évader de son affreuse réalité ? Tourner la situation en mystique ou en farce, c'est toujours avouer qu'elle est insupportable... Mal mariés, déçus, révoltés, exaltés ou cyniques, infidèles ou trompés : que ce soit en fait ou en rêve, dans le remords ou dans la crainte, dans le plaisir de la révolte ou l'anxiété de la tentation, il est peu d'hommes qui ne se reconnaissent dans l'une au moins de ces catégories. Renoncements, compromis, ruptures, neurasthénies, confusions irritantes et mesquines de rêves, d'obligations, de complaisances secrètes — la moitié du malheur humain se résume dans le mot d'adultère. Malgré toutes nos littératures — ou peut-être à cause d'elles justement — il peut sembler parfois qu'on n'ait encore rien dit sur la réalité de ce malheur. Et que certaines questions des plus *naïves,* en ce domaine, aient été plus souvent résolues que posées...

Par exemple, le mal constaté, faut-il en rejeter la faute sur l'institution du mariage ou, au contraire, sur « quelque chose » qui la ruine au cœur même de nos ambitions ? Est-ce vraiment, comme beaucoup le pensent, la conception dite « chrétienne » du mariage qui cause tout notre tourment, ou au contraire, est-ce une conception de l'amour dont on n'a peut-être pas vu qu'elle rend ce lien, dès le principe, insupportable ?

Je constate que l'Occidental aime *au moins autant* ce qui détruit que ce qui assure « le bonheur des époux ». D'où peut venir une telle contradiction ? Si le secret de la crise du mariage est simplement l'attrait de l'interdit, d'où nous vient ce goût du malheur ? Quelle idée de l'amour trahit-il ? Quel secret de notre existence, de notre esprit, de notre histoire peut-être ?

2. Le mythe

Il existe un grand mythe européen de l'adultère : *le Roman de Tristan et Iseut.* Au travers du désordre extrême de nos mœurs, dans la confusion des morales et des immoralismes qui en vivent, aux moments les plus purs d'un drame, il arrive qu'on voie transparaître en filigrane cette forme mythique. Comme une grande image simple, comme une sorte de type primitif de nos tourments les plus complexes.

Et de même que pour se tirer des confusions de notre langue, les poètes ont coutume de rapporter les mots à leurs origines lointaines, c'est-à-dire à la chose ou à l'acte qu'on pense qu'ils désignaient d'abord, je voudrais rapporter à ce mythe certaines confusions de nos mœurs. *Étymologie des passions,* moins décevante que celle des mots, puisqu'elle trouve dans notre existence — et non dans quelque science hypothétique — son immédiate vérification.

⁂

Mais d'abord, dira-t-on, est-il exact que *le Roman de Tristan* soit un mythe ? Et dans ce cas, n'est-ce pas détruire son *charme* que d'essayer de l'analyser ?

Nous n'en sommes plus à croire que mythe est synonyme d'irréalité ou d'illusion. Trop de mythes manifestent parmi nous une puissance trop incontestable. Mais l'abus que l'on fait du mot oblige à le redéfinir.

On pourrait dire d'une manière générale qu'un mythe est une histoire, une fable symbolique, simple et frappante, résumant un nombre infini de situations plus ou moins analogues. Le mythe permet de saisir d'un coup d'œil certains types de *relations constantes,* et de les dégager du fouillis des apparences quotidiennes.

Dans un sens plus étroit, les mythes traduisent les *règles de conduite* d'un groupe social ou religieux. Ils procèdent donc de l'élément *sacré* autour duquel s'est constitué le groupe. (Récits symboliques de la vie et de la mort des dieux, légendes expliquant les sacrifices ou l'origine des tabous, etc.) On l'a remarqué souvent : un mythe n'a pas d'auteur. Son origine doit être *obscure.* Et son sens même l'est en partie. Il se présente comme l'expression tout anonyme de réalités collectives, ou plus exactement : communes. L'œuvre d'art — poème, conte ou roman — se distingue donc radicalement du mythe. Sa valeur ne relève en effet que du talent de son créateur. Ce qui importe en elle, c'est justement ce qui n'importe pas dans le cas du mythe : sa « beauté », ou sa « vraisemblance », et toutes ses qualités de réussite singulière (originalité, habileté, style, etc.).

Mais le caractère le plus profond du mythe, c'est le pouvoir qu'il prend sur nous, généralement à notre insu. Ce qui fait qu'une histoire, un événement ou même un personnage deviennent des mythes, c'est précisément cet empire qu'ils exercent sur nous comme malgré nous. Une œuvre d'art, comme telle, n'a pas à proprement parler un pouvoir de *contrainte* sur le public. Si belle et puissante qu'elle soit, on peut toujours la critiquer, ou la goûter pour des raisons individuelles. Il n'en va pas de même pour le mythe : son énoncé désarme toute critique, réduit au silence la raison, ou tout au moins, la rend inefficace.

Or je me propose d'envisager *Tristan* non point comme œuvre littéraire, mais comme type des relations de l'homme et de la femme dans un groupe historique donné : l'élite sociale, la société courtoise et pénétrée de chevalerie du XIIe et du XIIIe siècle. Ce groupe est à vrai dire dissous depuis longtemps. Pourtant ses lois sont encore les nôtres d'une manière secrète et diffuse. Profanées et reniées par nos codes officiels, elles sont devenues d'autant plus contraignantes qu'elles n'ont plus de pouvoir que sur nos *rêves.*

⁂

Bien des traits de la légende de *Tristan* sont de ceux qui signalent un mythe. Et d'abord le fait que l'auteur — à supposer qu'il y en eût un, et un seul — nous est totalement inconnu. Les cinq versions « originales » qui nous restent sont des remaniements artistiques d'un archétype dont on n'a pu trouver la moindre trace.

Un autre aspect mythique de la légende de *Tristan,* c'est l'élément *sacré* qu'elle utilise (Appendice 1). Le progrès de l'action, et les effets qu'elle devait exercer sur l'auditeur, dépendent dans une certaine mesure (que nous aurons à préciser) d'un ensemble de règles et de cérémonies qui n'est autre que la coutume de la chevalerie médiévale. Or les « ordres » de chevalerie furent souvent appelés « religions ». Chastellain, chroniqueur de la Bourgogne, nomme ainsi l'ordre de la Toison d'Or (dernier en date), et il en parle comme d'un mystère sacré, en un siècle où pourtant la chevalerie n'était plus guère qu'une survivance (Appendice 2).

Enfin la nature même de *l'obscurité* que nous découvrirons dans la légende dénote sa parenté profonde avec le mythe. L'obscurité du mythe en général ne réside pas dans sa forme d'expression. (Ce serait ici le langage du poème : or on sait qu'il est des plus simples.) Elle tient d'une part au mystère de son origine, et d'autre part à l'importance vitale des faits que le mythe symbolise. Si ces faits n'étaient pas obscurs, ou *s'il n'y avait quelque intérêt à obscurcir leur origine et leur portée pour les soustraire à la critique,* il n'y aurait pas besoin de mythe. On pourrait se contenter d'une loi, d'un traité de morale, ou même d'une historiette jouant le rôle de résumé mnémotechnique. Point de mythe tant qu'il est loisible de s'en tenir aux évidences et de les exprimer d'une manière manifeste ou directe. Au contraire, le mythe paraît lorsqu'il serait dangereux ou impossible d'avouer clairement un certain nombre de faits sociaux ou religieux, ou de relations affectives, que l'on tient cependant à conserver, ou qu'il est impossible de détruire. Nous n'avons plus besoin de mythes, par exemple, pour exprimer les vérités de la science : nous les considérons en effet d'une manière parfaitement « profane », et elles ont donc tout à gagner à la critique individuelle. *Mais nous avons besoin d'un mythe pour exprimer le fait obscur et inavouable que la passion est liée à la mort,* et qu'elle entraîne la destruction pour ceux qui s'y abandonnent de toutes leurs forces. C'est que nous voulons sauver cette passion, et que nous chérissons ce malheur, cependant que nos morales officielles et notre raison les condamnent. L'obscurité du mythe nous met donc en mesure d'accueillir son contenu déguisé et d'en jouir par l'imagination, sans en prendre toutefois une conscience assez claire pour qu'éclate la contradiction. Ainsi se trouvent mises à l'abri de la critique certaines réalités humaines que nous sentons ou pressentons fondamentales. Le mythe *exprime* ces réalités, dans la mesure où notre instinct l'exige, mais il les *voile* aussi dans la mesure où le grand jour de la raison les menacerait[1].

***

D'origine inconnue ou mal connue — de caractère primitivement sacré —, voilant le secret qu'il exprime, le roman mythique de *Tristan* posséderait-il au même degré les qualités *contraignantes* d'un vrai

1. La raison dont je parle ici étant l'activité profanatrice qui s'exerce aux dépens du sacré collectif et qui en libère l'individu. Que le rationalisme soit passé au rang de doctrine officielle ne doit pas nous faire oublier son efficacité proprement *sacrilège*, antisociale, « dissociatrice ».

mythe ? Cette question ne peut être esquivée. Elle nous porte au cœur du problème et de son actualité.

Précisons que les règles chevaleresques, qui jouaient bel et bien au XIIIe siècle un rôle de contrainte absolue, n'interviennent dans le roman qu'à titre d'*obstacle mythique* et de *figures rituelles* de rhétorique. Sans elles, la fable n'aurait pas trouvé ses prétextes à rebondissements, et surtout elle n'aurait pas pu s'imposer sans conteste aux auditeurs. Il faut bien voir que ces « cérémonies » sociales sont des moyens de faire admettre un *contenu* antisocial, qui est la passion. Le mot « contenu » prend ici toute sa force : la passion de Tristan et d'Iseut est littéralement « contenue » par les règles de la chevalerie. C'est à cette condition seulement qu'elle pourra s'exprimer dans le demi-jour du mythe. Car en tant que passion qui veut la Nuit et qui triomphe dans une Mort transfigurante, elle représente pour toute Société une menace violemment intolérable. Il faut donc que les groupes constitués soient capables de lui opposer une structure fortement charpentée, pour qu'elle trouve l'occasion de s'extérioriser sans causer les pires dégâts.

Que, par la suite, le lien social vienne à faiblir, ou que le groupe soit dissocié, le mythe cessera d'être un mythe au sens strict. Mais ce qu'il aura perdu en force contraignante et en moyens de se communiquer sous une forme voilée et admissible, il le retrouvera en influence souterraine et en violence anarchisante. A mesure que la chevalerie, même sous sa forme profanée de *savoir-vivre* — les usages qu'il faut observer si l'on veut être un gentleman — perdra ses dernières vertus, la passion « contenue » dans le mythe primitif se répandra dans la vie quotidienne, envahira le subconscient, appellera de nouvelles contraintes, se les inventera au besoin... Car nous verrons que ce n'est pas seulement la nature de la société, mais l'ardeur même de la sombre passion qui exige un aveu *masqué.*

Le mythe, au sens strict du terme, se constitua au XIIe siècle, c'est-à-dire dans une période où les élites faisaient un vaste effort de mise en ordre sociale et morale. Il s'agissait de « contenir », précisément, les poussées de l'instinct destructeur : car la religion, en l'attaquant, l'exaspérait. Les chroniqueurs, les sermons et les satires de ce siècle nous révèlent qu'il connut une première « crise du mariage ». Elle appelait une réaction vive. Le succès du *Roman de Tristan* fut donc d'ordonner la passion dans un cadre où elle pût s'exprimer en satisfactions symboliques. (Ainsi l'Église avait « compris » le paganisme dans ses rites.)

Or si ce cadre disparaît, cette passion n'en subsiste pas moins. Elle est toujours aussi dangereuse pour la vie de la société. Elle tend toujours à provoquer, de la part de la société, une mise en ordre équivalente. D'où la permanence historique non point du mythe sous sa forme première, mais de l'*exigence mythique* à laquelle répondait *le Roman.*

Élargissant notre définition, nous appellerons mythe, désormais, cette permanence d'un type de relations et des réactions qu'il provoque. Le mythe de Tristan et Iseut, ce ne sera plus seulement le Roman, mais le phénomène qu'il illustre, et dont l'influence n'a pas cessé de s'étendre jusqu'à nos jours. Passion de la nature obscure, dynamisme excité par l'esprit, possibilité préformée à la recherche d'une contrainte qui l'exalte, charme, terreur ou idéal : tel est le mythe qui nous tourmente. Qu'il ait perdu sa forme primitive voilà précisément ce qui le rend si dangereux. Les mythes déchus deviennent vénéneux comme les vérités mortes dont parle Nietzsche.

3. Actualité du mythe ; raisons de notre analyse

Nul besoin d'avoir lu le *Tristan* de Béroul, ou celui de M. Bédier, ni d'avoir entendu l'opéra de Wagner, pour subir dans la vie quotidienne l'empire nostalgique d'un tel mythe. Il se trahit dans la plupart de nos romans et de nos films, dans leurs succès auprès des masses, dans les complaisances qu'ils réveillent au cœur des bourgeois, des poètes, des mal mariés, des midinettes qui rêvent d'amours miraculeuses. Le mythe agit partout où la passion est rêvée comme un idéal, non point redoutée comme une fièvre maligne ; partout où sa fatalité est appelée, invoquée, imaginée comme une belle et désirable catastrophe, et non point comme une catastrophe. Il vit de la vie même de ceux qui croient que l'amour est une destinée (c'était le philtre du *Roman*) ; qu'il fond sur l'homme impuissant et ravi pour le consumer d'un feu pur ; et qu'il est plus fort et plus vrai que le bonheur, la société et la morale. Il vit de la vie même du romantisme en nous ; il est le grand mystère de cette religion dont les poètes du siècle passé se firent les prêtres et les inspirés.

De cette influence et de sa nature mythique, la preuve est d'ailleurs immédiate. Elle nous sera donnée ici même par une certaine répugnance du lecteur à envisager mon projet. *Le Roman de Tristan* nous est « sacré » dans la mesure exacte où l'on estimera que je commets un « sacrilège » en tentant de l'analyser. Certes, ce reproche de sacrilège revêt alors un sens bien anodin, si l'on songe qu'il se traduisait, dans les sociétés primitives, non par cette répugnance que je prévois, mais par la mise à mort du coupable. Le sacré qui entre ici en jeu n'est plus qu'une survivance obscure et déprimée. Je ne courrai donc guère d'autre risque que celui de voir le lecteur fermer le volume à cette page. (Et certes, le sens inconscient d'un tel geste n'est rien moins que la mise à mort de l'auteur. Pourtant il demeure sans effet.) Mais si tu m'épargnes, ô lecteur! faut-il croire que cela signifie que la passion n'est point sacrée pour toi? Ou simplement que les hommes d'aujourd'hui ne sont pas moins débiles dans leurs passions que dans leurs gestes de réprobation? A défaut d'ennemis déclarés, où sera le courage que l'on réclame des écrivains? Faudra-t-il qu'ils l'exercent contre eux-mêmes? Et ne peut-on vraiment livrer bataille qu'à l'adversaire qu'on porte en soi?

J'avoue que j'ai moi-même éprouvé du dépit à voir l'un des commentateurs de la légende de Tristan la définir « une épopée de l'adultère ». La formule est sans doute exacte, si l'on se borne à considérer la donnée sèche du *Roman.* Elle n'en paraît pas moins vexante et « prosaïquement » restrictive. Peut-on soutenir que la faute morale est le vrai sujet de la légende? Le *Tristan* de Wagner, par exemple, ne serait-il qu'un opéra de l'adultère? Et l'adultère, enfin, n'est-ce que cela? Un vilain mot? Une rupture de contrat? C'est cela aussi, ce n'est que cela dans trop de cas; mais c'est souvent bien davantage : une atmosphère tragique et passionnée, par-delà le bien et le mal, un beau drame ou un drame affreux... Enfin, c'est un drame, un *roman.* Et romantisme vient de roman...

Le problème s'élargit magnifiquement — et mon cas empire d'autant. Je dirai mes raisons de persévérer, et l'on jugera si elles sont diaboliques.

La première est que nous sommes parvenus au point de désordre social où l'immoralisme se révèle plus exténuant que les morales anciennes. Le culte de l'amour-passion s'est tellement *démocratisé* qu'il perd ses vertus esthétiques et sa valeur de tragédie spirituelle. Reste une confuse et diffuse souffrance, quelque chose d'impur et de triste, dont il me semble qu'on ne perdra rien à profaner les causes faussement sacrées : cette littérature de la passion, cette publicité qu'on lui fait, cette « vogue » d'allure commerciale de ce qui fut un secret religieux... Il faut s'attaquer à tout cela, fût-ce même pour sauver le mythe des abus de son extrême vulgarisation. Et tant pis pour le sacrilège. La poésie a d'autres chances.

Ma seconde raison n'est pas d'un défenseur de la beauté, même maudite, mais d'un homme qui a le goût d'y voir clair, de prendre conscience de sa vie et de la vie de ses contemporains.

Si je m'attache au mythe de Tristan, c'est qu'il permet de dégager une *raison simple* de notre confusion présente. C'est qu'il permet aussi de formuler certaines *relations permanentes* noyées sous les vulgarités minutieuses de nos psychologies. C'est enfin qu'il permet de mettre à nu certain *dilemme* dont notre vie hâtive, notre culture et le ronron de nos morales sont en passe de nous faire oublier la sévère réalité.

Dresser le mythe de la passion dans sa violence primitive et sacrée, dans sa pureté monumentale, comme une ironie salutaire sur nos complaisances tortueuses et sur notre impuissance à choisir vaillamment entre la Norme du Jour et la Passion de la Nuit ; dresser cette figure de la Mort des Amants qu'exalte l'angoissant et vampirique crescendo du second acte de Wagner, tel est le premier objet de cet ouvrage ; et le succès qu'il ambitionne, c'est d'amener un lecteur au seuil du choix : « J'ai voulu cela ! » ou bien : « Que Dieu m'en garde ! »

Je ne suis pas sûr que la conscience claire soit utile d'une manière générale, et en soi. Ni que les vérités utiles soient avouables sur la place. Mais quelle que soit « l'utilité » de mon entreprise, notre sort n'en demeure pas moins, à nous autres Occidentaux, de devenir de plus en plus conscients des illusions dont nous vivons. Et peut-être que la fonction du philosophe, du moraliste, du créateur de formes idéales, est simplement d'accroître la conscience, donc la mauvaise conscience des hommes.

Qui sait où cela peut nous mener ?

Là-dessus, il est temps de passer à l'opération annoncée. La condition de sa réussite est sans doute une certaine froideur avec laquelle nous la mènerons. Sourds et aveugles aux « charmes » du récit, essayons de résumer « objectivement » les faits qu'il nous rapporte et les raisons qu'il en propose, ou qu'il omet très curieusement de nous indiquer.

4. Le contenu manifeste du *Roman de Tristan*[1]

« Amors par force vos demeine ! »
Béroul.

Tristan naît dans le malheur. Son père vient de mourir, et sa mère Blanchefleur ne survit pas à sa naissance. D'où le nom du héros, la couleur sombre de sa vie, et le ciel d'orage qui couvre la légende. Le roi Marc de Cornouailles, frère de Blanchefleur, prend l'orphelin à sa cour et l'éduque.

Première prouesse ou performance : la victoire de Tristan sur le Morholt. Ce géant irlandais vient, comme le Minotaure, exiger son tribut de jeunes

1. Je résumerai les principaux événements du *Roman* en m'appuyant, sauf exceptions, sur la *concordance* établie par M. Joseph Bédier (dans son étude sur le poème de Thomas) entre les cinq versions du XIIe siècle : Béroul, Thomas, Eilhart, *la Folie Tristan* et *le Roman en prose*. Les versions ultérieures de Gottfried de Strasbourg et de tous les imitateurs allemands, italiens, danois, russes, tchèques, etc., se rapportent à ces cinq versions. Je tiens compte également des travaux critiques plus récents de MM. E. Muret et E. Vinaver.

filles ou de jeunes gens de Cornouailles. Tristan obtient la permission de le combattre, au moment où il pourrait être armé chevalier, donc peu après sa puberté. Il le tue, mais il en a reçu un coup d'épée empoisonnée. Sans espoir de survivre à son mal, Tristan s'embarque à l'aventure dans un bateau sans voile ni rames, emportant son épée et sa harpe.

Il aborde au rivage irlandais. La reine d'Irlande détient seule le secret du remède qui peut le sauver. Mais le géant Morholt était le frère de cette reine, aussi Tristan se garde-t-il d'avouer son nom et l'origine de son mal. Iseut, princesse royale, le soigne et le guérit. C'est le Prologue.

Quelques années plus tard, le roi Marc décide d'épouser la femme dont un oiseau lui apporta un cheveu d'or. C'est Tristan qu'il envoie à la « quête » de l'inconnue. Une tempête rejette le héros vers l'Irlande. Là, il combat et tue un dragon qui menaçait la capitale. (C'est le motif consacré de la vierge délivrée par un jeune paladin.) Blessé par le monstre, Tristan est soigné de nouveau par Iseut. Un jour, cette princesse découvre que le blessé n'est autre que le meurtrier de son oncle. Elle saisit l'épée de Tristan et menace de le tuer dans son bain. Alors, il lui révèle la mission dont le roi Marc l'a chargé. Et Iseut lui fait grâce, car elle veut être reine. (Selon certains auteurs, c'est aussi qu'elle admire la beauté du jeune homme, à ce moment.)

Tristan et la princesse voguent vers les terres de Marc. En haute mer, le vent tombe, la chaleur est pesante. Ils ont soif. La servante Brangaine leur donne à boire. Mais elle leur verse par erreur « le vin herbé » destiné aux époux, et qu'avait préparé la mère d'Iseut. Ils le boivent. Les voici entrés dans les voies d'une destinée *« qui jamais ne leur fauldra jour de leurs vies, car il ont beu leur destruction et leur mort ».* Ils s'avouent leur amour et ils y cèdent.

(Notons ici que le texte primitif, suivi par le seul Béroul, limitait l'efficacité du philtre à trois ans :

A combien fu determinez
Li lovendrincs, li vin herbez :
La mère Iseut, qui le bollit,
A trois anz d'amistié le fist.

Thomas, imbu de fine psychologie, et plein de méfiance pour le merveilleux, qu'il juge grossier, réduit autant que possible l'importance du philtre, et présente l'amour de Tristan et d'Iseut comme une affection spontanée, apparue dès la scène du bain. Eilhart, Gottfried et la plupart des autres accordent au contraire une efficace illimitée au vin magique. Rien de plus significatif que ces variantes, comme nous le verrons.)

La faute est donc consommée. *Mais Tristan reste lié par la mission qu'il a reçue du roi.* Il conduit donc Iseut à Marc, malgré leur trahison. Brangien, substituée à Iseut par ruse, passera la première nuit nuptiale avec le roi, sauvant ainsi sa maîtresse du déshonneur, tout en expiant l'erreur fatale qu'elle a commise.

Cependant des barons « félons » dénoncent au roi l'amour de Tristan et d'Iseut. Tristan est banni. Mais à la faveur d'une nouvelle ruse (scène du verger), il convainc Marc de son innocence et revient à la cour.

Le nain Frocine, complice des barons, cherche à surprendre les amants et leur tend un piège. Entre le lit de Tristan et celui de la reine, il sème de la « fleur de blé ». Tristan, que Marc a chargé d'une nouvelle mission, veut rejoindre une dernière fois son amie, pendant la nuit qui précède son départ. Il franchit d'un saut l'espace qui sépare les deux lits. Mais une blessure récente qu'il a reçue à la jambe se rouvre par l'effort. Marc et les barons, alertés par le nain, font irruption dans le dortoir. Ils voient des traces de sang sur la fleur de blé. La preuve de l'adultère est ainsi faite. Iseut sera livrée à une troupe de lépreux et Tristan condamné à mort. Il s'évade (scène de la chapelle). Il délivre Iseut, et avec elle s'enfonce dans la forêt de Morrois. Trois ans durant, ils y mènent une vie « aspre et dure ». Un jour, Marc les surprend endormis. Mais il se trouve que Tristan a déposé entre leurs corps son épée nue. Ému par ce qu'il prend pour un signe de chasteté, le roi les épargne. Sans les réveiller, il prend l'épée de Tristan et dépose à sa place l'épée royale.

Les trois ans écoulés, le philtre cesse d'agir (selon Béroul et l'ancêtre commun des cinq versions). Alors seulement Tristan se repent, Iseut se met à regretter la cour... Ils vont trouver l'ermite Ogrin, par l'entremise duquel Tristan offre au roi de lui rendre sa femme. Marc promet son pardon. Les amants se séparent à l'approche du cortège royal. Iseut supplie encore Tristan de demeurer dans le pays jusqu'à ce qu'il soit certain que Marc la traite bien. Puis, par une dernière ruse féminine, exploitant cette concession, la reine déclare qu'elle rejoindra le chevalier au premier signal de sa part, et sans que rien puisse la retenir, « ni tour, ni mur, ni fort chastel ».

Chez Orri le forestier, ils ont plusieurs rendez-vous clandestins. Mais les barons félons veillent sur la vertu de la reine. Celle-ci demande et obtient un « jugement de Dieu » pour prouver son innocence. Grâce à un subterfuge, elle triomphe de l'épreuve : avant de saisir le fer rouge qui laisse intacte la main de qui n'a pas menti, elle jure n'avoir jamais été dans les bras d'aucun homme, hors ceux du roi son maître et du manant qui vient de l'aider à descendre de sa barque. Le manant, c'est Tristan déguisé...

Mais de nouvelles aventures entraînent au loin le chevalier. Il croit que la reine a cessé de l'aimer. C'est alors qu'il consent à épouser, au-delà de la mer,

« pour son nom et pour sa beauté[1] » une autre Iseut, l'Iseut « aux blanches mains ». Et en effet, Tristan la laissera vierge, car il regrette « Iseut la bloie ».

Enfin, blessé à mort, et de nouveau empoisonné par cette blessure, Tristan fait appeler la reine de Cornouailles, la seule qui puisse encore le guérir. Elle vient, et son vaisseau arbore une voile blanche, signe d'espoir. Iseut aux blanches mains guettait son arrivée. Tourmentée par la jalousie, elle s'en vient au lit de Tristan et lui annonce que la voile est noire. Tristan meurt. Iseut la Blonde débarque à cet instant, monte au château, embrasse le corps de son amant, et meurt.

5. Énigmes

Résumé de la sorte, et tout « charme » détruit, à considérer froidement le plus envoûtant des poèmes, on s'aperçoit que sa donnée ni son progrès ne sont dépourvus d'équivoque.

J'ai passé quantité d'épisodes accessoires, mais aucun des motifs allégués de l'action centrale du *Roman.* Et je les ai même soulignés. On a pu voir qu'ils se réduisent à fort peu de chose : Tristan conduit Iseut au roi *parce qu'il* est lié par la fidélité du chevalier ; — les amants se séparent, au terme des trois années dans la forêt, *parce que* le philtre cesse d'agir ; — Tristan épouse Iseut aux blanches mains *« pour son nom et pour sa beauté ».*

Maintenant, ces « raisons » mises à part — nous aurons l'occasion d'y revenir — on s'aperçoit que *le Roman* repose sur une série de contradictions énigmatiques.

1. *« Pur belté e pur nun d'Isolt »* (Thomas).

Une première remarque m'a frappé, faite en passant par l'un des éditeurs récents de la légende : tout au long du *Roman,* Tristan paraît physiquement supérieur à tous ses adversaires et, particulièrement, au roi. Aucune force extérieure ne saurait donc l'empêcher d'enlever Iseut et d'obéir à son destin. Les mœurs du temps sanctionnent le droit du plus fort, elles le divinisent même sans le moindre scrupule ; et surtout s'il s'agit du droit d'un homme sur une femme : c'est l'enjeu habituel des tournois. *Pourquoi Tristan n'use-t-il pas de ce droit ?*

Mise en éveil par cette première question, notre méfiance critique ne tarde pas à découvrir d'autres énigmes, non moins curieuses et obscures.

Pourquoi l'épée de chasteté entre les corps dans la forêt ? Les amants ont déjà péché ; ils refusent de se repentir, à ce moment-là ; enfin ils ne prévoient nullement que le roi pourrait les surprendre. Or on ne trouve ni un vers ni un mot, dans les différentes versions, qui donne la raison de cet acte [1].

Pourquoi Tristan rend-il la reine à Marc, et cela même dans les versions où le philtre continue d'agir ? Si, comme certains le disent, c'est une repentance sincère qui motive la séparation, pourquoi se promettent-ils de se revoir au moment même où ils *acceptent* de se quitter ? Pourquoi Tristan s'éloigne-t-il ensuite pour courir de nouvelles aventures, alors qu'ils ont un rendez-vous dans la forêt ? Pourquoi la reine coupable propose-t-elle un « jugement de

1. Toutefois, dans l'édition Bédier du poème de Thomas (t. I, p. 240), nous lisons que le veneur du roi, pénétrant dans la retraite des amants « *vit Tristan couché, et de l'autre côté de la grotte, Isolt. Les amants s'étaient couchés pour se reposer à cause de la forte chaleur, et dormaient ainsi séparés l'un de l'autre parce que...* ». Ici le texte est interrompu ! Et Bédier dit en note : « Passage inintelligible. » Quelle puissance maléfique est donc intervenue pour brouiller *le seul texte* qui pût éclaircir le mystère ?

Dieu » ? Elle sait bien que cette épreuve doit la perdre. Elle n'en triomphe que par une ruse improvisée *in extremis,* et qui est donnée comme trompant Dieu lui-même, puisque le miracle s'opère[1] !

Enfin, ce jugement étant acquis, la reine passe pour innocente. Tristan l'est donc aussi, et l'on ne voit plus du tout ce qui s'opposerait à son retour auprès du roi, *donc auprès d'Iseut...*

D'autre part, n'est-il pas fort étrange que les poètes du XIIe siècle, si exigeants dès qu'il s'agit d'honneur, de fidélité au suzerain, laissent passer sans un mot de commentaire tant d'actions aussi peu défendables ? Comment peuvent-ils nous présenter tel un modèle de chevalerie ce Tristan qui a trompé son roi par les ruses les plus cyniques ; ou telle une vertueuse dame cette épouse adultère, et qui ne recule même pas devant un astucieux blasphème ? Pourquoi traitent-ils au contraire de « félons » les barons qui défendent l'honneur de Marc ? Même si la jalousie meut ces barons, ils n'ont du moins ni menti ni trompé, et ce n'est pas le cas de Tristan...

Enfin l'on en vient à douter de la valeur même des rares motifs allégués. En effet, si la morale de la fidélité au suzerain exige que Tristan livre à Marc la fiancée qu'il alla quérir — et qu'il avait conquise de plein droit *pour lui-même* en la délivrant du dragon, comme ne manque pas de le souligner Thomas — on ne peut s'empêcher de penser que ces scrupules sont bien tardifs et peu sincères, puisque Tristan n'a de cesse qu'il ne rentre à la cour, auprès d'Iseut... Et ce philtre qui cesse d'agir, n'était-il pas destiné aux

1. Gottfried de Strasbourg insiste avec cynisme :
« Ce fut ainsi chose manifeste — Et avérée devant tous — Que le très glorieux Christ — Se plie comme une étoffe dont on s'habille — ... Il se prête au gré de tous — Soit à la sincérité soit à la tromperie — Il est toujours ce qu'on veut qu'il soit... »

époux ? Alors, pourquoi limiter sa durée ? Trois ans, ce n'est guère pour le bonheur d'un couple. Et quand Tristan épouse l'autre Iseut « pour son nom et pour sa beauté » mais cependant la laisse vierge, n'est-il pas évident que rien ne l'oblige à ce mariage et à cette chasteté injurieuse, et qu'il se met dans une situation qui n'a d'autre issue que la mort ?

6. Chevalerie contre mariage

Un moderne commentateur du *Roman de Tristan et Iseut* veut y voir un « conflit cornélien entre l'amour et le devoir ». Cette interprétation classique est d'un aimable anachronisme. Outre qu'elle abuse de Corneille, elle paraît ignorer l'un de ces faits dont l'envergure échappe souvent aux prises de l'érudition scrupuleuse. Je veux parler de l'opposition qui se manifeste dès la seconde moitié du XIIe siècle entre la règle chevaleresque et les coutumes féodales. Peut-être n'a-t-on pas assez marqué à quel point les romans bretons la reflètent et la cultivent.

Il est probable que la chevalerie courtoise ne fut guère qu'un idéal. Les premiers auteurs qui en parlent ont l'habitude de déplorer sa décadence : mais ils oublient que, telle qu'ils la souhaitent, elle vient à peine de naître dans leurs rêves. N'est-il pas de l'essence d'un idéal que l'on déplore sa décadence à l'instant même où il essaye maladroitement de se réaliser ? D'autre part, la chance du roman n'est-elle pas d'opposer la *fiction* d'un certain idéal de vie aux réalités tyranniques ?

Plus d'une énigme que nous pose *le Roman* nous incite à chercher de ce côté les éléments d'une première solution. Si l'on admet que l'aventure de Tristan devait servir à illustrer le conflit de la chevalerie et de la société féodale, — donc le conflit de deux *devoirs* ou même, nous l'avons vu page 28, le conflit de deux « religions » — l'on s'aperçoit que bien des épisodes s'éclairent, et qu'en tout cas, si l'hypothèse ne résout point toutes les difficultés, elle en repousse la solution d'une manière significative.

En quoi le roman breton se distingue-t-il de la chanson de geste, qu'il supplanta dès la seconde moitié du XIIe siècle avec une étonnante rapidité ? En ceci qu'il donne à la femme le rôle qui revenait précédemment au suzerain. Le chevalier breton, tout comme le troubadour méridional, se reconnaît le vassal d'une Dame élue. Mais en fait, il demeure le vassal d'un seigneur. D'où naîtront des conflits de droit, dont *le Roman* offre plus d'un exemple.

Reprenons l'épisode des trois barons « félons ». Selon la morale féodale, le vassal est tenu de dénoncer au seigneur tout ce qui lèse son droit ou son honneur : il est « félon » s'il ne le fait pas. Or, dans *Tristan*, les barons dénoncent Iseut au roi Marc : ils devraient donc passer pour « féaux » et loyaux. Et si l'auteur les traite cependant de félons, c'est en vertu d'un autre code évidemment, qui ne peut être que celui de la chevalerie du Midi. La décision des cours d'amour de la Gascogne est bien connue : félon sera celui qui révèle les secrets de l'amour courtois.

Ce seul exemple suffirait à démontrer que les auteurs du *Roman* avaient choisi en toute conscience pour la chevalerie « courtoise » contre le droit féodal. Mais nous avons d'autres raisons de le croire. La conception de la fidélité et du mariage, selon l'amour courtois, est seule capable d'expliquer certaines contradictions frappantes du récit.

Selon la thèse officiellement admise, l'amour courtois est né d'une réaction à l'anarchie brutale des mœurs féodales. On sait que le mariage, au XIIe siècle, était devenu pour les seigneurs une pure et simple occasion de s'enrichir, et d'annexer des terres données en dot ou espérées en héritage. Quand l'« affaire » tournait mal, on répudiait sa femme. Le prétexte de l'inceste, curieusement exploité, trouvait l'Église sans résistance : il suffisait d'alléguer sans trop de preuves une parenté au quatrième degré, pour obtenir l'annulation. A ces abus, générateurs de querelles infinies et de guerres, l'amour courtois oppose une *fidélité* indépendante du mariage légal et fondée sur le seul amour. Il en vient même à déclarer que l'amour et le mariage ne sont pas compatibles : c'est le fameux jugement d'une cour d'amour tenue chez la comtesse de Champagne (Appendice 3).

Si Tristan, et l'auteur du *Roman,* partagent une telle manière de voir, la félonie et l'adultère sont excusés, et plus qu'excusés, magnifiés comme exprimant une intrépide fidélité à la loi supérieure du *donnoi,* c'est-à-dire de l'amour courtois. (*Donnoi,* ou *domnei* en provençal, désigne la relation de vasselage instituée entre l'amant-chevalier et sa Dame, ou *domina.*)

Fidélité incompatible avec celle du mariage, on l'a vu. *Le Roman* ne manque pas une occasion de rabaisser l'institution sociale, d'humilier le mari — roi aux oreilles de cheval, toujours si facilement dupé — et de glorifier la vertu de ceux qui s'aiment hors du mariage et contre lui.

Mais cette fidélité courtoise présente un trait des plus curieux : elle s'oppose, autant qu'au mariage, à la « satisfaction » de l'amour. « Il ne sait de donnoi vraiment rien, celui qui désire l'entière possession de sa dame. *Cela n'est plus amour, qui tourne à réalité*[1]. » Voilà qui nous met sur la voie d'une première explication d'épisodes tels que ceux de l'épée

1. Fauriel, *Histoire de la poésie provençale,* t. I, p. 512.

de chasteté, du retour d'Iseut à son mari après la retraite dans le Morrois, ou même du mariage blanc de Tristan.

En effet, le « droit de la passion », au sens où l'entendent les modernes, permettrait à Tristan d'enlever Iseut, après qu'ils ont bu le philtre. Cependant il la livre à Marc : c'est que la règle de l'amour courtois s'oppose à ce qu'une telle passion « tourne à réalité », c'est-à-dire aboutisse à l'« entière possession de sa dame ». Tristan choisira donc, dans ce cas, d'observer la fidélité féodale, masque et complice énigmatique de la fidélité courtoise. Il choisit en toute liberté, car nous avons marqué plus haut qu'étant plus fort que le roi et les barons, il pourrait, *dans le plan féodal qu'il adopte,* faire valoir le droit de la force.

Étrange amour, va-t-on penser, qui se conforme aux lois qui le condamnent, afin de mieux se conserver ! D'où peut venir cette préférence pour ce qui *entrave* la passion, pour ce qui empêche le « bonheur » des amants, les sépare et les martyrise ?

Répondre : ainsi le veut l'amour courtois, ce n'est pas encore répondre sur le fond, car il s'agit de savoir pourquoi l'on préfère cet amour à l'autre, à celui qui se « réalise », à celui qui se « satisfait ». En recourant à l'hypothèse, fort vraisemblable, que *le Roman* illustre un conflit de « religions », nous avons pu préciser et cerner les principales difficultés de l'intrigue : mais en fin de compte, la solution se trouve simplement reculée.

7. L'amour du roman

Si l'on se reporte à notre résumé de la légende, on ne peut manquer d'être frappé de ce fait : les deux lois qui entrent en jeu, chevalerie et morale féodale, ne sont observées par l'auteur *que dans les seules situations où elles permettent au roman de rebondir*[1].

Cette remarque à son tour ne saurait constituer par elle-même une explication. A chacune de nos questions, il serait évidemment facile de répondre : les choses se passent ainsi *parce que* autrement il n'y aurait plus de roman. Mais cette réponse ne paraît convaincante qu'en vertu d'une coutume paresseuse de notre critique littéraire. En vérité, elle ne répond à rien. Elle nous ramène simplement à poser la question fondamentale : pourquoi faut-il qu'il y ait un roman ? Et *ce* roman, précisément ?

Question que l'on dira naïve, non sans une inconsciente sagesse : c'est qu'on pressent qu'elle n'est pas sans danger. Elle nous met en effet au cœur de tout le problème — et sa portée dépasse sans aucun doute le cas particulier de notre mythe.

Pour qui se place, par un effort d'abstraction, à l'extérieur du phénomène commun au romancier et au lecteur, pour qui assiste à leur dialogue intime, il apparaît qu'une convention tacite, ou mieux, une sorte de *complicité* les lie : la volonté que le roman continue, ou comme on dit, qu'il rebondisse. Supprimez cette *volonté*, il n'y aura plus de vraisemblance qui tienne : c'est ce qui se passe dans le cas de l'Histoire scientifique. (Le lecteur d'un ouvrage « sérieux » sera d'autant plus exigeant qu'il sait que le déroulement des faits ne doit dépendre ni de son désir ni des fantaisies de l'auteur.) Supposez au

1. Précisons que : 1° elles sont observées tour à tour, en vertu d'un calcul secret ; car si l'on choisissait l'une d'elles à l'exclusion totale de l'autre, la situation se dénouerait trop vite ; 2° elles ne sont pas toujours observées : ainsi le péché consommé dès que les amants ont bu le philtre est un péché aux yeux de l'amour courtois non moins qu'aux yeux de la morale chrétienne et féodale. Mais sans cette faute initiale, il n'y aurait pas de roman du tout.

contraire cette volonté toute pure, il n'y aura plus d'invraisemblance possible : c'est le cas du conte. Entre ces deux extrêmes, il est autant de niveaux de vraisemblance que de sujets. Ou si l'on veut : la vraisemblance dépend, pour un ouvrage romanesque donné, de la nature des passions qu'il veut flatter. C'est dire que l'on acceptera le « coup de pouce » du créateur, et les entorses qu'il fait subir à la « logique » d'observation courante, dans la mesure exacte où ces licences fourniront les *prétextes* nécessaires à la passion que l'on désire éprouver. Ainsi, le vrai sujet d'une œuvre est révélé par la nature des « trucs » que l'auteur fait intervenir, et qu'on pardonne dans la mesure exacte où l'on partage ses intentions.

Nous avons vu que les obstacles extérieurs qui s'opposent à l'amour de Tristan sont dans un certain sens gratuits, c'est-à-dire qu'ils ne sont, à tout prendre, que des artifices romanesques. Or il résulte de nos remarques au sujet de la vraisemblance, que la gratuité même des obstacles invoqués peut révéler le vrai sujet d'une œuvre, la vraie nature de la passion qu'elle met en jeu.

Il faut sentir qu'ici tout est symbole, tout se tient, tout se compose à la manière d'un *rêve*, et non point à celle de nos vies : les prétextes du romancier, les actions de ses deux héros, et les préférences secrètes qu'il suppose chez son lecteur. Les « faits » ne sont que les images ou les projections d'un désir, de ce qui s'y oppose, de ce qui peut l'exalter, ou simplement le faire durer. Tout manifeste, dans le comportement du chevalier et de la princesse, une exigence ignorée d'eux — et peut-être du romancier — mais *plus profonde que celle de leur bonheur.* Pas un des obstacles qu'ils rencontrent ne se révèle, objectivement, insurmontable, et pourtant ils renoncent à chaque fois ! On peut dire qu'ils ne perdent pas une occasion de se séparer. Quand il n'y a pas d'obstacle, ils en inventent : l'épée nue, le mariage de Tristan. Ils en inventent comme à plaisir, — bien qu'ils en souffrent. Serait-ce alors pour le plaisir du romancier et du lecteur ? Mais c'est tout un, car le démon de l'amour courtois qui inspire au cœur des amants les ruses d'où naît leur souffrance, c'est le démon même du *roman* tel que l'aiment les Occidentaux.

Quel est le vrai sujet de la légende ? La séparation des amants ? Oui, mais au nom de la passion, et pour l'amour de l'amour même qui les *tourmente*, pour l'exalter, pour le transfigurer — au détriment de leur bonheur et de leur vie même...

***

Nous commençons à distinguer le sens secret et inquiétant du mythe : le *danger* qu'il exprime et voile, cette passion qui ressemble au vertige... Mais ce n'est plus l'heure de se détourner. Nous sommes atteints, nous subissons le charme, nous co-naissons au « tourment délicieux ». Toute condamnation serait vaine : on ne condamne pas le vertige. Mais la passion du philosophe n'est-elle point de méditer dans le vertige ? Il se peut que la connaissance ne soit rien d'autre que l'effort d'un esprit qui résiste à la chute, et qui se défend au sein de la tentation...

8. L'amour de l'amour

« De tous les maux, le mien diffère; il me plaît; je me réjouis de lui; mon mal est ce que je veux et ma douleur est ma santé. Je ne vois donc pas de quoi je me plains, car mon mal me vient de ma volonté; c'est mon vouloir qui devient mon mal; mais j'ai tant d'aise à vouloir ainsi que je souffre agréablement, et tant de joie dans ma douleur que je suis malade avec délices. »

Chrétien de Troyes.

Il faut avoir l'audace de poser la question : Tristan aime-t-il Iseut? Est-il aimé par elle? (Seules les questions « stupides » peuvent nous instruire, et tout ce qui passe pour évident cache quelque chose qui ne l'est point, comme l'a dit à peu près Valéry.)

Rien d'*humain* ne paraît rapprocher nos amants, bien au contraire. Lors de leur première rencontre, ils n'ont que des rapports de politesse conventionnelle. Et quand Tristan revient en quête d'Iseut, on se souvient que cette politesse fait place à la plus franche hostilité. Tout porte à croire que *librement* ils ne se fussent jamais choisis. Mais ils ont bu le philtre, et voici la passion. Une tendresse va-t-elle naître et les unir, à la faveur de ce destin magique? Dans tout le *Roman,* dans ces milliers de vers, je n'en ai trouvé qu'une seule trace. C'est quand ils vivent dans la forêt de Morrois, après l'évasion de Tristan.

Aspre vie meinent et dure :
Tant s'entr'aiment de bonne amor
L'un par l'autre ne sent dolor.

Dira-t-on que les poètes de cette époque furent moins sentimentaux que nous ne le sommes devenus, et qu'ils n'éprouvaient pas le besoin d'insister sur ce qui va de soi ? Qu'on lise alors, attentivement, le récit des trois ans dans la forêt. Ses deux scènes les plus belles, qui sont peut-être aussi les plus profondes de la légende, ce sont les deux visites que les amants font à l'ermite Ogrin. La première fois, c'est pour se confesser. Mais au lieu d'avouer leur péché et de demander l'absolution, ils s'efforcent de démontrer qu'ils n'ont aucune responsabilité dans l'aventure, puisqu'en somme *ils ne s'aiment pas* !

Q'el m'aime, c'est par la poison
Ge ne me pus de lié partir,
N'ele de moi...

Ainsi parle Tristan. Et Iseut après lui :

Sire, por Dieu omnipotent,
Il ne m'aime pas, ne je lui,
Fors par un herbé dont je bui
Et il en but : ce fu pechiez.

La situation dans laquelle ils se trouvent est donc passionnément contradictoire : ils aiment, mais ils ne s'aiment point : ils ont péché, mais ils ne peuvent s'en repentir, puisqu'ils ne sont pas responsables ; ils se confessent, mais ne veulent pas guérir, ni même implorer leur pardon... En vérité, comme tous les grands amants, ils se sentent ravis « par-delà le bien et le mal », dans une sorte de transcendance de nos communes conditions, dans un absolu indicible, incompatible avec les lois du monde, mais qu'ils éprouvent comme *plus réel que ce monde.* La fatalité qui les presse, et à laquelle ils s'abandonnent en gémissant, supprime l'opposition du bien et du mal ; elle les conduit même au-delà de l'origine de toutes valeurs morales, au-delà du plaisir et de la souffrance, au-delà du domaine où l'on distingue, et où les contraires s'excluent.

L'aveu n'en est pas moins formel : *« Il ne m'aime pas, ne je lui. »* Tout se passe comme s'ils ne se voyaient pas, comme s'ils ne se reconnaissaient pas. Ce qui les rive au « tourment délicieux » n'appartient ni à l'un ni à l'autre, mais relève d'une puissance étrangère, indépendante de leurs qualités, de leurs désirs, au moins conscients, et de leur être tel qu'ils le connaissent. Les traits physiques et psychologiques de cet homme et de cette femme sont parfaitement conventionnels et rhétoriques. Lui, c'est « le plus fort » ; elle, « la plus belle ». Lui, le chevalier ; elle, la princesse, etc. Comment concevoir une affection humaine entre deux types à ce point simplifiés ? L' « amistié » dont il est question à propos de la durée du philtre est le contraire d'une amitié réelle. Bien plus, si l'amitié morale se fait jour, ce n'est qu'au moment où la passion faiblit. Et le premier effet de cette amitié naissante n'est pas du tout d'unir davantage les amants, mais au contraire de leur montrer qu'ils ont tout intérêt à se quitter. Voyons ce point d'un peu plus près.

L'endemain de la saint Jehan
Aconpli furent li troi an.

Tristan chassait dans la forêt. Soudain, il se souvient du monde. Il revoit la cour du roi Marc. Il regrette « le vair et le gris » et l'apparat de chevalerie, et le haut rang qu'il pourrait occuper parmi les barons de son oncle. Il songe aussi à son amie, — pour la première fois semble-t-il ! Il songe que dans cette aventure, elle pourrait être *« en beles chambres... portendües de dras de soie ».* Iseut de son côté, à la même heure, conçoit les mêmes regrets. Le soir venu, ils se retrouvent, et avouent leur nouveau tourment : « *En mal uson notre jovente...* » La décision de se séparer est bientôt prise. Tristan propose de « gerpir » en Bretagne. Auparavant, ils iront voir Ogrin l'ermite pour obtenir son pardon — et celui du roi Marc pour Iseut.

Ici se place le court dialogue si dramatique entre l'ermite et les deux repentants :

Amors par force vos demeine!
Combien durra vostre folie?
Trop avez mené ceste vie.

Ainsi les admoneste Ogrin.

Tristan li dist; or escoutez
Si longuement l'avons menée
Itel fu nostre destinée.

(*Amors par force vos demeine!* Comment ne s'arrêterait-on point pour admirer la plus poignante définition qu'un poète ait jamais donnée de la passion! A lui seul, ce vers exprime tout, et avec une force de langage qui fait pâlir le romantisme tout entier! Qui nous rendra ce dur « patois du cœur? »)

Un dernier trait : lorsque Tristan reçoit la réponse favorable du roi acceptant de reprendre Iseut :

Dex! dist Tristan, quel departie!
Mot est dolenz qui pert s'amie...

C'est sur sa propre peine qu'il s'apitoie. Il n'a pas une pensée pour « s'amie ». Quant à elle, on sent bien qu'elle se trouve plus heureuse auprès du roi qu'auprès de son ami; plus heureuse dans le malheur d'amour que dans leur vie commune du Morrois...

⁂

On sait d'ailleurs que par la suite, et bien que le philtre n'agisse plus, les amants seront repris par la passion, jusqu'au point qu'ils en perdront la vie, « lui par elle, elle par lui »...

L'*égoïsme* apparent d'un tel amour expliquerait à lui seul bien des « hasards », bien des malices opportunes du sort qui s'opposent au bonheur des amants. Mais comment l'expliquer lui-même, dans sa profonde ambiguïté ? Tout égoïsme, dit-on, mène à la mort, mais c'est par une ultime défaite. Celui-ci au contraire veut la mort comme son accomplissement parfait, comme son triomphe... Une seule réponse demeure ici digne du mythe.

Tristan et Iseut ne s'aiment pas, ils l'ont dit et tout le confirme. *Ce qu'ils aiment, c'est l'amour, c'est le fait même d'aimer.* Et ils agissent comme s'ils avaient compris que tout ce qui s'oppose à l'amour le garantit et le consacre dans leur cœur, pour l'exalter à l'infini dans l'instant de l'obstacle absolu, qui est la mort.

Tristan aime se sentir aimer, bien plus qu'il n'aime Iseut la Blonde. Et Iseut ne fait rien pour retenir Tristan près d'elle : il lui suffit d'un rêve passionné. Ils ont besoin l'un de l'autre pour brûler, mais non de l'autre tel qu'il est ; et non de la présence de l'autre, mais bien plutôt de son absence !

La séparation des amants résulte ainsi de leur passion même, et de l'amour qu'ils portent à leur passion plutôt qu'à son contentement, plutôt qu'à son vivant objet. D'où les obstacles multipliés par le *Roman* ; d'où l'indifférence étonnante de ces complices d'un même rêve au sein duquel chacun d'eux reste seul ; d'où le crescendo romanesque et la mortelle apothéose.

Dualité irrémédiable et désirée ! « Mot est dolenz

qui pert s'amie », soupire Tristan. Pourtant il sent déjà, au fond de la nuit qui vient, poindre la flamme secrète, ravivée par l'absence.

9. L'AMOUR DE LA MORT

Mais il nous faut pousser plus loin : *l'amabam amare* d'Augustin est une émouvante formule dont lui-même ne s'est pas satisfait.

L'obstacle dont nous avons souvent parlé, et la *création de l'obstacle* par la passion des deux héros (confondant ici ses effets avec ceux de l'exigence romanesque et de l'attente du lecteur) — cet obstacle n'est-il qu'un *prétexte,* nécessaire au progrès de la passion, ou n'est-il pas lié à la passion d'une manière beaucoup plus profonde ? N'est-il pas *l'objet* même de la passion, — si l'on descend au fond du mythe ?

***

Nous avons vu que le progrès du roman a pour principe les séparations et les revoirs successifs des amants[1]. Or les causes de séparation sont de deux sortes : circonstances extérieures adverses, entraves inventées par Tristan.

1. Rappelons ici ces étapes : Premier séjour de Tristan en Irlande. Ils se séparent sans s'aimer. — Second séjour : elle veut le tuer. — Navigation et philtre, péché consommé ; Iseut livrée. — Tristan banni de la cour. Rendez-vous sous l'arbre. — Tristan revient à la cour. Le « flagrant délit ». Ils sont séparés. — Ils se retrouvent et passent trois ans dans la forêt, puis se séparent. — Rendez-vous chez Orri le forestier ; Tristan s'éloigne. — Tristan revient déguisé en fou ; s'éloigne. — Longue séparation, mariage de Tristan. — Iseut approche et Tristan meurt. Puis mort d'Iseut.

Résumons encore : une seule longue période de réunion (l'aspre vie) à quoi répond la longue période de séparation (le mariage de Tristan). Auparavant : le Philtre ; à la fin : la double Mort ; entre-temps, de furtives rencontres.

Tristan ne se comportera pas de la même manière dans les deux cas. Et il n'est pas sans intérêt de dégager cette dialectique de l'obstacle dans *le Roman*.

Lorsque ce sont les circonstances sociales qui menacent les amants (présence de Marc, méfiance des barons, jugement de Dieu, etc.), Tristan bondit par-dessus l'obstacle (le saut d'un lit à l'autre en est le symbole). Quitte à souffrir (sa blessure se rouvre) et à risquer sa vie (il se sait épié). Mais la passion est alors si violente, si animale pourrait-on dire, qu'il oublie la douleur et le danger dans l'ivresse de son « déduit ». Pourtant, le sang de sa blessure le trahit. C'est la « marque rouge » qui met le roi sur la trace de l'adultère. Quant à nous, elle nous met sur la trace du dessein secret des amants : leur recherche du péril pour lui-même. Mais tant que le péril n'est qu'une menace tout extérieure, la prouesse par laquelle Tristan le surmonte est une affirmation de la vie. En tout cela, Tristan n'obéit qu'à la coutume féodale des chevaliers : il s'agit de faire preuve de « valeur », il s'agit d'être le plus fort, ou le plus rusé. Nous avons vu que cela le conduirait à enlever la reine à son roi. Et que le droit établi n'est soudain respecté, à ce moment, que parce qu'il fournit un prétexte à faire rebondir le roman.

Tout autre est l'attitude du chevalier lorsque rien d'extérieur à eux-mêmes ne sépare plus les amants. C'est même l'inverse qui se produit alors : l'épée nue déposée par Tristan entre leurs corps demeurés vêtus, c'est encore occasion de prouesse, mais cette fois-ci contre lui-même, *à ses dépens.* Puisqu'il en est lui-même le fauteur, c'est un obstacle *qu'il ne peut plus vaincre* !

N'oublions pas que la hiérarchie des faits contés traduit exactement la hiérarchie des *préférences* du conteur et de son lecteur. L'obstacle le plus grave, c'est donc celui que l'on préfère par-dessus tout. C'est le plus propre à grandir la passion. Notons aussi qu'en cette extrémité, la volonté de se séparer revêt une valeur affective *plus forte que la passion même.* La mort, qui est le but de la passion, la tue.

Mais l'épée nue n'est pas encore l'expression décisive du désir sombre, de la *fin* même de la passion (au double sens du mot *fin*). L'admirable épisode des épées échangées le fait voir. Quand le roi vient surprendre les amants, l'on se rappelle qu'il substitue son arme à celle de son rival. Cela signifie qu'à l'obstacle désiré et librement créé par les amants, il substitue le signe de son pouvoir social, l'obstacle légal, objectif. Tristan relève ce défi : d'où le rebondissement de l'*action.* Et ici le mot prend un sens symbolique : l'action empêche la « passion » d'être totale, car la passion, c'est « ce que l'on subit » — à la limite, c'est la mort. En d'autres termes cette action est un nouveau délai de la passion, c'est-à-dire un retard de la Mort.

⁂

On retrouvera la même dialectique entre les deux mariages du *Roman :* celui d'Iseut la Blonde avec le roi, et celui d'Iseut aux blanches mains avec Tristan.

Le premier de ces mariages est l'obstacle de fait. Il est symbolisé par l'existence concrète du *mari,* méprisé par l'amour courtois. Occasion de prouesse classique et de rebondissements faciles. L'existence du mari, l'obstacle de l'adultère, c'est le premier prétexte venu, le plus naturellement imaginable, le plus conforme à l'expérience quotidienne. (Le romantisme en trouvera de plus fins.) Il faut voir comme Tristan le bouscule, et comme il s'en joue à plaisir ! Sans le mari, je ne donne pas plus de trois ans à l'amour de Tristan et Iseut. Et en effet, la grande sagesse du vieux Béroul, c'est d'avoir limité à cette durée l'action du philtre : *« La mère Iseut qui le bollit. — A trois anz d'amistié le fist. »*

Sans le mari, il ne resterait aux deux amants qu'à se marier. Or on ne conçoit pas que Tristan puisse jamais épouser Iseut. Elle est le type de femme qu'on n'épouse point, car alors on cesserait de l'aimer, puisqu'elle cesserait d'être ce qu'elle est. Imaginez cela : Madame Tristan ! C'est la négation de la passion, au moins de celle dont nous nous occupons. L'ardeur amoureuse spontanée, couronnée et non combattue, est par essence peu durable. C'est une flambée qui ne peut pas survivre à l'éclat de sa consommation. Mais sa *brûlure* demeure inoubliable, et c'est elle que les amants veulent prolonger et renouveler à l'infini. D'où les périls nouveaux qu'ils vont défier. Mais la valeur du chevalier est telle qu'il les aura bientôt tous surmontés. C'est alors qu'il s'éloigne, en quête d'aventures plus secrètes et plus profondes, l'on dirait même : plus intérieures.

Lorsque Tristan soupire à voix basse après l'Iseut perdue, le frère d'Iseut aux blanches mains croit son ami amoureux de sa sœur. Cette erreur — provoquée par le nom des deux femmes — est la seule « raison » du mariage de Tristan. L'on voit qu'il lui serait aisé de s'expliquer. Mais une fois de plus, l'honneur interviendra, et au seul titre de prétexte, pour empêcher Tristan de se dédire. C'est que l'amant pressent, dans cette nouvelle épreuve *qu'il s'impose,* l'occasion d'un progrès décisif. Ce mariage blanc avec une femme qu'il trouve belle, c'est l'obstacle qu'il ne peut surmonter que par une victoire *sur lui-même* (aussi bien que sur le mariage, qu'il ruine ainsi par l'intérieur). Prouesse dont il est la victime ! La chasteté du chevalier marié répond à la déposition de l'épée nue entre les corps. Mais une chasteté volontaire, c'est un suicide symbolique — (on voit ici le sens caché de l'épée). C'est une victoire de l'idéal courtois sur la robuste tradition celtique qui affirmait l'orgueil de vivre. C'est une manière de purification de ce qui subsistait, dans le désir, de spontané, d'animal et d'actif. Victoire de la « passion » sur le désir. Triomphe de la mort sur la vie.

⁂

Ainsi donc cette préférence accordée à l'*obstacle voulu,* c'était l'affirmation de la Mort, c'était un progrès vers la Mort ! Mais vers une mort d'amour, vers une mort volontaire au terme d'une série d'épreuves dont Tristan sortira purifié ; vers une mort qui soit une transfiguration, et non pas un hasard brutal. Il s'agit donc toujours de ramener la fatalité extérieure à une fatalité interne, librement assumée par les amants. *C'est le rachat de leur destin qu'ils accomplissent en mourant par amour ; c'est une revanche sur le philtre.*

Et l'on assiste, *in extremis,* au renversement de la dialectique passion-obstacle. Vraiment ce n'est plus l'obstacle qui est au service de la passion fatale, mais au contraire il est devenu le but, la fin désirée pour elle-même. Et la passion n'a donc joué qu'un rôle d'épreuve purificatrice, on dirait presque de pénitence au service de cette mort qui transfigure. Nous touchons au secret dernier.

L'amour de l'amour même dissimulait une passion beaucoup plus terrible, une volonté profondément inavouable — et qui ne pouvait que se « trahir » par des symboles tels que celui de l'épée nue ou de la périlleuse chasteté. Sans le savoir, les amants malgré eux n'ont jamais désiré que la mort ! Sans le savoir, en se trompant passionnément, ils n'ont jamais cherché que le rachat et la revanche de « ce qu'ils subissaient » — la passion initiée par le philtre. Au fond le plus secret de leur cœur, c'était la volonté de la mort, *la passion active de la Nuit* qui leur dictait ses décisions fatales.

10. Le philtre

Et voici que s'entre-dévoile la raison constituante du *mythe*, la nécessité même qui l'a créé.

Le sens réel de la passion est tellement effrayant et inavouable, que non seulement ceux qui la vivent ne sauraient prendre aucune conscience de sa fin, mais que ceux qui la veulent dépeindre dans sa merveilleuse violence se voient contraints de recourir au langage *trompeur* des symboles. Laissons de côté, pour le moment, la question de savoir si les auteurs des cinq poèmes primitifs étaient ou non conscients de la portée de leur œuvre. En tout état de cause, il convient de préciser le sens du mot « trompeur » que nous venons d'utiliser.

La vulgarisation de la psychanalyse nous habitue à concevoir qu'un désir refoulé « s'exprime » toujours, mais de manière à égarer le jugement. La passion interdite, l'amour inavouable, se créent un système de symboles, un langage hiéroglyphique, dont la conscience n'a pas la clé. Langage ambigu par essence, car il « trahit » au double sens du terme ce qu'il veut dire sans le dire. Il lui arrive de composer en un seul geste ou une seule métaphore à la fois l'expression de l'objet désiré et l'expression de ce qui condamne ce désir. Ainsi l'interdiction reste affirmée, et l'objet reste inavoué, mais tout de même il y est fait allusion, et par là, dans une certaine mesure, des exigences incompatibles se voient du même coup satisfaites : besoin de parler de ce qu'on aime et besoin de le soustraire au jugement, amour du risque et instinct de prudence. Interrogez celui qui use d'un tel langage, demandez-lui raison de sa prédilection, pour telle ou telle image d'apparence bizarre, il répondra que « c'est tout naturel », « qu'il n'en sait rien », « qu'il n'y attache pas d'importance ». S'il est poète, il parlera d'inspiration, ou au contraire de rhétorique. Il ne sera jamais à court de bonnes raisons pour démontrer qu'il n'est *responsable* de rien...

Imaginons maintenant le problème qui se posait à l'auteur du *Roman* primitif. De quel matériel symbolique — apte à cacher ce qu'il fallait traduire — disposait-il au XIIe siècle? De la magie et de la rhétorique chevaleresque.

L'avantage de ces modes d'expression saute aux yeux. La magie persuade sans donner de raisons, voire dans la mesure où elle n'en donne point. Et la rhétorique chevaleresque, comme d'ailleurs toute rhétorique, est le moyen de faire passer pour « naturelles » les plus obscures propositions. Masque idéal! Garantie de secret, mais aussi garantie d'approbation *sans condition* de la part du lecteur de roman. La chevalerie, c'est la règle sociale que les élites du siècle rêvent d'opposer aux pires « folies » dont elles se sentent menacées. La coutume de la chevalerie fournira donc le cadre du *Roman*. Et nous avons marqué, en maint endroit, le caractère de « prétexte rêvé » des interdictions qu'elle impose.

Pour la magie, voici quel sera son rôle. Il s'agit de dépeindre une passion dont la violence fascinante ne peut être acceptée sans scrupule. Elle apparaît barbare dans ses effets. Elle est proscrite par l'Église comme un péché; par la raison comme un excès morbide. On ne pourra donc l'admirer qu'en tant qu'on l'aura libérée de toute espèce de lien visible avec l'humaine responsabilité.

L'intervention du philtre, agissant d'une manière fatale, et mieux encore bu par erreur, se révèle désormais nécessaire. (Thomas, qui cherche à diminuer le rôle de cette « emprise » magique, se verra condamné à rendre la passion moins inhumaine plus acceptable aux yeux du moraliste. Inférieur en ceci à Béroul, il sera le premier responsable de la dégradation du mythe.)

Qu'est-ce alors que le philtre ? C'est l'*alibi* de la passion. C'est ce qui permet aux malheureux amants de dire : « Vous voyez que je n'y suis pour rien, vous voyez que c'est plus fort que moi. » Et cependant, nous voyons bien qu'à la faveur de cette fatalité trompeuse, tous leurs actes sont orientés vers le destin mortel qu'ils aiment, avec une sorte d'astucieuse résolution, avec une ruse d'autant plus infaillible qu'elle peut agir à l'abri du jugement. Nos actions les moins calculées sont parfois les plus efficaces. La pierre qu'on lance « sans viser » va droit au but. En vérité, c'est qu'on visait ce but, mais la conscience n'a pas eu le temps d'intervenir et de gauchir le geste spontané. Et c'est pourquoi les plus belles scènes du *Roman* sont celles que les auteurs n'ont pas su commenter, et qu'ils décrivent comme en toute innocence.

*
**

Il n'y aurait pas de mythe, il n'y aurait pas de roman, si Tristan et Iseut pouvaient *dire* quelle est la fin qu'ils se préparent de toute leur volonté profonde, et plus que profonde, abyssale. Qui donc oserait avouer qu'il veut la Mort ? qu'il déteste le Jour qui l'offusque ? et qu'il attend de tout son être l'anéantissement de son être ?

Certains poètes, beaucoup plus tard, ont osé cet aveu suprême. Mais la foule dit : ce sont des fous. Et la passion que le romancier désire flatter chez l'auditeur paraît, d'ordinaire, plus débile. Il y a peu de chance qu'elle soit jamais poussée à s'avouer par son excès indubitable, par une mort qui la manifeste au-delà de tout repentir possible !

Certains mystiques ont fait plus qu'avouer : ils ont su et se sont expliqués. Mais s'ils ont affronté « la Nuit obscure » avec la plus sévère et lucide passion, c'est qu'ils avaient le gage, par la foi, qu'une Volonté toute personnelle et « lumineuse » se substituerait à la leur. Ce n'était pas le dieu sans nom du philtre, une force aveugle ou le Néant, qui s'emparait de leur secret vouloir, mais le Dieu qui promet sa grâce, et la « vive flamme d'amour » éclose aux « déserts » de la Nuit.

Tristan, lui, ne peut rien avouer. Il veut comme s'il ne voulait pas. Il s'enferme en une « vérité » invérifiable, injustifiable, dont il rejette avec horreur la connaissance. Il tient son excuse toute prête, et elle le trompe mieux que quiconque : c'est le poison qui le *« demeine par force »*. Et cependant, qu'il ait choisi cette destinée, qu'il l'ait voulue et accueillie par un obscur et souverain assentiment, tout le trahit dans son action, et jusque dans sa fuite désespérée, dans la sublime coquetterie de sa fuite ! Et qu'il l'ignore, c'est essentiel à la grandeur exemplaire de sa vie. Les raisons de la Nuit ne sont pas celles du Jour, elles ne sont pas communicables au Jour[1]. Elles le méprisent. Tristan s'est fait prisonnier d'un délire auprès duquel pâlissent toute sagesse, toute « vérité », et la vie même. Il est au-delà de nos bonheurs, de nos

1. Dans le drame de Wagner, quand le roi surprend les amants, Tristan répond à ses questions douloureuses : « Ce mystère, *je ne puis te le révéler*. Jamais tu ne pourras connaître ce que tu demandes. » Et plus tard, quand il meurt : « Je ne suis pas resté au lieu de mon réveil. Mais où ai-je fait séjour ? *Je ne saurais le dire...* C'était là où je fus toujours, et là où j'irai pour toujours, le vaste empire de l'éternelle nuit. Là-bas, une science unique nous est donnée : le divin, l'éternel, l'originel oubli... Oh ! *si je pouvais le dire ! Si tu pouvais me comprendre !* »

souffrances. Il s'élance vers l'instant suprême où la totale jouissance est de *sombrer*.

⁂

Les mots du Jour ne peuvent décrire la Nuit, mais la « musique savante » n'a pas manqué à ce désir dont elle procède. Levez-vous, orages sonores de la mort de Tristan et d'Isolde !

« *Vieille et grave mélodie,* dit le héros, *tes sons lamentables parvenaient jusqu'à moi sur les vents du soir, lorsqu'en un temps lointain la mort du père fut annoncée au fils. Dans l'aube sinistre, tu me cherchais, de plus en plus inquiète, lorsque le fils apprit le sort de la mère... Quand mon père m'engendra et mourut, quand ma mère me donna le jour en expirant, la vieille mélodie arrivait aussi à leurs oreilles, languissante et triste. Elle m'a interrogé un jour, et voici qu'elle me parle encore. Pour quel destin suis-je né ? Pour quel destin ? La vieille mélodie me répète : — Pour désirer et pour mourir ! Pour mourir de désirer !* »

Il peut maudire ses astres, sa naissance, mais la musique est savante, vraiment, et elle nous chante immensément le beau secret : c'est lui qui a voulu son destin :

« *Ce terrible philtre qui me condamne au supplice, c'est moi, moi-même qui l'ai composé... Et je l'ai bu à longs traits de délice !...* »

11. L'amour réciproque malheureux

Passion veut dire souffrance, chose subie, prépondérance du destin sur la personne libre et responsable. Aimer l'amour plus que l'objet de l'amour, aimer la passion pour elle-même, de *l'amabam amare* d'Augustin jusqu'au romantisme moderne, c'est aimer et chercher la souffrance. Amour-passion : désir de ce qui nous blesse, et nous anéantit par son triomphe. C'est un secret dont l'Occident n'a jamais toléré l'aveu, et qu'il n'a pas cessé de refouler, — de préserver ! Il en est peu de plus tragiques, et sa persistance nous invite à porter sur l'avenir de l'Europe un jugement très pessimiste.

Marquons ici une incidence qui méritera plus tard son développement : c'est la liaison ou la complicité de la passion, du goût de la mort qu'elle dissimule, et d'un certain mode de connaître qui définirait à lui seul notre *psyché* occidentale.

Pourquoi l'homme d'Occident veut-il subir cette passion qui le blesse et que toute sa raison condamne ? Pourquoi veut-il cet amour dont l'éclat ne peut être que son suicide ? C'est qu'il se connaît et s'éprouve sous le coup de menaces vitales, dans la souffrance et au seuil de la mort. Le troisième acte du drame de Wagner décrit bien davantage qu'une catastrophe romanesque : il décrit l'*essentielle catastrophe* de notre sadique génie, ce goût réprimé de la mort, ce goût de se connaître à la limite, ce goût de la collision révélatrice qui est sans doute la plus inarrachable des racines de l'instinct de la guerre en nous.

⁂

De cette extrémité tragique, illustrée, avouée et constatée par la pureté du mythe originel, redescendons à l'expérience de la passion telle que la vivent les hommes d'aujourd'hui.

Le succès prodigieux du *Roman de Tristan* révèle en nous, que nous le voulions ou non, une préférence intime pour le malheur. Que ce malheur, selon la force de notre âme, soit la « délicieuse tristesse » et le spleen de la décadence, ou la souffrance qui transfigure, ou le défi que l'esprit jette au monde, ce que nous cherchons, c'est ce qui peut nous exalter jusqu'à nous faire accéder, malgré nous, à la « vraie vie » dont parlent les poètes. Mais cette « vraie vie », c'est la vie impossible. Ce ciel aux nuées exaltées, crépuscule empourpré d'héroïsme, n'annonce pas le Jour, mais la Nuit ! La « vraie vie est absente », dit Rimbaud. Elle n'est qu'un des noms de la Mort, le seul nom par lequel nous osions *l'appeler* — tout en feignant de la repousser.

Pourquoi préférons-nous à tout autre récit celui d'un amour impossible ? C'est que nous aimons la brûlure, et la *conscience* de ce qui brûle en nous. Liaison profonde de la souffrance et du savoir. Complicité de la conscience et de la mort ! (Hegel a pu fonder sur elle une explication générale de notre esprit et même de notre Histoire.) Je définirais volontiers le romantique occidental comme un homme pour qui la douleur, et spécialement la douleur amoureuse, est un moyen privilégié de connaissance.

Certes, cela vaut pour les meilleurs. Le grand nombre se soucie peu de connaître, et de se connaître. Il cherche simplement l'amour le plus *sensible*. Mais c'est encore l'amour dont quelque entrave vient retarder l'heureux accomplissement. Ainsi, soit qu'on désire l'amour le plus conscient, ou simplement l'amour le plus intense, on désire en secret l'obstacle. Au besoin, on le crée, on l'imagine.

Il me paraît que cela explique une bonne partie de notre psychologie. Sans traverses à l'amour, point de « roman ». Or c'est le roman qu'on aime, c'est-à-dire la conscience, l'intensité, les variations et les retards de la passion, son crescendo jusqu'à la catastrophe — et non point sa rapide flambée. Considérez notre littérature. Le bonheur des amants ne nous émeut que par l'attente du malheur qui le guette. Il y faut cette menace de la vie et des hostiles réalités qui l'éloignent dans quelque au-delà. La nostalgie, le souvenir, et non pas la présence, nous émeuvent. La présence est inexprimable, elle ne possède aucune durée sensible, elle ne peut être qu'un *instant* de grâce — le duo de Don Juan et Zerline. Ou bien l'on tombe dans une idylle de carte postale.

L'amour heureux n'a pas d'histoire *dans la littérature occidentale.* Et l'amour qui n'est pas réciproque ne passe point pour un amour vrai. La grande trouvaille des poètes de l'Europe, ce qui les distingue avant tout dans la littérature mondiale, ce qui exprime le plus profondément l'obsession de l'Européen : connaître à travers la douleur, c'est le secret du mythe de Tristan, l'amour-passion à la fois partagé et combattu, anxieux d'un bonheur qu'il repousse, magnifié par sa catastrophe, — *l'amour réciproque malheureux.*

⁂

Arrêtons-nous sur cette formule du mythe.

Amour *réciproque,* en ce sens que Tristan et Iseut « s'entr'aiment », ou du moins, qu'ils en sont persuadés. Et il est vrai qu'ils sont, l'un envers l'autre, d'une fidélité exemplaire. Mais le *malheur,* c'est que l'amour qui les « demeine » n'est pas l'amour de l'autre tel qu'il est dans sa réalité concrète. Ils s'entr'aiment, mais chacun n'aime l'autre qu'*à partir de soi, non de l'autre.* Leur malheur prend ainsi sa source dans une fausse réciprocité, masque d'un double narcissisme. A tel point qu'à certains moments, on sent percer dans l'excès de leur passion une espèce de haine de l'aimé. Wagner l'a vue, bien avant Freud et les modernes psychologues. *« Élu par moi, perdu par moi ! »* chantait Isolde en son amour sauvage. Et la chanson du marinier, du haut du mât, prédit leur sort inévitable :

« Vers l'Occident erre le regard ; vers l'Orient file le navire. Frais, le vent souffle vers la terre natale. O fille d'Irlande, où t'attardes-tu ? Ce qui gonfle ma voile, sont-ce tes soupirs ? Souffle, souffle ô vent ! Malheur, ah ! malheur, fille d'Irlande, amoureuse et sauvage ! »

Double malheur de la passion qui fuit le réel et la Norme du Jour, malheur essentiel de l'amour : ce que l'on désire, on ne l'a pas encore — c'est la Mort — et l'on perd ce que l'on avait — la jouissance de la vie.

Mais cette perte n'est pas sentie comme un appauvrissement, bien au contraire. On s'imagine que l'on vit davantage, plus dangereusement, plus magnifiquement. C'est que l'approche de la mort est l'aiguillon de la sensualité. Elle aggrave, au plein sens du terme, le désir. Elle l'aggrave même parfois jusqu'au désir de tuer l'autre, ou de se tuer, ou de sombrer dans un commun naufrage.

« *O vents,* clamait encore Isolde, *secouez la léthargie de cette mer rêveuse, ressuscitez des profondeurs l'implacable convoitise, montrez-lui la proie que je lui offre ! Brisez le vaisseau, engloutissez les épaves ! Tout ce qui palpite et respire, ô vents, je vous le donne en récompense !* »

Attirés par la mort loin de la vie qui les pousse, proies voluptueuses de forces contradictoires mais qui les précipitent au même vertige, les amants ne pourront se rejoindre qu'à l'instant qui les prive à jamais de tout espoir humain, de tout amour possible, au sein de l'obstacle absolu et d'une suprême exaltation qui se détruit par son accomplissement.

12. Une vieille et grave mélodie

Un résumé objectif du *Roman* nous a fait pressentir certaines contradictions. L'hypothèse d'une opposition, que l'auteur eût tenté d'illustrer, entre la loi de chevalerie et les coutumes féodales, nous a permis de surprendre le mécanisme de ces contradictions. Alors a commencé notre recherche du vrai sujet de la légende.

Derrière la préférence accordée par l'auteur à la règle de chevalerie, il y a le goût du romanesque. Derrière le goût du romanesque, il y a celui de l'amour pour lui-même. Et cela suppose une recherche secrète de l'obstacle favorable à l'amour. Mais ce n'est encore là que le masque d'un amour de l'obstacle en soi. Et l'obstacle suprême, c'est la mort, qui se révèle au terme de l'aventure comme la vraie fin, le désir désiré dès le début de la passion, la revanche sur le destin qui fut subi et qui est enfin racheté.

Cette analyse du mythe primitif livre quelques secrets dont l'importance est appréciable — mais dont la conscience commune doit renier l'intime évidence. Que la sécheresse d'une description réduite à suivre en ses détours la logique interne du *Roman* puisse paraître vaguement injurieuse, je le sens bien, et m'en console si les résultats sont exacts ; que certaines conjectures soient discutables, je l'admettrai sans peine devant les preuves, mais quoi qu'on pense d'une interprétation que j'ai stylisée à dessein, il demeure qu'elle nous a permis de surprendre à l'état naissant quelques relations fondamentales qui soustendent nos destinées.

Pour autant que l'*amour-passion* rénove le mythe dans nos vies, nous ne pouvons plus ignorer, désormais, la condamnation radicale qu'il représente pour le *mariage*. Nous savons, par la fin du mythe, que la passion est une *ascèse*. Elle s'oppose à la vie terrestre d'une manière d'autant plus efficace qu'elle prend la forme du désir, et que ce désir, à son tour, se déguise en fatalité.

Incidemment, nous avons indiqué qu'un tel amour n'est pas sans lien profond avec notre goût de la *guerre.*

Enfin, s'il est vrai que la passion et le besoin de la passion sont des aspects de notre mode occidental de connaissance, il faut en venir — au moins sous forme de question — à poser une dernière relation qui se révélera peut-être, en fin de compte, la plus fondamentale de toutes. Connaître à travers la souffrance, n'est-ce pas l'acte même, et l'audace, de nos *mystiques* les plus lucides ? Érotique au sens noble, et mystique : que l'une de l'autre soit cause ou effet, ou qu'elles aient une commune origine — ces deux « passions » parlent un même langage, et chantent peut-être dans notre âme la même « vieille et grave mélodie » orchestrée par le drame de Wagner :

« Elle m'a interrogé un jour, et voici qu'elle me parle encore. Pour quel destin suis-je né ? Pour quel destin ? La vieille mélodie me répète : — Pour désirer et pour mourir. »

⁂

Partant d'un examen « physionomique » des formes et des structures du *Roman,* nous avons pu saisir le contenu originel du mythe, dans sa pureté fruste et grande. Deux voies nous tentent maintenant : l'une remonte vers les arrière-plans historiques et religieux du mythe, — l'autre descend du mythe jusqu'à nos jours.

Parcourons-les l'une après l'autre, librement. Nous ferons halte ici ou là pour vérifier telle origine nettement localisée, ou telle conséquence imprévue des *relations* que nous venons de dégager.

LIVRE II

LES ORIGINES RELIGIEUSES DU MYTHE

1. L' « OBSTACLE » NATUREL ET SACRÉ

NOUS sommes tous plus ou moins matérialistes, nous autres héritiers du XIXe. Qu'on nous montre dans la nature, ou dans l'instinct, les esquisses grossières de faits « spirituels », aussitôt nous croyons tenir une explication de ces faits. *Le plus bas nous paraît le plus vrai.* C'est la superstition du temps, la manie de « ramener » le sublime à l'infime, l'étrange erreur qui prend pour cause suffisante une condition simplement nécessaire. C'est aussi le scrupule scientifique, nous dit-on. Il fallait cela pour affranchir l'esprit des illusions spiritualistes. Mais je distingue mal l'intérêt d'un affranchissement qui consiste à « expliquer » Dostoïevski par le haut mal, et Nietzsche par la syphilis. Curieuse manière de libérer l'esprit, qui se « ramène » à le nier.

Mais j'ai beau dire et protester d'avance : si je constate que l'instinct et le sexe connaissent une dialectique spontanée, analogue à certains égards à celle de la passion dans notre mythe, beaucoup penseront que voilà qui suffit... Donnons une page à ce genre d'objections.

⁂

L'*obstacle* dont on a vu le jeu au cours de notre analyse du mythe, n'est-il pas d'origine toute naturelle ? Retarder le plaisir, n'est-ce pas la ruse la plus élémentaire du désir ? Et l'homme n'est-il pas « ainsi fait » qu'il s'impose parfois une certaine continence, quasi d'instinct, dans l'intérêt même de l'espèce ? Lycurgue, législateur de Sparte, imposait aux jeunes mariés une abstinence prolongée. « C'est afin — lui fait dire Plutarque — qu'ils soient toujours plus forts et dispos de leur corps, et qu'en ne jouissant pas du plaisir d'aimer à cœur saoul, leur amour en demeure toujours frais, et que leurs enfants en viennent plus robustes[1]. »

La chevalerie féodale, de même, honorait dans la chasteté un obstacle instinctif à l'instinct, ayant pour fin de rendre les guerriers plus valeureux.

Or la vertu d'une telle discipline est relative à la vie même, non à l'esprit. Elle cède au succès obtenu. Elle ne cherche rien au-delà. L'eugénisme d'un Lycurgue n'est nullement ascétique, puisqu'il vise au contraire à la meilleure propagation de l'espèce. On ne saurait voir dans ces processus vitaux autre chose que le *support* physiologique de la dialectique passionnelle. Il faut bien que la passion se serve des corps, et qu'elle utilise leurs lois. Mais la constatation des lois du corps n'explique nullement l'amour d'un Tristan, par exemple. Elle rend d'autant plus évidente l'intervention d'un facteur « étranger » seul capable de détourner l'instinct de son but naturel et de transformer le désir en une aspiration *indéfinie*, c'est-à-dire sans fins vitales, voire contraire à ces fins.

Ces mêmes remarques vaudront pour les coutumes

1. Traduction d'Amyot.

et les interdictions sacrées chez les peuplades primitives. C'est un jeu que de retrouver l'« origine » sacrée des motifs caractéristiques du *Roman*. La *quête* de la fiancée lointaine, par exemple, se rattache au cérémonial du rapt nuptial, chez les tribus exogamiques. La morale de la *prouesse* est une sublimation non déguisée de coutumes beaucoup plus anciennes traduisant la nécessité d'une sélection biologique. Et il n'est pas jusqu'au *désir de la mort* que l'on ne puisse « ramener » à l'*instinct* de mort décrit par Freud et par les plus récents biologistes.

Mais on ne voit pas que tout ceci explique l'apparition du mythe, et encore moins sa localisation dans notre histoire européenne... L'Antiquité n'a rien connu de semblable à l'amour de Tristan et d'Iseut. On sait assez que pour les Grecs et les Romains, l'amour est une maladie (Ménandre) dans la mesure où il transcende la volupté qui est sa fin naturelle. C'est une « frénésie » dit Plutarque. « Aucuns ont pensé que c'était une rage... Ainsi à ceux qui sont amoureux, il leur faut pardonner comme étant malades... »

D'où vient alors cette glorification de la passion, qui est justement ce qui nous touche dans *le Roman* ? Parler de déviation de l'instinct, c'est ne rien dire puisqu'il s'agit de savoir, précisément, quel est le facteur qui a pu causer cette déviation.

2. Éros, ou le désir sans fin
(Platonisme, druidisme, manichéisme.)

Platon nous parle dans *Phèdre* et *le Banquet* d'une fureur qui va du corps à l'âme, pour la troubler d'humeurs malignes. Ce n'est pas l'amour tel qu'il le loue. Mais il est une autre espèce de fureur, ou de délire, qui ne s'engendre pas sans quelque divinité, ni ne se crée dans l'âme au-dedans de nous : c'est une inspiration tout étrangère, un attrait qui agit du dehors, un emportement, un rapt indéfini de la raison et du sens naturel. On l'appellera donc *enthousiasme*, ce qui signifie « endieusement », car ce délire procède de la divinité et porte notre élan vers Dieu.

Tel est l'amour platonicien : « délire divin », transport de l'âme, folie et suprême raison. Et l'amant est auprès de l'être aimé « comme dans le ciel », car l'amour est la voie qui monte par degrés d'extase vers l'origine unique de tout ce qui existe, loin des corps et de la matière, loin de ce qui divise et distingue, au-delà du malheur d'être soi et d'être deux dans l'amour même.

L'Éros, c'est le Désir total, c'est l'Aspiration lumineuse, l'élan religieux originel porté à sa plus haute puissance, à l'extrême exigence de pureté qui est l'extrême exigence d'Unité. Mais l'unité dernière est négation de l'être actuel, dans sa souffrante multiplicité. Ainsi l'élan suprême du désir aboutit à ce qui est non-désir. La dialectique d'Éros introduit dans la vie quelque chose de tout étranger aux rythmes de l'attrait sexuel : un désir qui ne retombe plus, que plus rien ne peut satisfaire, qui repousse même et fuit la tentation de s'accomplir dans notre monde, parce qu'il ne veut embrasser que le Tout. C'est le *dépassement infini*, l'ascension de l'homme vers son dieu. Et ce mouvement est *sans retour*.

⁂

Les origines iraniennes et orphiques du platonisme sont encore mal connues mais certaines. Et par Plotin et l'Aréopagite, cette doctrine s'est transmise au monde médiéval. Ainsi l'Orient vint rêver dans nos vies, réveillant de très vieux souvenirs.

Car du fond de notre Occident, la voix des bardes celtes lui répondait. Je ne sais si c'était un écho, ou quelque harmonie ancestrale — toutes nos races sont venues ou revenues du Proche-Orient — ou simplement si la nature humaine n'est point portée en tous lieux et tous temps à diviniser son Désir dans des formes toujours semblables. Je ne sais ce que vaut l'hypothèse qui assimile jusque dans les détails les plus vieux mythes celtiques à ceux des Grecs — la quête du Graal à celle de la Toison d'or — et les doctrines de Pythagore sur la transmigration des âmes à celles des druides sur l'immortalité. La mythologie comparée est la plus périlleuse des sciences, si l'on excepte l'étymologie dont elle procède bien souvent : l'une et l'autre sans cesse à la merci du calembour le plus tentant... Quoi qu'il en soit, certaines convergences générales se dégagent des travaux récents, renforçant l'hypothèse d'une communauté originelle des croyances religieuses en Orient et en Occident.

⁂

Bien avant Rome, les Celtes avaient conquis une grande partie de l'Europe actuelle. Venus du sud-ouest de la Germanie et du nord-est de la France, ils avaient mis à sac Rome et Delphes, et soumis tous les peuples de l'Atlantique à la mer Noire. Ils poussèrent même jusqu'en Ukraine et en Asie Mineure (Galates), préfigurant assez exactement l'extension de l'Empire romain, — moins les péninsules italienne et grecque.

Or les Celtes n'étaient pas une nation. Ils n'avaient pas d'autre « unité » que celle d'une civilisation, dont le principe spirituel était maintenu par le collège sacerdotal des druides. Ce collège à son tour n'était nullement l'émanation des petits peuples ou tribus, mais « une institution en quelque sorte internationale », commune à tous les peuples d'origine celtique, du fond de la Bretagne et de l'Irlande jusqu'en Italie et en Asie Mineure. Les voyages et les rencontres des druides « cimentaient l'union des peuples celtiques et le sentiment de leur parenté[1] ». Les druides formaient des confréries religieuses douées de pouvoirs très étendus. Ils étaient à la fois devins, magiciens, médecins, prêtres, confesseurs. Ils n'écrivaient pas de livres, mais donnaient un enseignement oral, en vers gnomiques, à des élèves qu'ils gardaient auprès d'eux pendant vingt ans[2].

On a pu rapprocher ce collège sacerdotal d'institutions tout à fait identiques chez les autres peuples indo-européens : mages iraniens, brahmanes de l'Inde, pontifes et flamines de Rome. Le *flamen* porte d'ailleurs le même nom que le *brahmane*[3].

Il est certain que les Celtes croyaient à une vie après la mort. Vie aventureuse, très semblable à celle de la terre, mais épurée, et dont certains héros pouvaient *revenir,* sous d'autres noms, se mêler aux vivants. Par cette doctrine centrale de la survie des âmes, les Celtes s'apparentent aux Grecs. Mais toute doctrine de l'immortalité suppose une préoccupation tragique de la mort. Les Celtes, écrit Hubert, « ont cultivé certainement la métaphysique de la mort... Ils ont beaucoup rêvé sur la mort. C'était une compagne familière *dont ils se sont plu à déguiser le caractère inquiétant* ». De même, dans leur mythologie, « l'idée de mort domine tout, et tout la *découvre*[4] ». Et cela n'est pas sans inciter à des rapprochements très précis avec ce que l'on a dit plus haut du mythe de Tristan, qui voile et exprime à la fois le désir de mort.

1. H. Hubert, *les Celtes*, II, p. 227, 229, 274. (Le meilleur ouvrage d'ensemble sur la civilisation, l'histoire et l'archéologie celtiques.)
2. H. d'Arbois de Jubainville, *Cours de littérature celtique*, I, p. 1-65.
3. J. Vendryès. *Mémoires de la société linguistique*, XX, 6, 265.
4. *Op. cit.*, I, p. 18, et II, p. 328.

D'autre part, les dieux celtiques forment deux séries opposées : *dieux lumineux* et *dieux sombres.* Il nous importe de souligner ce fait du *dualisme* fondamental de la religion des druides. Car c'est ici que se révèle la convergence des mythes iraniens, gnostiques et hindouistes avec la religion fondamentale de l'Europe. De l'Inde aux rives de l'Atlantique, nous retrouvons exprimé, dans les formes les plus diverses, ce même mystère du Jour et de la Nuit, et de leur lutte *mortelle* dans l'homme. Il est un dieu de Lumière incréée, intemporelle, et un dieu de Ténèbres, auteur du mal, qui domine toute la Création visible. Des siècles avant l'apparition de Manès, on peut déceler la même opposition dans les mythologies indo-européennes. *Dieux lumineux* : l'Ahura-Mazda (ou Ormuzd) des Iraniens, l'Apollon grec, l'Abellion celtibère. *Dieux sombres* : le Dyaus Pitar hindou, l'Ahriman iranien, le Jupiter latin, le Dispater gaulois...

Bien d'autres rapprochements nous tentent, dont l'un au moins intéresse directement l'objet de ce livre : la conception de la femme chez les Celtes n'est pas sans rappeler la dialectique platonicienne de l'Amour.

La femme figure aux yeux des druides un être divin et prophétique. C'est la Velléda des *Martyrs,* le fantôme lumineux qui apparaît aux regards du général romain perdu dans sa rêverie nocturne : « Sais-tu que je suis fée ? » dit-elle. Éros a revêtu les apparences de la Femme, symbole de l'au-delà et de cette nostalgie qui nous fait mépriser les joies terrestres. Mais symbole équivoque puisqu'il tend à confondre l'attrait du sexe et le Désir *sans fin.* L'Essylt des légendes sacrées, « objet de contemplation, spectacle mystérieux », c'était l'invitation à désirer ce qui est au-delà des formes incarnées. Mais elle est belle et désirable en soi... Et pourtant sa nature est fuyante. « L'Éternel féminin nous entraîne », dira Goethe. Et Novalis : « La femme est le but de l'homme. »

Ainsi l'aspiration vers la lumière prend pour symbole l'attrait nocturne des sexes. Le grand Jour incréé, aux yeux de la chair, n'est que la Nuit. Mais notre jour, aux yeux du dieu qui réside par-delà les étoiles, c'est le royaume de Dispater, le père des Ombres. Et de même, le Tristan de Wagner veut *sombrer*, mais pour renaître en un ciel de Lumière. La « Nuit » qu'il chante, c'est le Jour incréé. Et sa passion, c'est le culte d'Éros, le Désir qui méprise Vénus, même quand il souffre volupté, même quand il croit aimer un être...

On parle trop de nirvâna et de bouddhisme à propos de l'opéra wagnérien. Comme si le fonds païen de l'Occident n'avait pas pu fournir au magicien les éléments les plus actifs de son philtre ! Il est frappant de constater d'ailleurs à quel point le celtisme originel de l'Europe a survécu à la conquête romaine et aux invasions germaniques. « Les Gallo-Romains sont restés pour la plupart des Celtes déguisés. Si bien qu'après les invasions germaniques, on vit reparaître en Gaule des modes et des goûts qui avaient été ceux des Celtes [1]. » L'art roman et les langues romanes attestent l'importance de l'héritage celtique. Plus tard, ce furent des moines d'Irlande et de Bretagne — derniers refuges des légendes bardiques conservées justement par les clercs — qui évangélisèrent l'Europe, et la rappelèrent au culte des lettres. Et ceci nous amène aux abords de l'époque où se forma notre mythe...

1. Hubert, *op. cit.*, I, p. 20. Et de même, les dieux gaulois prennent des noms latins sans se transformer autrement.

⁂

Mais plus près de nous que Platon et les druides, une sorte d'unité mystique du monde indo-européen se dessine comme en filigrane à l'arrière-plan des hérésies du Moyen Âge. Si nous embrassons le domaine géographique et historique qui va de l'Inde à la Bretagne, nous constatons qu'une religion s'y est répandue, d'une manière à vrai dire souterraine, dès le IIIe siècle de notre ère, syncrétisant l'ensemble des mythes du Jour et de la Nuit tels qu'ils s'étaient élaborés en Perse d'abord, puis dans les sectes gnostiques et orphiques : et c'est la foi manichéenne.

Les difficultés mêmes que l'on éprouve de nos jours à définir cette religion ne sont pas sans nous renseigner sur sa nature profonde et sa portée humaine.

D'abord elle fut partout persécutée avec une violence inouïe par les pouvoirs ou les orthodoxies. On affecta de voir en elle la pire menace sociale. Ses fidèles furent massacrés, leurs écrits dispersés et brûlés. Si bien que les témoignages sur lesquels elle a été jugée jusqu'à nos jours émanent presque exclusivement de ses adversaires. Ensuite, il semble bien que la doctrine de Manès (qui était originaire de l'Iran) a pris, selon les peuples et leurs croyances, des formes très diverses, tantôt chrétiennes, tantôt bouddhistes ou musulmanes. Dans un hymne manichéen récemment retrouvé et traduit[1] sont invoqués et loués successivement Jésus, Manès, Ormuzd, Çakyamouni, et enfin Zarhust (Zarathustra ou Zoroastre). De plus il est permis de penser que les survivances celtiques dans le Midi languedocien offrirent à certaines sectes manichéennes un terrain spécialement favorable.

1. Par E. Benveniste, dans *Yggdrasil*, 25 août 1937.

Pour les développements qui suivront, deux faits surtout doivent être retenus :

1° Le dogme fondamental de toutes les sectes manichéennes, c'est la nature divine ou angélique de l'âme, *prisonnière* des formes créées et de la nuit de la matière.

Issu de la lumière et des dieux
Me voici en exil et séparé d'eux.
....
Je suis un dieu, et né des dieux
Mais maintenant réduit à souffrir.

Ainsi lamente le Moi spirituel d'un disciple du sauveur Manès, dans l'hymne du *Destin de l'Ame.*

L'élan de l'âme vers la Lumière n'est pas sans évoquer d'une part la « réminiscence du Beau » dont parlent les dialogues platoniciens, et d'autre part la nostalgie du héros celte revenu du Ciel sur la terre, et qui se souvient de l'île des immortels. Mais cet élan est sans cesse entravé par la jalousie de Vénus (*Dîbat* dans le premier hymne cité) qui veut retenir dans la sombre matière l'amant en proie au lumineux Désir. Tel est le combat de l'amour sexuel et de l'Amour, et il exprime *l'angoisse* fondamentale des anges déchus dans des corps trop humains...

2° Il est très important et significatif pour nous de remarquer que la structure de la foi manichéenne *« est essentiellement lyrique*[1] *».* Autrement dit, qu'il est de la nature profonde de cette foi de se refuser à toute exposition rationaliste, impersonnelle et « objective ». Elle ne se réalise en vérité que dans une expérience tout à la fois angoissée et enthousias-

1. Henry Corbin, « Pour l'hymnologie manichéenne » (*Yggdrasil*, 25 août 1937).

mante (au sens littéral de ce terme), d'ordre essentiellement poétique. « La " vérité " de la cosmogonie et de la théogonie n'apparaît, ne se constitue que dans la certitude attestée par le récitatif du *psaume*. »

Et l'on songe au secret de Tristan, qu'il ne peut « dire » mais seulement chanter...

*
**

Toute conception dualiste, manichéenne, voit dans la vie des corps le malheur même ; et dans la mort le bien *dernier*, le rachat de la faute d'être né, la réintégration dans l'Un et dans la lumineuse indistinction. Dès ici-bas, par une ascension graduelle, par la mort progressive et volontaire que représente l'ascèse (aspect négatif de l'illumination), nous pouvons accéder à la Lumière. Mais la fin de l'esprit, son but, c'est aussi la fin de la vie limitée, obscurcie par la multiplicité immédiate. Éros, notre Désir suprême, n'exalte nos désirs que pour les sacrifier. L'accomplissement de l'Amour nie tout amour terrestre. Et son Bonheur nie tout bonheur terrestre. Considéré *du point de vue de la vie*, un tel Amour ne saurait être qu'un malheur total.

Tel est le grand fond du paganisme oriental-occidental sur lequel se détache notre mythe.

Mais d'où vient qu'il s'en soit « détaché » justement ? Quelle menace, quelle interdiction a contraint la doctrine à se voiler, à ne plus s'avouer que par symboles trompeurs — à ne plus nous séduire que par le charme et la secrète incantation d'un mythe ?

3. Agapè ou l'amour chrétien

Prologue de l'Évangile de Jean :

« Au commencement était la Parole, et la Parole était avec Dieu, et la Parole était Dieu... En elle était la vie, et la vie était la lumière des hommes. La lumière luit dans les ténèbres, et les ténèbres ne l'ont pas reçue. » (I, 1-5.)

Est-ce encore le dualisme éternel, sans rémission, l'irrévocable hostilité de la Nuit terrestre et du Jour transcendant ? Non, car voici la suite du passage :

« Et la Parole a été faite chair, et elle a habité parmi nous, pleine de grâce et de vérité ; et nous avons contemplé sa gloire, une gloire comme la gloire du Fils unique venu du Père. » (I, 14-15.)

L'incarnation de la Parole dans le monde — de la Lumière dans les Ténèbres — tel est l'événement inouï qui nous délivre du malheur de vivre. Tel est le centre de tout le christianisme et le foyer de l'amour chrétien que l'Écriture nomme *agapè*.

Événement sans précédent, et « naturellement » incroyable. Car le fait de l'Incarnation est la négation radicale de toute espèce de *religion*. Il est le suprême scandale, non seulement pour notre raison qui n'admet point cette impensable confusion de l'infini et du fini, mais surtout pour l'esprit religieux naturel.

Toutes les religions connues tendent à *sublimer* l'homme et aboutissent à condamner sa vie « finie ». Le dieu Éros exalte et sublime nos désirs, les rassemblant dans un Désir unique, qui aboutit à les nier. Le but final de cette dialectique, c'est la non-vie, la mort du corps. La Nuit et le Jour étant incompatibles, l'homme créé qui appartient à la Nuit, ne peut trouver de salut qu'en cessant d'être, en se « perdant » au sein de la divinité. Mais le christianisme, par son dogme de l'incarnation du Christ dans Jésus, renverse cette dialectique de fond en comble.

Au lieu que la mort soit le *terme* dernier, elle devient la première condition. Ce que l'Évangile appelle « mort à soi-même », c'est le *début* d'une *vie nouvelle, dès ici-bas.* Ce n'est pas la fuite de l'esprit hors du monde, mais son retour en force au sein du monde! Une recréation immédiate. Une réaffirmation de la vie, non pas certes de la vie ancienne, et non pas de la vie idéale, mais de la vie présente que l'Esprit ressaisit.

Dieu — le vrai Dieu — s'est fait homme, et vrai homme. En la personne de Jésus-Christ, les ténèbres vraiment ont « reçu » la lumière. Et tout homme né de femme qui *croit* cela renaît de l'esprit dès maintenant : mort à soi-même et mort au monde en tant que le moi et le monde sont pécheurs, mais rendu à soi-même et au monde en tant que l'Esprit veut les sauver.

Désormais, l'amour n'est plus fuite et perpétuel refus de l'acte. Il commence au-delà de la mort, mais il se retourne vers la vie. Et cette conversion de l'amour fait apparaître le *prochain.*

Pour l'Éros, la créature n'est qu'un prétexte illusoire, une occasion de s'enflammer; et il fallait aussitôt s'en déprendre, puisque le but était de brûler toujours plus, de brûler jusqu'à en mourir! L'être particulier n'était guère qu'un défaut et un obscurcissement de l'Être unique. Comment l'aimer vraiment, tel qu'il était? Le salut n'étant qu'*au-delà,* l'homme religieux se détournait des créatures ignorées par son dieu. Mais le Dieu des chrétiens — et lui seul, parmi tous les dieux que l'on connaît — ne s'est pas détourné, au contraire : « Il nous a aimés le premier » dans notre forme et nos limitations. Il a été jusqu'à les revêtir. Et revêtant la condition de l'homme pécheur et séparé, mais sans pécher et sans se diviser, l'Amour de Dieu nous a ouvert une voie radicalement nouvelle : celle de la *sanctification*. Le contraire de la sublimation, qui n'était que fuite illusoire au-delà du concret de la vie.

Aimer devient alors une action positive, une action de transformation. Éros cherchait le dépassement à l'infini. L'amour chrétien est obéissance dans le présent. Car aimer Dieu, c'est *obéir* à Dieu qui nous ordonne de nous aimer les uns les autres.

Que signifie : *Aimez vos ennemis* ? C'est l'abandon de l'égoïsme, du moi de désir et d'angoisse, c'est une mort de l'homme isolé, mais c'est aussi la naissance du prochain. A ceux qui lui demandaient ironiquement : Qui est mon prochain ? Jésus répond : C'est l'homme qui a besoin de vous.

Tous les rapports humains, dès cet instant, changent de *sens*.

Le nouveau symbole de l'Amour ce n'est plus la *passion* infinie de l'âme en quête de lumière, mais c'est le *mariage* du Christ et de l'Église.

L'amour humain lui-même s'en trouve transformé. Tandis que les mystiques païennes le sublimaient jusqu'à en faire un dieu, et en même temps le vouaient à la mort, le christianisme le replace dans son ordre, et là, le sanctifie par le mariage.

Un tel amour, étant conçu à l'image de l'amour du Christ pour son Église (Éph., 5, 25), peut être vraiment réciproque. Car il aime l'autre *tel qu'il est* — au lieu d'aimer l'idée de l'amour ou sa mortelle et délicieuse brûlure. (« Il vaut mieux se marier que de brûler », écrit saint Paul aux Corinthiens.) De plus, c'est un amour heureux — malgré les entraves du péché — puisqu'il connaît dès ici-bas, dans l'obéissance, la plénitude de son ordre.

*
**

Le dualisme du Jour et de la Nuit, poussé à son extrême logique, aboutissait, *du point de vue de la vie,* au malheur absolu, qui est la mort. Le christianisme n'est un malheur mortel que pour l'homme séparé de Dieu, mais un malheur recréateur et bienheureux *dès cette vie* pour le croyant que « saisit le salut ».

4. Orient et Occident

Est-il possible de définir l'Orient et l'Occident en dehors de la géographie ? En présence d'un problème aussi complexe, et en l'absence de toute réponse satisfaisante, c'est l'honnêteté d'un écrivain que de se borner à déclarer son système personnel de références. Ce que j'appelle *Orient,* dans cet ouvrage, c'est une tendance de l'esprit humain qui a trouvé du côté de l'Asie ses plus hautes et pures expressions. J'entends parler d'une forme de mystique à la fois dualiste dans sa vision du monde, et moniste dans son accomplissement. A quoi tend l'ascèse « orientale » ? A la négation du divers, à l'absorption de tous en Un, à la *fusion totale* avec le dieu, ou s'il n'y a pas de dieu, comme dans le bouddhisme, avec l'Être-Un universel. Tout cela suppose une Sagesse, une technique de l'illumination progressive — les yogas par exemple — une *montée* de l'individu vers l'Unité, où il se perd.

Et j'appellerai « occidentale » une conception religieuse qui à vrai dire nous est venue du Proche-Orient mais qui n'a triomphé qu'en Occident : celle qui pose qu'entre Dieu et l'homme, il existe un abîme essentiel, ou comme le dira Kierkegaard « une différence qualitative infinie ». Donc point de fusion possible, ni d'union substantielle. Mais seulement une communion, dont le modèle est dans le *mariage* de l'Église et de son Seigneur. Cela suppose une illumination subite, ou conversion, une *descente* de la Grâce venant de Dieu à l'homme.

Ces deux extrêmes ainsi marqués, l'on n'aura pas de peine à démontrer qu'il existe en Orient de nombreuses tendances occidentales ; et l'inverse. (Mais je ne fais pas ici une histoire des religions.)

⁂

Maintenant, rappelons-nous qu'Éros veut l'union, c'est-à-dire la fusion essentielle de l'individu dans le dieu. L'individu distinct — cette erreur douloureuse — doit s'élever jusqu'à se perdre dans la divine perfection. Que l'homme ne s'attache pas aux créatures, puisqu'elles n'ont aucune excellence, et qu'en tant que particulières, elles ne représentent que des défauts de l'Être. Nous n'avons donc point de prochain. Et l'exaltation de l'Amour sera en même temps son ascèse, la voie qui mène au-delà de la vie.

Agapè au contraire ne cherche pas l'union qui s'opérerait au-delà de la vie. « Dieu est au ciel, et toi tu es sur la terre. » Et ton sort se joue ici-bas. Le péché n'est pas d'être né, mais d'avoir perdu Dieu en devenant autonome. Or, nous ne trouverons pas Dieu par une *élévation* indéfinie de notre désir. Nous aurons beau sublimer notre Éros, il ne sera jamais que nous-mêmes ! Point d'illusions ni d'optimisme humain, dans le christianisme orthodoxe. Mais alors, c'est le désespoir ?

Ce serait le désespoir, s'il n'y avait pas la Bonne Nouvelle ; et cette nouvelle, c'est que Dieu nous cherche.

Et il nous trouve lorsque nous percevons sa voix, et que nous répondons en obéissant. Dieu nous cherche et nous a trouvés par l'amour de son Fils *abaissé* jusqu'à nous. L'Incarnation est le signe historique d'une création renouvelée, où le croyant se trouve réintégré par l'acte même de sa foi. Désormais, pardonné et sanctifié, c'est-à-dire réconcilié, l'homme reste un homme (n'est pas divinisé) mais un homme qui ne vit plus pour lui seul. *« Tu aimeras le Seigneur ton Dieu, et ton prochain comme toi-même. »* C'est ainsi dans l'amour du prochain que le chrétien se réalise et s'aime lui-même en vérité.

Pour l'*Agapè,* point de fusion ni d'exaltée dissolution du moi en Dieu. L'Amour divin est *l'origine* d'une vie nouvelle, dont l'acte créateur s'appelle la communion. Et pour qu'il y ait une communion réelle, il faut bien qu'il y ait deux sujets, et qu'ils soient présents l'un à l'autre : donc l'un pour l'autre le prochain.

Si l'*Agapè* reconnaît seule le prochain, et l'aime non plus comme un prétexte à s'exalter, mais tel qu'il est dans la réalité de sa détresse et de son espérance ; et si l'*Éros* n'a pas de prochain — n'est-on pas en droit de conclure que cette forme d'amour nommée *passion* doit normalement se développer au sein des peuples qui adorent Éros ? Et qu'au contraire, les peuples chrétiens — historiquement les peuples d'Occident — ne devraient pas connaître la passion, ou tout au moins la traiter d'incroyance ?

Or l'Histoire nous oblige à le constater : c'est l'inverse qui s'est réalisé.

Nous voyons qu'en Orient (Appendice 4), et dans la Grèce contemporaine de Platon, l'amour humain est très généralement conçu comme le plaisir, la simple volupté physique. Et la passion — au sens tragique et douloureux — non seulement y est rare, mais encore et surtout y est méprisée par la morale courante comme une maladie frénétique. « Aucuns pensent que c'est une rage... »

Et nous voyons qu'en Occident, au XIIe siècle, c'est le mariage qui est en butte au mépris, tandis que la passion est glorifiée dans la mesure même où elle est déraisonnable, où elle fait souffrir, où elle exerce ses ravages aux dépens du monde et de soi.

L'identification des éléments religieux dont nous avions décelé la présence dans le mythe nous amène donc à constater une contradiction flagrante entre les doctrines et les mœurs.

Serait-ce alors dans le fait même de cette contradiction flagrante que résiderait l'explication du mythe ?

5. Contrecoup du christianisme dans les mœurs occidentales

Pour introduire plus de clarté dans ce dédale dialectique, je proposerai le schéma suivant :

	Doctrine	Application théorique	Réalisation historique
Paganisme	Union mystique (amour divin heureux).	Amour humain malheureux.	Hédonisme, passion rare et méprisée.
Christianisme	Communion (pas d'union essentielle).	Amour du prochain. (Mariage heureux.)	Conflits douloureux, passion exaltée.

Le principe d'explication de ce tableau est assez simple. Le platonisme, au temps de Platon et durant les siècles suivants, ne fut jamais une doctrine populaire, mais une sagesse ésotérique. Il en alla de même, plus tard, pour les mystères manichéens, et en partie pour ceux des Celtes.

Sur quoi le christianisme triompha. La primitive Église fut une communauté de faibles et de méprisés.

Mais à partir de Constantin, puis des empereurs carolingiens, ses doctrines devinrent l'apanage des princes et des classes dominantes, qui les imposèrent par la force à tous les peuples d'Occident. Dès lors, les vieilles croyances païennes refoulées devinrent le refuge et l'espérance des tendances naturelles, non converties, et brimées par la loi nouvelle.

Le mariage, par exemple, n'avait pour les Anciens qu'une signification utilitaire et limitée. Les coutumes permettaient le concubinat[1]. Tandis que le mariage chrétien, en devenant un sacrement, imposait une fidélité insupportable à l'homme naturel. Supposons le cas du converti par force. Engagé malgré lui dans un cadre chrétien, mais privé des secours d'une foi réelle, un tel homme, fatalement, devait sentir en lui s'exalter la révolte du sang barbare. Il était prêt à accueillir, sous le couvert de formes catholiques, toutes les reviviscences des mystiques païennes capables de le « libérer ».

C'est ainsi que les doctrines secrètes, dont nous avons rappelé la parenté, ne devinrent largement vivantes en Occident que dans les siècles où elles se virent condamnées par le christianisme officiel. Et c'est ainsi que l'amour-passion, forme terrestre du culte de l'Éros, envahit la psyché des élites mal converties et souffrant du mariage.

Mais cette ferveur renouvelée pour un dieu condamné par l'Église ne pouvait s'avouer au grand jour. Elle revêtit des formes ésotériques, se déguisa en hérésies secrètes d'apparences plus ou moins orthodoxes. Ces hérésies se propagèrent très rapidement dès le début du XIIe siècle. Elles s'insinuèrent d'une part dans le clergé, où nous les retrouverons

1. Droit d'user et d'abuser des esclaves, qui ne sont pas des « personnes » pour le droit romain : *persona est sui iuris; servus non est persona*.

un peu plus tard mêlées de la manière la plus complexe à la grande renaissance mystique. D'autre part, elles trouvaient des complaisances profondes dans la mentalité du siècle. Elles pénétrèrent bientôt la société féodale. Celle-ci ne connaissait pas toujours l'origine et la portée mystique de valeurs qu'elle prenait pour une mode et qu'elle accommodait à ses plaisirs. Elle ne devait pas tarder à matérialiser les préceptes d'une religion qui pourtant s'opposait au christianisme par son refus de l'Incarnation, précisément !

Je ne donnerai pour l'instant qu'un seul exemple de ce processus si typiquement occidental, et qui consiste à garder le signe matériel d'une religion dont on trahit l'esprit.

Platon liait l'Amour à la Beauté. Mais la Beauté qu'il entendait, c'était d'abord l'essence intellectuelle de la perfection incréée : l'idée même de toute excellence. Qu'est devenue cette doctrine parmi nous ? « Personne ne saurait dire jusqu'à quelles couches profondes de l'humanité d'Occident ont pénétré les conceptions platoniciennes. L'homme le plus simple use couramment d'expressions et de notions qui remontent à Platon [1]. » Mais il en abuse dans le sens où l'incline sa nature d'Occidental. C'est ainsi que le platonisme vulgaire nous a conduits à une terrible confusion : à cette idée que l'amour dépend avant tout de la beauté *physique* — alors qu'en fait cette beauté même n'est que l'attribut conféré par l'amant à l'objet de son choix d'amour. L'expérience quotidienne montre bien que « l'amour embellit son objet », et que la beauté « officielle » n'est pas un gage d'être aimé. Mais le platonisme dégénéré, qui nous obsède, nous rend aveugles à la réalité de l'objet tel qu'il est dans *sa* vérité — ou bien nous la

1. J. Ortega y Gasset, *Über die Liebe*.

rend peu aimable. Et il nous jette à la poursuite de chimères qui n'existent qu'en nous. Mais encore, d'où vient ce succès et cette permanence invincible de l'erreur héritée d'un Platon mal compris ? C'est qu'elle trouve dans le cœur de tout homme — et spécialement de tout Occidental — de très obscures complicités. Souvenons-nous de ce culte druidique pour la Femme, être prophétique, « éternel féminin », « but de l'homme ». Les Celtes, déjà, tendaient donc à matérialiser l'élan divin, à lui donner un support corporel. Mais il y a plus, nous le savons depuis Freud : le « type de femme » que chaque homme porte dans son cœur et qu'il assimile d'instinct à la définition de la beauté, n'est-ce pas le souvenir de la mère « fixé » dans sa mémoire secrète ?

⁂

Si telles sont bien les causes de la curieuse contradiction qui apparaît au XIIe siècle entre les doctrines et les mœurs, une première conclusion peut être formulée dès à présent :

L'amour-passion est apparu en Occident comme l'un des contrecoups du christianisme (et spécialement de sa doctrine du mariage) dans les âmes où vivait encore un paganisme naturel ou hérité.

Mais tout cela resterait bien théorique et contestable si nous n'étions pas en mesure de retracer les voies et moyens historiques de cette renaissance de l'Éros. Or nous avons déjà fixé sa date : vers le début du XIIe siècle (date de naissance de l'amour-passion !)[1]. Et nous allons montrer qu'elle porte un

1. Ceci n'est pas une boutade, on le verra bien par la suite. Le premier couple d'amants « passionnés » dont l'histoire soit venue jusqu'à nous, c'est Héloïse et Abélard dont la rencontre se situe en 1118, très précisément.

nom par ailleurs bien connu : la *cortezia*, l'amour courtois.

6. L'AMOUR COURTOIS : TROUBADOURS ET CATHARES

Que toute la poésie européenne soit issue de la poésie des troubadours au XIIe siècle, c'est ce dont personne ne saurait plus douter. « Oui, entre les XIe et XIIe siècles, la poésie d'où qu'elle fût (hongroise, espagnole, portugaise, allemande, sicilienne, toscane, génoise, pisane, picarde, champenoise, flamande, anglaise, etc.) était au préalable languedocienne, c'est-à-dire que le poète, ne pouvant être que troubadour, était tenu de parler — et de l'apprendre s'il ne le savait pas — le langage du troubadour, qui n'a jamais été que le provençal[1]. »

Qu'est-ce que la poésie des troubadours? L'exaltation de l'amour malheureux. « Il n'y a dans toute la lyrique occitane et la lyrique pétrarquesque et dantesque qu'un thème : l'amour; et pas l'amour heureux, comblé ou satisfait (ce spectacle ne peut rien engendrer), l'amour perpétuellement insatisfait au contraire; enfin, que deux personnages : le poète qui, huit cents, neuf cents, mille fois réédite sa plainte, et une belle qui toujours dit non[1]. »

L'Europe n'a pas connu de poésie plus profondément *rhétorique* : non seulement dans ses formes verbales et musicales, mais si paradoxal que cela paraisse, dans son inspiration elle-même, puisque celle-ci prend sa source dans un système fixe de lois, qui seront codifiées sous le nom de *leys d'amors.*

1. Charles-Albert Cingria, « Ieu oc tan » (dans *Mesures*, n° 2, 1937). « Provençal » veut dire en réalité : limousin, puis toulousain, en l'occurrence.

Mais il faut dire aussi que jamais rhétorique ne fut plus exaltante et fervente. Ce qu'elle exalte, c'est l'amour hors du mariage, car le mariage ne signifie que l'union des corps, tandis que l' « Amor », qui est l'Éros suprême, est l'élancement de l'âme vers l'union lumineuse, au-delà de tout amour possible en cette vie. Voilà pourquoi l'Amour suppose la chasteté. *E d'amor mou castitaz* (d'amour vient chasteté) chante le troubadour toulousain Guilhem Montanhagol. L'amour suppose aussi un rituel : le *domnei* ou *donnoi,* vasselage amoureux. Le poète a gagné sa *dame* par la beauté de son hommage musical. Il lui jure à genoux une éternelle fidélité, comme on fait à un suzerain. En gage d'amour, la dame donnait à son paladin-poète un anneau d'or, lui enjoignait de se lever, et lui déposait un baiser sur le front. Désormais, ces amants seront liés par les lois de la *cortezia* : le secret, la patience et la mesure, qui n'est pas tout à fait synonyme de la chasteté, nous le verrons, mais plutôt de la retenue... Et surtout, l'homme sera le *servant* de la femme.

D'où vient cette conception nouvelle de l'amour « perpétuellement insatisfait », et cette louange enthousiaste et plaintive d' « une belle qui toujours dit non » ? Et d'où vient ce savant lyrisme qui tout d'un coup se trouve là pour traduire la passion nouvelle ?

On ne saurait trop souligner le caractère miraculeux de cette double naissance, si rapide : en l'espace d'une vingtaine d'années, naissance d'une vision de la femme entièrement contraire aux mœurs traditionnelles — la femme se voit élevée *au-dessus de l'homme,* dont elle devient l'idéal nostalgique — et naissance d'une poésie à formes fixes, très compliquées et raffinées, sans précédent dans toute l'Antiquité ni dans les quelques siècles de culture romane qui succèdent à la renaissance carolingienne.

Ou bien tout cela « tombe du ciel », c'est-à-dire jaillit d'une inspiration subite et collective — mais encore faudrait-il expliquer pourquoi elle s'est produite à tel moment et dans tels lieux bien définis ; ou bien tout cela relève d'une cause historique précise — mais alors il s'agit de savoir pour quelles raisons elle est demeurée obscure jusqu'à nos jours.

Ce qui est curieux au plus haut point, c'est l'embarras des romanistes les plus sérieux lorsqu'ils en viennent à reconnaître la question, et la facilité avec laquelle ils décident de n'y point répondre.

Tout le monde admet aujourd'hui que la poésie provençale et les conceptions de l'amour qu'elle illustre, « loin de s'expliquer par les conditions où elle naquit, semble en contradiction absolue avec ces conditions[1] ». « Il est évident qu'elle ne reflète aucunement la réalité, la condition de la femme n'ayant pas été, dans les institutions féodales du Midi, moins humble et dépendante que dans celles du Nord[2]. » Or, s'il est à ce point « évident » que les troubadours ne tiraient rien de la réalité sociale, il paraît non moins évident que leur conception de l'amour venait d'*ailleurs*. Quel pouvait être cet ailleurs ?

La même question se pose pour leur art, j'entends pour leur technique poétique. « Création extrêmement originale », écrit M. Jeanroy (quitte à reprocher à chacun de ces poètes pris à part de n'avoir montré aucune espèce d'originalité et de s'être borné à raffiner des formes fixes et des lieux communs : mais encore fallait-il que l'un d'entre eux, au moins, les eût *créés* !). Or, dès qu'un historien se risque à formuler une hypothèse sur l'origine de la rhétorique

1. A. Jeanroy, *la Poésie lyrique des troubadours*, 1934.
2. A. Jeanroy, Introduction à une *Anthologie des troubadours*, 1927.

courtoise, les spécialistes l'accablent des plus aigres ironies, en France surtout. Sismondi faisait remonter aux Arabes le mysticisme du sentiment : on écarte dédaigneusement « cette énormité[1] ». Diez a montré des ressemblances de formes (rythmes et coupes) entre la lyrique arabe et la lyrique provençale : ce n'est pas sérieux, nous dit-on. Brinkmann et d'autres ont supposé que la poésie latine des XIe et XIIe siècles avait pu fournir des modèles : tout compte fait, cela ne se tient pas, car les troubadours, paraît-il, avaient trop peu de culture pour connaître cette poésie. Ainsi de chaque réponse proposée : le « sérieux » des savants paraissant consister surtout dans une propension à qualifier d'énormité ou de fantaisie tout ce qui menace de donner un sens au phénomène qu'ils passent leur vie à étudier.

Il est vrai que Wechssler, dans un ouvrage fameux[2], a cru pouvoir tout éclaircir en décelant à l'origine de la lyrique provençale des influences *religieuses,* néo-platoniciennes et chrétiennes dénaturées... Mais ces « affirmations hardies » ont aussitôt dressé contre elles l'ensemble de nos érudits. Wechssler s'est vu traiter de « doctrinaire » — suprême injure — et plusieurs ont insinué que la qualité d'Allemand de ce professeur les dispensait de réfuter un système incompatible avec le clair génie de notre race.

Il reste donc d'une part un phénomène étrange, et d'autre part, de fort savantes réfutations de tout ce qui prétend l'expliquer. « Il est également impossible — écrit un de nos professeurs — de voir dans ces chansons d'amour, qui forment les trois quarts de la poésie provençale, une image fidèle de la réalité et un pur assemblage de formules vides de sens. »

1. A. Jeanroy, *la Poésie lyrique des troubadours,* I, p. 69.
2. E. Wechssler, *Das Kulturproblem des Minnesangs,* Halle, 1909.

Certes. Mais là-dessus, l'auteur annonce qu' « en historien scrupuleux », il se garde bien de se prononcer. Ce qui revient à dire que la lyrique courtoise dont il s'occupe reste à ses yeux et jusqu'à plus ample informé « un assemblage de formules vides de sens ». Excellent « matériel » il est vrai, pour un philologue qui se respecte et n'entend pas « solliciter » les textes, fût-ce par le moindre essai de les comprendre.

Je ne saurais me contenter, pour ma part, d'une hypothèse à tel point scrupuleuse. Je me refuse à supposer un seul instant que les troubadours furent des faibles d'esprit, tout juste bons à répéter sans se lasser des formules apprises on ne sait où. Et je me demande, après Aroux et Péladan, si le secret de toute cette poésie ne devrait pas être cherché beaucoup plus près d'elle qu'on ne l'a fait — tout près : sur place, dans le milieu même où elle est née. Et non pas dans le milieu purement « social » au sens moderne, mais bien dans l'atmosphère religieuse qui se trouvait déterminer les formes, même sociales, de ce milieu[1].

Partant de là, constatons qu'un grand fait historique domine le XIIe siècle provençal :

Dans le même temps que le lyrisme du *domnei*, et dans les mêmes provinces — Languedoc, Poitou, Rhénanie, Catalogne, Lombardie — une hérésie puissante se répandait. L'on a pu dire de la religion cathare qu'elle représenta pour l'Église un péril aussi grave que celui de l'arianisme. Certains ne vont-ils

1. On a tenté quelques explications sociologiques de la courtoisie. Elles se ramènent à des suppositions — souvent contradictoires — sur la condition de la femme en Languedoc. Vernon Lee, par exemple, dans un essai intitulé *Medieval Love*, remarque que dans les cours médiévales il y avait « une énorme prépondérance numérique d'hommes » dont peu pouvaient se marier. D'où l'idéalisation de l'objet d'un désir aussi difficile à satisfaire. On peut tenir compte du renseignement, mais il n'explique en somme rien de précis quant à la *rhétorique* courtoise.

pas jusqu'à prétendre qu'elle fit en Occident des millions de fidèles secrets, malgré la très sanglante croisade des Albigeois, au XIIIe siècle et jusqu'à la Réforme ?

L'on peut attribuer pour origine précise à l'hérésie les sectes néo-manichéennes d'Asie Mineure et les églises bogomiles de Dalmatie et de Bulgarie. Les « purs » ou cathares[1] se rattachaient aux grands courants gnostiques qui traversent le premier millénaire du christianisme. Et l'on sait assez que la Gnose, de même que les doctrines de Mani ou Manès, plonge des racines dans la religion dualiste de l'Iran.

Quelle était la doctrine des cathares ? On a répété très longtemps qu' « on ne le saurait jamais » et cela pour l'excellente raison que l'Inquisition avait brûlé tous les livres de culte et traités de doctrine de l'hérésie, et que les seuls témoignages subsistants étaient les interrogatoires des accusés, probablement « sollicités » par les juges et déformés par les greffiers. De fait, la découverte et la publication, en 1939, d'un ouvrage théologique (tardif il est vrai), le *Livre des deux principes*[2] s'ajoutant à la restitution d'un Nouveau Testament et de rituels utilisés par les hérétiques[3], permet aujourd'hui de connaître dans leur ensemble et dans certaines de leurs variations, les dogmes de l' « Église d'Amour », nom que l'on a donné parfois à l'hérésie aussi dite « albigeoise[4] ».

1. Cathare vient du grec *catharoi*, purs.
2. *Liber de duobus principiis*, publié par A. Dondaine, O.P., Rome, 1939. Dondaine et Arno Borst datent ce traité de la seconde moitié du XIIIe siècle.
3. *Cf. la Cène secrète*, publiée par Döllinger, à Munich, en 1890.
4. Trois ouvrages importants sur le catharisme ont paru depuis 1939 : *Études manichéennes et cathares*, par Déodat Roché, 1952 ; *le Catharisme*, par René Nelli, Charles Bru, chanoine de Lagger, D. Roché, L. Sommariva, 1953 ; *Die Katharer* par Arno Borst, 1953. Le troisième s'oppose par bien des points aux deux premiers, mais leur confrontation jette une lumière très vive sur la nature comme sur l'évolution et les complexités de l'hérésie.

L'origine permanente et toujours tragiquement actuelle de l'attitude cathare, ou d'une manière plus générale du dualisme, dans les religions les plus diverses comme dans la réflexion de millions d'individus fut et demeure le problème du Mal, tel que l'homme spirituel l'expérimente dans ce monde.

Le christianisme apporte au problème du Mal une réponse dialectique et paradoxale qui se résume dans les mots de liberté et de grâce. Plus pessimiste et d'une logique plus massive, le dualisme statue l'existence absolument hétérogène du Bien et du Mal, c'est-à-dire de deux mondes et de deux créations. En effet : Dieu est Amour, mais le monde est mauvais. Donc Dieu ne saurait être l'auteur du monde, de ses ténèbres et du péché qui nous enserre. Sa création première dans l'ordre spirituel, puis animique, a été achevée dans l'ordre matériel par l'Ange révolté, le Grand Arrogant, le Démiurge, c'est-à-dire Lucifer ou Satan. Celui-ci a tenté les Ames ou Anges, en leur disant : « Qu'il leur valait mieux être en bas, où ils pourraient faire le mal et le bien, qu'en haut, où Dieu ne leur permettait que le bien[1]. » Pour mieux séduire les Ames, Lucifer leur a montré « une femme d'une beauté éclatante, qui les a enflammées de désir ». Puis il a quitté le Ciel avec elle, pour descendre dans la matière et dans la manifestation sensible. Les Ames-Anges, ayant suivi Satan et la femme d'une beauté éclatante, ont été prises dans des corps matériels, qui leur étaient et leur demeurent *étrangers.* (Cette idée me paraît éclairer un sentiment fondamental chez l'homme, même de nos jours.) L'âme, dès lors, se trouve

1. *Cf. Prière cathare*, citée par Döllinger. Notons que la liberté de l'homme, le pouvoir de faire le mal *ou* le bien, aurait ainsi pour origine non point Dieu, mais le Diable.

séparée de son esprit, qui reste au Ciel. Tentée par la liberté, elle devient en fait *prisonnière* d'un corps aux appétits terrestres, soumis aux lois de la procréation et de la mort. Mais le Christ est venu parmi nous, pour nous montrer le chemin du retour à la Lumière. Ce Christ, en cela semblable à celui des Gnostiques et de Manès, ne s'est pas vraiment incarné : il n'a pris que l'apparence d'un homme. C'est ici la grande hérésie docétiste (du grec *dokesis*, apparence) qui, de Marcion jusqu'à nos jours, traduit notre refus tout « naturel » d'admettre le scandale d'un Dieu-Homme. Les cathares rejettent donc le dogme de l'Incarnation, et *a fortiori* sa traduction romaine dans le sacrement de la messe : ils le remplacent par une cène fraternelle, symbolisant des événements tout spirituels. Ils rejettent aussi le baptême par l'eau, et ne reconnaissent que le baptême par l'Esprit consolateur : ce *consolamentum* devient le rite majeur de leur Église. Il se donnait, lors des cérémonies d'initiation, aux frères qui acceptaient de renoncer le monde, et s'engageaient solennellement à se consacrer à Dieu seul, à ne jamais mentir ni prêter serment, à ne tuer ni manger nul animal, enfin *à s'abstenir de tout contact avec leur femme, s'ils étaient mariés.* Il semble qu'un jeûne de quarante jours[1] précédait l'initiation et qu'un autre d'égale durée lui succédait. (Plus tard, au XIVe siècle, ce jeûne rituel ou *endura* conduira quelques-uns des « purs » jusqu'à la mort volontaire, mort par amour de Dieu, consommation du détachement suprême de toute loi matérielle.) Le *consola-*

1. Ce chiffre est archétypique. Jésus est demeuré quarante jours au désert. Les Hébreux ont erré pendant quarante ans entre l'Égypte et la Terre promise. Le Déluge est provoqué par une pluie de quarante jours. Dans le tantrisme bouddhique, le « service » de la femme est divisé en épreuves de quarante jours. Les contagieux sont mis en quarantaine, etc., etc. Quarante est le nombre de l'Épreuve.

mentum était administré par les évêques, et comportait l'imposition des mains, au milieu du cercle des « purs », puis le baiser de paix échangé par les frères. Après quoi, l'initié devenait objet de vénération pour les simples croyants non encore « consolés » : il avait droit au « salut » des croyants, c'est-à-dire à trois « révérences ».

On a vu le rôle de la Femme, appât du Diable pour entraîner les âmes dans les corps. En retour (en revanche, dirait-on), un principe féminin, préexistant à la création matérielle, joue dans le catharisme un rôle tout analogue à celui de la Pistis-Sophia chez les gnostiques. A la Femme instrument de la perdition des âmes, répond Marie, symbole de pure Lumière salvatrice, Mère intacte (immatérielle) de Jésus, et semble-t-il, Juge plein de douceur des esprits délivrés.

Les manichéens connaissaient depuis des siècles les mêmes sacrements que les cathares : l'imposition des mains, le baiser de paix, et la vénération des Élus (ou « purs »). Il est important de mentionner ici la vénération manichéenne s'adressant à la « forme de lumière » qui dans chaque homme représente *son propre esprit* (demeuré au Ciel, hors de la manifestation) et qui accueille l'hommage de son âme par un salut et un baiser.

L'enfer étant la prison de la matière, Lucifer, l'ange révolté, n'y peut régner que pour le *temps* que durera « l'erreur » des âmes. Au terme du cycle de leurs épreuves — comportant *plusieurs vies,* physiques ou autres, pour les hommes non encore illuminés — la création sera réintégrée dans l'unité de l'Esprit originel, les pécheurs entraînés par Satan seront sauvés, et Satan lui-même rentrera dans l'obéissance du Très-Haut.

Le dualisme des cathares se résout donc en un véritable monisme eschatologique, tandis que l'orthodoxie chrétienne, décrétant la damnation éternelle du Diable et des pécheurs endurcis, aboutit à un dualisme final, bien qu'à l'encontre du manichéisme elle professe l'idée d'une création unique, toute divine et toute bonne aux origines.

Notons enfin ce dernier trait : comme ce fut le cas pour tant de sectes et de religions orientales — jaïnisme, bouddhisme, essénisme, gnosticisme chrétien — l'Église cathare se divisait en deux groupes : les « Parfaits » *(perfecti*[1]*)* qui avaient reçu le *consolamentum,* et les simples « croyants » *(credentes ou imperfecti).* Seuls les seconds avaient le droit de se marier et de vivre dans le monde condamné par les purs, sans s'astreindre à tous les préceptes de la morale ésotérique : mortifications corporelles, mépris de la création, dissolution de tous les liens mondains.

Saint Bernard de Clairvaux (cité par Rahn) a pu dire des cathares, qu'il combattit pourtant de toutes ses forces : « Il n'y a certainement pas de sermons plus chrétiens que les leurs, et leurs mœurs étaient pures... »

Ce jugement rachète en partie les calomnies de l'Inquisition. Mais on s'étonne de voir ce saint docteur qualifier de « chrétienne » une prédication qui nie plusieurs des dogmes fondamentaux de son Église. Quant à la pureté de mœurs des cathares, nous avons vu qu'elle traduisait des croyances fort différentes de celles qui fondent la morale chrétienne orthodoxe. *La condamnation de la chair, où certains croient voir aujourd'hui une caractéristique chrétienne, est en fait d'origine manichéenne et*

1. L'expression de « parfaits » ne se trouve d'ailleurs que dans les registres de l'Inquisition. Le terme de *bonshommes* (ou simplement de *chrétiens*) paraît avoir été utilisé par les cathares eux-mêmes, et « parfaits » serait ironique.

« hérétique ». Car il est essentiel de le rappeler ici : la « chair » dont parle saint Paul n'est pas le corps physique, mais le *tout* de l'homme naturel, corps, raison, faculté, désirs — donc *l'âme* aussi.

***

La croisade des Albigeois, conduite par l'abbé de Cîteaux, au commencement du XIIIe siècle, détruisit les cités des cathares, brûla leurs livres, massacra et brûla les populations qui les aimaient, viola leurs sanctuaires et leur dernier haut lieu, le château-temple de Montségur[1] — enfin saccagea brutalement la civilisation très raffinée dont ils avaient été l'âme austère et secrète. Et cependant, de cette culture et de ses doctrines fondamentales, nous sommes encore tributaires, au-delà de ce que l'on imagine... (Comme j'espère le montrer par ce livre.)

7. Hérésie et poésie

Doit-on considérer les troubadours comme des « croyants » de l'Église cathare, et comme des chantres de son hérésie ?

Cette thèse, que je qualifierai de *maxima* par contraste avec celle où je crois pouvoir m'arrêter[2], fut avancée par des esprits aventureux comme Otto

1. Voir l'excellent ouvrage de Fernand Niel, *Montségur, la montagne inspirée*, 1955. « Si Montségur n'a pas été le château du Graal (comme l'affirmait Rahn) aucun autre en Europe ne s'adapte mieux que lui aux légendes graaliques. » Pour F. Niel, la question tranchée par Rahn reste ouverte. J'ajouterai que les adversaires les plus virulents de cette hypothèse sont ceux qui n'ont pas vu le site de Montségur. Le choc émotif profond provoqué par l'apparition formidable du pic sacré comporte une évidence d'un tout autre ordre que celle que pourraient proposer des « preuves » écrites.

2. On la trouvera formulée page 123, et discutée plus amplement au chapitre 10.

Rahn[1], qui l'ont, peut-être, compromise en cherchant à la rendre trop claire sur un plan historique plutôt que spirituel. Pourtant, j'en connais peu qui se présentent à l'esprit comme à la fois plus irritantes et stimulantes : car il semble également difficile de la rejeter et de l'accepter, de la démontrer et de n'y pas croire du tout, et cela tient à l'essence même du phénomène dont elle essaie de rendre compte : à la fois historique et archétypique, psychique et mystique, concret et symbolique, ou si l'on veut littéraire et religieux.

Les données du problème sont, en gros, les suivantes. D'une part, l'hérésie cathare et l'amour courtois se développent simultanément, dans le temps (XIIe siècle) comme dans l'espace (midi de la France[2]). Comment croire que ces deux mouvements soient dépourvus de toute espèce de liens? S'ils étaient demeurés sans nul rapport, ne serait-ce pas plus étrange que tout? Mais en revanche, quelle espèce de liens peut-on imaginer entre ces noirs cathares, que leur ascétisme contraignait à fuir tout contact avec l'autre sexe[3] et ces clairs troubadours, joyeux et fous, dit-on, chantant l'amour, le printemps, l'aube, les vergers fleuris et la Dame?

1. Otto Rahn, *Croisade contre le Graal*, trad. franç. : 1934.

2. Le premier troubadour, Guillaume de Poitiers, meurt en 1127. Les premières mentions d'une Église cathare *organisée* et publique datent de 1160. Mais dès 1145, selon Borst, le catharisme s'est répandu de la Bulgarie à l'Angleterre! Le nom apparaît cette année-là en Allemagne, deux ans plus tard en Languedoc. Arno Borst en déduit que le catharisme aurait envahi l'Europe en deux ans! Il s'en étonne. Je n'y crois pas. Sous d'autres noms, ou même sans nom, le catharisme existait dans les âmes depuis bien plus longtemps que dans les textes « historiques ». On condamna ses doctrines en France dès le XIe siècle, à Orléans, dans le Poitou, le Périgord et l'Aquitaine, c'est-à-dire, notons-le déjà, aux lieux mêmes où paraissent les premiers troubadours!

3. Au point que les Parfaits refusaient de s'asseoir sur un banc que venait de quitter une femme. Et cependant, un grand nombre de femmes de la noblesse étaient cathares, et les troubadours leur dédiaient leurs chansons!

Tout notre rationalisme moderne appuie les savants romanistes dans leur conclusion unanime : rien de commun entre cathares et troubadours ! Mais l'irrépressible intuition des « aventureux » que j'ai cités répond, avec notre bon sens : démontrez-nous, dans ce cas, comment cathares et troubadours auraient pu se côtoyer chaque jour sans se connaître, et vivre dans deux mondes absolument étanches, au sein de la grande révolution psychique du XIIe siècle ! Le refus de comprendre l'un par l'autre et par un même mouvement de l'esprit l'hérésie et l'amour courtois n'équivaut-il pas au refus de les comprendre isolément ?

***

Voyons les présomptions en faveur de la thèse.

Raimon V, comte de Toulouse et suzerain du Languedoc, écrit en 1177 : « L'hérésie a pénétré partout. Elle a jeté la discorde dans toutes les familles, divisant le mari et la femme, le fils et le père, la bru et la belle-mère. Les prêtres eux-mêmes cèdent à la tentation. Les églises sont désertes et tombent en ruine... Les personnages les plus importants de ma terre se sont laissé corrompre. La foule a suivi leur exemple et abandonné la foi (catholique), ce qui fait que je n'ose ni ne puis rien entreprendre. » Est-il imaginable que les troubadours aient vécu et chanté dans ce monde-là sans se soucier de ce que pensaient, croyaient et sentaient les seigneurs aux dépens desquels ils vivaient ? On a rétorqué à cela que les premiers troubadours sont apparus dans le Poitou et le Limousin, tandis que l'hérésie avait son centre plus au sud, dans le comté de Toulouse. C'est oublier que l'hérésie est descendue du nord au sud, par Reims, Orléans, puis Limoges et le Poitou, précisément ! On a dit aussi que les cours les plus souvent citées par les troubadours comme particulièrement accueillantes, étaient celles des seigneurs demeurés orthodoxes : mais cette observation n'est pas toujours exacte — il s'en faut de beaucoup, comme on va voir ! — et de plus il se peut très bien que le seul fait que les troubadours les fréquentassent révèle tout au contraire les tendances hérétiques de ces cours. Voici le début d'une chanson de Peire Vidal :

Mon cœur se réjouit à cause du renouveau si agréable et si doux, et à cause du château de Fanjeaux, qui me semble le Paradis ; car amour et joie s'y enferment, ainsi que tout ce qui convient à l'honneur, et courtoisie sincère et parfaite.

Qui oserait dire, ou qui penserait un seul instant, que ces vers rendent un son « cathare » ? Mais qu'est-ce que ce château de Fanjeaux ? L'une des maisons-mères des cathares ! Le plus fameux des évêques hérétiques, Guilabert de Castres, la dirigea en personne dès 1193 (notre poème pouvant être daté des environs de 1190) et c'est là qu'Esclarmonde de Foix, la plus grande Dame de l'hérésie, recevra le *consolamentum* !

La seconde strophe ne parle que des « dames » :

Je n'ai pas d'ennemi si mortel, dont je ne devienne l'ami loyal, s'il me parle des dames et m'en dit honneur et louange. Et comme je ne suis pas au milieu d'elles et que je vais dans un autre pays, je me plains, je soupire et je languis.

Est-il vraiment possible, se demande le lecteur, d'imaginer que Peire Vidal soit autre chose qu'un galant amuseur, un flatteur de femmes riches — celles qui forment son public ? Mais la suite du poème est troublante. Peire Vidal énumère les maisons qui l'ont bien reçu et les régions qu'hélas il doit quitter pour aller en Provence : ce sont les châteaux de Laurac, de Gaillac, de Saissac et de Montréal ; ce sont les comtés de l'Albigeois et du Carcassès *« où les chevaliers et les femmes du pays sont courtois »*, et c'est aussi *« Dame Louve, qui m'a si bien conquis, que, par Dieu et ma foi, ses doux ris restent dans mon cœur ! »*. Or nous savons que *tous* ces châteaux sont des foyers connus de l'hérésie, ou même des « maisons d'hérétiques » (sortes de couvents) ; que ces comtés sont notoirement cathares ; et que cette « Louve » est la comtesse Stéphanie, dite la Loba, qui fait partie du groupe des hérétiques actives ! Le poème, qu'une anthologie moderne intitule en toute innocence « remerciements pour de gracieuses hospitalités », prend ainsi le caractère imprévu d'une sorte de lettre pastorale ! Et pourtant, je le relis et je me frotte les yeux... Comment croire que ce ton badin, ces potins de milieu littéraire... S'agirait-il vraiment de « pures coïncidences » ? Ce doute et cette question renaissent à l'infini.

Est-ce pure coïncidence, si les troubadours comme les cathares glorifient — sans toujours l'exercer — la vertu de chasteté ? Est-ce pure coïncidence si, comme les « purs », ils ne reçoivent de leur Dame qu'un seul baiser d'initiation ? Et s'ils distinguent deux degrés dans le *domnei* (le *pregaire*, ou prière, et l'*entendeire*) comme on distingue dans l'Église d'Amour les « croyants » et les « parfaits » ? Et s'ils raillent les liens du mariage, cette *jurata fornicatio*, selon les cathares ? Et s'ils invectivent les clercs et leurs alliés les féodaux ? Et s'ils vivent de préférence à la manière errante des « purs » qui s'en allaient deux par deux sur les routes ? Et si l'on retrouve, enfin, dans certains de leurs vers, des expressions tirées de la liturgie cathare ?

Il ne serait que trop facile de multiplier ces questions. Voyons plutôt les arguments adverses. Tous les troubadours, dira-t-on, ne furent pas dans le camp de l'hérésie. Plusieurs finirent leurs jours dans des couvents. Certes, et même un Folquet de Marseille a pu se joindre à la Croisade des Albigeois. Mais aussi passa-t-il pour un traître, jusqu'au jour où il fut accusé devant le pape Innocent III d'avoir causé la mort de cinq cents personnes ! D'ailleurs, quand on démontrerait, à supposer que ce fût possible en soi, que tels d'entre les troubadours ignoraient les analogies de leur lyrisme et du dogme cathare, on n'aurait pas encore démontré que l'*origine* de ce lyrisme n'est pas hérétique. N'oublions pas qu'ils composaient leurs *coblas* et leurs *sirventés* selon les canons d'une rhétorique admirablement invariable. On peut concevoir une poésie — même très belle — qui serait faite de lieux communs dont le poète ne saurait d'où ils viennent. N'est-ce pas, sauf la beauté, plutôt courant ? Et si l'on dit : ces troubadours ne parlent point de leurs croyances dans les poésies qui nous restent — il suffit de rappeler que les cathares promettaient, lors de l'initiation, de ne jamais trahir leur foi, et cela quelle que fût la mort dont ils se verraient menacés. C'est ainsi que les registres de l'Inquisition ne portent pas un seul aveu concernant la *minesola* (ou *malisola,* ou encore *manisola*), suprême initiation des « purs ». La fréquence même de cette question débattue dans les cours d'amour : « Un chevalier peut-il être à la fois marié et fidèle à sa dame ? » voilà qui nous donne à penser, si l'on songe à tous les troubadours qui devaient subir un apparent « mariage » avec l'Église de Rome dont ils étaient les clercs, tout en servant dans leurs « pensées » une autre Dame, l'Église d'Amour... Bernard Gui, dans son *Manuel de l'Inquisiteur,* n'affirme-t-il pas que les cathares croyaient bien à la Sainte Vierge, sauf qu'elle représentait pour eux non pas une femme de chair, mère de Jésus, *mais leur Église* ?

Mais certains abjurèrent l'hérésie sans abandonner

le « trobar » ? Eh oui ! tout comme tel converti dans la plus récente poésie voue à la Vierge des images qu'il avait inventées pour d'autres. Peire d'Auvergne fit pénitence ? Preuve de plus qu'il fut hérétique.

Mais venons-en aux textes, et considérons-les dans la très pure nudité et transparence de leur rhétorique amoureuse.

⁂

Thème de la *mort*, que l'on préfère aux dons du monde :

Plus m'agrée donc de mourir
Que de joie vilaine jouir
Car joie qui repaît vilement
N'a pouvoir ni droit de me plaire tant.

Ainsi chante Aimeric de Belenoi. La « joie vilaine », c'est ce qui le guérirait de son désir, si justement l'amour sans fin n'était le mal qu'il aime, la « joy d'amor », le délire qui prévaut :

... en fait, ce fou désir
M'occira, que je reste ou aille par chemins
Puisque celle qui peut me guérir ne me plaint
... et ce désir
Prévaut — bien que fait de délire —
Sur tout autre...

S'il ne veut pas mourir encore, c'est qu'il n'est pa assez détaché du désir, c'est qu'il craint de quitte son corps par désespoir, « mortel péché », enfin, c'es qu'il ignore encore

à quoi lui peut servir
De laisser en extase son âme ravir.

La doctrine n'exigeait-elle pas qu'on mît fin à sa vie « non par lassitude ni par peur ou douleur, mais dans un état de parfait détachement de la matière... [1] ».

Voici le thème de la *séparation*, le leitmotiv de tout l'amour courtois :

Dieu! comment se peut-il faire
Que plus m'est loin, plus la désire?

Et voici Guiraut de Bornheil qui prie la *vraie*[2] lumière en attendant l'aube du jour terrestre : cette aube qui doit le réunir à son « copain » de route, et donc d'épreuves dans le monde. (Ces deux « copains », seraient-ce l'âme et le corps? L'âme liée au corps, mais désirant l'esprit? Mais souvenons-nous aussi de la coutume des missionnaires cheminant deux par deux) :

Roi glorieux, lumière et clarté vraie
Puissant Dieu, Seigneur, s'il vous agrée
A mon copain fidèle soit aide et bienvenue
Car ne l'ai plus revu depuis la nuit venue
Et bientôt viendra l'aube.

Mais à la fin de la chanson, le troubadour a-t-il trahi ses vœux? Ou bien a-t-il trouvé au sein de la nuit la Lumière vraie dont il ne faut se séparer?

Beau doux copain, tant riche est ce séjour
Que ne veux jamais plus voir aube ni jour

1. Déodat Roché, l'un des érudits contemporains les plus vitalement intéressés à l'étude du catharisme (voir ses *Études manichéennes et cathares*, 1952, et *le Catharisme*, 1938), insiste lui aussi sur « le danger d'une envolée trop rapide vers le ciel », selon les cathares, et oppose le catharisme au bouddhisme sur ce point à vrai dire capital.

2. L'emploi du mot « vraie » devant Dieu, Lumière, Foi, Église, est tenu par certains (dont Péladan et Rahn) pour un indice probable de catharisme chez un troubadour. Les cathares s'appliquaient à parler le langage orthodoxe, moyennant cette petite correction significative pour l'initié.

Car la plus belle fille qui de mère naquit
La tient dedans mes bras, donc plus ne me soucie
Ni de jaloux ni d'aube.

Ce rossignol allégrement vient de lancer le trille dont Wagner, au deuxième acte de *Tristan*, fera le cri sublime de Brengaine : « *Habet acht! Habet acht! Schon weicht dem Tag die Nacht!* » (« *Prenez garde! Prenez garde! Voici que la nuit cède au jour!* ») Mais Tristan répond, lui aussi : « *Qu'éternellement la nuit nous enveloppe!* » Tout comme dans ce début d'une autre « aube[1] » anonyme :

En un verger, sous une loge d'aubépine, la dame a tenu son ami dans ses bras jusqu'à ce que le guetteur ait crié : Dieu! c'est l'aube. Qu'elle vient donc vite! — Combien je voudrais, mon Dieu, que la nuit ne finît pas, que mon ami pût rester près de moi, et que jamais le guetteur n'annonçât le lever de l'aube! Dieu! c'est l'aube. Qu'elle vient donc vite!

Mais cette « belle qui toujours dit non » — encore que bien souvent le doute s'insinue — qui est-elle, femme ou symbole? Pourquoi sont-ils tous à jurer que jamais ils ne trahiront le *secret* de leur grande passion — comme s'il s'agissait d'une foi, et d'une foi initiatique?

Renoncez, je vous le dis, au nom d'Amour et au mien renoncez, perfides délateurs, accomplis en toute malice, à demander qui elle est, et quel est son pays, s'il est loin ou près, car je vous le tiendrai bien caché. Je mourrais plutôt que de faillir en un seul mot...

Quelle est la « dame » qui mériterait ce sacrifice? Ou ce cri de Guillaume de Poitiers :

Par elle seule je serai sauvé!

1. Les « aubes » étaient un genre régulier. On conçoit sa nécessité dans une vision du monde dominée par l'hostilité du Jour et de la Nuit.

Ou cette invocation d'Uc de Saint-Circ à une Dame sans merci :

Je ne désire pas que Dieu m'aide ni me donne joie ou bonheur, sinon par vous !

S'il ne s'agit que de figures de rhétorique, quel est l'esprit qui leur donna naissance ? Et quel Amour en fut l'idée platonicienne ? Dans sa chanson *Du moindre tiers d'Amour* — celui des femmes — Guiraut de Calanson dit des deux autres tiers, l'amour des parents et l'amour divin :

Au second tiers conviennent Noblesse et Merci ; et le premier est de telle élévation qu'au-dessus du ciel plane son pouvoir.

Cet Amour un en trois, ce principe féminin (*Amor* en provençal est du genre féminin) qui chez Dante va « mouvoir le ciel et toutes les étoiles », et dont Guiraut nous dit ici qu'il plane « au-dessus du ciel », n'est-ce point déjà la Divinité en soi des grands mystiques hétérodoxes, le Dieu d'avant la Trinité dont nous parlent la Gnose et Maître Eckhart, et plus précisément encore, le Dieu « suressentiel » qui selon Bernard de Chartres (vers 1150 !) « réside au-dessus des cieux », et dont « Noys » — de Noûs grec — est l'émanation intellectuelle et *féminine* ?

Et d'où viendrait, sinon, l'incertitude, voire le sentiment d'équivoque dont on ne peut se départir à la lecture de ces poèmes amoureux ? Il s'agit bien d'une femme réelle[1] — le *prétexte* physique est là — mais comme dans le *Cantique des Cantiques*, le ton est réellement mystique. Les érudits nous ressassent leur formule : il n'y aurait là, « tout simplement », qu'une manie d'idéaliser la femme et l'amour

1. Désignée généralement par un nom symbolique ou *senhal*, exactement comme les mystiques soufis désignent Dieu dans leurs poèmes !

naturel. Mais d'où provient donc cette manie ? D'une « humeur idéalisante » ?

Lisons plutôt ce cantique de Peire de Rogiers :

Apre tourment je dois souffrir
Pour chagrin d'elle que j'ai si grand
Mon cœur ne s'en doit point défaire
Ni jamais joie, ni douce, ni bonne,
Ne puis entrevoir en promesse :
Cent joies aurais-je par prouesse
N'en ferais rien, car ne sais vouloir qu'ELLE !

Et ce cri de Bernard de Ventadour :

Elle m'a pris mon cœur, elle m'a pris moi-même, elle m'a pris le monde, puis elle s'est elle-même dérobée à moi, ne me laissant que mon désir et mon cœur assoiffé !

Et ces deux strophes d'Arnaut Daniel — un noble qui se fit jongleur errant, et dont les romanistes assurent que les poèmes sont « vides de pensée » — : n'y trouve-t-on pas la démarche précise de la mystique négative, et ses métaphores invariables ?

Je l'aime et la recherche de si grand cœur que, par excès de désir, je crois que je m'enlèverai tout désir si l'on peut rien perdre à force de bien aimer.
Car son cœur submerge le mien tout entier d'un flot qui ne s'évapore plus...
Je ne veux ni l'empire de Rome, ni qu'on m'en nomme le pape, si je ne dois pas faire retour vers elle pour qui mon cœur s'embrase et se fend. Mais si elle ne guérit pas mon tourment avec un baiser avant le nouvel an, elle me détruit et elle se damne.

⁂

Il est temps maintenant de pousser à l'extrême l'intuition directrice de cette recherche.

Si la Dame n'est pas simplement l'Église d'Amour des cathares (comme ont pu le croire Aroux et Péladan), ni la Maria-Sophia des hérésies gnostiques (le Principe féminin de la divinité), ne serait-elle pas l'*Anima*, ou plus précisément encore : la part *spirituelle* de l'homme, celle que son âme emprisonnée dans le corps appelle d'un amour nostalgique que la mort seule pourra combler ?

Dans les *Képhalaïa* ou Chapitres de Manès[1], on peut lire au chapitre x comment l'élu qui a renoncé au monde reçoit l'imposition des mains (ce sera chez les cathares le *consolamentum*, généralement donné à l'approche de la mort) ; comment il se voit de la sorte « ordonné » dans l'Esprit de Lumière ; comment, au moment de sa mort, la *forme de Lumière*, qui est son Esprit, lui apparaît et le console par un *baiser* ; comment son ange lui tend la main droite et le *salue* également d'un baiser d'amour ; comment enfin l'élu vénère *sa propre forme de lumière, sa salvatrice.*

Or, qu'attendait de la « Dame de ses pensées », inaccessible par essence, toujours placée « en trop haut lieu » pour lui[2], le troubadour souffrant de l'amour vrai ? Un seul baiser, un seul regard, un seul salut.

Jaufré Rudel, au terme d'un amour conçu pour une femme qu'il n'a jamais vue, rejoignant enfin cette image après la traversée d'une mer, meurt dans les bras de la comtesse de Tripoli dès qu'il en a reçu un seul baiser de paix et le salut. Il s'agit d'une

1. Retrouvés en 1930 au Fayoum (Égypte) et publiés par C. Schmidt, à Stuttgart, en 1935.

2. On sait que l'un des lieux communs de la rhétorique courtoise consiste à se plaindre « d'aimer en lieu trop élevé ». Les érudits commentent : le pauvre troubadour, de basse extraction sociale en général, s'est épris de la femme d'un haut baron, qui le dédaigne. Certes, cela se vérifie dans quelques cas. Mais comment expliquer alors qu'un Alphonse d'Aragon, puissant roi, ait exhalé dans ses poèmes cette même plainte ? Rien n'est trop haut pour lui, c'est évident, s'il ne s'agit que de *ce* monde. En vérité, la question se ramène à savoir pourquoi le poète *choisit* d'aimer si haut, choisit l'Inaccessible.

légende, mais tirée des poèmes qui chantent bel et bien « l'amour de loin ». Il y eut aussi des dames « réelles »... Mais le furent-elles, en vérité, plus que cet événement psychique ?

De l'*énigme historique,* dont plusieurs ont cru voir la solution dans l'hypothèse fort excitante d'une clandestinité de l'Église hérétique, dont les poètes eussent été les agents, nous passons maintenant au *mystère d'une passion proprement religieuse,* d'une conception mystique fortement attestée dans la vie même des âmes.

Essayons à nouveau de repérer, entre les pointes et les oscillations extrêmes de cette recherche, la réalité généralement intermédiaire, donc moins « claire » et moins « pure », du lyrisme courtois.

8. Objections

Des deux chapitres qui précèdent, se dégagent, presque malgré moi, des conclusions dont l'importance risque de se mesurer au nombre d'objections qu'elles soulèveront. Je ne songe pas à esquiver des critiques que j'espère fécondes. Mais le lecteur me saura gré de tenir compte des doutes qui ont dû s'élever dans son esprit, et d'indiquer en bref par quelles raisons je crois pouvoir les surmonter.

On a dit et on me dira :

1° que la religion des cathares nous est encore mal connue et qu'il est donc au moins prématuré d'y voir la source (ou l'une des sources principales) du lyrisme courtois ;

2° que les troubadours n'ont jamais dit qu'ils suivaient cette religion, ou que c'était d'elle qu'ils parlaient ;

3° qu'au contraire l'amour qu'ils exaltent n'est que l'idéalisation ou la sublimation du désir sexuel ;

4° qu'on distingue mal comment, de la confuse combinaison de doctrines manichéennes et néoplatoniciennes, sur un fond de traditions celtibériques, aurait pu naître une rhétorique aussi précise que celle des troubadours.

Je répondrai dans l'ordre à ces critiques.

1. *Religion mal connue*

Si elle n'était pas connue du tout, le problème du lyrisme provençal resterait totalement obscur, comme il ressort de l'aveu même des romanistes. Or je le répète, je me refuse, pour ma part, à considérer comme absurde une poétique et une éthique de l'amour d'où sont issues, dans les siècles suivants, les plus belles œuvres de la littérature occidentale.

D'autre part, ce que l'on connaît aujourd'hui des croyances et des rites cathares suffit à établir sans plus de contestations possibles les origines manichéennes de l'hérésie. Or, si l'on se reporte à ce qui fut dit plus haut (II, 2) sur la nature *essentiellement lyrique* des dogmes manichéens en général, il apparaît qu'un supplément d'information, sur telle ou telle nuance ou altération qu'auraient reçue ces dogmes dans l'Église du Midi, n'apporterait pas grand-chose pour ou contre ma thèse. *Ce ne sont pas des équivalences rationnelles et exactes du dogme qu'il faut chercher dans la rhétorique courtoise,* mais bien le développement lyrique et psalmodique des symboles fondamentaux. De même, pour prendre un exemple moderne, le « sentiment chrétien » que l'on reconnaît chez un Baudelaire est autre chose qu'une transposition terme à terme des dogmes catholiques. C'est plutôt une certaine sensibilité (même formelle) qui serait inconcevable sans le dogme catholique ; à quoi s'ajoutent des éléments de vocabulaire et de syntaxe dont l'origine est nettement liturgique. On peut imaginer que les thèmes que nous avons relevés chez les poètes provençaux entretiennent avec le néo-manichéisme des relations d'un type analogue[1].

Au surplus, la tonalité hérétique des lieux communs de la rhétorique courtoise devient sensible dès que l'on compare ces lieux communs à ceux de la poésie cléricale de l'époque. Un spécialiste aussi sceptique que Jeanroy n'a pas été sans le remarquer. Parlant de la lyrique abstraite des troubadours du XIIIe siècle et de la confusion qu'elle favorise, de Dieu et de la Dame des pensées, il écrit : « Il n'y a là, dira-t-on, que figures de rhétorique sans conséquences. Soit. Mais les théories que les troubadours développaient avec une si grave application, ne sont-elles pas aux antipodes du christianisme ? Ne devaient-ils pas s'en apercevoir ? Et pourquoi n'y a-t-il dans leurs œuvres aucune trace de ce déchirement intérieur, de ce *dissidio* qui rend si pathétiques certains vers de Pétrarque[2] ? »

1. On peut aussi penser que dans bien des cas, les correspondances entre doctrine cathare et poétique courtoise sont précises. Lucie Varga, dans une étude sur Peire Cardenal (ou Cardinal), l'un des derniers troubadours (« Peire Cardenal était-il hérétique ? » *Revue d'Histoire des Religions*, juin 1938) va jusqu'à proposer que l'on prenne certains poèmes des troubadours comme *sources* d'études sur l'hérésie. Elle cite, à l'appui, des vers de Peire Cardenal qui reproduisent les termes exacts d'une prière cathare publiée par Döllinger. Exemple : *« Donne-moi de pouvoir aimer ceux que tu aimes »* (Cardenal) et « Donne-nous d'aimer ceux que Tu aimes » (Prière). Mais il faut également relever que Peire Cardenal, vrai cathare, se montre sévère pour la « courtoisie » dans un poème où il dit : *« Je ne me livre point à de stupides exploits... j'ai échappé à l'amour. »* Je reviendrai sur la situation paradoxale des poètes courtois contraints de louvoyer entre la double condamnation portée contre l'amour sexuel par les Parfaits et contre l'amour idéalisé mais « adultère » par les catholiques.

2. *Poésie lyrique des troubadours*, II, p. 306.

2. *Les troubadours gardent le secret*

A la thèse du catharisme *secret* des troubadours, plusieurs auteurs récents ont objecté que jamais un poète courtois n'avait « vendu la mèche » même une fois converti à l'orthodoxie catholique. C'est supposer chez l'homme du XIIe siècle une forme de conscience qui ne pouvait être la sienne.

Si l'on essaye de se replacer dans l'atmosphère du Moyen Age, on s'aperçoit que l'absence de signification symbolique d'une poésie serait un fait beaucoup plus scandaleux que ne peut l'être à nos yeux, par exemple, le symbolisme de la Dame. Dans l'optique de l'homme médiéval, toute chose signifie autre chose, comme dans les rêves, et cela sans qu'intervienne aucun effort de traduction conceptuelle. En d'autres termes, le médiéval n'a pas besoin de se formuler le sens des symboles qu'il emploie, ni d'en prendre une conscience distincte. Il est indemne de ce rationalisme qui nous permet, à nous autres modernes, d'isoler et d'abstraire de toute ambiance significative les objets que nous considérons[1]. L'un des meilleurs historiens des mœurs médiévales, J. Huizinga, nous propose sur ce point des exemples topiques ; celui, entre autres, du mystique Suso : « La vie de la chrétienté médiévale est, dans toutes ses manifestations, saturée de représentations religieuses. Pas de choses ou d'actions, si ordinaires soient-elles, dont on ne cherche constamment à établir le rapport avec la foi. Mais dans cette atmosphère de saturation, la tension religieuse, l'idée transcendantale, l'élan vers le sublime, ne peuvent être toujours présents. Viennent-ils à man-

1. Par exemple, le médiéval serait trop « naïf » pour étudier une matière qu'il jugerait absurde, c'est-à-dire qui n'aurait pas de sens religieux et de situation précise dans l'ensemble des valeurs qu'il connaît.

quer, tout ce qui était destiné à stimuler la conscience religieuse dégénère en profane banalité, en choquant matérialisme à prétentions d'au-delà. Même chez un mystique de l'envergure d'un Henri Suso, le sublime nous semble parfois frôler le ridicule. Il est sublime quand, par piété envers la Vierge, il rend hommage à toutes les femmes et marche dans la boue pour laisser passer une pauvresse. Sublime encore, quand il suit les usages de l'amour profane et célèbre le Jour de l'An et le premier mai en offrant une couronne et une chanson à sa fiancée, la Sagesse éternelle. Mais que penser du reste ? A table, il mange les trois quarts d'une pomme en l'honneur de la Trinité, et le dernier quart par amour pour la Mère céleste qui donnait à manger une pomme à son tendre enfant Jésus ; et ce dernier quart, il le mange avec la peau, parce que les petits garçons ne pèlent pas leurs pommes. Après Noël, au temps où l'Enfant est trop jeune pour manger des fruits, Suso ne mange pas ce dernier quart, mais l'offre à Marie qui le donnera à son fils. Il prend sa boisson en cinq traits pour les cinq plaies du Seigneur ; mais il double la cinquième gorgée parce que, du flanc de Jésus, coula du sang et de l'eau. Voilà la sanctification de la vie poussée à ses extrêmes limites[1]. »

Dira-t-on que l'on tombe ici du symbole dans l'allégorie ? Oui, mais par un excès visible. Le même auteur remarque un peu plus loin que « la naïve conscience religieuse de la multitude n'avait pas besoin de preuves intellectuelles en matière de foi : la seule présence d'une image visible des choses saintes suffisait à en démontrer la vérité » (p. 199). C'est dire que le « secret » des troubadours était en

1. J. Huizinga, *le Déclin du Moyen Âge*, p. 181-182.

somme une *évidence symbolique* aux yeux des initiés et des sympathisants de l'Église d'Amour. Normalement, il ne serait venu à personne cette idée, strictement moderne, que les symboles, pour être valables, dussent être commentés et expliqués d'une manière non symbolique...

Une objection inverse a été faite : comment se peut-il que jamais un cathare converti n'ait dénoncé les troubadours comme propagateurs de l'hérésie ? La réponse me paraît aisée. Il est clair que les troubadours n'étaient nullement considérés comme des prédicateurs ni comme des militants ; au mieux comme des « croyants », et plus souvent encore comme de simples sympathisants. Ces distinctions, d'ailleurs, étaient bien moins tranchées qu'elles ne le seraient de nos jours. Ils chantaient, pour un public en majorité favorable à l'hérésie, une forme d'amour qui se trouvait correspondre (et répondre) à la situation morale très difficile résultant à la fois de la condamnation religieuse portée sur la sexualité par les Parfaits, et de la révolte naturelle contre la conception orthodoxe du mariage, récemment réaffirmée par la réforme grégorienne. Ils avaient donc à se garder à la fois contre la sévérité des Parfaits et contre celle des catholiques.

Toutefois, par suite de la situation particulière des hérétiques, l'on conçoit que certains d'entre eux aient voulu indiquer discrètement que leurs poèmes avaient un double sens précis, outre le symbolisme habituel et qui allait de soi. Dans ce cas, le symbole se double d'une allégorie, et prend un sens cryptographique. Je veux parler de l'école du *trobar clus*, déjà citée, et que M. Jeanroy définit en ces termes : « Un autre moyen (pour « embarrasser le lecteur ») consistait alors à recouvrir une pensée religieuse d'un vêtement profane, à appliquer à l'amour divin les formules consacrées par l'usage à l'expression de l'amour humain[1]. » Le *trobar clus* ne serait ainsi qu'un jeu littéraire, un « tarabiscotage », « une perversion du goût singulière dans une littérature naissante », et qui au surplus « doit avoir d'autres causes », qu'on « ne se flatte pas de débrouiller ». (*Op. cit.*, II, p. 16.)

Mais le troubadour Alegret l'a fort bien dit :

« *Mon vers* (poème) *paraîtra insensé au sot s'il n'a pas double entendement... Si quelqu'un veut contredire ce vers, qu'il s'avance et je lui dirai comment il me fut possible d'y mettre deux* (var. *trois*) *mots de sens divers.* »

Cette manière d'embrouiller les sens (*entrebescar* disaient les Provençaux : entrelacer) s'expliquerait-elle par une « intention d'intriguer l'auditeur et de lui poser une énigme » ? On peut penser que les troubadours étaient mus par des passions moins puériles...

« *J'entrelace des mots rares, sombres et colorés, pensivement pensif...* »

écrit Raimbaut d'Orange. Et Marcabru :

« *Pour sage je tiens sans nul doute celui qui dans mon chant devine ce que chaque mot signifie.* »

Il est vrai qu'il ajoute — boutade ou précaution ? —

1. « Consacrées par l'usage ? » Depuis quand ? Rudel utilisait ce procédé, et il est de la première moitié du XIIe siècle, c'est-à-dire de la première génération des troubadours ! Donc l'un des *inventeurs* de ces « formules ». Nous tenons ici un bel exemple d'anachronisme tendancieux. On veut à tout prix que le langage des troubadours soit le langage *naturel* de l'amour humain, transposé à l'amour divin. Alors qu'historiquement, c'est le contraire qui s'est produit.

« car moi-même je suis embarrassé pour éclaircir ma parole obscure ».

Ici se poserait la plus grave question, mais elle demeure presque insoluble : comment les troubadours entendaient-ils leurs propres symboles ? Et d'une manière plus générale, quelle espèce de conscience avons-nous des métaphores que nous utilisons dans nos écrits[1] ? Il ne faudrait pas oublier ce que l'on vient de dire sur la mentalité « naïvement » symbolique des médiévaux : leurs symboles n'étaient pas traduisibles en concepts prosaïques et rationnels. Ce n'est donc que sur le *double* sens allégorique que devrait porter la question... Et enfin toute cette poésie baignait dans l'atmosphère la plus chargée de passions. Les actions que nous rapportent les chroniqueurs du temps sont parmi les plus folles, les plus « surréalistes » qu'ait connues l'histoire de nos mœurs... Qu'on se rappelle ce seigneur jaloux qui tue le troubadour favori de sa femme, et fait servir le cœur de la victime sur un plat. La dame le mange sans savoir ce que c'est. Le seigneur le lui ayant dit : « Messire, répond la dame, vous m'avez donné à manger mets si savoureux que jamais plus ne mangerai rien d'autre ! » et elle se jette par la fenêtre du donjon. On admettra que cette atmosphère suffisait bien à des poètes pour « colorer » un symbolisme même dogmatique à l'origine.

1. Un amoureux peu lettré qui écrit à sa fiancée des épîtres copiées dans un manuel : croit-on que ces formules toutes faites ne traduisent pas, à ses yeux, un sentiment sincère et authentique ? Ceci pour répondre au reproche d'insincérité fait aux troubadours par nos érudits — reproche lui-même stéréotypé...

3. *L'Amour courtois serait une idéalisation de l'amour charnel.*

C'est la thèse la plus courante. On pourrait se borner à rappeler que le symbolisme médiéval procède généralement de haut en bas — de ciel en terre — ce qui réfute les conclusions modernes déduites du préjugé matérialiste. Mais il faut aller au détail.

Contre Wechssler, qui veut voir, lui aussi, dans la lyrique courtoise une expression de sentiments religieux de l'époque[1], Jeanroy écrit : « Dans ces affirmations hardies, il y a du reste une erreur de fait aisée à relever : qu'à la longue, la chanson se soit vidée de son contenu initial, n'ait plus été qu'un tissu de formules creuses on le peut admettre. Mais au début et jusqu'à la fin du XIIe siècle il n'en était pas ainsi : chez les poètes de cette époque, l'expression du désir charnel est si vive et parfois si brutale qu'il est vraiment impossible de se tromper sur la nature de leurs aspirations. »

Si c'est le cas, on se demande d'où viennent la gêne et l'« agacement » de l'auteur lorsqu'il est obligé de reconnaître l'équivoque des expressions courtoises et leurs résonances mystiques. « Il est certain — doit-il avouer — que les idées religieuses d'une époque influent généralement sur la conception qu'on se fait de l'amour, et surtout que le *vocabulaire de la galanterie se règle sur celui de la dévotion.* Du jour où *adorer* devient synonyme d'*aimer,* cette métaphore en entraîne une quantité d'autres. » Mais alors pourquoi rejeter sans discussion l'ouvrage de Wechssler, qui soutient que les « théories amoureuses du Moyen Age ne sont qu'un reflet

1. Mais catholique d'origine, non hérétique.

de ses idées religieuses » ? Et pourquoi vouloir à tout prix que les poèmes des troubadours comportent des notations « réalistes » et des descriptions précises de la Dame aimée, alors qu'ailleurs on leur reproche de ne recourir jamais qu'à des épithètes stéréotypées ?

Jaufré Rudel, prince de Blaye, dit très nettement que sa Dame est une création de son esprit, et qu'elle s'évanouit avec l'aube. Ailleurs, c'est la « princesse lointaine » qu'il veut aimer. Cependant M. Jeanroy s'inquiète de trouver dans ses poèmes « des détails qui paraissent nous plonger dans la réalité et que rien n'explique ». Exemples donnés : *« Je suis en doute au sujet d'une chose et mon cœur est dans l'angoisse : c'est que tout ce que le frère me refuse, j'entends la sœur me l'octroyer. »* D'autre part, Rudel, « décrit » ainsi sa Dame : elle a le corps *« gras, delgat et gen ».* Or la première phrase, où Jeanroy veut voir un trait biographique, détient un sens mystique évident : « Ce que le corps me refuse, l'âme me l'octroie » (par exemple, car il y a d'autres sens encore que celui-ci, qui est franciscain avant la lettre). Et quant aux épithètes « réalistes » qui décriraient une dame « réelle », on les retrouve parfaitement *identiques* chez une centaine d'autres poètes ! (Ce qui a fait dire à je ne sais plus quel érudit qu'il semblerait que toute la poésie des troubadours fût l'œuvre d'un seul auteur louant *une Dame unique* !) Où est alors cette expression « vive et brutale » d'un désir évidemment charnel ? Dans la crudité de certains termes ? Mais elle était courante et naturelle avant le puritanisme bourgeois. L'argument est anachronique.

Voici par contre un document de poids à l'appui de la thèse symboliste. Raimbaut d'Orange écrit un poème sur les femmes. Si vous voulez faire leur conquête, dit-il, soyez brutaux, *« donnez-leur des coups de poing sur le nez* » (est-ce assez « cru » ?), forcez-les : car c'est cela qu'elles aiment.

> *Quant à moi,* conclut-il, *si je me comporte autrement, c'est que je ne me soucie pas d'aimer. Je ne veux pas me gêner pour les femmes, pas plus que si toutes étaient mes sœurs ; c'est pourquoi je suis envers elles humble, complaisant, loyal et doux, tendre, respectueux et fidèle... Je n'aime rien, sauf cet anneau qui m'est cher, parce qu'il a été au doigt... Mais je m'aventure trop : assez, ma langue ! Car trop parler est pis que péché mortel.*

Or nous avons de ce même Raimbaut d'Orange d'admirables poèmes à la louange de la Dame. Et nous savons par ailleurs que l'*anneau* (échangé par Tristan et Iseut) est le signe d'une fidélité qui justement n'est pas celle des corps. Soulignons enfin ce fait capital : que les vertus de la *cortezia* : humilité, loyauté, respect et fidélité envers la Dame, sont ici rapportées expressément au refus de l'amour physique. Au surplus, nous verrons plus tard les poèmes de Dante être d'autant plus passionnés et « réalistes » dans leurs images que Béatrice s'élèvera davantage dans une hiérarchie d'abstractions mystiques, figurant d'abord la philosophie, puis la Science, puis la Science sacrée.

Un petit fait encore : deux des plus ardents parmi les troubadours à louer les beautés de leur Dame, Arnaut Daniel et l'Italien Guinizelli, sont placés au chant XXIV du *Purgatoire* dans le cercle des sodomistes[1] !

1. Faudrait-il rapprocher ceci du fait que le chevalier courtois donnait souvent à sa Dame le titre de seigneur au masculin : *mi dons* (*mi dominus*) et en Espagne : *senhor* (non *senhora*) ? Les troubadours andalous et arabes faisaient de même. Je crois qu'ici encore, au moins à

Mais tout cela nous amène à reconnaître enfin la réelle complexité d'un problème dont nous avons souligné jusqu'ici, non sans une volontaire partialité, l'un des aspects seulement, et le plus contesté. On a trop longtemps cru que la *cortezia* était une simple idéalisation de l'instinct sexuel. A l'inverse, il serait excessif de soutenir que l'idéal mystique sur quoi elle se fondait à l'origine fût toujours et partout observé ; *ou qu'il fût en soi univoque.* L'exaltation de la chasteté produit presque toujours des excès luxurieux. Sans nous attarder aux accusations de débauche que beaucoup ont portées contre les troubadours — l'on sait au vrai peu de chose de leurs vies — nous rappellerons l'exemple de sectes gnostiques, qui condamnaient aussi la création, et en particulier l'attrait des sexes, mais déduisaient de cette condamnation une morale étrangement débridée. Les carpocratiens par exemple interdisant la procréation, mais par ailleurs divinisaient le sperme[1].

Il est probable que des excès de ce genre se produisirent aussi chez les cathares, et plus encore chez leurs disciples peu disciplinés, les troubadours. Des accusations horrifiantes figurent à cet égard dans les registres de l'Inquisition. Notons toutefois qu'elles sont souvent contradictoires. Ainsi l'on affirme tantôt que les cathares tiennent pour innocentes les voluptés les plus grossières, tantôt qu'ils réprouvent le mariage et tout commerce sexuel, licite ou non. Mais des accusations semblables furent

l'origine, tout est symbole religieux ou féodal, autant ou plus que traduction de relations humaines. Toutefois, le narcissisme inhérent à tout amour dit platonique entraîne évidemment, dans le plan sexuel, des déviations dont il serait difficile de nier que certains troubadours n'aient pas été victimes.

1. Textes traduits et commentés dans Wolfgang Schultz, *Dokumente der Gnosis*, p. 158 à 164.

portées contre toutes les religions nouvelles, sans excepter le christianisme primitif. Et il est juste de citer ici le jugement d'un dominicain qui eut l'occasion de fouiller dans les archives du Saint-Office, et qui s'exprime aussi au sujet des cathares d'Italie, ou patarins : « Malgré toutes mes recherches, dans les procédures dressées par nos frères, je n'ai pas trouvé que les hérétiques " consolés " se livrassent en Toscane à des actes énormes ni qu'il se commît jamais parmi eux, surtout entre hommes et femmes (?), des excès sensuels. Or, si les religieux ne se sont pas tus par modestie, ce qui ne me paraît pas croyable de la part d'hommes qui faisaient attention à tout, *leurs erreurs étaient plutôt des erreurs d'intelligence que de sensualité*[1]. »

Retenons donc ceci, qui nuance notre schéma : si les erreurs de la passion — au sens précis que je donne à ce mot — sont d'origine religieuse et mystique, il est certain qu'elles se trouvent flatter, *par cela même qu'elles veulent le transcender,* l'instinct sexuel, ou comme dit Platon dans *le Banquet* : « l'amour de gauche ».

***

Tout ceci m'amène à conclure — quels qu'aient pu être mes scrupules à l'origine — que le lyrisme courtois fut *au moins inspiré* par l'atmosphère religieuse du catharisme[2]. C'est là une thèse minimale en apparence. Mais sitôt admise, elle me paraît tout à la fois impliquer et expliquer bien davantage.

Pour nous faciliter une représentation analogique

1. R. P. Sandrini, cité par Cantu, *Histoire universelle*, t. XI, p. 123.
2. Voir aussi l'Appendice 5.

de ce processus minimal d'inspiration et d'influence, prenons un exemple moderne. Un exemple dont je crois pouvoir dire que les données sont entièrement énumérables et très profondément *connues* (au sens total) par plusieurs hommes de ma génération : je veux parler du surréalisme et de l'influence de Freud sur ce mouvement.

Supposons l'historien futur de notre civilisation détruite : il a devant les yeux quelques poèmes surréalistes, il a pu les traduire et les dater. Par ailleurs, il n'ignore pas qu'à l'époque du surréalisme florissait une école psychiatrique dont on n'a pu retrouver les ouvrages : le fascisme, survenu peu après, les ayant tous détruits à cause de leur inspiration sémite. Du moins sait-on par les pamphlets de ses adversaires que cette école proposait une théorie érotique des rêves. Or les poèmes surréalistes conservés et traduits ne paraissent présenter aucun sens, et l'on se plaint de leur monotonie ; toujours les mêmes images érotiques et sanglantes, la même rhétorique exaltée, et ne dirait-on pas qu'ils n'ont qu'un seul auteur, etc. Mais peut-être, proposent certains, décrivent-ils simplement des rêves ? Peut-être même *sont-ils* des rêves écrits ? Les spécialistes demeurent sceptiques. Un littérateur « peu sérieux » imagine alors l'hypothèse d'une influence de la psychanalyse sur l'ensemble du surréalisme : coïncidence des dates, analogie de thèmes fondamentaux... Les spécialistes du XXe siècle haussent les épaules : Prouvez cela par des documents ! — Vous savez bien qu'il n'en existe plus. — Dans ce cas, il convient de surseoir à toute hypothèse cohérente. En attendant, le bon sens suffit à démontrer :

1° que le peu de chose que nous savons de la psychanalyse n'autorise pas à faire de cette doctrine la source des textes connus. (Il semble bien que Freud ait été avant tout un savant ; qu'il ait soutenu une théorie de la *libido*; et qu'il ait pris une attitude déterministe : or le surréalisme fut une école littéraire avant tout; on ne retrouve le terme de *libido* dans aucun des poèmes subsistants; et ces poèmes sont de tendance idéaliste-anarchisante);

2° que les surréalistes n'ont jamais *dit* dans leurs poèmes qu'ils étaient les disciples du freudisme;

3° qu'au contraire la liberté qu'ils exaltent est celle que devaient nier tous les psychanalystes;

4° qu'enfin l'on distingue mal comment, d'une science qui se donnait pour objet l'analyse et la cure des névroses, aurait pu naître une rhétorique de la folie, c'est-à-dire un défi à toute science en général et à toute science psychiatrique en particulier...

Or il se trouve que nous savons exactement, nous autres hommes du XXe siècle, comment toutes ces choses improbables se sont réellement produites; nous savons que les initiateurs du mouvement surréaliste ont lu Freud et l'ont vénéré; nous savons que, sans lui, leurs théories et leur lyrisme eussent été tout différents; nous savons que ces poètes n'éprouvaient nul besoin et n'avaient pas la possibilité de parler de *libido* dans leurs poèmes; nous savons même que c'est à la faveur d'une *erreur initiale* sur la portée exacte de la doctrine de Freud (déterministe-positiviste) qu'ils ont pu en tirer les éléments de leur lyrisme (ce dernier trait me paraît capital pour l'analogie que je propose); et nous savons enfin qu'il a suffi que quelques-uns des chefs de cette école lisent Freud : les disciples se sont bornés à imiter la rhétorique des maîtres... (Appendice 6).

En outre, on aperçoit, par cet exemple, que l'action d'une doctrine sur des poètes s'exerce moins par influence directe qu'à la faveur d'une certaine *ambiance* de scandale, de snobisme et d'intérêt, suscitée par les dogmes centraux. Ce qui explique pas mal d'erreurs, variations et contradictions chez les poètes influencés. D'où résulte qu'un surcroît d'informations sur la nature exacte des théories de Freud, loin de fournir aux savants futurs les apaisements qu'ils seront en droit d'attendre, paraîtra contredire la thèse de mon littérateur « peu sérieux ». (*Eppur!* C'est lui qui aura raison contre les « vingtiémistes » chevronnés de son temps.)

On a remarqué qu'à l'objection n° 4 je n'ai répondu jusqu'ici que d'une manière tout indirecte et allusive. C'est qu'elle mérite un traitement particulier et nous engage dans un nouveau chapitre.

9. Les mystiques arabes

Comment de la *confuse* combinaison de doctrines plus ou moins chrétiennes, manichéennes et néo-platoniciennes eût-il pu naître une rhétorique aussi *précise* que celle des troubadours? C'est l'argument que les romanistes ont coutume d'opposer à l'interprétation religieuse de l'art courtois.

Or il se trouve que, dès le IXe siècle, une synthèse non moins « improbable » de manichéisme iranien, de néo-platonisme et d'islamisme s'était bel et bien opérée en Arabie, et de plus, s'était exprimée par une poésie religieuse dont les métaphores érotiques offrent les plus frappantes analogies avec les métaphores courtoises.

⁂

Lorsque Sismondi avança l'hypothèse d'une influence arabe sur la lyrique provençale, A.W. Schlegel lui répondit qu'il fallait ignorer à la fois la poésie provençale et l'arabe pour soutenir un pareil paradoxe. Mais Schlegel prouvait de la sorte que cette double ignorance était précisément son fait. On l'excusera d'ailleurs si l'on tient compte de l'état des études arabisantes à son époque.

Des travaux plus récents ont décrit en détail l'histoire et l'œuvre, dès le IXe siècle, dans l'Islam, d'une école de mystiques poètes qui devaient avoir plus tard pour principales illustrations Al-Hallaj, Ruzhbehan de Shiraz et Sohrawardi d'Alep, troubadours de l'Amour suprême, chantres courtois de l'Idée voilée, objet aimé mais en même temps symbole du Désir divin.

Sohrawardi (mort en 1191) voyait dans Platon — qu'il connaissait par Plotin, Proclus et l'école d'Athènes — un continuateur de Zoroastre. Son néo-platonisme était par ailleurs très fortement pénétré de représentations mythiques iraniennes. En particulier, il empruntait aux doctrines avestiques — dont s'était inspiré Manès — l'opposition du monde de la Lumière et du monde des Ténèbres, dont on a vu qu'elle est fondamentale pour les cathares. Et tout cela se traduisait — tout comme chez les cathares encore — par une rhétorique amoureuse et chevaleresque, dont les titres de quelques traités mystiques de cette école donnent une idée : *le Familier des amants, le Roman des sept beautés...*

Il y a plus. A l'occasion de ces traités, les mêmes disputes théologiques se produisirent, qui devaient renaître un peu plus tard dans le Moyen Age occidental. Elles se compliquent d'ailleurs du fait que l'Islam contestait que l'homme pût *aimer* Dieu (comme l'ordonne le sommaire évangélique de la Loi). Une créature finie ne peut aimer que le fini. Il en résulta que les mystiques furent obligés de recourir à des symboles dont le sens restait secret. (Ainsi la louange du vin, dont l'usage était interdit, devint le symbole de la divine ivresse d'amour.) Mais compte tenu de cette difficulté particulière — qui n'est d'ailleurs pas sans rapport avec la situation courtoise — nous retrouvons en Occident et dans le Proche-Orient les mêmes problèmes.

L'orthodoxie musulmane, pas plus que la catholique, ne pouvait admettre qu'il y eût en l'homme une part divine dont l'exaltation aboutît à la fusion de l'âme et de la Divinité. Or le *langage* érotico-religieux des poètes mystiques tendait à établir cette confusion du Créateur et de la créature. Et l'on accusa ces poètes de manichéisme déguisé, sur la foi de leur langage symbolique. Al-Hallaj et Sohrawardi devaient même payer de leur vie cette accusation d'hérésie[1].

Il est bien émouvant de constater que tous les termes d'une pareille polémique s'appliquent au cas des troubadours, et plus tard, nous le verrons, *mutatis, mutandis,* au cas des grands mystiques occidentaux, de Maître Eckhart à Jean de la Croix.

⁂

Une brève revue des thèmes « courtois » de la mystique arabe fera sentir à quelles profondeurs le parallélisme trouve ses origines, et jusque dans quels détails il se poursuit.

a) Sohrawardi nomme les amants des *Frères de la Vérité,* « appellation s'adressant à des amants mystiques qui s'entendent dans une idéalisation, commune[2] » et fondent ainsi une communauté — comparable à l'Église d'Amour des cathares.

1. Voici le chef principal d'accusation, selon Massignon (*Passion de Al-Hallaj*, p. 161) : « Adorer Dieu par amour seulement est le crime des manichéens... *(ceux-ci)* adorent Dieu par amour *physique*, par l'attraction magnétique du fer pour le fer, et leurs particules de lumière veulent rejoindre, comme un aimant, le foyer de lumière dont elles sont venues. »

2. H. Corbin : introduction au *Familier des amants.*

b) Selon le manichéisme iranien, dont s'inspiraient les mystiques de l'école illuminative de Sohrawardi, une jeune fille éblouissante attend le fidèle à la sortie du pont Cinvat et lui déclare : « Je suis toi-même ! » Or selon certains interprètes de la mystique des troubadours, la Dame des pensées ne serait autre que la part spirituelle et angélique de l'homme, son vrai *moi.* Ce qui pourrait nous orienter vers une compréhension nouvelle de ce que nous appelions le « narcissisme de la passion » (à propos de Tristan, chap. VIII du Livre Ier).

c) Le *Familier des amants* est construit sur l'allégorie du « Château de l'Ame » et de ses différents étages et loges. Dans l'une de ces loges habite un personnage qui se nomme l'Idée voilée. Elle « connaît les secrets qui guérissent et c'est d'elle que l'on apprend la magie ». (L'Iseut celtique était aussi une magicienne, « objet de contemplation, spectacle mystérieux ».) Dans le Château de l'Ame habitent d'autres personnages allégoriques, tels que Beauté, Désir et Angoisse, le Renseigné, le Probateur, le Bien connu : comment ne pas songer au *Roman de la rose* ? Et le symbolisme chevaleresque se retrouve dans l'ouvrage de Nizami de Ganja : *le Roman des sept beautés,* qui conte les aventures de sept jeunes filles vêtues aux couleurs des planètes et que visite un roi-chevalier.

Nous retrouverons le Château de l'Ame parmi les symboles préférés d'un Ruysbroek et d'une sainte Thérèse...

d) Dans un poème du « sultan des amoureux » Omar Ibn Al-Faridh — pour prendre un exemple entre cent — l'auteur décrit la passion terrible qui l'envoûte :

Mes concitoyens, étonnés de me voir esclave, ont dit :
Pourquoi ce jeune homme a-t-il été pris de folie ?

Et que peuvent-ils dire de moi, sinon que je m'occupe de Nou'm ? Oui, en vérité, je m'occupe de Nou'm.
Quand Nou'm me gratifie d'un regard, cela m'est égal que Sou'da ne soit pas complaisante[1].

« Nou'm » est le nom conventionnel de la femme aimée, et signifie ici Dieu. Or les troubadours nommaient aussi la Dame de leurs pensées d'un nom conventionnel ou *senhal,* derrière lequel nos érudits s'épuisent à retrouver des personnages historiques...

e) La *salutation* est le *salut* que l'initié voulait donner au Sage, mais que celui-ci, prévenant, donne le premier (Sohrawardi : le *Bruissement de l'aile de Gabriel*), c'est un des thèmes constants du lyrisme des troubadours, puis de Dante et enfin de Pétrarque. Tous ces poètes attachent au « salut » de la Dame une importance apparemment démesurée, mais qui s'explique fort bien si l'on prend garde au sens liturgique du salut.

f) Les mystiques arabes insistent sur la nécessité de garder le *secret* de l'Amour divin. Ils dénoncent sans relâche les indiscrets qui voudraient s'enquérir des mystères sans y participer de toute leur foi. A l'interrogation d'un impatient : « Qu'est-ce que le soufisme ? » Al-Hallaj répond : « Ne t'attaque pas à Nous, regarde notre doigt que nous avons déjà teint dans le sang des amants. » De plus, les indiscrets sont soupçonnés d'intentions mauvaises : ce sont eux qui dénoncent les amants à l'autorité orthodoxe, c'est-à-dire qui révèlent à la censure dogmatique le sens secret des allégories.

Or dans la plupart des poèmes provençaux apparaissent des personnages qualifiés de *losengiers* (médisants, indiscrets, espions) et que le troubadour

1. *« C'est lui l'amour... »*, trad. Dermenghem, *Hermès*, décembre 1933.

couvre d'invectives. Nos savants commentateurs ne savent trop que faire de ces encombrants losengiers, et tentent de s'en débarrasser en affirmant que les amants du XIIe siècle tenaient énormément au secret de leurs liaisons (ce qui les distinguerait, sans doute, des amants de tous les autres siècles ?).

g) Enfin, la louange de la mort d'amour est le leitmotiv du lyrisme mystique des Arabes. Ibn Al-Faridh :

Le repos de l'amour est une fatigue, son commencement une maladie, sa fin la mort.
Pour moi cependant la mort par amour est une vie ; je rends grâce à ma Bien-Aimée de me l'avoir offerte.

Celui qui ne meurt pas de son amour ne peut en vivre.

C'est ici le cri même de la mystique occidentale *mais aussi* du lyrisme provençal et de *Tristan*. C'est l'oraison jaculatoire de sainte Thérèse : *Je meurs de ne pas mourir !*

Al-Hallaj disait :

En me tuant vous me ferez vivre, car pour moi c'est mourir que de vivre, et vivre que de mourir.

La vie, c'est en effet le jour terrestre des êtres contingents et le tourment de la matière ; mais la mort, c'est la nuit de l'illumination, l'évanouissement des formes illusoires, l'union de l'Ame et de l'Aimé, la communion avec l'Être absolu.

Aussi Moïse est-il pour les mystiques arabes le symbole du plus grand Amant, puisqu'en exprimant le désir de *voir Dieu* sur le Sinaï, il exprima le désir de sa mort. Et l'on conçoit que le terme nécessaire de la voie illuminative d'un Sohrawardi, d'un Hallaj, ait été le martyre religieux au sommet de la *joy d'amour* :

Al-Hallaj se rendait au supplice en riant. Je lui dis : Maître qu'est cela ? Il répondit : Telle est la coquetterie de la Beauté attirant à elle les amoureux[1].

⁂

On sait enfin que l'amour platonique fut révéré par une tribu dont le prestige était grand dans le monde arabe, celle des Banou Odrah où l'on mourait d'amour à force d'exalter le désir chaste, selon le verset du Coran :

« Celui qui aime, qui s'abstient de tout ce qui est interdit, qui garde son amour secret, et qui meurt de son secret, celui-là meurt martyr. »

« L'amour odrih » devint, jusqu'en Andalousie, le nom même de l'amour qui va s'appeler courtois dans le Midi, puis remonter vers le Nord celtique, à la rencontre de *Tristan*...

⁂

Peut-on prouver que la poétique arabe a réellement influencé la *cortezia* ? Renan écrit en 1863 : « *Un abîme sépare* la forme et l'esprit de la poésie romane de la forme et de l'esprit de la poésie arabe. » Un autre savant, Dozy, déclare à cette époque qu'on n'a pas prouvé l'influence arabe sur les troubadours, « et qu'on ne la prouvera pas ». Ce ton péremptoire fait sourire.

De Bagdad à l'Andalousie, la poésie arabe est une, par la langue et l'échange continu. L'Andalousie touche aux royaumes espagnols, dont les souverains se mêlent à ceux du Languedoc et du Poitou. L'épanouissement du lyrisme andalou aux Xe et XIe siècles nous est aujourd'hui bien connu. La

1. Cf. Massignon et Kraus, *Akhbar Al-Hallaj*, texte relatif à la prédication et au supplice de Al-Hallaj.

prosodie précise du *zadjal* est celle-là même que reproduit le premier troubadour, Guillaume de Poitiers, dans cinq sur onze des poèmes de lui qui nous restent. Les « preuves » de l'influence andalouse sur les poètes courtois ne sont plus à faire[1]. Et je pourrais ici remplir des pages de citations d'Arabes et de Provençaux dont nos grands spécialistes de « l'abîme qui sépare » auraient parfois peine à deviner de quel côté des Pyrénées elles furent écrites. La cause est entendue. Mais voici ce qui m'importe.

L'on assiste au XIIe siècle dans le Languedoc comme dans le Limousin, à l'une des plus extraordinaires confluences spirituelles de l'Histoire. D'une part, un grand courant religieux manichéen, qui avait pris sa source en Iran, remonte par l'Asie Mineure et les Balkans jusqu'à l'Italie et la France, apportant sa doctrine ésotérique de la Sophia-Maria et de l'amour pour la « forme de lumière ». D'autre part, une rhétorique hautement raffinée, avec ses procédés, ses thèmes et personnages constants, ses ambiguïtés renaissant toujours aux mêmes endroits, son symbolisme enfin, remonte de l'Irak des soufis platonisants et manichéisants jusqu'à l'Espagne arabe, et passant par-dessus les Pyrénées, trouve au midi de la France une société qui, semble-t-il, n'attendait plus que ces moyens de langage pour *dire* ce qu'elle n'osait et ne pouvait avouer ni dans la langue des clercs ni dans le parler vulgaire. *La poésie courtoise est née de cette rencontre.*

Et c'est ainsi qu'au dernier confluent des « hérésies » de l'âme et de celles du désir, venues du même

1. *Cf.* les travaux d'un auteur américain, A. R. Nykl, sa traduction du *Collier de la colombe* d'Ibn Hazm — qui est une théorie de l'amour courtois arabe — et son ouvrage d'ensemble, *Hispano-Arabic Poetry and its Relations with the Old Provencal Troubadours*, Baltimore, 1946. Voir aussi les ouvrages de Louis Massignon, d'Henry Pérès, d'Émile Dermenghem, de Menendez Pidal, de Karl Appel, etc.

Orient par les deux rives de la mer civilisatrice, naquit le grand modèle occidental du langage de l'amour-passion.

10. Vue d'ensemble du phénomène courtois

Revenant après de longues années sur les problèmes soulevés par les pages qui précèdent, j'éprouve le besoin de rassembler ici tout un faisceau d'observations nouvelles. Le lecteur va juger si elles infirment, ou si au contraire elles élargissent pour mieux l'asseoir ma thèse originelle que je réitère : sur la liaison profonde entre la *cortezia* et l'atmosphère religieuse du catharisme.

On aura sans doute remarqué que je n'indiquais plus haut que par *analogies* la nature des relations possibles entre une mystique, une conception religieuse, ou simplement une théorie de l'homme — et une forme lyrique déterminée. (Rapports entre le soufisme et la poésie courtoise des Arabes ; influence de Freud sur l'école surréaliste.) Les polémiques parfois fort vives provoquées par ma thèse, plus ou moins bien comprise[1], les découvertes multipliées depuis quinze ans par les spécialistes de l'amour courtois, du catharisme et du manichéisme, et peut-être l'expérience vécue autant que de nouvelles recherches personnelles, tout cela m'amène

1. Il faut avouer que les réfutations les plus virulentes qui aient été publiées portaient beaucoup moins sur cette thèse que sur sa réduction à la seule *hypothèse* que j'avais mentionnée au chapitre 7 de ce Livre, à savoir que les poèmes des troubadours pouvaient être — selon Rahn, Aroux et Péladan — une sorte de langage secret du catharisme. Une relecture des chapitres 8 et 9 suffit à « réduire » à son tour cette simplification tout à fait abusive, dont mes adversaires sont plus responsables que moi — en dépit de certaines imprudences d'expression. (Ce sont elles, par malheur, qui ont le plus fait pour assurer le succès de l'ouvrage dans un large public pressé. Comme il arrive.)

aujourd'hui à une conception de la *cortezia* à peine moins « historique » que celle que j'esquissais plus haut, mais sans doute plus psychologique.

Je rappelais la relation de fait (lieux et dates remarquablement identiques) entre cathares et troubadours. Je me risquais à dire : il y a là quelque chose, et l'absence de rapports entre ces gens me paraîtrait plus étonnante encore que n'importe quelle hypothèse, « sérieuse » ou non, sur la nature de ces rapports. Mais je me gardais de démontrer le détail précis des influences, à la manière de beaucoup d'historiens pour qui le réel n'est défini que par des documents écrits. J'irai maintenant un peu plus loin, mais dans mon sens, non dans le leur. Je ne prétends pas fonder sur pièces une de ces solutions textuelles et « scientifiques » après quoi, comme le dit Jaspers, « la question ne s'arrête plus devant le mystère et perd stupidement son existence dans la réponse ». Je voudrais au contraire approfondir, tout en la précisant autant qu'il est possible, la *problématique* de l'amour courtois — parce que je la crois vitale pour l'Occident moderne, et pour notre conduite morale et religieuse.

Je vais donc poser quelques faits, comme un piège. J'éviterai à la fois d'indiquer des relations de cause à effet, et de formuler expressément des conclusions que l'on pourrait citer hors du contexte — accords sans clé — et sur lesquelles critiques et lecteurs trop pressés se jetteraient en criant : « Des preuves ! » ou « Comme c'est vrai ! »

***

1. *La Révolution psychique du XIIe siècle.* — Une hérésie néo-manichéenne, venue du Proche-Orient par l'Arménie et la Bulgarie bogomile, celle des « bonshommes » ou cathares, ascètes condamnant

le mariage mais fondant une « Église d'Amour », opposée à l'Église de Rome[1], envahit rapidement la France, de Reims au Nord et des confins de l'Italie jusqu'à l'Espagne, pour rayonner de là sur toute l'Europe.

Dans le même temps, d'autres mouvements hétérodoxes agitent le peuple et le clergé. Opposant aux prélats ambitieux et aux pompes sacrales de l'Église un spiritualisme épuré, ils aboutissent parfois, plus ou moins consciemment, à des doctrines naturalistes et même matérialistes avant la lettre. Le « qui veut faire l'ange fait la bête » semble illustré par leurs excès ; mais ceux-ci traduisent bien plutôt la nature révolutionnaire des problèmes qui surgissent dans l'époque, l'*inordinatio* profonde du siècle, dont les plus grands saints et les plus grands docteurs subissent et souffrent la passion au moins autant qu'ils ne parviennent à la transmuer en vertus et en vérités théologiques : saint Bernard de Clairvaux et Abélard sont les pôles de ce drame dans l'Église, et au niveau de la spéculation. Mais hors de l'Église, dans ses marges, dans le peuple auquel ces disputes paraissent lointaines ou incompréhensibles, les oscillations s'amplifient. D'Henri de Lausanne et Pierre de Bruys jusqu'à un Amaury de Bène et aux frères Ortliebiens de Strasbourg, tous condamnent le mariage — que par ailleurs, le pape-moine Grégoire VII vient d'interdire aux prêtres. En revanche, beaucoup professent que l'homme étant divin, rien de ce qu'il fait avec son corps — cette part du Diable — ne saurait engager le salut de son âme : « Point de péché au-dessous du nombril ! » précise un évêque dualiste, excusant ainsi la licence favorisée ou tolérée par plusieurs sectes.

1. Comme Amor s'oppose à Roma. Les hérétiques reprochaient à l'Église catholique d'avoir *inverti* le nom même du Dieu qui est Amour.

Une forme toute nouvelle de poésie naît dans le midi de la France, patrie cathare : elle célèbre la Dame des pensées, l'idée platonicienne du principe féminin, le culte de l'Amour contre le mariage, en même temps que la chasteté.

Saint Bernard de Clairvaux se met en campagne pour combattre le catharisme, fonde un ordre ascétique orthodoxe, face à celui des « bonshommes » ou Parfaits, puis oppose à la *cortezia* la mystique de l'Amour divin.

De nombreux commentaires du *Cantique des cantiques* sont écrits pour les nonnes des premiers couvents de femmes, de l'abbaye de Fontevrault si proche du premier troubadour — c'est le comte Guillaume de Poitiers — jusqu'au Paraclet d'Héloïse. Cette mystique épithalamique se retrouve à la fois chez Bernard de Clairvaux, Hughes de Saint-Victor et Abélard lui-même.

Héloïse et Abélard vivent d'abord, puis publient largement, en poèmes courtois et en lettres, le premier grand roman d'amour-passion de notre histoire.

Jaufré Rudel va mourir dans les bras de la comtesse de Tripoli, « princesse lointaine » qu'il aime sans l'avoir jamais vue.

Et Joachim de Flore annonce que l'Esprit-Saint, dont l'ère est imminente, s'incarnera dans une Femme.

Tout cela se passe dans la réalité, ou dans les imaginations qui la conforment, aux lieux et au temps où se nouent la légende et le mythe de la passion mortelle : *Tristan*.

A cette montée puissante et comme universelle de l'Amour et du culte de la Femme idéalisée, l'Église et le clergé ne pouvaient manquer d'opposer une croyance et un culte qui répondissent au même désir profond, surgi de l'âme collective. Il fallait

« convertir » ce désir, tout en se laissant porter par lui, mais comme pour mieux le capter dans le courant puissant de l'orthodoxie[1]. De là les tentatives multipliées, dès le début du XIIe siècle, pour instituer un culte de la Vierge. Marie reçoit généralement, dès cette époque, le titre de *regina coeli*, et c'est en Reine désormais que l'art va la représenter. *A la « Dame des Pensées » de la cortezia, on substituera « Notre-Dame ».* Et les ordres monastiques qui apparaissent alors sont des répliques aux ordres chevaleresques : le moine est « chevalier de Marie ». En 1140, à Lyon, les chanoines établissent une fête de l'Immaculée Conception de Notre-Dame. Saint-Bernard de Clairvaux eut beau protester dans une lettre fameuse contre « cette fête nouvelle que l'usage de l'Église ignore, que la raison n'approuve pas, que la tradition n'autorise point... et qui introduit la nouveauté, sœur de la superstition, fille de l'inconstance ». Et saint Thomas eut beau, cent ans plus tard, écrire de la manière la plus précise : « Si Marie eût été conçue sans péché, elle n'aurait pas eu besoin d'être rachetée par Jésus-Christ. » Le culte de la Vierge répondait à une nécessité d'ordre vital pour l'Église menacée et entraînée... La papauté, plusieurs siècles plus tard, ne put que sanctionner un sentiment qui n'avait pas attendu le dogme pour triompher dans tous les arts.

Enfin, voici un dernier trait dont on verra qu'il est tout impossible de le rattacher *latéralement* aux précédents. C'est au XIIe siècle que s'atteste en Europe une modification radicale du jeu d'échecs, originaire

1. Ce qui n'empêchera pas l'Église de Rome, en la personne du pape Innocent III qui rêvait de « l'empire du monde » et ne pouvait tolérer la défection de l'Italie du Nord et du Languedoc, de déclencher en 1209 la croisade contre les cathares : le premier génocide ou massacre systématique d'un peuple, enregistré par notre histoire « chrétienne » de l'Occident.

de l'Inde. Au lieu des quatre rois qui dominaient le jeu primitif, on voit la Dame (ou Reine) prendre le pas sur toutes les pièces, sauf sur le Roi, celui-ci se trouvant d'ailleurs réduit à sa moindre puissance d'action réelle, tout en demeurant l'enjeu final et le personnage sacré (Appendice 7).

2. *Œdipe et les dieux.* — Freud désigne du nom d'Œdipe le complexe composé dans l'inconscient par l'agressivité du fils contre le père (obstacle à l'amour pour la mère) et par le sentiment de culpabilité qui en résulte. Le poids de l'autorité patriarcale réduit le fils au conformisme social et moral ; le poids de l'interdit lié à la mère (donc au principe féminin) inhibe l'amour : tout ce qui touche à la femme reste « impur ». Ce complexe de sentiments œdipiens est d'autant plus contraignant que la structure sociale est plus solide, la puissance du père plus assurée, et le dieu dont le père tient ses pouvoirs plus révéré.

Imaginons maintenant un état de la société où le principe de cohésion se relâche ; où la puissance économique détenue par le père se voit divisée ; où la puissance divine se divise elle-même, soit en une pluralité de dieux, comme en Grèce, soit en un couple dieu-déesse, comme en Égypte, soit enfin comme dans le manichéisme, en un Dieu bon qui est pur esprit et un Démiurge qui domine la matière et la chair. La compulsion qui créait le complexe œdipien faiblit d'autant. La haine pour le père se concentre sur le démiurge et sur son œuvre : matière, chair, sexualité procréatrice, — tandis qu'un sentiment d'adoration purifiée peut se porter sur le Dieu-Esprit. En même temps, l'amour pour la femme se trouve partiellement libéré : il peut enfin s'avouer sous la forme d'un culte rendu à l'archétype divin de la femme, *à condition que cette Déesse-Mère ne cesse pas d'être virginale,* qu'elle échappe donc à l'interdit maintenu sur la femme de chair. L'union mystique avec cette divinité féminine devient alors une participation à la puissance légitime du Dieu lumineux, un « endieusement », c'est-à-dire littéralement un enthousiasme libérateur unifiant l'être, le « consolant[1] ».

3. *Une illustration.* — Au XIIe siècle, l'on assiste dans le midi de la France à un relâchement notable du lien féodal et patriarcal (partage égal des domaines entre tous les fils, ou « pariage », d'où perte d'autorité du Suzerain); à une sorte de pré-Renaissance individualiste; à l'invasion d'une religion dualiste; enfin, à cette montée puissante du culte de l'Amour, dont je viens de rappeler les manifestations.

Nous voici donc devant une réalisation (ou épiphanie dans l'Histoire) du phénomène que nous venons d'imaginer au paragraphe précédent.

Si nous cherchons à nous représenter la situation psychique et éthique de l'homme en ce temps-là, nous constatons d'abord qu'il se trouve impliqué bon gré mal gré dans la lutte qui divise profondément la société, les pouvoirs, les familles, et les individus eux-mêmes : celle qui oppose l'hérésie partout présente et l'orthodoxie romaine battue en brèche. Du côté cathare, le mariage et la sexualité sont condamnés sans rémission par les Parfaits ou « consolés », mais demeurent tolérés dans le cas des simples croyants, c'est-à-dire de l'immense majorité des hérétiques. Du côté catholique, le mariage est tenu pour sacrement, cependant qu'il repose en fait sur des bases d'intérêt matériel et social, et se voit

1. *Consoler* vient de *consolari*, formé de *cum* et de *solus* (qui veut dire proprement : entier). Consoler signifie donc étymologiquement : rendre entier.

imposé aux époux sans qu'il soit tenu compte de leurs sentiments.

En même temps, le relâchement de l'autorité et des pouvoirs ménage, comme nous l'avons vu, une possibilité nouvelle d'admettre la femme, mais sous le couvert d'une idéalisation, voire d'une divinisation du principe féminin. Ce qui ne peut qu'aviver la contradiction entre les idéaux (eux-mêmes en conflit !) et la réalité vécue. La psyché et la sensualité naturelles se débattent entre ces attaques convergentes, ces condamnations antithétiques, ces contraintes théoriques et pratiques, ces libertés très obscurément pressenties dans leur fascinante nouveauté...

C'est au cœur de cette situation inextricable, c'est comme une résultante de tant de confusions qui devaient s'y nouer, qu'apparaît la *cortezia,* « religion » littéraire de l'Amour chaste, de la femme idéalisée, avec sa « piété » particulière, la *joy d'amors,* ses « rites » précis, la rhétorique des troubadours, sa morale de l'hommage et du service, sa « théologie » et ses disputes théologiques, ses « initiés », les troubadours, et ses « croyants », le grand public cultivé ou non, qui écoute les troubadours et fait leur gloire mondaine dans toute l'Europe. Or nous voyons cette religion de l'amour ennoblissant célébrée par *les mêmes hommes* qui persistent à tenir la sexualité pour « vilaine » ; et nous voyons souvent dans *le même* poète un adorateur enthousiaste de la Dame, qu'il exalte, et un contempteur de la femme, qu'il rabaisse : qu'on se rappelle seulement les vers d'un Marcabru ou d'un Raimbaut d'Orange, cités plus haut (au chap. 8).

Chose curieuse, les troubadours chez lesquels nous constatons cette contradiction ne s'en plaignent pas ! On dirait qu'ils ont trouvé le secret d'une conciliation vivante des inconciliables. Ils semblent refléter, *mais en la surmontant,* la division des consciences (elle-même productrice de mauvaise conscience), dans la grande masse d'une société partagée non seulement entre la chair et l'esprit, mais encore entre l'hérésie et l'orthodoxie, et au sein même de l'hérésie, entre l'exigence des Parfaits et la vie réelle des Croyants...

Citons là-dessus l'un des plus sensibles interprètes modernes de la *cortezia,* René Nelli : « Presque toutes les dames du Carcassès, du Toulousain, du Foix, de l'Albigeois étaient " croyantes " et savaient — bien qu'elles fussent mariées — que le mariage était condamné par leur Église. Beaucoup de troubadours — cela n'est pas douteux — étaient cathares ou, du moins, très au courant des idées qui étaient dans l'air depuis deux cents ans. Dans tous les cas, ils chantaient pour des châtelaines, *dont il fallait apaiser par des chansons la mauvaise conscience,* et qui leur demandaient non pas tant une illusion d'amour sincère qu'un *antipode spirituel* au mariage où elles avaient été contraintes. »

Le même auteur ajoute qu'à son avis, « il n'est pas question de voir dans la chasteté, ainsi feinte, une habitude réelle ni un reflet des mœurs », mais seulement « un hommage " religieux " (et formaliste) rendu par l'imperfection à la perfection », c'est-à-dire par les troubadours et par les croyants inquiets à la morale des Parfaits.

Mais enfin, dit le sceptique d'aujourd'hui, que peut bien signifier au concret cette « chasteté » prônée par des jongleurs ? Et comment expliquer le succès si rapide d'une prétendue morale à ce point ambiguë, dans un Languedoc, une Italie du Nord, une Germanie rhénane, une Europe tout entière enfin, où les passions « religieuses » et la théologie n'occupaient tout de même pas le plus clair de la vie, et n'avaient tout de même pas supprimé toute espèce d'impulsions *naturelles* ?

Les modernes, en effet, depuis Rousseau, s'imaginent qu'il existe une sorte de nature normale, à laquelle la culture et la religion seraient venues surajouter leurs faux problèmes... Cette illusion touchante peut les aider à vivre, mais non pas à comprendre leur vie. Car tous, tant que nous sommes, sans le savoir, menons nos vies de civilisés dans une confusion proprement insensée de religions jamais tout à fait mortes, et rarement tout à fait comprises et pratiquées ; de morales jadis exclusives mais qui se superposent ou se combinent à l'arrière-plan de nos conduites élémentaires ; de complexes ignorés mais d'autant plus actifs ; et d'instincts hérités bien moins de quelque nature animale que de coutumes totalement oubliées, devenues traces ou cicatrices mentales, tout inconscientes et, de ce fait, aisément confondues avec l'instinct. Elles furent tantôt des artifices cruels, tantôt des rites sacrés ou des gestes magiques, parfois aussi des disciplines profondes élaborées par des mystiques lointaines à la fois dans le temps et dans l'espace.

4. *Une technique de la « chasteté ».* — A partir du VIe siècle se répand rapidement dans l'Inde entière, tant hindouiste que bouddhiste, une école ou mode religieuse dont l'influence s'épanouira pendant des siècles. « Du point de vue formel, le tantrisme se présente comme une nouvelle manifestation triomphante du çaktisme. La force secrète *(çakti)* qui anime le cosmos et soutient les dieux (en premier lieu Çiva et Bouddha)... est fortement personnifiée : c'est la Déesse, Épouse et Mère... Le dynamisme créateur revient à la Déesse... Le culte se concentre autour de ce principe cosmique féminin ; la méditation tient compte de ses " pouvoirs ", la délivrance devient possible par la Çakti... Dans certaines sectes tantriques, la femme devient elle-même une chose

sacrée, une incarnation de la Mère. L'apothéose religieuse de la femme est commune d'ailleurs à tous les courants mystiques du Moyen Age indien... Le tantrisme est par excellence une *technique*, bien que fondamentalement il soit une métaphysique et une mystique... La méditation éveille certaines forces occultes qui dorment en chaque homme et qui, une fois éveillées, transforment le corps humain en un corps mystique[1]. » Il s'agit, par le cérémonial du yoga tantrique (contrôle de la respiration, répétitions de *mantras* ou formules sacrées, méditation sur des *mandalas* ou images enfermant les symboles du monde et des dieux) de transcender la condition humaine.

Le tantrisme bouddhique trouve des analogies précises dans le Hathayoga hindou, technique du contrôle du corps et de l'énergie vitale. C'est ainsi que certaines postures *(mûdras)* décrites par le Hathayoga ont pour but « d'utiliser comme moyen de divinisation et ensuite d'intégration, d'unification finale, la fonction par excellence humaine, celle-là même qui détermine le cycle incessant des naissances et des morts, la fonction sexuelle[2] ».

Ainsi parle Çiva[3] : « Pour mes dévots, je vais décrire le geste de l'Éclair *(vajroli mûdra)* qui détruit la Ténèbre du monde et doit être tenu pour le secret des secrets. » Les précisions données par le texte font allusion à une technique de l'acte sexuel sans consommation, car « celui qui garde (ou reprend) sa semence dans son corps, qu'aurait-il à craindre de la mort ? » comme le dit un Upanishad.

Dans le tantrisme, la *maithuna* (union sexuelle

1. Mircea Eliade, *Technique du yoga*, p. 176 à 191.
2. *Ibid.*, , p. 199.
3. *Çivà Samhitâ*, 4, 78 à 102. *Cf.* Alain Daniélou, *Yoga, the Method of Re-Integration*, 1949, p. 45 *sqq*.

cérémonielle) devient un exercice yogique. Mais la plupart des textes qui la décrivent « sont écrits dans un langage intentionnel, secret, obscur, à double sens, dans lequel un état de conscience est exprimé par un terme érotique[1] » — ou l'inverse aussi bien. A tel point « qu'on ne peut jamais préciser si *maithuna* est un acte réel ou simplement une allégorie ». De toute manière, le but est le « suprême grand bonheur... la joie de l'anéantissement du moi ». Et cette « béatitude érotique », obtenue par l'arrêt non du plaisir mais de son effet physique, est utilisée comme expérience immédiate pour obtenir l'état nirvanique. « Autrement, nous rappellent les textes, le dévot devient la proie de la triste loi karmique, comme n'importe quel débauché. »

Mais la femme, dans tout cela ? Elle reste *objet* d'un culte. Considérée comme « source unique de joie et de repos, l'amante synthétise toute la nature féminine, elle est mère, sœur, épouse, fille... elle est le chemin du salut[2] ». Ainsi le tantrisme apporte cette nouveauté qui consiste à « expérimenter la transsubstantialisation du corps humain à l'aide de l'acte même qui, pour n'importe quel ascétisme, symbolise l'état par excellence du péché et de la mort : l'acte sexuel[3] ». Mais l'acte est toujours décrit comme étant celui de l'homme. La femme reste passive, impersonnelle, pur principe, sans visage et sans nom.

Une école mystique du tantrisme tardif, le Sahajiyâ, « amplifie l'érotique rituelle jusqu'à des proportions étonnantes... On y accorde une grande importance à toute sorte d'" amour " et le rituel de *maithuna* apparaît comme le couronnement d'un

1. Mircea Eliade, *op. cit.*, p. 205 *sqq.* On trouve parfois « jusqu'à cinq sens équivalents pour un seul terme ».
2. L. de La Vallée-Poussin, *Bouddhisme, études et matériaux*, 1898.
3. Eliade, *op. cit.*, p. 210 et 212.

lent et difficile apprentissage ascétique... Le néophyte doit *servir* la « femme dévote » pendant les quatre premiers mois, comme un domestique, dormir dans la même chambre qu'elle, puis à ses pieds. Pendant les quatre mois suivants et tout en continuant à la servir comme avant, il dort dans le même lit, du côté gauche. Pendant encore quatre mois, il dormira du côté droit, après ils dormiront enlacés, etc. Tous ces préliminaires ont pour but « l'autonomisation » de la volupté — considérée comme l'unique expérience humaine qui peut réaliser la béatitude nirvanique et la maîtrise des sens, *i. e.* l'arrêt séminal[1] ».

Des pratiques similaires sont prescrites par le taoïsme, mais en vue de prolonger la jeunesse et la vie en économisant le principe vital[2], plutôt que de conquérir la liberté spirituelle par la déification du corps. La « chasteté » tantrique consiste donc à faire l'amour sans le faire, à rechercher l'exaltation mystique et la béatitude à travers une *Elle* qu'il s'agit de « servir » en posture humiliée, mais en gardant cette maîtrise de soi dont la perte pourrait se traduire par un acte de procréation, lequel ferait retomber le chevalier servant dans la réalité fatale du Karma.

5. *La joie d'amour.* — En contraste indéniable avec ces textes mystiques et cette abstruse technique psycho-physiologique, citons maintenant quelques chansons de « légers troubadours méridionaux », grands seigneurs amateurs ou jongleurs besogneux, que les romanistes unanimes nous décrivent comme de purs « rhétoriqueurs[3] ».

1. *Ibid.*
2. *Cf.* R. H. Van Gulik, *Sexual Life in Ancient China*, Leide, 1961.
3. Je m'excuse de ne pouvoir citer ici que des *fragments* de chansons — de *paroles* de chansons ! — traduits et privés de leur beauté rythmique par cette double trahison. Qu'il soit bien entendu que je n'épingle ici que des dépouilles de sens...

D'Amour, je sais qu'il donne aisément grande joie à celui qui observe ses lois, dit le premier des troubadours connus, Guillaume, septième comte de Poitiers et neuvième duc d'Aquitaine, qui mourut en 1127. Dès le début du XIIe siècle, ces « lois d'Amour » sont donc déjà fixées, comme un rituel. Ce sont Mesure, Service, Prouesse, Longue Attente, Chasteté, Secret et Merci, et ces vertus conduisent à la Joie, qui est signe et garantie de *Vray Amor.*

Voici Mesure et Patience :

De courtoisie peut se vanter celui qui sait garder Mesure... Le bien-être des amoureux consiste en Joie, Patience et Mesure... J'approuve que ma dame me fasse longtemps attendre et que je n'aie point d'elle ce qu'elle m'a promis. (Marcabru.)

Voici le Service de la Dame :

Prenez ma vie en hommage, belle de dure merci, pourvu que vous m'accordiez que par vous au ciel je tende! (Uc de Saint-Circ.)

Chaque jour je m'améliore et me purifie, car je sers et révère la plus gente dame du monde. (Arnaut Daniel.)

(De même, le troubadour arabe Ibn Dawûd disait : « La soumission à l'aimée est la marque naturelle d'un homme courtois. »)

Voici la Chasteté :

Celui qui se dispose à aimer d'amour sensuel se met en guerre avec lui-même, car le sot après avoir vidé sa bourse fait triste contenance! (Marcabru.)

Écoutez! Sa voix (d'Amour) *paraîtra douce comme le*

chant de la lyre, si seulement vous lui coupez la queue[1] *!* (Marcabru.)

Chasteté délivre de la tyrannie du désir en portant le Désir (courtois) à l'extrême :

Par excès de désir, je crois que je me l'enlèverai, si l'on peut rien perdre à force de bien aimer. (Arnaut Daniel.)

(De même, Ibn Dawûd louait la chasteté pour son pouvoir « d'éterniser le désir ».)

C'est au comble de l'amour (vrai) et de sa « joie » que Jaufré Rudel se sent le plus éloigné de l'amour coupable et de son « angoisse ». Il va plus loin dans la libération : la présence physique de l'objet aimé lui deviendra bientôt indifférente :

J'ai une amie, mais je ne sais qui elle est, car jamais de par ma foi je ne la vis... et je l'aime fort... Nulle joie ne me plaît autant que la possession de cet amour lointain.

La « joie d'Amour » n'est pas seulement libératrice du désir dominé par Mesure et Prouesse, elle est aussi Fontaine de Jouvence :

Je veux garder (ma dame) pour me rafraîchir le cœur et renouveler mon corps, si bien que je ne puisse vieillir... Celui-là vivra cent ans qui réussira à posséder la joie de son amour. (Guillaume de Poitiers.)

Je n'ai cité que des poètes de la première et de la seconde génération des troubadours (1120 à 1180 environ). Au XIIIe siècle, ceux de la dernière génération expliciteront ce que leurs modèles avaient chanté.

1. Note du Pr Jeanroy : « C'est-à-dire, si vous parvenez à supprimer ses conséquences. »

« Ce n'est plus de l'amour courtois, si on le matérialise ou si la Dame se rend comme récompense », écrit Daude de Prades, qui cependant ne craint pas de donner des précisions sur les gestes érotiques que l'on peut se permettre avec cette Dame. Et Guiraut de Calanson :

Dans le palais où elle siège (la Dame) *sont cinq portes : celui qui peut ouvrir les deux premières passe aisément les trois autres, mais il lui est difficile d'en sortir, il vit dans la joie, celui qui peut y rester. On y accède par quatre degrés très doux, mais là n'entrent ni vilains ni malotrus, ces gens-là sont logés dans le faubourg, lequel occupe plus de la moitié du monde.*

Celui que l'on nomme parfois le dernier troubadour, Guiraut Riquier, donnera de ces vers le commentaire suivant :

« Les cinq portes sont Désir, Prière, Servir, Baiser et Faire, par où Amour périt. » Les quatre degrés sont « honorer, dissimuler, bien servir, patiemment attendre[1] *».*

Quant à Faux Amour, il se voit vertement dénoncé par Marcabru et ses successeurs, en des termes qui peuvent éclairer indirectement sur la nature de

1. *Cf.* plus haut (p. 147) la description du « service » selon l'école Sahajiyâ. Cette interprétation de Guiraut Riquier est exacte. On peut s'en assurer en lisant Ælius Donatus (commentaire sur Térence, IVe siècle) : *Quinque lineoe sunt amoris, scilicet, visus, allocutio, tactus, osculum, coitus.* (Noter que Désir correspond à *visus* — le fameux premier regard qui enflamme — et Servir à *tactus*). Le thème des Cinq lignes d'amour peut être suivi à travers toute la poésie latine du Moyen Age, jusqu'à la Renaissance, où on le retrouve chez Marot et Ronsard. Les variations sont très légères. Mais en 1510, Jean Lemaire de Belges écrit dans son *Illustrations de Gaule* : « Les nobles poètes disent que cinq lignes y a en amours... le regard, le parler, l'attouchement, le baiser, et le dernier qui est plus désiré, et auquel tous les autres tendent pour leur finale résolution, c'est celui qu'on nomme par honnêteté le don de mercy. » Le contraste avec l'amour courtois est clair. Et non moins le sens donné à *mercy*, que plusieurs auteurs assimilent pour leur part à la Grâce, chez les troubadours...

l'amour vrai ou du moins sur certains de ces aspects. Et tout d'abord, dit Marcabru, *« Il lie partie avec le Diable, celui qui couve Faux Amour ».* (Et en effet, le Diable n'est-il pas le père de la création matérielle... et de la procréation, selon le catharisme ?) Les adversaires du Vrai Amour sont les « homicides, traîtres, simoniaques, enchanteurs, luxurieux, usuriers... les maris trompeurs, les faux juges et les faux témoins, les faux prêtres, faux abbés, fausses recluses et faux reclus »[1]. Ils seront détruits, « soumis à toute ruine », et tourmentés en enfer.

Noble Amour a promis qu'il en serait ainsi, là sera la lamentation des désespérés.
Ah ! noble Amour, source de bonté, par qui le monde entier est illuminé, je te crie merci. Contre ces clameurs gémissantes, défends-moi, de peur que je ne sois retenu là-bas (en enfer) ; en tous lieux je me tiens pour ton prisonnier et, réconforté par toi sur toutes choses, j'espère que tu seras mon guide.

Enfin, contre certains des troubadours qui sans doute abusaient trop souvent des ambiguïtés ménagées par le « service » d'amour courtois, Cercamon n'hésite pas à écrire en mettant les points sur les i :

« Ces troubadours, en mêlant la vérité au mensonge, corrompent les amants, les femmes et les époux. Ils vous disent qu'Amour va de travers, et c'est pourquoi les maris deviennent jaloux et les dames sont dans l'angoisse... Ces faux servants font qu'un grand nombre abandonnent Mérite et éloignent d'eux Jeunesse. »

Quelles que soient les réalités ou l'absence de réalités « matérielles » qui aient pu correspondre, en ces temps, à de telles précisions de langage, la rhéto-

1. Les cathares condamnaient la guerre et toute forme d'homicide, légal ou non. Et en place de *faux* juges, *faux* prêtres, *faux* reclus, et de maris *trompeurs*, les Inquisiteurs du siècle suivant n'eussent pas manqué de lire simplement juges, prêtres, reclus, et maris !

rique courtoise et son système de vertus, de péchés, de louanges et d'interdits, demeurent un fait patent : il suffit de lire. Elle va servir aux romanciers du Nord, ceux du cycle d'Arthur, du Graal, et de Tristan, pour décrire des actions et des drames, et non plus seulement pour chanter ce que l'on pourrait encore tenir, chez les troubadours du Midi, pour une pure fantasmagorie sentimentale.

6. *Excuse aux historiens.* — Je ne crois guère à l'histoire « scientifique » comme critère des réalités qui m'intéressent dans cet ouvrage. Je lui laisse le soin d'affirmer que telle « filiation » reste indémontrable « dans l'état actuel de nos connaissances », reste donc incroyable jusqu'à nouvel avis. Je cherche un sens, donc des analogies illustratives et illuminatives. Et je ne prétends aucunement confirmer une thèse quelconque en appelant l'attention du lecteur sur certains faits que la « science sérieuse » tient aujourd'hui pour établis. Simplement, je les crois de nature à nourrir l'imagination. Voici deux de ces faits sur quoi l'on peut rêver.

La *Pancha Tantra,* recueil de contes bouddhistes, fut traduite au VIe siècle du sanscrit en pehlvi, par un médecin de Chosroès Ier, roi de Perse. De là, on peut suivre son progrès rapide vers l'Europe à travers une série de traductions en syriaque, en arabe, en latin, en espagnol, etc. Au XVIIe siècle, La Fontaine la lira en français, dans une nouvelle traduction du persan faite sur une ancienne version arabe.

Le périple du *Roman de Barlaam et Josaphat* est encore plus surprenant. Sous sa forme connue de nos jours, c'est l'histoire romancée de l'évolution spirituelle qui conduit Josaphat, prince indien, à découvrir et adopter le christianisme, dont les mystères lui sont communiqués par le « bonhomme » Barlaam. La version qui nous est restée, en provençal du

XIVe siècle, quoique orthodoxe dans les grandes lignes, porte des traces indiscutables de manichéisme. Selon l'école néo-cathare française, les hérétiques du XIIe siècle auraient connu une version non amendée par les catholiques, et plus proche de l'original. Que cette hypothèse soit un jour vérifiée ou non, il n'en reste pas moins que l'origine manichéenne du *Roman* est attestée par les fragments de son texte original (en langage ouïgour du VIIIe siècle) retrouvés dans le Turkestan oriental. Et l'on peut suivre la transformation des noms hindous « Baghavan » et « Boddisattva » (le Bouddha) en « Barlaam » et « Josaphat », en passant par les formes arabes « Balawhar va Budhâsaf » (var. Yudhâsaf).

Innombrables sont les exemples de relations entre l'Orient et l'Occident médiéval. J'ai choisi ces deux cas, solidement attestés, parce qu'ils réfutent le préjugé moderne en vertu duquel toute communication entre le tantrisme ou le manichéisme bouddhiste et les hérésies du Midi doit apparaître « hautement fantaisiste et improbable ».

7. *En lieu et place de conclusions définitives.* — L'amour courtois ressemble à l'amour encore chaste — et d'autant plus brûlant — de la première adolescence. Il ressemble aussi à l'amour chanté par les poètes arabes, homosexuels pour la plupart, comme le furent plusieurs troubadours. Il s'exprime dans des termes qui seront repris par presque tous les grands mystiques de l'Occident. Il nous semble parfois se réduire à des fadaises sophistiquées, dans le goût des petites cours du Moyen Age. Il peut être purement rêvé, et beaucoup se refusent à y voir autre chose qu'un tournoi verbal. Il peut traduire aussi les réalités précises, mais non moins ambiguës, d'une certaine discipline érotico-mystique dont l'Inde, la Chine et le Proche-Orient surent les recettes. Tout

cela me paraît vraisemblable, tout cela peut être « vrai » aux divers sens du mot, et simultanément, et de plusieurs manières. Tout cela nous aide à mieux comprendre — si rien ne suffit à l'« expliquer » — l'amour courtois.

Au terme de l'espèce de contre-enquête à laquelle je viens de me livrer, et compte tenu des objections les plus sensées que firent à ma *thèse minima* les partisans d'écoles au moins diverses, me voici ramené par une sorte de spirale au-dessus de mes premières constatations : l'amour courtois est né au XIIe siècle, en pleine révolution de la *psyché* occidentale. Il a surgi du même mouvement qui fit remonter au demi-jour de la conscience et de l'expression lyrique de l'*âme,* le Principe féminin de la *çakti,* le culte de la Femme, de la Mère, de la Vierge. Il participe de cette épiphanie de l'Anima, qui figure à mes yeux, dans l'homme occidental, le retour d'un Orient symbolique. Il nous devient intelligible par certaines de ses marques historiques : sa relation littéralement congénitale avec l'hérésie des cathares, et son opposition sournoise ou déclarée au concept chrétien du mariage. Mais il nous resterait indifférent s'il n'avait gardé dans nos vies, au travers des nombreux avatars dont nous allons décrire la procession, une virulence intime, perpétuellement nouvelle.

11. De l'amour courtois au roman breton

Remontons maintenant du Midi vers le Nord : nous découvrons dans le roman breton — *Lancelot, Tristan* et tout le cycle arthurien — une transposition romanesque des règles de l'amour courtois et de sa rhétorique à double sens. « C'est du contact des légendes exotiques avec les idées courtoises que naquit le premier roman courtois », écrit M. E.

Vinaver. Ces légendes « exotiques », c'étaient les vieux mystères sacrés des Celtes, plus qu'à demi oubliés d'ailleurs par un Béroul ou un Chrétien de Troyes, et quelques éléments de mythologie grecque.

On a longtemps polémisé sur l'autonomie relative des deux littératures du Nord et du Midi. Il semble bien que la question soit actuellement résolue : c'est bien le Midi roman qui a donné son style et sa doctrine de l'amour aux « romanciers » du cycle de la Table ronde. Et l'on peut suivre les voies de cette transmission dans les documents historiques.

Aliénor de Poitiers, quittant sa cour d'amour languedocienne, avait épousé Louis VII, puis en l'an 1154, Henri II Plantagenêt, roi d'Angleterre[1]. Elle emmenait avec elle ses troubadours. C'est par elle et par eux entre autres que les trouvères anglo-normands reçurent le code et le secret de l'amour courtois[2]. Chrétien de Troyes déclare tenir le fond et l'esprit de ses romans de la comtesse Marie de Champagne, célèbre par sa cour d'amour où le mariage fut condamné. Chrétien avait écrit un *Roman de Tristan* dont les manuscrits sont perdus. Béroul était normand, Thomas était anglais. Et en retour, la légende de Tristan se répandit très largement dans le Midi.

Cette interaction si rapide peut s'expliquer par une ancienne parenté entre le Midi précathare et les Celtes gaéliques et bretons. Nous avons vu que la religion druidique, d'où sont issues les traditions des bardes et filids, enseignait une doctrine dualiste de l'Univers, et faisait de la femme un symbole du divin.

1. Aliénor d'Aquitaine eut pour fils Richard Cœur de Lion, ami des troubadours gascons et troubadour lui-même, excommunié par Rome, pour filles Marie de Champagne et Aelis de Blois.

2. Le code « exotérique » le plus complet que nous connaissions fut rédigé au commencement du XIIIe siècle : c'est le *De arte honeste amandi* d'André Le Chapelain.

Et c'est dans le fonds celtibérique que l'hérésie chrétienne des « purs » a puisé certains traits de sa mythologie. Que celle-ci ait revêtu chez les poètes du Nord des couleurs assombries et plus tragiques, c'est naturel. Taranis, dieu du ciel orageux, supplante Lug, dieu du ciel lumineux. Et bien que la doctrine courtoise rejoignît et fît resurgir d'anciennes traditions autochtones, elle n'en était pas moins pour les trouvères une chose apprise : d'où les erreurs qu'ils commirent bien souvent.

Il est d'ailleurs extrêmement délicat de préciser les causes et l'importance exacte de ces erreurs. Est-ce un défaut d'initiation ? Est-ce une tradition imparfaite ? Ou encore une tendance hérétique au sein de l'hérésie même, un essai plus ou moins sincère de retour vers l'orthodoxie[1] ? Ou simplement, une « profanation » des thèmes courtois, que les trouvères auraient utilisés sans grand scrupule à d'autres fins que les troubadours ? Dans l'attente de recherches plus approfondies sur tous ces points, bornons-nous à remarquer que les romans bretons sont tantôt plus « chrétiens » et tantôt plus « barbares » que les poèmes des troubadours, dont ils sont cependant inspirés de la manière la plus incontestable.

Nous ne savons si Chrétien de Troyes a bien compris les lois d'amour que lui enseignait Marie de Champagne. Nous ne savons dans quelle mesure il a *voulu* que ses romans fussent des chroniques secrètes de l'Église persécutée (thèse de Rahn, Péladan et Aroux) ou de simples allégories illustrant la morale et la mystique courtoise (comme j'inclinerais à le penser). Toutes les hypothèses sont permises en l'absence de documents dont on voit bien pour-

1. Chez Chrétien de Troyes en particulier.

quoi ils font défaut : trop d'intérêts se trouvaient ligués contre la diffusion de l'hérésie, sans parler de sa volonté de demeurer ésotérique. Quoi qu'il en soit, Chrétien de Troyes a notablement déformé la signification des mythes qu'il conte.

La légende du Graal, par exemple : Suhtschek y voit un mythe manichéen venu de l'Iran ; Otto Rahn une chronique déguisée des cathares. (*Parzival,* fils d'*Herzeloïde,* femme du *Castis,* chez Wolfram d'Eschenbach, serait le comte Ramon Roger *Trencavel,* fils d'*Adélaïde* de Carcassonne et d'Alphonse le *Chaste,* roi d'Aragon. — Trencavel signifie : « qui tranche bellement », et Wolfram traduit le nom de Parzival par « Schneid mitten durch » : « perce bellement ».) Ces deux interprétations se contredisent bien moins qu'elles ne se complètent[1]. Elles ont l'avantage décisif de rendre compte de bien des bizarreries de la légende et de son attirail symbolique. Faut-il penser, avec un transcripteur moderne, qu'« il est fort vraisemblable que Chrétien de Troyes n'était pas instruit du sens païen et secret de ces traits mystérieux qu'il rapportait[2] ? » Ou bien se vit-il contraint de déguiser ce sens, en sorte que seuls les initiés pussent démêler la fantaisie et la doctrine l'ornement romanesque et la chronique réelle ? Si ce fut le cas, il n'y réussit que trop bien, puisque Robert

1. Miss J. L. Weston en avait proposé une autre en 1907 : elle rattachait le Graal aux rites secrets du culte d'Adonis. Ce qui est certain, c'est qu'un symbole comme celui du roi pêcheur (Amfortas chez Wolfram d'Eschenbach, « le roi Pescière » chez Chrétien) est commun aux orphiques, aux manichéens, et même aux premiers chrétiens ; la pierre sacrée du Graal joue un rôle dans les religions hindoue et iranienne. La coupe sacrée des Celtes peut se confondre facilement avec la coupe de la Cène. Et la lance elle-même revêt les significations les plus diverses selon les cultes. Je ne pense pas qu'on doive s'en tenir à une seule interprétation. Il s'est produit toute une série de fusions et de confusions de symboles.

2. *Les Romans de la Table ronde*, nouvellement rédigés par J. Boulenger, IV, p. 238.

de Boron, son continuateur, n'hésite pas à christianiser les symboles jusqu'à faire du Graal le vase qui reçut le sang du Christ, et de la Table ronde une sorte d'autel pour la Sainte Cène. Cependant, même dans le grand roman de *Lancelot* (qui date de 1225 environ) le symbolisme et l'allégorie sont évidents, si saugrenues que puissent paraître les interprétations que donne l'auteur lui-même, après chaque épisode. Il est une de ces interprétations que je crois utile de citer, car l'origine cathare y transparaît nettement, malgré l'ignorance de l'auteur. Lancelot errant par la haute forêt parvient à un carrefour. Il hésite entre le chemin de gauche et celui de droite. Il s'engage dans celui de gauche, malgré l'avertissement gravé sur une croix qui se dresse devant lui. Bientôt survient un chevalier à l'armure blanche qui le renverse de son cheval et le dépouille de sa couronne. Lancelot tout déconfit rencontre un prêtre et se confesse. « Je vous dirai la signifiance de ce qui vous est advenu, dit le prud'homme. La voie de droite que vous avez dédaignée au carrefour était celle de la chevalerie terrienne, où vous avez longtemps triomphé ; celle de gauche était la voie de la chevalerie célestielle, et il ne s'agit plus là de tuer des hommes et d'abattre des champions par force d'armes : il s'agit des choses spirituelles. Et vous y prîtes la couronne d'orgueil : c'est pourquoi le chevalier vous renversa si facilement, car il représentait justement le péché que vous veniez de commettre[1]. »

1. Dans un autre passage, les chevaliers ayant communié se donnent les uns aux autres le baiser de paix, selon le rite oriental, que les cathares paraissent avoir repris. — Enfin, M. Anitchkof a montré que le *« pont évage »* que les chevaliers du Graal doivent traverser n'est autre que le pont de Cinvat de la mythologie manichéenne, pont jeté sur la rivière infernale, et que seuls les *élus* peuvent franchir. « Il y a lieu d'appeler *manichéisant* le milieu créateur de la matière de Bretagne », écrit Anitchkof (*Joachim de Flore*. p. 291) après avoir insisté sur les influences cathares dans tous ces romans.

Libre après cela aux historiens de la littérature de parler d'aventures incroyables, de merveilleux facile, de naïvetés touchantes, de fraîcheur primitive, etc. « Poèmes incohérents, personnages sans caractères ni couleurs, mannequins dont les froides aventures s'enchaînent à l'infini », nous dit de ces légendes l'un de leurs meilleurs adaptateurs modernes ! Ainsi s'est répandue l'opinion fort étrange que les poètes bretons n'étaient en somme que des amuseurs un peu niais, dont le succès demeure incompréhensible à notre esprit si pénétrant et averti. Un peu plus de pénétration nous ferait voir au contraire que la vraie barbarie est dans la conception moderne du roman, photographie truquée de faits insignifiants, alors que le roman breton procède d'une *cohérence* intime dont nous avons perdu jusqu'au pressentiment. En vérité, tout « signifie », dans ces aventures merveilleuses, tout est symbole ou délicate allégorie, et seuls les ignorants s'arrêtent à l'apparence puérile du conte, destinée justement à masquer le sens profond aux regards superficiels, *non avertis.*

Mais quand bien même les trouvères seraient inférieurs aux troubadours dans la connaissance mystique, ils n'ont pas introduit dans leurs romans que des *erreurs.* Ils ont traité un thème nouveau, celui de l'amour physique, c'est-à-dire de la *faute.* (Et j'entends bien la faute au sens « courtois », non pas au sens de la morale chrétienne.) Les ouvrages de Chrétien de Troyes ne sont pas seulement des poèmes d'amour, comme on le répète, mais de véritables *romans.* C'est qu'à la différence des poèmes provençaux, ils s'attachent à décrire les trahisons de l'amour, au lieu d'exprimer seulement l'élan de la passion dans sa pureté mystique. Le point de départ de *Lancelot* — comme de *Tristan* — c'est le péché contre l'amour courtois, la possession physique d'une femme réelle, la « profanation » de l'amour. Et c'est à cause de cette faute initiale que Lancelot ne trouvera pas le Graal, et sera cent fois humilié quand il errera dans la voie céleste. Il a choisi la voie terrienne, il a trahi l'Amour mystique, il n'est pas « pur ». Seuls les « purs » et les vrais « sauvages » comme Bohor, Perceval et Galaad parviendront à l'initiation. Il est clair que la description de ces errements et de leurs punitions exigeait la forme du récit, et non plus de la simple chanson.

Dans *Tristan,* la faute initiale est douloureusement rachetée par une longue pénitence des amants. C'est pourquoi le roman finit « bien » — au sens de la mystique cathare — c'est-à-dire aboutit à la double mort volontaire[1].

Ainsi s'explique par des raisons spirituelles la formation d'un genre nouveau — le roman — qui ne deviendra proprement littéraire que par la suite, quand il se détachera du mythe provisoirement exténué — au début du XVIIe siècle.

1. Analysant la « magie érotique » du cycle du Graal (dans *Lumière du Graal,* 1951, recueil d'une vingtaine d'études par des auteurs divers), René Nelli formule quelques observations qui seront utilement rapprochées du chap. 10 de ce livre II. « Cette magie érotique avait sa source d'abord dans la croyance que le corps féminin manifestait par sa seule présence des pouvoirs surnaturels, les mêmes que ceux que l'on prêtait au Graal... (Le Graal *rajeunit* ceux qui le contemplent...) Ensuite, dans la foi en une force occulte qui naissait de l'élan charnel réprimé... L'amour pur, c'est celui qui reste tel dans des circonstances périlleuses, *provoquées,* et qui utilise l'énergie de ce Désir pour des fins plus hautes que l'accouplement. Il admettait toutes les manœuvres charnelles, sauf " l'acte "... L'amour contenu est bien le moteur intérieur de cette Quête, qui a bien tous les caractères d'une initiation à la Féminité insaisissable aux sens charnels. » L'auteur semble avoir deviné le caractère « tantrique » que prend l'amour courtois, dans le cycle breton plus réellement, je crois, que dans la poésie des troubadours.

Tristan nous apparaît comme le plus purement courtois des romans bretons, en ce sens que la part épique — combats et intrigues — y est réduite au minimum, tandis que le développement tragique de la doctrine religieuse détermine à lui seul la courbe puissante et simple du récit.

Mais en même temps, *Tristan* est le plus « breton » des romans courtois, en ce sens qu'on y trouve incorporés des éléments religieux et mythiques d'origine très nettement celtique, bien plus nombreux et plus exactement identifiables que dans les *Romans de la Table ronde*.

***

Hubert note très bien à propos de la littérature galloise que « c'est un miracle qu'elle contienne des éléments de religion brittonique : elle s'est formée dans un pays chrétien, romanisé, puis colonisé par les Irlandais[1] ». Le miracle est cependant attesté par un grand nombre d'incidents mis en œuvre par Béroul et Thomas, et qui ne trouvent d'explication que dans les récentes découvertes de l'archéologie celtique. A vrai dire, le pouvoir poétique de ces éléments religieux était tel qu'on s'explique assez bien leur survivance, même dans un monde qui avait perdu la foi des druides, et oublié le sens de leurs mystères.

Dans le cycle des légendes irlandaises, nous trouvons un grand nombre de récits qui racontent le

1. H. Hubert, *les Celtes*, II, p. 286.

voyage d'un héros au pays des morts. Ce héros, Bran, Cuchulainn, ou Oisin, « *est attiré par une mystérieuse beauté* : il s'embarque sur une *barque magique* » et parvient à une terre merveilleuse. « Il se lasse à la fin de ce séjour, veut revenir. C'est finalement pour mourir[1]. » Nous avons là l'origine évidente de la première navigation à l'aventure de Tristan malade, en quête du baume magique.

D'autre part, plusieurs récits de ce cycle irlandais figurent les prototypes assez exacts des situations du *Roman de Tristan*. Par exemple, dans l'idylle tragique de *Diarmaid et Grainne*, les deux amants se sauvent dans la forêt où le mari les poursuit. Dans *Bailé et Aillin*, ils se donnent rendez-vous en un lieu désert, où la mort les précède, empêchant leur réunion « car il était prédit par les druides qu'ils ne se rencontreraient pas dans leur vie, mais qu'ils se rencontreraient après la mort, pour ne jamais se séparer[2] ».

Il serait aisé de multiplier ces comparaisons littéraires. Mais certains traits de mœurs nous incitent à des rapprochements plus précis. On se rappelle que Tristan, après la mort de ses parents, fut élevé à la cour du roi Marc son oncle. Or il était fréquent, chez les plus anciens Celtes, que l'on confiât les enfants « à la garde d'un personnage qualifié dans une grande maison, la maison des hommes ». Ils y recevaient l'enseignement d'un druide, et se trouvaient mis à l'abri des femmes. « Cette institution qu'on appelle généralement du nom anglo-normand de *fosterage* s'est maintenue en pays celtique : nous trouvons les enfants confiés à des parents nourriciers, à l'égard desquels ils contractent de véritables liens de parenté, attestés par le fait qu'un certain nombre de

1. Hubert, *op. cit.*, II, p. 298.
2. *Histoire de Bailé au doux langage*, trad. G. Dottin (*l'Épopée irlandaise*, 1926).

personnages portent dans l'indication de leur filiation le nom de leur père nourricier... On recherchait comme pères nourriciers soit les membres de la famille maternelle, soit... des druides[1]. »

Tristan élevé par Marc, son oncle maternel, devient ainsi, en vertu du fosterage, le « fils » du roi. (Les psychanalystes ne manqueront pas de voir dans la liaison malheureuse de Tristan et d'Iseut le résultat d'un complexe œdipien : à quoi s'oppose toutefois le fait que les « pères nourriciers » avaient souvent jusqu'à cinquante fils juridiques (le lien était donc assez faible), et surtout le fait que l'inceste était assez bien toléré chez les Celtes, comme l'attestent de nombreux documents.)

La coutume du *potlatch,* don rituel ou plutôt échange de dons ostentatoires, accompagné de surenchère, subsiste également dans *Tristan* et les *Romans de la Table ronde.* On y voit un grand nombre d'aventures débuter par une promesse « en blanc » faite par le roi à quelque damoiselle qui lui demande un don, sans dire lequel. Il s'agit en général d'un service très périlleux. « Les tournois, note Hubert, font certainement partie de ce vaste système de concurrence et de surenchère. » (II, p. 234.)

Enfin, l'on sait que les jeunes Celtes au moment de la puberté, donc au sortir de la maison des hommes, devaient accomplir un exploit (meurtre d'un étranger ou chasse glorieuse) pour acquérir le droit de se marier : le combat contre le Morholt, dans *Tristan,* illustre exactement cette coutume, sans faire d'ailleurs la moindre allusion à son origine sacrée.

Tous ces faits rendent vraisemblable la conclusion d'Hubert : à savoir que la mythologie celtique s'est

1. Hubert, *op. cit.*, II, p. 243-244. *Cf.* aussi E. Benveniste, *Vocabulaire des institutions indo-européennes*, t. II, p. 85 *sq.*, 1969.

transmise au cycle courtois non par des voies proprement religieuses, mais par le culte plus profane des héros et de leurs prouesses, remplaçant peu à peu les dieux dans les légendes populaires.

***

« Gaston Paris remarquait avec profondeur que le roman de Tristan et d'Yseut rend un son particulier, qui ne se trouve guère dans la littérature du Moyen Age, et il l'expliquait par l'origine celtique de ces poèmes. C'est par Tristan et par Arthur que le plus clair et le plus précieux du génie celtique s'est incorporé à l'esprit européen. » (Hubert, II, p. 336.)

Ce « son particulier », que Bédier sut faire rendre à sa moderne transcription de la légende, est si nettement sensible à notre cœur qu'il nous met en mesure d'*isoler* l'élément non celtique, donc proprement courtois qui provoqua, au XIIe siècle, la constitution de notre mythe.

Qu'on lise l'une après l'autre une légende irlandaise et la légende de Béroul ou de Thomas : et l'on verra que d'un côté, c'est une *fatalité* tout extérieure qui provoque la catastrophe, tandis que de l'autre, c'est la *volonté* secrète, mais infaillible, des deux amants mystiques. Dans les légendes celtiques, c'est l'élément *épique* qui commande l'action et le dénouement, tandis que dans les romans courtois, c'est la *tragédie intérieure*.

Enfin, l'amour celtique (en dépit de la sublimation religieuse de la femme par les druides) est avant tout l'amour sensuel[1]. Le fait que dans certaines légendes

1. Voir l'intéressante étude de M. Alexandre Haggerty-Krappe sur la *Légende de « Tannhäuser »* (Mercure de France, juin 1938). Le *Tannhäuser* du XVIe siècle est une tardive adaptation allemande de légendes irlando-écossaises ; il ne doit rien aux influences courtoises. Le Montsalvat des Chastes (ou cathares) y est remplacé par le Venusberg !

cet amour s'oppose secrètement à l'amour religieux orthodoxe, et se voit donc contraint de s'exprimer par des symboles ésotériques, aide à comprendre que le fond breton se soit si aisément adapté au symbolisme du roman courtois. Mais cette analogie reste purement formelle. Tout au plus devait-elle favoriser la confusion moderne entre la passion de Tristan et la pure sensualité.

Quelques citations de Thomas, le plus conscient des cinq auteurs de la légende primitive, suffiront à faire concevoir l'originalité du mythe courtois. On y trouve exprimé et *commenté* en termes étonnamment modernes le principe de cohésion qu'apporte la mystique courtoise aux éléments religieux, sociologiques ou épiques, hérités du vieux fonds breton. Ce principe, c'est l'amour de la douleur considérée comme une ascèse, le « mal-aimé » des troubadours. Voici Tristan livré au plus cruel conflit, lorsqu'au soir de ses noces avec Iseut aux blanches mains, il ne peut se résoudre à posséder sa femme :

« Tristan désire Iseut aux blanches mains pour son nom et pour sa beauté, car quelle qu'eût été sa beauté sans ce nom, quel qu'eût été ce nom sans sa beauté, le désir de Tristan ne s'y fût pas porté. Ainsi Tristan veut se venger de sa douleur et de ses peines, et *contre son mal, il avise un remède dont il doublera son tourment.* »

Du seul fait qu'Iseut aux blanches mains est devenue sa femme légitime, il ne doit plus et ne peut plus la désirer :

« Jamais il n'eût méprisé le bien qu'il a, s'il n'eût pas été le sien : son cœur ne prend en aversion que le bonheur qu'il est contraint d'avoir. Le lui eût-on refusé, il se serait lancé à sa recherche, pensant toujours trouver mieux, *parce qu'il n'aime pas ce qu'il a !...* Ainsi en advient-il à beaucoup de gens. Dans d'amers déboires d'amour, angoisses, lourdes peines et tourments, *ce qu'ils font pour s'y soustraire, s'en affranchir et s'en venger, les asservit d'un lien plus inextricable encore.* D'irréalisables désirs, d'impossibles convoitises les conduisent à ne rien faire dans leur détresse qui n'irrite leur amertume... Celui qui tend tous ses désirs vers un bonheur inaccessible, celui-là met sa volonté en guerre avec son désir[1]. » (*Encontre désir fait volier*, dit le texte de Thomas.)

*
**

Un fonds celtique de légendes religieuses — d'ailleurs très anciennement commun au Midi languedocien et ibérique et au Nord irlandais et breton ; des coutumes de chevalerie féodale ; des apparences d'orthodoxie chrétienne ; une sensualité parfois très complaisante ; enfin la fantaisie individuelle des poètes : tels sont donc en fin de compte les éléments sur lesquels la doctrine hérétique de l'Amour, profondément manichéenne dans son esprit, opéra ses transmutations. Ainsi naquit le mythe de Tristan. Loin de moi la tentation d'analyser le processus de cette métamorphose : il nous échappe doublement, étant poétique et mystique. Mais nous savons maintenant d'où vient le mythe, et où il mène. Et peut-être pressentons-nous — mais alors c'est intraduisible — comment il peut se recréer dans une vie ou dans une œuvre.

1. Le *Tristan et Iseut* de Thomas, traduction française par J. Herbomez et R. Beaurieux, 1935.

13. Du roman breton à Wagner, en passant par Gottfried

La première *recréation du mythe,* par un esprit remarquablement conscient de ses implications théologiques, fut le fait de Gottfried de Strasbourg, vers le début du XIIIe siècle.

Gottfried était un clerc, qui lisait le français (il cite souvent des vers de Thomas dans son texte), et qui se passionnait pour les grandes polémiques où venaient de s'affronter Bernard de Clairvaux et les cathares, mais aussi Abélard, l'école de Chartres, et plusieurs hérétiques très dangereusement voisins de la « mystique du cœur ».

Théologien, poète, et conscient de ses choix, Gottfried révèle beaucoup mieux que ses modèles l'importance proprement religieuse du mythe dualiste de Tristan. Mais aussi, pour la même raison, il avoue mieux que tous les autres cet élément fondamental du mythe : l'angoisse de la sensualité, et l'orgueil, « humaniste » qui la compense. Angoisse : l'instinct sexuel est ressenti comme un destin cruel, une tyrannie ; orgueil : cette tyrannie sera conçue comme une force divinisante — c'est-à-dire dressant l'homme contre Dieu — sitôt qu'on aura décidé de lui céder. (Ce paradoxe annonce l'*amor fati* de Nietzsche.)

Quand Béroul limitait à trois ans l'action du philtre, et quand Thomas faisait du « vin herbé » un symbole de l'ivresse amoureuse, Gottfried y voit le signe d'un destin, d'une force aveugle, étrangère aux personnes, d'une volonté de la déesse Minne, reviviscence de la Grande Mère des plus vieilles religions de l'humanité. Mais sitôt absorbé, le philtre de la passion place ses victimes dans un au-delà de toute morale, qui ne saurait être que divin. Ainsi le philtre à la fois rive à la sexualité, qui est une loi de la vie, et contraint à la dépasser dans un hybris libérateur, au-delà du seuil mortel de la dualité, de la distinction des personnes. Ce paradoxe essentiellement manichéen sous-tend l'immense poème du Rhénan.

Gottfried copie Thomas, mais il en fait ce qu'il veut. Il modifie — et nous dressons l'oreille — trois moments décisifs de l'action :

a) il met en relief, non sans férocité, le caractère évidemment blasphématoire de l'épisode du Jugement par le fer rouge ;

b) il remplace la forêt du Morrois par une « Grotte d'Amour », la *Minnegrotte*, qui lui permet de comparer l'architecture d'une église chrétienne et celle du temple de l'amour ;

c) il décide que le mariage de Tristan avec Iseut aux blanches mains ne fut pas « blanc », mais consommé.

Son long poème inachevé — ils nous en reste près de 19000 vers, mais la mort des amants, quoique annoncée, ne fut jamais écrite — est à la fois plus religieux et plus sensuel que ceux de Béroul et de Thomas. Et surtout, il dit et commente ce que les Bretons montraient sans l'expliquer ni même s'en étonner, apparemment. Il développe et révèle ainsi tout le *catharisme latent* de la légende sans auteur[1].

a) Le « jugement de Dieu » est une coutume barbare, mais l'Église l'admettait au XIIe siècle et venait

1. Il faudrait lire à ce sujet les deux gros volumes parus en 1953 de Gottfried Weber, *Tristan und die Krise des Hochmittelalterlichen Weltbildes um 1200*. Ce travail infiniment méticuleux (aux répétitions épuisantes) d'un savant philologue allemand, apporte sur chacun des points touchés dans le présent chapitre une abondance de « preuves scientifiques » dont je m'étais fort bien passé en écrivant la première édition de ce livre, mais qui certes ne gâtent rien ! La comparaison poursuivie pendant des centaines de pages entre les conceptions religieuses de Gottfried et les doctrines d'Augustin, de Bernard, d'Hughes de Saint-Victor et d'Abélard, fait éclater le catharisme profond de Gottfried, et son anticatholicisme (annonciateur de la Renaissance plus que de Luther, à mes yeux).

de l'appliquer, précisément, à des femmes de Cologne et de Strasbourg, à juste titre soupçonnées de catharisme. L'épreuve consistait à saisir à main nue une barre de fer portée au rouge : seuls les menteurs ou les parjures étaient brûlés. On sait qu'Iseut, soupçonnée de trahir sa fidélité au roi Marc, s'offre au jugement par un mouvement d'orgueil et de défi démesuré. Elle jure n'avoir jamais été dans les bras d'un autre homme que son mari, si ce n'est, ajoute-t-elle en riant, dans les bras du pauvre passeur qui vient de l'aider à franchir une rivière : or c'était Tristan déguisé. Elle sort intacte de l'épreuve. Gottfried commente : « *Ce fut ainsi chose manifeste et avérée devant tous que le très vertueux Christ tourne à tout vent comme girouette et se plie comme une simple étoffe... Il se prête et s'adapte à tout, selon le cœur de chacun, à la sincérité comme à la tromperie... Il est toujours ce que l'on veut qu'il soit*[1]. » L'allusion au « cœur » est nettement dirigée contre Bernard de Clairvaux, dont les écrits étaient si familiers au poète qu'il imite bien souvent leur dialectique de la souffrance, du désir et de l'extase, quitte à en inverser les conclusions : l'extase finale n'aboutit point au jour de Dieu mais à la nuit de la passion, non point au salut de la personne mais bien à sa dissolution.

Tout le passage cité trahit d'ailleurs un virulent ressentiment contre les doctrines orthodoxes qui « plient le Christ comme une simple étoffe » et lui font sanctionner après coup tout ce que condamnent, aux yeux de Gottfried et des hérétiques de son temps, l'Évangile « pur » et la gnose dualiste : le monde manifesté, la chair en général, et dans ce monde l'ordre social du temps (féodal, clérical, et guerrier), et dans cet ordre le mariage.

1. Vers 15733 à 15747 du poème de Gottfried.

b) La *Minnegrotte* nous est décrite comme une église, avec une science réelle du symbolisme liturgique et de l'architecture gothique naissante. Mais sur le lit substitué à l'autel, lit consacré à la déesse Minne comme l'autel catholique au Christ, s'opère le sacrement courtois : les amants « communient » dans la passion. En lieu et place du miracle eucharistique, de la transsubstantiation des espèces matérielles et de la divinisation de celui qui les reçoit, c'est la chair qui se fond avec l'esprit en unité transcendantale. Et ce sont les amants, non les croyants, qui vont être divinisés par la « consommation » (spirituelle ou physique ? l'ambiguïté profonde subsiste ici encore) de la substance de l'Amour. Or cet Amour s'oppose à la ferveur du cœur des clunisiens dans les mêmes termes que l'Éros à l'Agapè... Incompatible au reste, faut-il le préciser, avec cet autre sacrement « perverti » par l'orthodoxie qui l'a socialisé et matérialisé : le mariage unissant deux corps même sans amour, et que les cathares n'ont pas cessé de dénoncer comme *jurata fornicatio.*

Il paraît au surplus possible de retrouver dans l'épisode de la *Minnegrotte* toute la dialectique qui sera celle des grands mystiques du XIIIe et du XVIIe siècle : les trois voies purgative, illuminative et unitive sont ici très précisément préfigurées, quoique infléchies ou inverties par l'attitude dualiste et même gnostique [1] de Gottfried.

c) Le mariage « consommé » avec la seconde Iseut rétablit le parallèle — évité par Thomas — avec le mariage sans amour d'Iseut la Blonde et du roi Marc. L'un et l'autre se voient stigmatisés comme relevant

1. Gnosticisme de Gottfried : comme les carpocratiens, il semble croire que la « purgatio » de l'instinct tyrannique ne peut être obtenue qu'en cédant d'abord à l'instinct, mais en vue d'arriver à l'extase illuminative, qui conduit à l'union essentielle (non point épithalamique).

de la nécessité temporelle et physiologique, c'est-à-dire de l'*exil* des âmes captives dans la prison des corps. C'est ici le jugement de la morale courtoise, dans toute la virulence de son manichéisme, qui triomphe du jugement de l'Église et du siècle, complices aux yeux de Gottfried et des cathares. Mais ceci jette un jour assez étrange sur la nature de la « consommation » érotico-eucharistique opérée dans la *Minnegrotte*.

Faire l'amour sans aimer selon la courtoisie (ici *Minne*), céder à la sensualité purement physique, voilà le péché suprême, originel, dans une vision cathare du monde. Aimer de passion pure, même sans contact physique (l'épée entre les corps et les séparations), voilà la suprême vertu, et la vraie voie divinisante. Entre ces deux extrêmes illustrés par le mythe sur l'arrière-plan psychique et religieux du XIIe siècle, toutes les confusions de l'amour deviennent mieux que possibles : inévitables. Nous n'en sommes pas sortis au XXe siècle, sinon ce livre n'aurait plus d'objet. Mais on peut poser des repères.

Il est bien évident que Gottfried de Strasbourg utilise à son gré la « matière de Bretagne », et catharise le mythe de l'amour-pour-la-mort avec une liberté dont on ignore encore si elle ne lui a pas coûté la vie. Mais il est non moins clair que le cadre du roman, son intrigue et ses thèmes directeurs se prêtaient au projet du poète d'une manière que l'on doit qualifier de proprement *congénitale*. Dans son essence, dans sa structure intime, dans son progrès et dans sa forme, non moins que dans son enseignement, le mythe de Tristan se révèle comme foncièrement hérétique et dualiste. Il n'y a pas place, ici, pour le moindre hasard, ni pour cette suspension des conclusions que certains érudits, parfois, semblent confondre avec la « science ».

Tristan est un roman bien plus profondément et

plus indiscutablement manichéen que *la Divine Comédie* n'est thomiste.

Il reste que Gottfried *explicite* la légende d'une manière toute nouvelle et grosse de conséquences. Il préfigure l'espèce de trahison géniale opérée par Wagner six siècles et demi plus tard.

Même si l'on ignorait que la source de Wagner fut le poème de Gottfried, la seule comparaison des textes l'établirait : les petits vers pressés, antithétiques, haletants, du deuxième acte de l'opéra imitent Gottfried jusqu'au pastiche [1]. Le célèbre duo de Tristan et d'Isolde mêlant leurs noms, niant leurs noms, chantant le dépassement du moi distinct, du temps, de l'espace et du malheur terrestre, est emprunté presque littéralement à divers passages du poème [2]. Mais bien plus encore que sa forme, c'est le contenu philosophique et religieux du poème de Gottfried que Wagner va ressusciter par l'opération musicale. Le monde créé appartient au démon. Tout ce qui dépend de son empire est donc voué à la nécessité, et les corps sont voués au désir, dont le philtre d'amour symbolise l'inéluctable tyrannie. L'homme n'est pas libre. Il est déterminé par le Démon. Mais s'il assume son destin de malheur *jusqu'à la mort,* qui le libère du corps, il peut atteindre au-delà du temps et de l'espace la réalité de l'Amour, cette fusion de deux « moi » cessant de *souffrir* l'amour : la Joie Suprême. Ce que Wagner a repris à Gottfried, c'est tout ce que les Bretons n'avaient pas voulu dire, ou pas su dire, et s'étaient curieusement contentés

1. Et Gottfried n'a-t-il pas imité le *sic et non* d'Abélard ? L'exemple de l'amour du docteur pour la nonne n'a cessé de hanter l'auteur de la plus théologique des versions de *Tristan*.

2. Un seul exemple : Gottfried, v. 18352 à 18357, *« Tristan und Isot, ir unch ich... niwan ein Tristan und ein Isot »*, et Wagner, II, 2, toute la fin de la scène, *« nicht mehr Tristan !... nicht mehr Isolde ! »*.

d'illustrer en actions romanesques : la nostalgie religieuse-hérétique d'une évasion hors de ce monde mauvais, la sensualité condamnée en même temps que divinisée, l'effort de l'âme pour échapper à l'*inordinatio* fondamentale du Siècle, à la contradiction tragique entre le Bien — qui ne peut être que l'Amour — et le Mal triomphant dans le monde créé. Ce que Wagner, en somme, a repris de Gottfried, c'est son dualisme foncier. Et c'est par là que son œuvre agit encore sur nous, plus insidieuse et fascinante pour notre sensibilité que la restauration esthérique d'un Bédier.

14. Premières conclusions

Compte tenu du changement de registre qui s'opère dans les expressions poétiques de l'amour courtois lorsqu'on passe du Midi des troubadours au Nord plus barbare des trouvères, nous sommes en mesure de voir dorénavant dans le chef-d'œuvre de Béroul, Thomas et Gottfried de Strasbourg, l'aboutissement de toutes nos pérégrinations. Les religions antiques, certaines mystiques du Proche-Orient, l'hérésie qui les fit revivre en Languedoc, le contrecoup de cette hérésie dans la conscience occidentale et dans les coutumes féodales, tout cela vient sourdement retentir dans le mythe.

Nous avons donc rejoint *le Roman de Tristan* et situé sa nécessité à telle date, à l'intersection de telles traditions hérétiques et de telles institutions qui les condamnaient farouchement, les obligeant par cette condamnation à s'exprimer en symboles équivoques et à revêtir la forme d'un mythe.

De l'ensemble de ces convergences, il est temps de tirer la conclusion : *L'amour-passion glorifié par le mythe fut réellement au* XII*e siècle, date de son appa-*

rition, une RELIGION *dans toute la force de ce terme, et spécialement* UNE HÉRÉSIE CHRÉTIENNE HISTORIQUEMENT DÉTERMINÉE.

D'où l'on pourra déduire :

1° que la passion, vulgarisée de nos jours par les romans et par le film, n'est rien d'autre que *le reflux et l'invasion anarchique* dans nos vies d'une hérésie spiritualiste dont nous avons perdu la clé ;

2° qu'à l'origine de notre crise du mariage il n'y a pas moins que le conflit de deux traditions religieuses, c'est-à-dire une *décision* que nous prenons presque toujours inconsciemment, en toute ignorance de cause, de fins et de risques encourus, en faveur d'une morale survivante que nous ne savons plus justifier.

⁂

Il s'en faut d'ailleurs de beaucoup que la passion et le mythe de la passion n'agissent que dans nos vies privées.

La *mystique d'Occident* est une autre passion dont le langage métaphorique est parfois étrangement semblable à celui de l'amour courtois.

Nos grandes *littératures* sont pour une bonne partie des laïcisations du mythe, ou comme je préfère le dire : des « profanations » successives de son contenu et de sa forme.

Enfin, la *guerre*, en Occident, et toutes les formes militaires, jusque vers 1914, ont gardé par le fait de leur origine chevaleresque — et pour d'autres raisons peut-être — un parallélisme constant avec l'évolution du mythe.

C'est de quoi l'on traitera dans les livres qui viennent.

LIVRE III

PASSION ET MYSTIQUE

1. Position du problème

On a souvent tenté d'expliquer le mysticisme en le « ramenant » à quelque déviation de l'amour humain, c'est-à-dire en fin de compte : à la sexualité.

Or l'examen du *Roman de Tristan* et de ses sources historiques nous a conduit à renverser le rapport. C'est ici la passion mortelle qu'il faut « ramener » à une mystique, plus ou moins consciente et précise.

Il est certain que ce seul exemple n'autorise pas à des conclusions générales. Mais il permet au moins de reposer un problème que le XIXe siècle matérialiste s'était cru en mesure de trancher au détriment de la mystique. A vrai dire, je ne suis pas très sûr que ce problème comporte une solution définitive et simple. Mais il me paraît important de reconnaître au moins, sa position.

Qu'on parte de la passion ou de la mystique pour tenter de ramener l'une à l'autre, ce que l'on admet implicitement, c'est l'existence d'un rapport *quelconque* entre ces deux réalités. Reste à savoir dans quelle mesure ce rapprochement ne nous est pas suggéré par la seule nature du langage. On a remarqué depuis longtemps l'analogie des métaphores mystiques et amoureuses. Mais d'une entière analogie des mots, peut-on conclure à une entière analogie des réalités qu'ils désignent? Ne sommes-nous pas jusqu'à un certain point victimes d'une illusion verbale? d'une sorte de « calembour continué »? Quand bien même ce serait le cas, le problème resurgit ailleurs. Marquons tout de suite ce qui le rend inévitable à notre sens.

a) S'il n'y avait en jeu, dans le cas de la passion, que des facteurs physiologiques, on ne comprendrait plus rien au mythe de Tristan. La sexualité est une faim. Or il est de la nature d'une faim de chercher à tout prix l'apaisement. Plus elle est forte, moins elle se montre difficile quant aux objets qui peuvent la rassasier. Mais nous voyons ici une passion dont la nature est justement de refuser tout ce qui pourrait la satisfaire et la guérir. Nous ne sommes donc pas en présence d'une faim, mais bien d'une intoxication. Et l'on a soutenu récemment, par les preuves les plus convaincantes, que tout intoxiqué est un mystique qui s'ignore[1]. Or, qu'elle soit physique, ou morale, toute intoxication suppose l'intervention d'un agent *étranger,* que l'instinct livré à lui-même éliminerait aussi vite que possible. Les animaux ne s'intoxiquent pas[2]...

b) Inversement, la mystique à elle seule, rend-elle compte de la passion? Il faudrait alors expliquer pourquoi c'est dans l'amour sexuel, et non pas dans la respiration ou la nutrition, par exemple, qu'elle puise ses métaphores les plus frappantes. Il faudrait

1. Philippe de Félice, *Poisons sacrés, ivresses divines,* essai sur quelques formes inférieures de la mystique, Paris, 1936.

2. Il y a bien l'exemple de la *formica sanguinea.* Cet insecte entretient dans sa fourmilière un parasite à la sueur délicieuse, lequel finit par tout détruire. On a voulu comparer cette tendance morbide à l'alcoolisme. Tant que les fourmis ne parleront pas toutes les hypothèses sont possibles.

expliquer pourquoi c'est *toujours* à l'instinct sexuel que l'on a tenté de « ramener » la mystique, et cela bien avant Freud et son école.

Voici donc le dilemme que pose l'amour-passion : si l'on n'y voit que de la sexualité, c'est autant dire que l'on ne sait pas de quoi l'on parle. Si au contraire on rapporte cet amour à quelque chose d'*étranger* au sexe — il en résulte des choses bizarres, comme disait à peu près Schopenhauer.

Prenons le problème tel que nous le pose le mythe, et tel qu'il se posait au XIIe siècle. C'est en partant d'un exemple précis et d'une œuvre *antérieure* à l'essor de la grande mystique orthodoxe, que nous aurons les meilleures chances de surprendre à l'état naissant la dialectique des « choses bizarres »...

2. Tristan : une aventure mystique

Nous avons constaté que *le Roman de Tristan* est, à bien des égards, une première « profanation » de la mystique courtoise et de ses sources (néoplatonisme, manichéisme, soufisme). La mythification a trop bien réussi, soit que Béroul, Thomas, et leur prédécesseur n'aient pas toujours très bien saisi l'enseignement courtois dans sa pureté, soit qu'ils aient été entraînés par l'ardeur proprement « romanesque » (au sens moderne et littéraire du terme) et par des complaisances bien explicables envers le goût de leurs auditeurs, moins policés que ceux du Midi. Le caractère distinctif du Roman est en effet de reposer sur une *faute* contre les lois d'amour courtois, puisque tout le drame vient de l'adultère consommé. De là que nous ayons un « roman » selon la formule moderne du genre, et non pas un simple poème.

Il n'en reste pas moins que dans l'ensemble, et si

l'on considère surtout le principe interne de l'action, *Tristan* évoque par la plupart de ses situations romanesques la progression d'une vie mystique. Certains « moments » relèvent de la pure tradition cathare, d'autres peuvent être rapprochés d'une expérience mystique plus générale, et qu'on retrouve identique, dans sa forme, aussi bien chez les orthodoxes que chez les dissidents ou les païens (Iraniens et Arabes, voire boudhistes). En tout état de cause, on ne saurait plus parler d'un vulgaire roman d'adultère : l'infidélité d'Iseut, c'est l'hérésie, c'est la vertu mystique des « purs », *c'est une vertu*, selon les auteurs de la légende. Et la faute n'est pas dans l'amour, mais dans sa « réalisation »...

⁂

Si délicate et périlleuse que se révèle toute comparaison entre deux formes de mystique — et d'autant plus qu'ici l'un des termes en présence se trouve dénaturé par son revêtement épique — risquons un parallèle très général entre *le Roman* et l'aventure mystique. Quitte à rectifier par la suite les conclusions trop téméraires où nous pourrions induire un lecteur non prévenu.

Tristan blessé s'embarque sur une nacelle sans gouvernail ni voile, muni seulement de son épée et de sa harpe. Il part à la recherche du baume salutaire qui chassera le poison de son sang. C'est le type même du départ mystique, de l'abandon à l'aventure surnaturelle. C'est la quête de l'âme pécheresse, c'est-à-dire blessée mortellement, qui renonce aux aides rationnelles et visibles, et s'offre à une grâce inconnue. La poésie moderne nous a montré combien d'exemples de ces départs à l'aventure, désespérés mais encore éloquents ! Rudiments d'une recherche mystique, qui ne laisse oublier ni la lyre ni l'épée symbolique du défi à la société constituée! Est-il beaucoup de nos poètes qui aient trouvé leur « amour mortel » ? Pour certains, tout se réduit à une petite croisière dont on revient avec un livre à imprimer. D'autres cultivent ce poison qui donne des visions pittoresques. Presque tous publient le secret...

Tristan, lui, a trouvé l'amour. Mais tout d'abord, il n'a pas su le reconnaître. Quand le roi Marc — l'autorité constituée — l'envoie chercher la princesse lointaine qu'il réserve à son seul plaisir, Tristan ignore que l'aventure pourrait aussi le concerner.

Survient l'erreur fatale du *philtre* bu. Nous avons vu, par l'analyse du mythe, que cette fatalité joue le rôle d'un alibi : les amants ne se veulent responsables de rien, leur passion étant inavouable tant aux yeux de la société (qui la réprouve comme un crime) qu'à leurs yeux propres (puisqu'elle les fait mourir). C'est là l'aspect psychologique de l'aventure. Mais voici l'aspect religieux : ce hasard aussitôt irrévocable, mais dont on distingue après coup que tout semblait le préparer, c'est l'*élection* d'une âme par l'Amour tout-puissant, la vocation qui la surprend comme malgré elle. Une vie nouvelle commence ici (Appendice 9).

Normalement, ce premier et décisif appel devrait introduire Tristan dans la voie des macérations et le conduire à l'*endura*. Mais emporté par la violence de la première révélation, qui parfois embrase le sang, il enfreint la règle des « purs ». Le baiser symbolique, il le ravit par force, il le profane. Et voici déchaînées les puissances mauvaises. *« Souffle, souffle ô vent! Malheur! ah malheur! fille d'Irlande, amoureuse et sauvage! »* Toute une vie de pénitence devra maintenant racheter le sacrilège.

Mais le malheur essentiel de cet amour n'est pas seulement la rançon du péché. L'ascèse qui rachètera la faute commise doit aussi et surtout délivrer l'homme du fait même d'être né dans ce monde de ténèbres. Elle doit conduire au détachement final et bienheureux, à la mort volontaire des « parfaits ». Cette pénitence a donc une signification toute différente de celle du repentir chrétien. Et bien que l'orthodoxie et l'hérésie semblent parfois étrangement confondues dans *le Roman,* il est toujours possible de reconnaître, à de tels traits, la tendance réellement dominante — celle qui s'épanouira dans la mort des amants. Reprenons par exemple le récit de l'« aspre vie » dans la forêt de Morrois. *« Nous avons perdu le monde, et le monde nous »,* gémit Iseut (dans *le Roman en prose*). Et Tristan de répondre : *« Si le monde entier était orendroit avec nous, je ne verrois fors vous seule. »* Il s'agit bien d'une *endura.* Cette retraite dans la forêt, c'est une de ces périodes de jeûne et de macération dont nous connaissons le but chez les cathares : l'absorption de toutes les facultés dans la contemplation de l'amour seul.

Un trait profond de la passion — et de la mystique en général — paraît ici. « On est seul avec tout ce qu'on aime », écrira plus tard Novalis, ce mystique de la Nuit et de la Lumière secrète. Cette maxime traduit d'ailleurs, parmi tant d'autres sens possibles, un fait d'observation purement psychologique : la passion n'est nullement cette vie plus riche dont rêvent les adolescents ; elle est, bien au contraire, une sorte d'intensité nue et dénuante, oui vraiment, un amer dénuement, un *appauvrissement* de la conscience vidée de toute diversité, une obsession de l'imagination concentrée sur une seule image, — et dès lors le monde s'évanouit, « les autres » cessent d'être présents, il n'y a plus ni prochain ni devoirs, ni liens qui tiennent, ni terre ni ciel : on est seul avec tout ce que l'on aime. « Nous avons perdu le monde, et le monde nous. » C'est l'extase, la fuite profonde hors de toutes les choses créées. Vraiment, comment se défendre de songer ici aux « déserts » de la Nuit obscure que décrit saint Jean de la Croix? *« Éloigne les choses, amant! — Ma voie est fuite. »* Et Thérèse d'Avila disait, plusieurs siècles avant Novalis, que dans l'extase, l'âme doit penser « comme s'il n'y avait que Dieu et elle au monde ».

A-t-on le droit d'opérer ce rapprochement entre un génie religieux du premier ordre et un poème où l'élément mystique revêt les formes les plus rudimentaires? Certes, ce serait une sorte de blasphème s'il ne s'agissait dans *le Roman* que d'une passion d'amour sensuel : mais tout indique que nous sommes ici sur la *via mystica* des « parfaits ». C'est alors le contenu des états d'âme et leur objet, mais non leur forme, qui diffère (Appendice 10). (Nous allons y revenir d'ailleurs un peu plus loin, et de manière à dissiper toute équivoque.)

⁂

Voici un autre point de comparaison.

On sait combien les mystiques espagnols ont coutume d'insister sur le récit de leurs *souffrances.* Plus la lumière et l'amour divin sont vifs, plus l'âme se voit souillée et misérable en sorte qu' « elle se figure être persécutée par Dieu comme son ennemie ». Cette impression provoque une souffrance si pénible, puisque l'âme se croit rejetée par Dieu, qu'elle arracha à Job soumis à une semblable épreuve ce cri : « Pourquoi, mon Dieu, m'as-tu fait contraire à toi-même, pourquoi suis-je devenu à charge à moi-même[1] ? » Or il ne s'agit plus ici des souffrances

1. *Nuit obscure*, de saint Jean de la Croix, II, I, 1er verset, trad. Hoornaert.

corporelles ou morales qu'entraîne la mortification des sens et de la volonté, mais l'âme souffre séparation et rejection, dans le temps même de la plus vive ardeur de son amour. Il y aurait à citer cent pages où revient la même plainte de l'âme sur « l'abandon divin, tourment suprême ». Sur « ce vide profond... cruelle disette des trois sortes de biens qui peuvent consoler l'âme, savoir les temporels, les naturels, et les spirituels » ; enfin, « sur cette impression de rejet qui compte parmi les peines les plus dures de l'état de purification ». *(Ibid.)*

Tristan n'est qu'une impure et parfois équivoque traduction de la mystique courtoise. (Il arrive que les situations les plus apparemment « mystiques » du *Roman* doivent être interprétées — si l'on ne veut pas errer gravement — à partir de l'amour humain, et par voie de sublimation, non par la voie inverse, allant de l'Amour divin aux métaphores, qui convient pour les grands mystiques.) Ceci dit, nous pouvons retrouver dans le mythe plus d'un aspect des souffrances mystiques.

On se souvient de la plainte du troubadour :

Dieu ! comment se peut-il faire
Que plus m'est loin plus la désire ?

Jamais l'amour n'enflamme Tristan si follement que lorsqu'il est séparé de sa « dame ». La psychologie la plus simple rendrait compte de ce phénomène. Mais il ne sert ici que de prétexte et d'image matérielle pour représenter les tourments de l'ascèse purificatrice. Nous avons vu que les *séparations* des deux amants, dans *le Roman,* répondent à une nécessité tout intérieure de la passion. Iseut est une femme aimée, mais elle est aussi autre chose, le symbole de l'Amour lumineux. Quand Tristan erre au loin, il l'aime davantage, et plus il endure de souffrances. Mais nous savons que c'est la souffrance qui est le vrai but de la séparation voulue... Nous rejoignons alors la situation mystique (par l'autre extrême) : plus Tristan aime, et plus il se veut séparé, c'est-à-dire rejeté par l'amour. Au point qu'il doutera même de l' « amitié » d'Iseut, qu'il la tiendra un temps pour ennemie, et qu'il acceptera le « mariage blanc » avec l'autre Iseut — l'autre « foi » — l'autre Église dont il doit refuser la communion !

En un seul passage du *Roman,* l'orthodoxie triomphe provisoirement. C'est quand, le philtre ayant cessé d'agir, Tristan et Iseut vont trouver l'ermite Ogrin dans sa cellule. Rencontre de celui qui souffre pour son Dieu, et des amants qui souffrent pour un autre Amour... Ils se repentent (c'est la première et dernière fois). Iseut va revenir à l'époux légitime — l'hérésie rentrer au giron. Mais tandis que le roi s'approche avec son cortège de barons, les amants échangent l'anneau de l'éternelle fidélité et du secret. La soumission ne sera donc qu'apparente. Et le jugement par le fer rouge qu'exige la reine, ce sera sa vengeance contre le Dieu du roi, deux fois trompé.

⁂

Pour extérieures et formelles qu'elles soient, de telles correspondances ne sauraient être, en toute honnêteté, réduites à des coïncidences. Mais si les formes sont pareilles, il importe de définir en quoi les contenus restent incompatibles, et quelle est la nature de l'abus qui par la suite a voulu les confondre.

L'on pourrait tout ramener à une grossière confusion du Créateur et de la créature, dans *le Roman* : la fameuse « divinisation de la femme » selon la formule des manuels. Dans le cas où Iseut ne serait qu'une belle femme — comme le croiront les siècles à venir — les similitudes mystiques que nous venons de dégager ne seraient plus que de l'ordre du langage, et spécialement de la métaphore. Je ne songe pas à nier cet aspect du problème, il sera traité en son lieu. Mais je crois qu'il y a bien autre chose. Car s'il n'y avait *que* cela, ce serait alors tout l'arrière-plan religieux de la légende qu'il faudrait nier ou négliger, en dépit de l'évidence historique. On reviendrait donc à zéro pour ce qui est du sens du mythe, et *le Roman* cesserait d'être un roman courtois ; ou bien l'amour courtois cesserait d'être ce qu'il fut, pour se mettre à ressembler à ce que nos érudits conçoivent qu'il fut. C'est autant dire qu'on ne comprendrait plus rien à rien. Encore une fois, ce qui se trouve en question, c'est la *passion* d'amour, et non l'amour purement profane et naturel.

Voici, me semble-t-il, le principe véritable de l'opposition des deux mystiques. L'orthodoxe aboutit au « mariage spirituel » de Dieu et de l'âme, dès cette vie, tandis que l'hérétique espère l'union et la fusion totale, mais au-delà de la mort des corps. Pour les cathares, il n'y avait pas de rachat possible de ce monde. Il s'ensuivait — théoriquement — que l'amour profane était le malheur absolu, l'attachement impossible et condamnable à la créature imparfaite ; tandis que pour le chrétien l'amour divin est un malheur recréateur. Loin de nier l'amour profane, il aboutit à le sanctifier par le mariage.

Les amants mystiques du *Roman* chercheront donc l'*intensité* de la passion et non son apaisement heureux. Plus leur passion est vive et plus elle les détache des choses créées, et plus facilement ils parviennent à la mort volontaire dans l'*endura*. Au contraire, les mystiques chrétiens voient dans les actes et les œuvres qui découlent de l'état mystique les critères de sa vérité[1]. C'est du moins le mouvement constant de ceux qui ont concentré leur oraison sur le Christ incarné réellement. Mais les « parfaits » ne croyaient pas à l'Incarnation, et ne pouvaient connaître ce *retour* de l'âme à une vie rénovée. « Je meurs de ne pas mourir », dit sainte Thérèse, mais c'est de ne pas mourir assez pour vivre toute la vie nouvelle, et pour obéir sans tourments.

Je ne trouve rien, dans *Tristan,* qui rappelle le « rejet des dons » dont parlent Eckhart et saint Jean de la Croix. Les amants se plaignent parfois de leur passion et maudissent le poison fatal, cause de leurs terribles souffrances. « Amor par force les demeine. » Mais finalement, c'est la passion totale qu'ils accueilleront comme la révélation *dernière,* dans la mort. Ainsi de leur attitude envers les créatures : ils ne les *retrouvent* pas au-delà de leur passion et de son ascèse. Ils ignorent ce mouvement de *retour au monde* si caractéristique du christianisme. Jean de la Croix, lui aussi, connaît un détachement parfait : « Lorsqu'on mortifie les passions, l'âme ne reçoit plus d'aliment des créatures ; et de cette façon, elle est remplie d'obscurité, et destituée des objets que les passions lui présentaient. » (*Nuit obscure,* III.) (Et l'on peut certes rapprocher ce passage de l'admirable cri de Ventadour : « Elle m'a pris le cœur, elle m'a pris moi-même, elle m'a pris le monde, puis s'est elle-même dérobée à moi, ne me laissant rien que mon désir et mon cœur assoiffé. ») Au-delà même de cet état, Jean de la Croix connut la viduité totale, où non seulement le monde et le prochain, et l'amour avec

1. Ce n'est pas évident pour Eckhart (voir plus bas, chap. 4) mais bien pour sainte Thérèse qui y insiste en toute occasion. « Pour plaire à Dieu, pour recevoir de lui de grandes grâces, il faut, et telle est sa volonté, que ces grâces passent *par les mains* de cette humanité sacrée en laquelle il a déclaré lui-même prendre sa complaisance. »

son objet, mais jusqu'au *désir* de l'amour semblent se dérober au comble de l'élan : « Vide de toute convoitise, rien ne le pousse vers le haut, et rien ne l'attire vers le bas... » (*Maximes.*) Le troubadour Arnaut Daniel parlait aussi de cet « excès de désir » qui enlève « tout désir ». Mais cet état théopathique n'aboutit point chez Jean de la Croix à la condamnation des créatures. Maître Eckhart, que l'on tient cependant — à tort peut-être — pour platonicien, sait dire en termes magnifiques que l'âme pure est le lieu de rédemption des créatures dénaturées par le péché. « Toutes les créatures passent de leur vie à leur être. Toutes les créatures se portent dans ma raison afin d'être en moi raisonnables. Moi seul, je ramène toutes les créatures à Dieu. » C'est ce mouvement qui fait défaut, théoriquement, à toute mystique fondée sur l'Éros lumineux.

Mais il faut indiquer la dernière limite, qui est celle de l'*humilité*. Et là encore, la clé de l'opposition est dans le mystère de l'Incarnation.

Le Roman est baigné par l'atmosphère celtique de l'*orgueil* chevaleresque : c'est le désir de la prouesse qui est le moteur des hauts faits de Tristan. Comme tous les passionnés, il aime avec témérité la sensation de puissance qu'il éprouve dans le risque. D'où le désir final du risque pour lui-même, la passion de la passion sans terme, la volonté de la mort sans retour. L'on s'aperçoit, à cette limite, que la prouesse était le signe matériel d'un processus de *divinisation.* Les vrais mystiques, tout au contraire, sont la prudence même, la rigueur même, l'obéissance même dans la lucidité. Si « la mort m'est un gain », c'est que « Christ est ma vie », et Christ s'est incarné, c'est-à-dire abaissé. Ainsi le chrétien ne se jette pas dans l'illusion d'une mort d'amour transfigurante, mais au contraire accepte les limites de sa terrestre vocation. « Rien ne le pousse vers le haut, et rien ne l'attire vers le bas », disait saint Jean de la Croix, et cela *« parce qu'il se tient au centre de son humilité »*.

3. Transpositions curieuses, mais inévitables

Toute la poésie d'Occident procède de l'amour courtois et du roman breton qui en dérive. C'est à cette origine que notre poésie doit son vocabulaire pseudo-mystique ; et c'est dans ce vocabulaire que les amoureux d'aujourd'hui puisent encore, en toute conscience, leurs métaphores les plus courantes.

Mais de même que le mythe romanesque avait utilisé un « matériel » d'images, de noms et de situations tiré du fonds religieux des Celtes, donc d'une religion déjà morte, de même notre littérature et nos passions utilisent par abus, et sans le savoir, un langage dont la seule mystique définissait le sens valable.

Plus d'une fois, l'ambiguïté du mythe nous a fait hésiter en présence de tel épisode : s'agissait-il d'amour profane — selon la lettre du *Roman* — ou d'un symbole de l'Éros lumineux, voire de l'Église d'Amour ? On conçoit donc que, par la suite, le lecteur ignorant des mystères fut presque fatalement amené à transposer dans notre vie profane toutes ces allégories trop bien voilées. Il est facile d'imaginer le processus. Saint Augustin écrit cette prière : « Je te cherchais hors de moi, et je ne te trouvais pas, parce que tu étais en moi. » Il parle à Dieu, à l'amour éternel. Mais supposez qu'un troubadour ait exprimé la même prière en feignant de l'adresser à sa Dame. L'amant habitué aux métaphores mystiques, qu'il entend à leur sens profane, sera tenté de voir dans cette même phrase l'expression de la passion qu'il aime : celle qu'on goûte et savoure en soi, dans une sorte d'indifférence à son objet vivant et extérieur. Ainsi nous avons vu que Tristan aime Iseut non point dans sa réalité, mais en tant qu'elle éveille *en lui* la brûlure délicieuse du désir. L'amour-passion tend à se confondre avec l'exaltation d'un narcissisme...

Dans cette transposition objectivement mais non pas consciemment blasphématoire, et qui ne s'est accomplie qu'après le XIIe siècle, la conscience moderne a cru voir une *donnée première*. Elle a cru pouvoir « expliquer » le plus élevé par le plus bas, la mystique pure par la passion humaine. Elle a fondé cette « science » nouvelle sur l'observation du langage, et spécialement sur la similitude des métaphores utilisées dans les deux cas. Or d'où venaient ces métaphores ? D'une mystique, comme nous l'avons vu — mais déguisée, persécutée, puis oubliée. A tel point oubliée comme hérésie, et passée dans les mœurs comme poésie, que les mystiques chrétiens utiliseront ses métaphores devenues profanes comme si elles étaient toutes *naturelles*. Et nous ferons de même ensuite, et nos savants.

Notre « science » reste donc valable *à condition qu'on change le signe de chacune de ses propositions*. Par exemple, là où la science proclame que la mystique résulte d'une sublimation de l'instinct, il suffira de changer le sens de la relation constatée, et d'écrire que « l'instinct » en question résulte d'une profanation de la mystique primitive.

***

Cependant, la conscience moderne montre une si grande répugnance à opérer ce renversement, qu'il est bon d'entrer plus avant dans le mécanisme des transpositions, et même de reconnaître la valeur de certaines objections courantes. Car enfin, dira-t-on, la mystique, au moins dans une de ses tendances, ne s'est-elle pas prêtée à toutes les confusions ? N'a-t-elle pas abusé la première du langage de l'Éros païen ?

4. Les mystiques orthodoxes et le langage de la passion

Le fait central de toute vie religieuse de forme et de contenu chrétiens, c'est l'événement de l'Incarnation. Dès que l'on s'écarte un tant soit peu de ce foyer, l'on encourt le double péril de l'humanisme et de l'idéalisme.

L'hérésie des cathares consistait à idéaliser tout l'Évangile, et à regarder l'amour sous toutes ses formes comme un élan hors du monde créé. Cette fuite dans le divin — ou « enthousiasme » — cette transgression des limites de l'humain, finalement irréalisable, devait se traduire, et se trahir d'une manière fatale, par une exaltation en termes divins de l'amour sexuel.

A l'inverse, on peut observer chez les mystiques les plus « christocentriques » une propension à s'adresser à Dieu dans le langage des affections humaines : attrait sexuel, faim et soif, volonté. Exaltation en termes humains de l'amour de Dieu.

Ainsi se dessinent deux grands courants que nous retrouverons dans la mystique universelle. Ils seront d'ailleurs rarement purs dans telle ou telle œuvre donnée. Même chez les représentants les plus typiques de l'une et de l'autre tendance, ils coexistent presque toujours, ne fût-ce qu'à la manière dont la tentation coexiste avec la volonté d'obéissance chez le croyant. Historiquement parlant, il est donc malaisé de les isoler. Mais théologiquement, la chose est claire. Le premier courant est celui de la *mystique unitive* : il tend à la *fusion* totale de l'âme et de la divinité. Le second courant peut être appelé celui de la *mystique épithalamique* : il tend au *mariage* de l'âme et de Dieu, et suppose donc qu'une distinction d'essence est maintenue entre la créature et le Créateur.

Quelques exemples individuels — les seuls valables en ce domaine[1] — nous permettront de préciser tout cela sans excessives simplifications. Ils nous permettront d'entrevoir les raisons de ce curieux phénomène : *« l'abus » du langage amoureux en religion doit être rattaché, historiquement, au courant le plus orthodoxe.*

J'emprunterai mon premier exemple à l'ouvrage de Rudolf Otto intitulé *Mystique occidentale-orientale*[2]. L'auteur compare, puis oppose le fondateur de la mystique allemande au XIVe siècle, Maître Eckhart, et le mystique hindou Sankara. Ce qui est intéressant pour notre objet, c'est que Rudolf Otto distingue l'Orient de l'Occident en ramenant leurs mystiques respectives à l'Éros et à l'Agapè, d'une manière assez analogue à celle que nous proposions ci-dessus (voir II, 4).

Sankara refuse le monde et le condamne sans appel : le *nirvana* ne peut accueillir le *samsara* (qui est la vie diverse, infiniment mouvante). Au contraire, Eckhart verra Dieu présent dans toutes les créatures, en tant que, par l'âme du croyant, elles « passent de leur vie à leur être ».

La confrontation est rendue possible par le fait qu'il existe au Moyen Age une tradition mystique parallèle à celle de Sankara. « Mystique de l'ivresse sentimentale — écrit Otto — à la faveur de laquelle le Je et le Tu des êtres unis par une forte émotion coulent l'un dans l'autre, donnant naissance à une

1. Nulle part, en effet, les généralisations ne se révèlent plus décevantes que dans l'étude des mystiques. Comme l'a fort bien noté J. Baruzi (*Saint Jean de la Croix*, p. 613), si nous tentions de prendre une vue générale des diverses mystiques connues, « l'expérience mystique ne nous semblerait d'un type homogène que dans la mesure où elle serait banale, dans la mesure aussi où nous échouerions à la saisir ».

2. Gotha 1929. Seul le livre célèbre de R. Otto sur le *sacré* a paru jusqu'ici en traduction française.

unité d'être. Eckhart ne connaît ni cette ivresse ni cet amour " pathologique ". L'amour, pour lui, c'est la vertu chrétienne de l'*agapè*, forte comme la mort, mais non point ivre : intime, mais humble à l'extrême, et en même temps volontaire et active comme le kantien " amour pratique ". C'est par ce trait, tout particulièrement, que Eckhart se distingue d'une manière radicale de Plotin, dont on persiste à faire son maître. Plotin lui aussi prêche l'amour mystique, mais l'amour plotinien n'est nullement l'agapè chrétienne : c'est l'Éros grec, qui est jouissance, et jouissance d'une naturelle et surnaturelle Beauté... gardant jusqu'en ses plus subtiles sublimations quelque chose de l'Éros du Symposium platonicien, grand Daimon qui, de la ferveur de l'instinct de procréation, s'élève en se purifiant à la ferveur divine, mais n'en conserve pas moins les éléments de l'homme fervent. »

Pour Eckhart, la vraie voie mystique n'est pas celle qui, s'élevant d'un état de sentiment, mènerait à une union suprême, au sommet d'un élan d'amour :

« *L'amour n'unit point,* écrit-il. *Il unit bien à une œuvre, non à une essence*[1]. »

« L'union lui apparaît plutôt comme fournissant d'abord la possibilité d'une agapè authentique. Non seulement son agapè n'a pas le moindre trait commun avec l'Éros platonicien ou plotinien, mais encore elle figure la pureté même du sentiment chrétien dans sa chasteté et sa simplicité élémentaires, sans exaltation ni ajout d'aucune sorte. » Et de cette union résultent « la confiance, la foi, l'abandon, le service ».

Il s'agit donc plutôt, me semble-t-il, d'une commu-

1. *« Minne einiget nicht. Sie einiget wohl an einem Werke, nicht an einem Wesen. »*

nion que d'une union, puisque, comme l'écrit ailleurs Eckhart, l'âme reste l'âme, et Dieu reste Dieu[1]. L'acte d'amour spirituel est initial, et non final. Pour le chrétien, la mort à soi-même est le début d'une vie plus réelle ici-bas, non la catastrophe de ce monde. D'ailleurs Otto cite un passage d'Eckhart où il est question non plus d'union mais bien d'égalité de l'âme et de Dieu :

« *Et cette égalité de l'un dans l'un et avec l'un est source et origine du fleurissant resplendissant amour*[2]. »

« Ce n'est donc pas, conclut Otto, la plus haute joie mystique qui figure pour Eckhart l'expression authentique de l'union divine, mais bien l'*agapè*, dont ne parlent et que ne connaissent ni Plotin ni Sankara. »

Voici donc, semble-t-il, deux *pôles* de la mystique universelle très nettement caractérisés. L'Orient (c'est-à-dire Sankara, Platon, Plotin) et l'Occident (ici figuré par Eckhart) s'opposeraient dans les termes mêmes par lesquels nous avons tenté de distinguer la mystique des cathares et la doctrine chrétienne de l'amour.

***

Mais Eckhart ne fut pas en odeur de sainteté. Le pape Jean XXII condamna même ses thèses les plus

1. Fin du sermon *Nisi granum frumenti...* « L'âme échappe à sa nature, à son être et à sa vie, et naît dans la Divinité. C'est là qu'est son devenir. Elle devient si totalement un seul être qu'il ne reste pas d'autre distinction que celle-ci : Lui demeure Dieu et elle demeure âme. » (Trad. Mayrisch Saint-Hubert.) Il faut bien dire que l'on se heurte, dans tous les écrits d'Eckhart, à une équivoque sur le sens qu'il attribue à l'union (Einung). Toutefois un tel passage inclinerait à croire, avec Otto, qu'il ne s'agit nullement d'une fusion essentielle.

2. *Und diese Gleichheit aus dem Einen in das Eine mit dem Einem ist Quell und Ursprung der ausblühenden glühenden Liebe.*

hardies dans une bulle de 1329. L'une des thèses condamnées, la dixième, est ainsi reproduite dans la bulle :

« Nous nous métamorphosons totalement en Dieu et nous nous convertissons en lui de la même manière que le pain dans le sacrement se change en corps du Christ : je suis ainsi changé en lui parce que lui-même me fait être sien. Unité et non similitude. Par le Dieu vivant, il est vrai qu'il n'y a plus là aucune distinction. »

Cette thèse, extraite des œuvres d'Eckhart, paraît contredire formellement l'interprétation précédente. Elle rejette Maître Eckhart du côté de « l'Orient », c'est-à-dire du côté d'une mystique *essentiellement* unitive, et par cela même hérétique...

Ce qui est certain, c'est que Maître Eckhart est le dialecticien par excellence, et qu'il est trop facile d'extraire de ses œuvres les vérités les plus contradictoires. Chez lui, a-t-on pu dire, « négation et affirmation forment à elles deux la vérité. L'une n'est pas vraie sans l'autre, et ne se peut concevoir que par rapport à l'autre. Affirmation et négation sont inséparables, n'étant que les deux aspects d'une même vérité [1] ».

Il n'en est pas moins significatif de constater que Eckhart souleva dans la mystique flamande une opposition très violente, et sur les chefs précis dont Otto le montre adversaire : savoir l'union essentielle et l'abandon des œuvres. On est toujours à l'Orient de quelqu'un ! C'est ainsi que Maître Eckhart figura l'hérésie que j'appelle « orientale » aux yeux de Ruysbroek l'Admirable.

1. B. Groethuysen, dans *Hermès*, juillet 1937.

⁂

Ruysbroek se montre impitoyable contre celui qui fut son maître. Dans son *Livre des douze béguines,* il dénonce « ces faux prophètes » — Eckhart et ses disciples — qui « s'imaginent qu'ils sont Dieu par nature ». « Quant à ces gens qui ne veulent pas seulement être les égaux de Dieu, mais Dieu lui-même, ils sont plus méchants et plus maudits que Lucifer et ses séides. » Et encore : « Ils ne veulent ni savoir, ni connaître, ni vouloir, ni aimer, ni remercier, ni louer, ni désirer, ni posséder... Voilà ce qu'ils appellent la parfaite pauvreté d'esprit... Mais ceux qui sont nés du Saint-Esprit et chantent ses louanges, pratiquent toutes les vertus. Ils connaissent et ils aiment ; ils cherchent ; ils trouvent... » Bref, ils agissent.

On le voit : Ruysbroek accuse Eckhart de quiétisme. Il revendique contre lui un certain activisme de l'amour. C'est qu'il ne croit nullement que toute distinction entre l'âme et Dieu puisse être abolie : l'âme ne peut se faire divine, mais seulement semblable à Dieu. Elle contemple Dieu dans le *miroir* d'un esprit entièrement purifié. « Nous contemplons ce que nous sommes et sommes ce que nous contemplons ; car notre essence, sans rien perdre de sa propre personnalité, est unie à la vérité divine qui respecte la distinction. » Et ailleurs : « L'abîme qui nous sépare de Dieu est perçu de nous au lieu le plus secret de nous-mêmes. Il est la distance essentielle... »

⁂

Or voici le point qu'il importait de mettre en lumière.

Si l'âme peut s'unir essentiellement à Dieu, l'amour de l'âme pour Dieu est un amour heureux. On peut prévoir qu'il ne sera pas porté à s'exprimer en termes de passion. Et c'est bien ce que l'Histoire démontre. « Chez les mystiques eckhartiens — écrit l'abbé Paquier[1] — je ne sais si l'on rencontre jamais le langage de l'amour humain. »

A l'inverse, si l'âme ne peut s'unir essentiellement à Dieu, comme le soutient l'orthodoxie chrétienne, il en résulte que l'amour de l'âme pour Dieu est, dans ce sens précis, un *amour réciproque malheureux.* On peut alors prévoir que cet amour s'exprimera dans le langage passionnel, c'est-à-dire dans le langage de l'hérésie cathare « profanisé » par la littérature et adopté par les passions humaines. Car c'est sa rhétorique qui se trouve être la plus apte à traduire et à communiquer l'essence tout ineffable du sentiment que l'on vit.

Là encore, les textes confirment l'exactitude de notre schéma. C'est bien avec Ruysbroek et sa doctrine de la distinction essentielle qu'apparaît, dans la mystique du Nord, le langage « épithalamique ».

« Voici donc venu l'irrésistible désir. S'efforcer continuellement de saisir l'insaisissable... Et l'objet du désir ne peut être ni abandonné ni saisi[2]. L'abandonner est chose intolérable, et il est impossible de le conserver. Le silence même n'a pas assez de force pour l'étreindre de ses mains. »

Et toutes les métaphores de l'amour-passion se déversent dans la prose enflammée de Ruysbroek : immersion dans l'amour, défaillements, embrassements, ouragans de l'impatience, brûlure d'amour qui dévore nuit et jour, orgie d'amour, délices ruisse-

1. Cité par Baruzi, *Saint Jean de la Croix*, p. 642. L'absence du langage « épithalamique » pourrait-elle être proposée comme un critère lorsqu'il s'agit de savoir si tel mystique croyait ou non à l'union essentielle ? Dans ce cas, la remarque de l'abbé Paquier servirait d'argument contre la thèse d'Otto, et nous induirait à ranger Maître Eckhart parmi les hérétiques.

2. Un troubadour : « Amour ne me quitte ni bien ne peut m'avoir. »

lantes, ivresses, meurtrissures... « Il m'a bu l'esprit et le cœur », fait dire Ruysbroek à l'une de ses béguines parlant du Christ. « Je me suis perdue dans sa bouche », dit une autre. Et une troisième : « Boire les regards de l'amour et s'y engloutir enivrée... »

Je me suis arrêté à l'exemple de Ruysbroek pour la commodité de l'exposé : le fait historique que Maître Eckhart et son disciple se soient opposés sur le point précis de l'union divine, rendait possible une confrontation.

Mais la lecture des mystiques franciscains, dès le XIIIe siècle, nous eût fourni un autre exemple non moins frappant de l'usage des thèmes courtois.

On sait que saint François d'Assise avait appris le français dans sa jeunesse et qu'il faisait ses délices de nos romans de chevalerie. Il rêvait de devenir le « meilleur chevalier du monde » ou, selon ses propres paroles, « un grand baron adoré du monde entier[1] ». Et l'on sait d'autre part de quelle manière il inaugura son ministère : sur la grande place d'Assise, en présence de l'évêque et d'une foule immense, il se dépouilla de tous ses vêtements et se dressant tout nu devant son père richement habillé, déclara que désormais Dieu seul serait son Père. « L'évêque lui jeta sur les épaules son propre manteau, et François s'enfuit dans la campagne, chantant à pleine voix des vers français... Le parfait dénuement avait fait de son corps l'humble serviteur de son âme ; plus d'obstacles à ses élans vers le Souverain Bien !... Se souvenant des romans français, François fit de la Pauvreté sa " Dame ", et s'honora d'être son " chevalier "[2]. »

Cette forme de « dénuement », physique mais sym-

1. Th. Labande-Jeanroy, *les Mystiques italiens* (introduction à une anthologie).
2. *Ibid.*, et P. Sabatier, *Vie de saint François d'Assise.*

bolique, est encore pratiquée de nos jours par la secte des Doukhobors (« combattants spirituels ») dont les croyances sont liées à celles des cathares et gnostiques. En 1929, les Doukhobors réfugiés au Canada, voulant protester contre l'obligation de faire élever leurs enfants à l'école d'État, « parcoururent les campagnes complètement dévêtus et chantant des hymnes religieux[1] ». On les accusa naturellement d'exhibitionnisme et de communisme sexuel.

Au XIIIe siècle, on était moins obtus. La chevalerie errante des Franciscains se répandit en Italie comme les troubadours s'étaient répandus dans le midi de la France : par les routes, sur les places, de village en château. Les poèmes de Jacopone da Todi, « jongleur de Dieu », les laudes de ses imitateurs, les lettres de sainte Catherine de Sienne, le *Livre de la bienheureuse Angèle de Foligno,* et tant de récits des *Fioretti*[2], attestent que la rhétorique des troubadours et des romans courtois sont les sources directes du lyrisme franciscain, lequel à son tour devait influencer si profondément le langage mystique des siècles suivants.

Souviens-toi, ô créature, que ta nature est celle des anges. Si plus longtemps tu demeures en cette boue, tu devras rester toujours dans les ténèbres,

lit-on dans une des *laudes* attribuée à Jacopone da Todi ou à son entourage, et cet « angélisme » rappelle d'une manière précise celui des cathares. D'au-

1. B. de Ligt, *la Paix créatrice*, II, p. 415.

2. Saint François nommait le frère Gilles « un paladin de sa Table ronde » et les *miracles* du saint — comme la conversion du loup de Gubbio — se produisent dans les mêmes circonstances que les *prouesses* des chevaliers errants. Ils sont d'ailleurs rapportés par les auteurs des *Fioretti* sous une forme narrative consacrée, qui devait évidemment souligner le parallélisme avec la chevalerie, aux yeux des lecteurs du XIIIe siècle.

tres laudes, pour être plus évidemment catholiques d'inspiration, n'en sont que plus « érotiques » ou « courtoises » de langage :

Mon cœur se fond comme la glace au feu lorsque étroitement j'embrasse mon Seigneur, criant : l'amour de l'Amour me consume, je m'unis à l'amour, enivré d'amour. Dans les flammes, je brûle et je languis, en criant ; en vivant, je meurs, et en mourant, je vis. Pourtant, je n'aime pas, mais j'ai soif d'aimer, et j'ai faim de m'unir à l'Amour[1].

5. La rhétorique courtoise chez les mystiques espagnols

Si maintenant nous parcourons les *textes* des grands mystiques espagnols, sainte Thérèse et saint Jean de la Croix au XVIe siècle, nous y retrouvons, jusque dans ses nuances les plus précieuses, la rhétorique entière de l'amour courtois.

A défaut d'une anthologie qui tiendrait décidément trop de place[2], bornons-nous à énumérer les principaux thèmes communs aux troubadours et aux mystiques orthodoxes :

« Mourir de ne pas mourir[3]. »
La « brûlure suave ».
Le « dard d'amour » qui blesse sans tuer.
Le « salut » de l'amour.
La passion qui « isole » du monde et des êtres.
La passion qui décolore tout autre amour.

1. *Ciascun amante*, danse de l'amour mystique. Voir aussi l'Appendice 9.
2. On en trouvera d'ailleurs quelques éléments aux chapitres 7 du livre II et 3-4 du livre IV.
3. Ce cri célèbre de sainte Thérèse fait écho à celui de la franciscaine Angèle de Foligno : « Je meurs du désir de mourir. »

Se plaindre d'un mal que l'on préfère cependant à toute joie et à tout bien terrestre.

Déplorer que les mots trahissent le sentiment « ineffable » et qu'il faut pourtant dire.

L'amour qui purifie et chasse toute pensée vile.

Le vouloir de l'amour se substituant au vouloir propre.

Le « combat » d'amour, dont il faut sortir vaincu.

Le symbolisme des « châteaux », havres de l'amour.

Le symbolisme du « miroir », amour imparfait renvoyant à l'amour parfait.

Le « cœur volé », l'« entendement ravi », le « rapt » d'amour.

L'amour considéré comme « connaissance » suprême (*canoscenza* en provençal).

Sur quoi le psychologue matérialiste (cela va de Voltaire à Freud) conclut avec une bizarre assurance, et sur la foi du seul langage, que tout cela relève d'une déviation sexuelle. Et l'on sait que les conclusions des savants du XIXe siècle sont devenues nos préjugés courants. Mais sans compter que le jugement matérialiste sur les mystiques est plus révélateur de l'obsession de ceux qui le portent que de l'objet sur lequel on le porte, il repose sur une double erreur historique et psychologique. Car :

1° le langage de la passion — tel qu'on le retrouve chez les mystiques — n'est pas, à l'origine, celui des sens et de la nature, mais il est au contraire la rhétorique d'une *ascèse* étroitement liée à l'hérésie méridionale du XIIe siècle ;

2° des génies comme saint Jean de la Croix et sainte Thérèse étaient mieux avertis que quiconque des dangers de la « luxure spirituelle ». (C'est l'expression de saint Jean de la Croix.) Or tous les deux en parlent avec une liberté *telle* que l'on ne voit plus ce que pourrait signifier, dans leur cas, le soupçon habituel de « refoulement ».

***

Reprenons ces deux arguments.

Et tout d'abord, soulignons bien que le langage des mystiques ne saurait être confondu avec la nature profonde de l'expérience qu'ils ont vécue. J. Baruzi écrit de sainte Thérèse : « On a démêlé les sources de nombre de ses images... Mais trouverait-on aussi sûrement les origines de ce langage psychologique où se traduit sans doute, le plus purement, sa nature[1] ? » Tous les mystiques, et sainte Thérèse la première, se plaignent de n'avoir pas de mots nouveaux (*nuevas palabras*) pour louer les œuvres de Dieu telles qu'ils les vivent dans leur âme. Et leurs silences furent plus *réels* que leurs paroles. Il ne s'agit donc, ici, que de tenir compte des *éléments hérités* de leur langage littéraire.

Or s'il faut se borner à un exemple qui est à la fois le plus fameux, le mieux connu, et celui qui a le plus égaré nos savants, le fait est que sainte Thérèse utilise constamment, et même raffine la rhétorique courtoise.

S'agit-il d'influences littéraires ? Ou de courants hérétiques souterrains ? Ou d'une recréation autonome, qui pourrait s'expliquer en partie sur la base des remarques que nous faisions au précédent chapitre ? « Comment savoir, écrit J. Baruzi, si certaines images que Jean de la Croix emprunte au *Cantique des cantiques* sont extraites uniquement du poème biblique, ou ne sont pas en même temps des images retrouvées, vérifiées pour ainsi dire, traduisant une joie recomposée[2] ? »

1. J. Baruzi, *Introduction à des recherches sur le langage mystique* (*Recherches philosophiques*, I, 19.)
2. *Saint Jean de la Croix et l'expérience mystique*, p. 343.

Je ne pense pas que personne, de nos jours, soit en mesure de trancher toutes ces questions. Les spécialistes les mieux informés hésitent encore lorsqu'il s'agit d'attribuer à tel mystique fort bien connu, et orthodoxe par-dessus le marché (Ruysbroek ou sainte Thérèse par exemple) l'origine de termes précis dont Jean de la Croix fait usage. Nous pouvons cependant, pour sainte Thérèse, retrouver quelques sources certaines.

« On a souvent signalé le goût des mystiques pour la littérature chevaleresque. Sainte Thérèse raffolait dans sa jeunesse des romans de chevalerie (voir sa *Vie* par elle-même, chap. II) ; elle eut même, paraît-il, l'idée d'en composer un en collaboration avec son frère Rodrigue[1]. » Nous savons d'autre part que les auteurs religieux dont elle faisait sa nourriture intellectuelle étaient tous fortement imbus de rhétorique courtoise et chevaleresque. La question a d'ailleurs été traitée, par un auteur qui offre toutes les garanties de sérieux et d'information[2], et en des termes qui me paraissent trop significatifs pour que j'hésite à les reproduire :

« Si l'on se borne à la conception de l'amour dans les romans de chevalerie et dans les traités spirituels du XVIe siècle, on observe d'intéressantes analogies de fond et de forme.

a) Le noble langage d'*Amadis*, ses métaphores érotiques, ses subtiles préciosités se retrouvent chez Francisco de Ossuna, Bernardino de Laredo et Malou de Chaide [maître de sainte Thérèse], aussi bien que dans *les Exclamations* et *le Château intérieur*.

b) En Espagne, les auteurs de romans de chevalerie

1. Maxime de Montmorand, *Psychologie des mystiques catholiques orthodoxes*.

2. Gaston Etchegoyen, *l'Amour divin, essai sur les sources de sainte Thérèse*, IVe partie : « l'Expression de l'amour divin ».

comme ceux des traités mystiques se caractérisent par le même réalisme quand ils sacrifient le sentiment du merveilleux à celui d'une intimité plus familière et plus émouvante, comme ils tendent à mettre l'humain et le divin sur le même plan, *soit en contemplant le divin avec des yeux profanes, soit en considérant l'humain sous une interprétation divine.* [C'est moi qui souligne.]

c) Surtout l'amour courtois et l'amour divin s'exaltent l'un et l'autre dans la même conception héroïque de l'obligation morale, de l'action et de la foi. La devise d'Amadis de Gaule et celle de sainte Thérèse pourraient être également " aimer pour agir ". [Ici, je ferai quelques réserves : l'amour courtois, dans sa pureté première, aime pour souffrir, pour " pâtir "...]

d) Ce n'est pas dans les pauvres extravagances des romans de chevalerie mystique (la *Gallarda Espirituel, El Divino Escarraman*) qu'il faut chercher la synthèse de l'amour divin et de l'amour courtois, mais chez les troubadours provençaux du XIIe siècle. Les plus féconds éléments de leur doctrine, de leur symbolisme et de leur terminologie passent dans la mystique du XIIIe siècle par l'intermédiaire de saint François d'Assise.

En se limitant à l'évolution de sainte Thérèse, on constate que les romans de chevalerie ont eu sur elle une influence psychologique, et une influence littéraire qui apparaît surtout dans le symbolisme guerrier du combat spirituel et du Château intérieur. »

Extraordinaire retour et assomption de l'hérésie, par le détour d'une rhétorique qu'elle a créée contre l'Église, et que l'Église lui reprend par ses saints ! Résumons les étapes de l'aventure : l'hérésie des « parfaits » descend de l'Éros à Vénus, elle va jusqu'à confondre avec la poésie d'un amour qui serait tout profane ; les confusions qu'elle entretient de la sorte flattent trop bien les désirs naturels ; peu à peu, l'hérésie disparaît aux yeux des mondains abusés par le charme trompeur de l'art : ils n'en gardent que la poésie ; et voici que cent ans et trois cents ans plus tard, ce vêtement dont on a oublié qu'il cachait autre chose que la nature — c'est la mystique chrétienne qui vient le reprendre pour en revêtir l'Agapè !

⁂

Quant à la psychologie dont relèverait cette préférence pour le langage passionnel, elle a été interprétée généralement selon la superstition matérialiste [1]. On a « ramené » tout ce qu'on pouvait — et un peu plus — à l'instinct sexuel « dévoyé ». Le XIXe siècle, dans l'ensemble, n'est jamais plus heureux que lorsqu'il peut « ramener » le supérieur à l'inférieur, le spirituel au matériel, le significatif à l'insignifiant. Et c'est ce qu'il appelle « expliquer ». Que ce soit, la plupart du temps, au prix des pires dénis du sens critique, je n'ai pas à le montrer ici dans le détail : j'ai dit ailleurs [2] qu'à mon avis, cette propension moderne est le signe d'un *ressentiment* profond à l'endroit de la poésie, et en général, de toute activité créatrice — donc risquée — de l'esprit.

Mais il convient de préciser encore : que pour les hommes du XVIe siècle, le langage érotique était plus innocent qu'à nos yeux. C'est nous qui sommes des névrosés, héritiers du « puritanisme » embourgeoisé d'un XIXe siècle incroyant. Saint Jean de la Croix, qui décrivit en une page remarquable de pénétration

1. Travaux de Max Nordau, Krafft-Ebing, Murisier, Leuba, Freud, pour s'en tenir aux plus célèbres.
2. Dans *Penser avec les mains*, IIe partie.

psychologique les mouvements de la chair attirée par l'élan mystique en ses débuts (*Nuit obscure*, I, v. 3), ne s'exagère pas plus qu'il ne se la dissimule la gravité relative de pareils accidents. Réciter ici les formules « sublimation » et « refoulement », c'est simplement refuser de savoir de quoi l'on parle. Où est le refoulement, où est la censure, lorsque Thérèse écrit à un religieux qui se plaint de ressentir une émotion des sens chaque fois qu'il entre en oraison : « Je trouve que cela est indifférent à l'oraison, et que le mieux est de n'y faire aucune attention. » De même, à l'un de ses frères qui ne pouvait communier sans éprouver l'émoi sexuel, et à qui l'on avait ordonné en conséquence, de ne plus communier qu'une fois l'an, saint Jean de la Croix conseille de ne pas s'inquiéter, de recevoir le sacrement chaque semaine, quoi qu'il advienne — et le frère se trouve guéri, parce qu'il cesse de craindre à l'excès. S'il faut parler encore de psychanalyse, reconnaissons que Jean de la Croix joue ici le rôle du médecin, et non du névrosé.

« Il vous semblera peut-être, écrit sainte Thérèse, que certaines choses qui se rencontrent dans le *Cantique des cantiques* auraient pu s'exprimer d'une autre manière. Vu notre grossièreté, je ne serais pas surprise que cela nous vînt à l'esprit. J'ai même entendu dire à certaines personnes qu'elles évitaient de les entendre. O Dieu ! que notre misère est grande ! Il nous arrive comme à ces animaux venimeux qui changent en poison tout ce qu'ils mangent... »

*
**

De la comparaison formelle des *écrits* d'un Eckhart avec ceux d'un Ruysbroek, d'une Thérèse et d'un Jean de la Croix, nous pouvons maintenant tirer cette conclusion : la nature des métaphores empruntées au langage courant par les mystiques n'est pas sans d'étroites relations avec leur doctrine de l'union ou leur foi dans l'Incarnation.

Ruysbroek, Thérèse et Jean de la Croix sont très nettement « christocentriques ». Tout chez eux part du drame de la séparation instituée par le péché entre l'homme et son Créateur ; tout aboutit à des instants de communion active dans la Grâce, et c'est cela qu'ils appellent « mariage » — cette communion de l'âme élue et du Christ époux de l'Église. Mais la voie de l'homme *séparé,* c'est la passion — et la passion est partout dans leurs œuvres, tandis qu'elle est absente de celles d'Eckhart.

Voilà pourquoi ce fut la mystique orthodoxe — la moins suspecte de troubles complaisances ! — qui se vit portée *par l'objet même de sa foi* à user, et parfois à abuser, du langage de l'amour-passion. Usage et abus dont la psychologie moderne devait nécessairement tirer des conclusions conformes à *son* bon sens, mais qui me paraissent controuvées par l'Histoire.

6. Note sur la métaphore

Pourtant tout n'est pas expliqué par ces considérations historiques. Car on peut reculer encore la question, et dire : le langage passionnel vient d'une littérature courtoise née dans l'ambiance d'une certaine hérésie ; mais cette hérésie, à son tour, ne se ramène-t-elle pas à des dispositions physiologiques sublimées ? Rien ne permet de l'affirmer *historiquement.* En théorie cependant l'objection reste possible, et même inévitable. On connaît le casse-tête philosophique : qui a commencé, la poule ou l'œuf ? La même question se repose, non moins insoluble, quand il s'agit de savoir, en fin de compte, si c'est l'« esprit » ou la « matière » qui sont la *cause* des phénomènes où tous les deux sont impliqués.

Par exemple, dans le cas du langage mystique : sommes-nous en présence d'une matérialisation du spirituel — et celui-ci serait alors la cause première — ou au contraire d'une sublimation de phénomènes physiologiques, lesquels seraient à la base de ce qui se trouve exprimé ? Quelle que soit la réponse qu'on donnera, une chose demeure certaine : c'est que nous sommes en présence de deux facteurs qui n'existent jamais l'un sans l'autre. On pourrait fort bien s'en tenir à cette constatation empirique. Mais en fait, personne ne s'y tient.

La conscience moderne, par exemple, victime des réflexes que lui a donnés la science matérialiste, tranche toujours le débat au bénéfice de ce qui est le plus bas.

Prenons le cas des métaphores : on dit d'un goût qu'il est *amer* mais on dira aussi d'une douleur qu'elle est *amère*. Comment cela peut-il s'expliquer ? Tout le monde répond, sans hésiter, que lorsqu'on parle d'une douleur amère, on s'exprime par métaphore, au figuré. Le sens *propre* du mot « amer » serait alors celui qui concerne la sensation physique, tenue pour primitive.

Il se peut. Mais d'où le sait-on ?

Les personnes qui croient cela, le croient-elles pour des *raisons* qu'elles seraient capables de donner ? Ont-elles donc recherché si, chronologiquement, le sens « matériel » d'un mot précède toujours le « spirituel », qui ne serait qu'une transposition, un à-peu-près, une erreur tolérée ? En vérité, personne ne se livre à ces recherches : on affirme sur la foi d'un préjugé que l'on baptise bon sens ou évidence. Ce préjugé consiste à croire que le physique est *plus vrai* et plus *réel* que le spirituel ; qu'il est donc *à la base* de tout ; que c'est par lui que tout *s'explique*.

Le mécanisme de ce préjugé a été défini et critiqué par le Dr Minkowski[1] et Arnaud Dandieu d'une manière pertinente et nuancée. Selon ces deux auteurs, le sens dit « propre » et le sens dit « figuré » ne sauraient être « ramenés » l'un à l'autre, car tous les deux traduisent « proprement » dans des domaines différents, une réalité indivisible, plus profonde, antérieure à ses aspects sensoriels ou spirituels. Sinon comment expliquerait-on que le même mot puisse servir à désigner des phénomènes aussi divers ? En vérité, il n'y a pas moins d'amertume dans la douleur que dans le goût du sel, mais ce que nous désignons dans l'une et l'autre par le même mot, c'est une même manière d'être affecté, soit par les sens, soit par la pensée, dans la totalité de notre existence.

Ainsi de nos métaphores amoureuses. Le moderne n'hésite pas à tenir ce raisonnement : « *Amour* désigne pour moi l'attrait sexuel — or sainte Thérèse parle sans cesse d'*amour* — donc cette mystique est une érotomane qui s'ignore. » Mais nous avons vu que sainte Thérèse n'ignore rien, et qu'au contraire les amants « passionnés » sont sans doute des mystiques qui s'ignorent... Ainsi les arguments s'annulent. Nous ne savons rien des origines premières. Ce que nous avons pu dégager, c'est uniquement le jeu des deux facteurs dans l'évolution historique. Résumons-le encore une fois, pour plus de clarté.

Notre langage passionnel nous vient de la rhétorique des troubadours. Rhétorique ambiguë par excellence : une dogmatique manichéenne y compose des symboles d'attrait sexuel. Mais peu à peu, cette rhétorique se détachant de la religion qui l'a créée, passe dans les mœurs, et devient langage

1. Dr E. Minkowski, *Vers une cosmologie*, chapitre sur la métaphore.

commun. Maintenant, quand un mystique veut exprimer ses expériences ineffables, il est contraint de se servir de métaphores. Il les prend où il les trouve et telles qu'elles sont, quitte à les modifier par la suite. Or à partir du XIIe siècle, les métaphores courantes sont celles de la rhétorique courtoise. Que les mystiques s'en emparent sans hésiter ne signifie donc pas du tout qu'ils « subliment » des passions sensuelles, mais simplement que l'expression habituelle de ces passions, créée d'ailleurs par une mystique, convient à l'expression de l'amour spirituel qu'ils vivent. Et elle convient même d'autant mieux à l'expression des rapports « malheureux » entretenus par l'âme et son Dieu, qu'elle s'est plus complètement humanisée, c'est-à-dire détachée de l'hérésie. Car l'hérésie posait l'union possible de Dieu et de l'âme, ce qui entraînait le bonheur divin et le malheur de tout amour humain ; tandis que l'orthodoxie pose que l'union est impossible, ce qui entraîne le malheur divin et rend l'amour humain possible en ses limites. D'où il résulte que le langage de la passion humaine selon l'hérésie correspond au langage de la passion divine selon l'orthodoxie.

On se trouve donc en présence d'une continuelle interaction. Et seule une décision tout arbitraire isolerait tel ou tel moment de cette dialectique permanente pour en faire *la* donnée première.

7. Libération finale des mystiques

Cette décision tout arbitraire, il est temps de la prendre ici, et de la prendre en faveur de l'esprit, c'est-à-dire de sa primauté. Qu'elle soit arbitraire en fin de compte, ou ce qui revient au même, avant tout compte, n'exclut pas qu'on l'appuie de raisons. J'en marquerai trois.

1° Le langage passionnel me paraît s'expliquer à partir de l'esprit, en ceci qu'il exprime non pas le triomphe de la nature sur l'esprit — comme le font croire des expressions courantes telles que « aveuglé par la passion », « fou d'amour » — mais l'excès de l'esprit sur l'instinct.

« L'amour existe lorsque le désir est si grand qu'il dépasse les limites de l'amour naturel »,

disait le troubadour Guido Cavalcanti, au XIIIe siècle. Or le fait de dépasser les limites de l'instinct, définit l'homme en tant qu'esprit. C'est ce fait seul qui nous permet de parler.

Qu'est-ce que le langage en effet? Le pouvoir de mentir *autant* que le pouvoir d'exprimer ce qui est. Un animal est incapable de mentir, de dire ce que l'instinct ne fait pas, d'aller au-delà du nécessaire et au-delà de la satisfaction. La passion, l'amour de l'amour, c'est au contraire l'élan qui va au-delà de l'instinct et qui, par là, *ment* à l'instinct. Le responsable d'un tel mensonge ne saurait être que « l'esprit ». (On sent ici à quelle profondeur l'amour-passion, l'expression et le mensonge se trouvent liés. Et n'est-elle pas typique de toute passion, cette volonté de s'exprimer, de se décrire comme pour mieux jouir de soi-même? Mais aussi cette conviction que les autres ne comprendront pas, et que s'ils questionnent ou accusent, on ne peut alors que mentir pour sauver l'essence même de la passion!)

2° Si Jean de la Croix, et même Ruysbroek, et saint François, sont évidemment postérieurs à la naissance de l'amour-passion, il n'en reste pas moins que celui-ci est postérieur à la mystique pseudo-chrétienne des cathares.

3° C'est sans doute à tort qu'à la proposition :

« Tout érotomane est un mystique qui s'ignore », on a cru pouvoir répondre : « Ou l'inverse. » Il se peut que les épigones des grands mystiques[1] nous apparaissent parfois comme des érotomanes qui s'ignorent. Mais il est certain que l'érotomanie est une forme d'intoxication, et tout nous prouve que les Eckhart, Ruysbroek, Thérèse, Jean de la Croix, sont exactement le contraire de ce qu'on nomme des intoxiqués.

L'intoxiqué est la victime non de sa passion, mais de l'agent matériel qu'elle utilise pour s'exalter. Si l'origine de cette passion est un désir, conscient ou non, d'échapper à la condition terrestre insupportable, et si l'on est en droit d'y voir le rudiment d'un appel mystique, il n'en reste pas moins que l'intoxiqué est avant tout l'esclave de sa drogue. Psychologiquement, c'est un être déchu, dont les sens s'émoussent, dont la lucidité s'affaiblit, et qui finit dans l'idiotie. Les grands mystiques, tout au contraire, insistent sur la nécessité de dépasser l'état de transe, d'accéder à une lucidité toujours plus pure et audacieuse, de vérifier même les plus hautes grâces par leurs répercussions *dans la vie quotidienne.* Sainte Thérèse ne tenait pour bonnes que les visions qui la poussaient à mieux agir, à mieux aimer. Surtout, les grands mystiques s'accordent à voir le terme de leur ascension dans la liberté souveraine de l'âme. Saint Jean de la Croix et Maître Eckhart disent en termes différents la même chose : il faut que le mystique arrive « à se passer du don », à ne plus le désirer pour lui-même. Dans le mariage spirituel, dit Jean de la Croix, l'âme parvient à aimer Dieu sans plus *sentir* son amour. C'est un état d'indif-

1. Surtout les épigones féminins : une Marguerite-Marie Alacoque au XVIIe siècle en fournit le plus inquiétant exemple (sa description du lit nuptial et de ce qui s'y passe !).

férence parfaite, croirait-on ; en vérité, c'est le point de perfection d'un équilibre durement conquis, d'une connaissance immédiatement active.

Au-delà des transes et au-delà de l'ascèse, l'aventure mystique culmine dans un état d'extrême « désintoxication » de l'âme. Dans la plus rigoureuse possession de soi-même. Et c'est alors que le *mariage* devient possible, qui signifie non plus jouissance de l'Éros, mais fécondité de l'Agapè.

Ainsi la mystique orthodoxe apparaît-elle enfin comme la voie purgative par excellence, la meilleure discipline qui nous permette de transcender l'amour-passion jusque dans ses formes sublimées. Le cycle de l'ascèse chrétienne ramène l'âme à l'obéissance *heureuse*, c'est-à-dire à l'acceptation des limites de la créature, mais dans un esprit renouvelé, dans une liberté reconquise.

8. Crépuscule de l'amour-passion

C'est le dogme de l'Incarnation qui distingue radicalement la mystique orthodoxe de l'hérétique. C'est lui qui donne un sens tout différent au mot *amour* dans les deux cas.

Les hérétiques cathares opposent la Nuit au Jour comme le fait l'Évangile de Jean. Mais la Parole du Jour, pour eux, n'a pas revêtu la forme de la Nuit : elle n'a pas « été faite chair ». Ils ne veulent pas que le Jour parfait se communique à nous au travers de la vie. (Ils ne croient pas l'humanité du Christ.) Ils veulent aller tout droit à l'Amour par l'amour, et de la Nuit au Jour sans nul intermédiaire. Sombrant alors, comme Icare est tombé. (Celui qui veut aller à Dieu sans passer par le Christ qui est « le chemin », celui-là va au Diable, disait énergiquement Luther.) Ils pressentent que la Nuit est un mystère du Jour, dont le Jour seul détient le secret dernier[1]. Mais ils ignorent que la Nuit, c'est la Colère de Dieu — répondant à notre révolte — et non pas l'œuvre d'un obscur démiurge. (Telle est du moins la doctrine de la Bible.) Refusant que le Jour les enseigne dans cette vie et par le moyen de la « matière », méconnaissant une Agapè qui sanctifie la créature, ignorant donc la vraie nature de ce qu'ils tiennent pour le péché, ils courent le risque de s'y perdre sans retour au moment même qu'ils croient lui échapper.

Et de là vient que la confusion était fatale entre l'Éros divinisant et l'Éros prisonnier de l'instinct. De là vient que la passion « enthousiaste », la *joy d'amor* des troubadours, devait fatalement aboutir à la passion humaine malheureuse. Cet amour impossible laissait au cœur des hommes une brûlure inoubliable, une ardeur vraiment dévorante, une soif que la mort seule pouvait éteindre : ce fut la « torture d'amour » qu'ils se mirent à aimer pour elle-même.

La passion des « parfaits » voulait la mort divinisante. La soif qu'elle laisse au cœur des hommes sans foi, mais bouleversés par sa brûlante poésie, ne cherchera plus dans la mort que la suprême sensation.

Et de même, l'amour de la Dame, dès qu'il cessera d'être un symbole de l'union avec le Jour incréé, deviendra le symbole de l'impossible union avec la femme ; gardant de ses origines mystiques on ne sait quoi de divin, de faussement transcendant — une illusion de gloire libératrice dont la douleur serait encore le signe ! Ainsi s'opère le renversement tragique : se dépasser jusqu'à s'unir au transcendant, quand le but n'est plus la Lumière, et quand on ignore le « chemin », c'est se précipiter dans la Nuit.

1. Karl Jaspers a magnifiquement exprimé cette assomption finale de la Nuit par le Jour dans sa *Philosophie*. (*Cf.* trad. française par H. Corbin dans *Hermès*, I, 1938.)

Le dépassement, dès lors, n'est plus qu'exaltation du narcissisme. Il ne vise plus à la *libération* des sens, mais à la douloureuse *intensité* du sentiment. Intoxication par l'esprit.

L'histoire de la passion d'amour, dans toutes les grandes littératures, du XIIIe siècle jusqu'à nous, c'est l'histoire de la déchéance du mythe courtois dans la vie « profanée ». C'est le récit des tentatives de plus en plus désespérées que fait l'Éros, pour remplacer la transcendance mystique par une intensité émue. Mais grandiloquentes ou plaintives, les figures du discours passionné, les « couleurs » de sa rhétorique ne seront jamais que les exaltations d'un crépuscule, promesses de gloire jamais tenues...

LIVRE IV

LE MYTHE DANS LA LITTÉRATURE

On reconnaîtra maintenant ce qu'est le péché ou comment procède le péché. C'est lorsque la volonté humaine se sépare de Dieu pour être une volonté à soi, qu'elle suscite sa propre ardeur et brûle de sa propre affection, ardeur qui lui est propre et qui n'a rien à voir avec l'ardeur divine.

Jacob Boehme.

1. D'UNE INFLUENCE PRÉCISE DE LA LITTÉRATURE SUR LES MŒURS

D'UNE manière générale, il est bien difficile de *vérifier* l'influence des arts sur la vie quotidienne d'une époque. « La musique adoucit les mœurs ? » Je n'en sais rien, et personne ne saurait le démontrer. Et la peinture, quelle peut bien être son action ? L'architecture, au moins, nous pouvons l'habiter, mais là n'est pas son caractère d'art. De même pour telle ou telle philosophie. Mais le cas est tout différent lorsqu'il s'agit d'une littérature dont on peut démontrer, historiquement, qu'elle a donné sa langue à la passion.

Si la littérature peut se vanter d'avoir agi sur les mœurs de l'Europe, c'est à coup sûr à notre mythe qu'elle le doit. D'une manière plus précise : c'est à la rhétorique du mythe, héritage de l'amour provençal. Il n'est pas nécessaire de supposer ici quelque pouvoir magique des sons et du langage sur nos actes. L'adoption d'un certain langage conventionnel entraîne et favorise naturellement l'essor des sentiments latents qui se trouvent les plus aptes à s'exprimer de la sorte. C'est dans ce sens que l'on peut se demander, avec La Rochefoucauld : combien d'hommes seraient amoureux s'ils n'avaient jamais entendu parler d'amour ?

*
**

Passion et expression ne sont guère séparables. La passion prend sa source dans cet élan de l'esprit qui par ailleurs fait naître le langage. Dès qu'elle dépasse l'instinct, dès qu'elle devient vraiment passion, elle tend du même mouvement à se raconter elle-même, que ce soit pour se justifier, pour s'exalter, ou simplement pour *s'entretenir.* (Le double sens est significatif.) En ce domaine, il est aisé de vérifier. Les sentiments qu'éprouvent l'élite, puis les masses par imitation, sont des créations littéraires en ce sens qu'une certaine rhétorique est la condition suffisante de leur *aveu,* donc de leur prise de conscience. A défaut de cette rhétorique, ces sentiments existeraient sans doute, mais d'une manière accidentelle, non reconnue, à titre d'étrangetés inavouables, en contrebande. Mais on a toujours vu que l'invention d'une rhétorique faisait foisonner rapidement certaines puissances latentes du cœur. L'apparition de *Werther* par exemple a produit une vague de suicides. Rousseau fit boire du lait à toute la cour de France, et *René* désola plusieurs générations. C'est que pour admirer la nature simple, pour accepter certaines mélancolies, et même pour se suicider, il faut être en mesure « d'expliquer » à soi-même ou aux autres ce qu'on sent. Plus un homme est sentimental, plus il y a de chances qu'il soit verbeux et bien-disant.

Et de même, plus un homme est passionné, plus il y a de chances qu'il réinvente les figures de la rhétorique ; qu'il redécouvre leur *nécessité* ; qu'il se modèle spontanément à la ressemblance du « sublime » qu'elles ont su rendre inoubliable.

C'est pourquoi l'on n'aura pas grand-peine à jalonner l'évolution du mythe courtois dans la *morale* des peuples d'Occident : l'on peut admettre qu'elle est parallèle à ses métamorphoses *littéraires*. (Moyennant, cela va de soi, certains retards et simplifications.)

En esquissant la courbe de la mystique classique, nous avons pu décrire une assomption du mythe. C'était la voie montante et elle nous a conduits à une dissolution libératrice du « charme ». La littérature, au contraire, est la voie qui descend aux mœurs. C'est donc la vulgarisation du mythe, ou pour mieux dire : sa « profanation[1] » que nous allons décrire maintenant.

2. Les deux roses

Le meilleur point de départ nous est donné par *le Roman de la Rose,* écrit entre les années 1237 et 1280 environ. Il y a cent ans, ou presque, que Béroul et Thomas ont composé la légende de *Tristan.* La

1. Je rappelle que j'emploie toujours ce mot au double sens de *sacrilège* et de *laïcisation* (ou « sécularisation » — pour ne pas recourir à « profanisation ».

croisade des Albigeois a saccagé la civilisation courtoise du Languedoc, dispersant les derniers troubadours. Que va devenir la tradition d'Amour ?

Il semble bien que, dès le XIVe siècle, les hérétiques répandus désormais dans toute l'Europe, où l'Église les traque, aient cessé de recourir à l'expression littéraire de leur religion. Le catharisme se cachera désormais dans les couches profondes et muettes des peuples, là où la vie sociale ne se prête plus aux formes nobles, ne fournit plus les beaux symboles de la grande féodalité. Ce mutisme, d'ailleurs, n'arrête pas son progrès.

L'Église d'Amour donnera naissance à d'innombrables sectes plus ou moins secrètes, plus ou moins révolutionnaires, et dont les traits constants témoignent d'une origine commune, d'une tradition fidèlement conservée. Toutes ces sectes en effet sont caractérisées par leur opposition au dogme trinitaire (du moins sous sa forme orthodoxe) ; par leur spiritualisme exalté ; par leur doctrine de la « joie rayonnante » ; par leur refus des sacrements et du mariage ; par leur condamnation absolue de toute participation aux guerres ; par leur anticléricalisme ; par leur goût de la pauvreté et de l'ascèse (végétarisme) ; enfin par leur esprit égalitaire, allant parfois jusqu'à un communisme total.

Nous retrouvons cet ensemble de traits non seulement chez les Frères du Libre Esprit et les Ortliebiens rhénans — qui furent peut-être en rapport avec les Vaudois, voisins des cathares — non seulement chez les Vaudois eux-mêmes, chez les disciples de Joachim de Flore, chez les béguines et les beghards des Pays-Bas[1], chez les Lollards anglais, chez les premiers Frères Moraves (sinon chez les Hussites),

1. Voir Appendice 12.

mais aussi chez les hérétiques des Églises reformées : Schwenckfeldt, Weigel, les Anabaptistes, les Mennonites... Luther, Calvin et Zwingli combattirent ces dissidents avec une violence qui rappelle les procédés de Rome contre ses propres sectes. Mais ils ne purent ou ne voulurent les anéantir totalement : de nos jours, on retrouve çà et là des communautés mennonites mêlées d'éléments russes — doukhobors et khlystis — au Canada et jusqu'au Paraguay. Leur conception de l'amour n'a pas varié.

Plusieurs auteurs ont supposé qu'une élite cléricale du Moyen Age fut initiée à ces doctrines. Ainsi pensent-ils expliquer mieux certaines obscurités de la littérature émanée des cercles franciscains et même parfois dominicains. J'avoue que l'extension du langage même des cathares peut induire à des rapprochements souvent troublants : nous l'avons vu à propos des mystiques. Mais en l'absence de preuves presque impossibles à établir, je m'en tiendrai à un jugement certainement vrai pour la plupart des cas : dès le XIVe siècle, la littérature courtoise s'est détachée de ses racines mystiques ; elle s'est alors trouvée réduite à une simple forme d'expression, c'est-à-dire à une rhétorique. Mais automatiquement, cette rhétorique tendait à *idéaliser* les objets tout profanes qu'elle décrivait. Ce procédé, bientôt ressenti comme tel, devait engendrer normalement une réaction dite « réaliste ». Double mouvement dont *le Roman de la Rose* nous donne l'illustre témoignage.

La Rose de Guillaume de Lorris — dans la première partie du roman, dite courtoise — c'est l'amour de la femme idéale, vraie femme déjà mais femme inaccessible dans son jardin givré d'allégories. Danger, Male-Bouche et Honte défendent Bel Accueil contre les entreprises des galants. L'*obstacle* à l'union amoureuse est figuré par l'existence morale, et non plus du tout religieuse : Ce n'est plus une ascèse mystique, mais un raffinement de l'esprit, qui doit amener l'amant à mériter le don.

Au contraire, pour Jean de Meung, qui terminera le roman, la rose n'est plus que la volupté physique. Le réalisme le plus franc succède aux fadaises de Lorris, le sensualisme au platonisme, le cynisme à l'exaltation. La rose est emportée de haute lutte. La Nature triomphe de l'Esprit, et la raison de la passion.

Chacune de ces parties aura sa descendance. De Lorris, nous irons par Dante — qui peut-être le traduisit — jusqu'à Pétrarque et bien au-delà : jusqu'aux romans allégoriques du XVIIe, jusqu'à *la Nouvelle Héloïse*... Et par Jean de Meung, la tradition antique — celle qui condamne la passion comme une « maladie de l'âme » — se transmettra aux parties basses de la littérature française : gauloiserie, gaillardise, rationalisme, polémique, misogynie curieusement exaspérée, naturalisme et réduction de l'homme au sexe. C'est la défense normale que l'homme païen oppose au mythe de l'amour malheureux. (Peut-être, pratiquement, est-elle bien proche d'une vision chrétienne réaliste. Nous aurons l'occasion d'y revenir.)

3. Sicile, Italie, Béatrice et symbole

Alentour de l'an 1200, une solide amitié se noue entre Rambaut de Vaqueiras, troubadour languedocien, et le puissant marquis Alberto Malaspina. Il semble bien qu'un courant très direct d'échanges « littéraires » — si l'on veut — unisse le midi de la France à la Lombardo-Vénétie. Une fois de plus, la carte de l'influence des troubadours se confond avec celle des hérésies. Un peu plus tard, le mouvement franciscain naîtra d'une conjonction semblable entre les « spirituels » (mais dans l'Église) et les poètes.

Cependant qu'autour de Palerme, où Frédéric II

tient sa cour, fleurit l'école dite des Siciliens. Dans quelle mesure cette poésie courtoise du Sud s'inspira-t-elle des troubadours ? La question est encore obscure. On ne trouve à la cour de Palerme qu'un seul poète provençal, et Frédéric persécute l'hérésie. De même, on peut se demander dans quelle mesure les Siciliens « savaient » encore ce qu'est l'Amour. N'avaient-ils retenu du *trobar clus* que le procédé mystifiant ? On serait assez tenté de le croire, lorsqu'on voit Dante et son ami Cavalcanti s'élever contre leur maître Guittone d'Arezzo, et railler ses disciples : « Sectateurs de l'ignorance, aveugles qui veulent juger des couleurs, oies essayant de rivaliser avec l'aigle... »

Au Purgatoire, Dante rencontre un de ces pasticheurs infatigables, Bonagiunta de Lucques. Bonne occasion de définir le *dolce stil nuovo,* le style savant et caressant que l'école du Nord — novatrice mais qui revient aux origines valables — oppose à ces rhétoriqueurs.

Ce qui est frappant dans cette nouvelle école, c'est qu'elle rénove *consciemment* le langage symbolique des troubadours. Les Siciliens étaient tombés dans un douteux allégorisme : ils parlaient de la dame comme d'une femme réelle, ce n'était plus que galanterie mais froide et stéréotypée. Dante et Cavalcanti, d'autres encore, demandaient plus de sincérité et plus de chaleur amoureuse, mais en même temps, il savent et *disent* (dans ce dire est la nouveauté) que la Dame est purement symbolique.

Tel est le secret paradoxal de l'amour courtois : guindé et froid quand il ne vante que la femme, mais tout ardent de sincérité quand il célèbre la Sagesse d'amour : c'est là vraiment que bat son cœur. Et Dante n'est jamais plus passionné qu'en chantant la Philosophie, si ce n'est quand elle devient la Science sacrée.

Sincérité bien propre aux troubadours, et toute contraire à celle qu'un moderne imagine ! Dante la définira, dans son *Banquet*, comme le secret qu'il faut voiler d'un « beau mensonge ». Les cathares savaient bien tout cela. Mais notons qu'ils ne l'ont jamais dit[1].

C'est parce que Dante et ses amis sont amenés à *définir* leur art qu'on surprend mieux qu'ailleurs chez les poètes italiens le vrai mystère des troubadours, de même que c'est au crépuscule que se révèlent les sept couleurs dont le grand jour faisait une seule lumière, trompeuse à force d'évidence. Maintenant nous pouvons distinguer les thèmes que le *trobar* mêlait dans la naïve transparence de ses symboles.

Voici les derniers Siciliens. Cette plainte de Jacques de Lentino :

> *Mon cœur souvent meurt, et plus douloureusement que de mort naturelle, pour vous Dame qu'il désire et aime plus que lui-même...*
>
> *J'ai en moi un feu, qui je le crois, jamais, jamais ne pourra s'éteindre... Pourquoi ne me consume-t-il point ?*

Dante de même :

> *Amour qui, dans ma pensée, me parle de ma Dame avec grand désir, souvent m'entretient de choses telles qu'à leur sujet mon intelligence s'égare. Son langage résonne avec tant de douceur que l'âme qui l'écoute et l'entend s'écrie : — Malheureuse que je suis ! Je ne suis pas capable de répéter ce que j'entends dire de ma Dame !*

Et qui douterait encore de la signification symbo-

1. Sur les influences « hérétiques » qu'aurait subies Dante, voir Appendice 8.

lique de la Dame, lorsqu'un Guido Guinizelli en parle comme du principe de « notre foi » :

Elle passe par le chemin, si pleine de grâce et de noblesse qu'elle abaisse l'orgueil de celui qu'elle salue [auquel elle donne son salut] et, s'il n'est déjà de notre foi, l'y amène.

Faut-il penser que Dante n'est qu'un blasphémateur lorsqu'il écrit au seuil de la *Vita Nuova*, cette strophe au sublime départ :

Un ange crie en l'Intelligence divine et dit : — Seigneur, dans le monde se voit une merveille en l'acte qui procède d'une âme qui jusqu'ici rayonne. Le Ciel, qui ne manque que d'une chose, — c'est de l'avoir — à son Seigneur la demande, et tous les Saints implorent cette faveur. Seule, Pitié prend notre pari, car Dieu dit, et c'est de ma Dame qu'il entend parler — Mes bien-aimés, ores souffrez en paix que votre espérance demeure, autant qu'il me plaira, là où se trouve plus d'un qui s'attend à la perdre et qui dira dans l'enfer : — O maudits, j'ai vu l'espérance des bienheureux!

S'agit-il donc de Béatrice comme femme ? Est-ce sa présence que tous les saints implorent et qui serait « l'espérance des bienheureux » ? Ou s'agit-il plutôt de l'Esprit-Saint soutenant son Église par la charité du Christ — (la Pitié) — jusqu'à ce que tous aient pu recevoir la Vie nouvelle[1] ?

Ce qui doit paraître ici-bas blasphématoire, c'est

1. Béatrice a certainement existé, et Dante l'a certainement aimée. C'est donc d'une *sublimation* qu'il s'agit ici, à l'inverse de ce qui se passe chez de nombreux troubadours. Béatrice deviendra successivement la Philosophie, la Sagesse et la Science sacrée qui mène au Paradis et en explique les mystères.

l'équivoque malgré tout maintenue. D'où le débat qui oppose Orlandi et Cavalcanti : il s'agirait de définir enfin ce dont on parle.

« Cet Amour est-il vie ou mort ? » demande courageusement le premier. Et le second répond :

« Du pouvoir de l'amour provient souvent la mort... L'amour existe lorsque le désir est si grand qu'il dépasse les limites de l'amour naturel... Comme il ne provient point de la qualité, il réfléchit perpétuellement sur lui-même son propre effet. Il n'est point un plaisir, mais une contemplation. »

Aucun doute ne demeure possible : l'Amour est la passion mystique. Mais encore faut-il définir le rôle de l'amour naturel dans cette perspective céleste. C'est ce qu'a fait Davanzati, vers la fin du XIIIe siècle, exprimant dans une petite fable la vraie nature de l'amour qu'il chante et le danger de s'arrêter aux formes terrestres qui n'en sont qu'un reflet :

De même que la tigresse, dans sa grande douleur, se soulage en regardant un miroir et croit y voir l'image de ses petits qu'elle va cherchant : par ce plaisir elle oublie le chasseur, et reste là, et ne poursuit point ; de même celui qui est pénétré d'amour puise la vie dans la contemplation de sa dame, car ainsi il soulage sa grande peine... Mais la dame n'a point le cœur pitoyable, le jour passe et l'espoir est déçu !

Ici la Dame au cœur impitoyable est bien la femme qui détourne l'Amour à son profit. Dans un Bestiaire moralisé de cette époque, je trouve la même fable, avec cette conclusion :

Ce fauve, à mon avis, c'est nous ; ses petits, qu'un chasseur lui a pris, ce sont les vertus, et le chasseur c'est le

Démon, qui nous fait voir ce qui n'est pas. De là vient que bien des hommes ont péri pour avoir tardé d'aller vers le Seigneur.

Le temps venait où les poètes succombaient aux charmes du miroir et de la rhétorique profanée. Nous allons voir Pétrarque se laisser prendre « à ce qui n'est pas », c'est-à-dire à l'image de sa Laure, qui trop longtemps — comme il gémit plus tard — le retiendra d'« aller vers le Seigneur ».

4. Pétrarque, ou le rhéteur converti

> *« Aimer une chose mortelle avec une foi Qui à Dieu seul est due et à lui seul convient... »*

« Tout le monde, et sur le moindre rocher que trempe la mer, sait qu'un homme a été superlativement amoureux et c'est Pétrarque. Et ce qu'il y a de mieux, c'est que c'est vrai... Qu'appelle-t-on un homme *simplement* amoureux ? Rien d'analogue. Lui l'était d'une façon extraordinaire, incendiaire, solaire[1]. »

Voilà ce qui doit étonner chez Pétrarque : cette inoubliable passion animant pour la première fois les symboles des troubadours d'un souffle parfaitement païen, et non plus du tout hérétique ! On est aux antipodes du Dante, mais aussi des rhéteurs qu'il attaquait. Le « secret » dont je parlais plus haut s'est volatilisé : il ne joue plus. Le langage de l'Amour est enfin devenu la rhétorique du cœur humain. Cette « profanation » radicale doit faire naître, on a vu pourquoi (au livre II), une poésie plus adéquate que

1. C.-A. Cingria, *Pétrarque.*

nulle autre à servir la mystique orthodoxe. Et cette dernière ne manquera pas d'y puiser ses meilleures métaphores. En vérité, la tentation était trop forte. (On en jugera par quelques exemples mis en note, et à vrai dire choisis presque au hasard.)

Voici le Sonnet du premier anniversaire de l'amour de Pétrarque pour Laure :

Je bénis le lieu, le temps, l'heure
Où si haut visèrent mes yeux
Et je dis : O mon âme, il te faut rendre grâce
Toi qui fus jugée digne alors d'un tel honneur.
D'Elle te vient cet amoureux penser
Qui tant que tu le suis, au plus haut Bien te mène
Et te fait mépriser ce que l'homme désire[1].
D'Elle te vient la grâce généreuse
Qui te pousse au ciel par un droit sentier
Et fait que je marche fier de mon espérance.

Où Pétrarque triomphe, c'est quand il prend la harpe de Tristan[2], c'est dans le cri de la « torture délicieuse », du mal-aimé, du plaisir qui consume :

O tendres, angéliques étincelles, béatitudes
De ma vie où s'allume le plaisir
Qui doucement me consume et détruit.
(Les Yeux de ma dame.)

O mort vivante, ô mal délicieux[3]
Comment as-tu sur moi tel pouvoir, si je n'y consens ?
Parmi vents si contraires, sur une frêle barque

1. Sainte Thérèse : « Ces grâces sont accompagnées d'un entier détachement des créatures, quant à l'esprit. On se sent alors beaucoup plus étranger aux choses de la terre » et *passim* !

2. Il connaissait le roman et le cite plusieurs fois. Par exemple dans le *Triomphe de l'amour :* « Voici ceux qui remplissent de rêverie les livres — Tristan et Lancelot et les autres errants — auxquels il faut que le vulgaire errant se plaise ! »

3. Sainte Thérèse : « C'est un martyre à la fois délicieux et cruel. »

Je me trouve sans gouvernail en haute mer.
(Sonnet 132.)

Nous connaissons bien cette barque — où comme l'autre il emporte sa lyre — et ce « pouvoir » dont il se plaint tout en sachant qu'il l'a voulu fatal :

Et pour que mon martyre au port jamais n'arrive
Mille fois chaque jour je meurs, mille je nais[1]...
(Sonnet 164.)

Ailleurs, il parle de Laure comme de sa « bien-aimée ennemie », et gémit, tel Tristan se séparant d'Iseut lorsqu'il la rend à son époux :

O dure départie
Pourquoi m'as-tu de mon mal éloigné ?
(Sonnet 254.)

Car les yeux de Laure présente

... allumés d'une lueur céleste
M'enflamment de façon qu'il me plaît de brûler[2].
(Triomphe de l'amour.)

Mais présente ou absente — ici encore — la femme ne sera jamais que l'*occasion* d'une torture qu'il préfère à tout :

Je sais, suivant mon feu partout où il me fuit,
Brûler de loin — de près geler.

Tout l'amour romantique est dans ce dernier vers. Et le secret de cette mélancolie, Pétrarque a su l'analyser mieux que les plus lucides victimes de ce que l'on baptisera plus tard le mal du siècle :

1. Sainte Thérèse : « L'âme voudrait ne jamais voir finir son tourment » et « Une fois livrée à ce supplice, elle voudrait y passer ce qui lui reste de vie. »
2. Saint Jean de la Croix « O brûlure suave ! » et tout le commentaire de ce vers dans la *Vive Flamme d'amour* (II, 1).

Des autres passions, je ressens des assauts fréquents, mais courts, momentanés. Ce mal-là au contraire me saisit quelquefois avec une ténacité telle qu'il m'enlace et me torture des journées et des nuits entières. Et ces moments-là, pour moi, ne ressemblent plus à la lumière et à la vie : c'est une nuit infernale et une cruelle mort. Et pourtant! (voici bien ce qu'on peut appeler le comble des misères!) je me repais de ces peines et de ces douleurs-là avec une sorte de volupté si poignante que, si l'on vient m'en arracher, c'est malgré moi[1] !

Et saint Augustin, avec lequel Pétrarque tient ce dialogue fictif, lui répond :

Tu connais très bien ton mal. Tout à l'heure, tu en sauras la cause. Dis-moi : qu'est-ce qui te rend triste à ce point ? Est-ce bien le cours des choses de ce monde ? Est-ce une douleur physique, ou bien quelque rigueur injuste de fortune ?

Pétrarque. — *Rien de tout cela en particulier.*

C'est le « vague des passions » préromantique. Et voici l'appel à la mort :

Que s'ouvre donc la geôle où je suis enfermé
Qui me clôt le chemin vers une telle vie !
(Chanson 72.)

La « nuit infernale » devient le Jour, la « cruelle mort » une Vie nouvelle, et pour qu'à la passion ne manque pas le sublime, voici la divinisation. Pétrarque demande comment il se peut faire qu'il vive encore, quoique séparé de sa dame :

1. Sainte Thérèse : « De ce désir qui en un instant pénètre l'âme entière naît une douleur qui la transporte au-dessus d'elle-même et de tout le créé. Elle n'aspire qu'à mourir dans cette solitude. Qu'on lui parle et qu'elle-même se fasse toute la violence possible pour répondre, peine inutile, elle a beau faire, elle ne peut s'arracher à cette solitude. »

Mais Amour me répond : ne te souvient-il pas
que c'est là le privilège des amants
déliés de toutes les qualités de l'homme[1] ?

⁂

Puis il y eut cette fameuse ascension au Ventoux, qui lui donna beaucoup à réfléchir. Il y eut surtout, en 1348, la grande peste noire qui ravagea l'Europe : et voilà qui rappelle au poète que ses « qualités d'homme » le lient de fait à une condition pitoyable. C'est ce qu'il dit dans sa *Chanson de la Grande Peste*, chef-d'œuvre inégalé de l'examen de conscience :

Je vais pensant — et en pensant m'assaille
une pitié de moi-même si forte
qu'elle me conduit souvent
à d'autres pleurs que ceux dont j'eus coutume :
car voyant la fin chaque jour plus proche,
à Dieu mille fois j'ai demandé ces ailes
avec lesquelles, hors de la mortelle
prison, pourrait s'enlever mon esprit au ciel.
Mais cela, jusqu'alors, à rien ne m'a servi...
....
Prends ton parti avec prudence ! Prends !
Et arrache de ton cœur toute racine
De ce plaisir qui heureux
ne le peut jamais rendre...

Il n'a que trop longtemps mis son espoir en « cette fausse douceur fugitive » qu'est l'amour idéalisé.

Et je me sens au cœur venir, heure par heure,
une belle colère, âpre et sévère
qui fait que tout penser secret

1. Sainte Thérèse : « Quelle souveraineté que celle d'une âme qui, portée à cette hauteur par Dieu lui-même, considère toutes choses sans être enchaînée par aucune. »

monte droit à mon front où tous le voient :
aimer une chose mortelle, avec une foi
qui à Dieu seul est due et à lui seul convient
est plus interdit à qui plus désire honneur !

Mais comment s'arracher à cet amour blasphématoire, à ce besoin dément,

d'un plaisir que l'usage en moi a fait si fort
qu'il me donne l'audace de négocier avec la mort !

La lucidité même d'un tel cri, où s'avoue le dernier secret du mythe courtois, c'est le signe d'une grâce reçue. Ce qui peut arracher à l'espoir vain, c'est la foi seule dans le pardon. Voici la conversion de l'espérance qui trouve enfin son objet véritable :

Or lève-toi vers un espoir plus heureux
en contemplant le ciel qui tourne autour de toi
immortel et paré !
S'il est vrai qu'ici-bas tant joyeux de son mal
votre désir s'apaise
par un coup d'œil, une parole, une chanson —
si ce plaisir est jà si grand... quel sera l'autre !

5. Un idéal à rebours : la gauloiserie

Imposer un style à la vie des passions — ce rêve de tout le Moyen Age païen tourmenté par la loi chrétienne — c'est la secrète volonté qui devait donner naissance au mythe. Mais la confusion de la foi, « qui à Dieu seul est due et à lui seul convient », avec l'amour d'« une chose mortelle », en fut la conséquence inévitable. Et c'est bien de cette confusion — non de la doctrine orthodoxe — que devait résulter l'opposition tragique du corps et de l'âme. C'est la tendance ascétique, orientale — le monachisme vient d'Orient — c'est la tendance hérétique des

« parfaits » qui inspira la poésie courtoise. C'est donc bien elle, qui, peu à peu, contamina par le moyen d'une littérature idéalisante l'élite de la société médiévale. D'où la réaction « réaliste » qui ne pouvait manquer de s'ensuivre. Elle fut surtout sensible dans la bourgeoisie.

Dès le début du XIIe siècle, en plein triomphe de l'amour courtois, l'on voit paraître cette tendance contraire, celle qui glorifiera la volupté avec le même excès, exactement, que l'autre apporte à glorifier la chasteté. Fabliaux contre poésie, cynisme contre idéalisme.

Le *Débat de l'âme et du corps* qui date précisément de cette époque est le premier témoignage d'un conflit que le mariage chrétien était censé résoudre. On y voit l'âme récemment séparée de son corps adresser à son compagnon les reproches les plus amers : c'est lui qui aurait causé sa damnation. Mais le corps lui retourne l'accusation (il n'a pas tort). Ainsi vont-ils, récriminant trop tard, au-devant du supplice éternel.

Issus de ce ressentiment du corps, les fabliaux eurent un immense succès (auprès du même public, souvent, que les romans idéalistes). C'étaient des historiettes grivoises colportées et reprises, avec des variantes infinies, par toute l'Europe médiévale. Les fabliaux annoncent le roman comique, qui annonce le roman de mœurs, qui annonce le naturalisme polémique du dernier siècle. Mais je ne crois pas qu'ils se soient engendrés en ligne directe. Chaque moment de cette progression vers le « vrai » se trouve lié, plus étroitement qu'au précédent, à un moment correspondant de la progression vers le « précieux », et c'est de cela qu'il naît, par réaction. Charles Sorel naît de *l'Astrée*, non des fabliaux ; la *Marianne* de Marivaux naît des comédies de Marivaux, non de Sorel ; et Zola naît de la décomposition du romantisme, au moins autant, si ce n'est beaucoup plus, que de Balzac (considéré alors comme réaliste).

Pour en revenir au XIIIe siècle, a-t-on bien vu que la littérature sensuelle et volontiers pornographique des fabliaux souffre du même *irréalisme*, en fin de compte, que l'idéal des épopées courtoises ? Il me paraît que la « gauloiserie » n'est qu'un pétrarquisme à rebours.

« On aime à opposer — écrit J. Huizinga [1] — l'esprit gaulois aux conventions de l'amour courtois et à y voir la conception naturaliste de l'amour, en opposition avec la conception romantique. Or la gauloiserie, aussi bien que la courtoisie, est une fiction romantique. La pensée érotique, pour acquérir une valeur de culture, doit être stylisée. Elle doit représenter la réalité complexe et pénible sous une forme simplifiée et illusoire. Tout ce qui constitue la gauloiserie : la licence fantaisiste, le dédain de toutes les complications naturelles et sociales de l'amour, l'indulgence pour les mensonges et les égoïsmes de la vie sexuelle, la vision d'une jouissance infinie, tout cela ne fait que donner satisfaction au besoin humain de substituer à la réalité le rêve d'une vie plus heureuse. C'est encore une aspiration à la vie sublime, tout comme l'autre, mais cette fois du côté animal. C'est un idéal quand même : celui de la luxure. »

Ce lien profond de la gauloiserie et de l'amour alambiqué, on le surprend dans une satire du XIIIe siècle intitulée l'*Évangile des femmes :* c'est une suite de quatrains dont les trois premiers vers exaltent la femme selon le mode courtois, tandis que le quatrième réfute d'un trait brutal ces éloges. Autre

1. *Le Déclin du Moyen Age.*

complicité : la gauloiserie démolit le mariage par en bas, alors que la chevalerie le ridiculisait d'en haut. Comme on peut le voir, entre autres, dans le *Dit de Chiceface.* Chiceface est le monstre fabuleux qui ne se nourrit que de femmes fidèles, aussi est-il d'une maigreur effroyable, tandis que son confrère Bigorne, lequel ne mange que les maris soumis, est d'un embonpoint sans pareil.

Parallèlement à ces deux courants du mythe notons la réaction des clercs : c'est encore le chanoine Pétrarque qui lui montre la voie, en consacrant ses derniers chants à la louange de la Vierge — Notre-Dame opposée à « ma » dame — mais sans varier le moins du monde ses lieux communs de poésie courtoise[1]. Dante a vengé d'avance les troubadours en mettant en Enfer des « chevaliers de Marie », moines italiens appelés aussi « chevaliers joyeux » à cause de leur vie dissolue, et malgré leur saint patronage.

6. Suite de la chevalerie, jusqu'à Cervantès

L'influence du roman breton est attestée par des centaines de textes à travers les XIIIe, XIVe et XVe siècles. Elle couvre la même étendue que l'influence des troubadours : l'Europe entière. Les *Minnesänger* (chanteurs de l'Amour) en Allemagne sont nourris de légendes cathares[2] et par ailleurs ne font qu'adapter du français les récits de Chrétien de Troyes. On traduit *le Roman de Tristan* dans toutes les langues d'Occident. L'Anglais Thomas Malory, à la

1. Selon A. Jeanroy (*op. cit.*, II, p. 130), on ne trouve aucune poésie spécialement consacrée à la Vierge avant le deuxième tiers du XIIIe siècle.
2. Voir *la Croisade du Graal,* d'Otto Rahn, pour l'idée ou l'intuition, et *Tristan* de Gottfried Weber, pour la démonstration dans le cas précis de Gottfried de Strasbourg.

fin du XVe siècle, en refait une version en prose. Dante considère le cycle épique et romanesque de la France du Nord comme le modèle universel de toute prose narrative, et Brunetto Latini extrait de *Tristan* (dans sa *Rhétorique*) le portrait de la femme idéale.

De là, jusqu'au fond de la Norvège, de la Russie, de la Hongrie et des Espagnes, d'innombrables imitations, dont les *Amadis* portugais puis espagnols, puis français, nous offrent le meilleur exemple au XVe et au XVIe siècle.

Par un phénomène remarquable, mais auquel on pouvait s'attendre, certains auteurs de ces imitations se trouvent amenés à redécouvrir le sens original des légendes mystiques. Mais alors ils ne peuvent se servir que d'une mythologie toute catholique — soit prudence ou incompréhension — assez incompatible, on l'a bien vu, avec l'intention primitive. En 1554, en Espagne, paraît un livre de Hyeronimo de Sempere portant ce titre flamboyant : *Libro de cavalleria celestial del pié de la rosa fragrante*. Le Christ y devient le chevalier du Lion, Satan le chevalier du Serpent, Jean-Baptiste le chevalier du Désert, et les apôtres, les douze chevaliers de la Table ronde. L'ésotérisme manichéisant, toujours latent dans le cycle breton, renaît en filigrane à travers ces symboles.

Cervantès ne cite point les très nombreux romans de « chevalerie célestielle » qu'on lisait de son temps avec passion[1]. Il ne s'en prend, dans son *Quichotte*, qu'aux romans d'aventures profanes. Cette omission est mystérieuse. Elle militerait en faveur de la thèse selon laquelle Cervantès connaissait la signification réelle de la littérature courtoise, et raillait non sans

1. Nous avons déjà relevé l'influence de cette littérature sur sainte Thérèse et les mystiques espagnols en général.

désespoir les rêveries de ses contemporains, adonnés à une illusion dont ils avaient perdu le secret. Don Quichotte ne serait grotesque que parce qu'il veut imiter une ascèse à laquelle il n'est pas initié, et suivre une voie que le malheur des temps rend totalement impraticable. L'Église de Rome a triomphé. Mieux vaut dès lors se mettre du bon côté avec l'honnête et réaliste Sancho Pança...

7. *Roméo et Juliette.* — MILTON

Cependant Rome n'a pas triomphé partout. Il est une île où son pouvoir est contesté. C'est la dernière patrie des bardes. En Cornouailles et en Écosse, leurs traditions resteront vivantes jusqu'à l'époque où Macpherson les transcrira en langage moderne. Et en Irlande, elles vivent encore de nos jours.

Je ne puis examiner ici le problème des rapports entre ce fonds de légendes celtiques et la littérature anglaise populaire et savante. Mais il est significatif qu'à la fin du XVIIe siècle, un bon lettré comme Robert Kirk, théologien et humaniste, ait écrit un traité sur les fées, sans trace de scepticisme ou d'ironie. Nous ne savons presque rien de Shakespeare — mais nous avons *le Songe d'une nuit d'été*. Et l'on dit qu'il était catholique — mais nous avons *Roméo et Juliette* qui est la seule tragédie courtoise, et la plus belle résurrection du mythe avant le *Tristan* de Wagner.

Tant qu'on ignore à peu près tout de la vie, voire de l'identité de Shakespeare, il est vain de se demander s'il connaissait la tradition secrète des troubadours. Mais on peut relever ce fait : que Vérone fut un des principaux centres du catharisme en Italie. Selon le moine Ranieri Saccone, qui fut dix-sept ans hérétique, il y avait à Vérone près de cinq cents « parfaits », sans compter les « croyants » en beaucoup plus grand nombre... Comment les légendes de ce temps n'auraient-elles point gardé de trace des luttes violentes qui opposèrent dans la cité les « Patarins » aux orthodoxes ?

⁂

En marge des luttes religieuses du siècle, qui refoulaient les anciennes hérésies dans une obscurité plus profonde que jamais, la tragédie des *Amants de Vérone*, c'est le voile un instant déchiré, ne laissant au souvenir de nos yeux que l'image négative d'un éclat, « le soleil noir de la mélancolie ».

Surgi des profondeurs de l'âme avide de tortures transfigurantes, de la nuit abyssale où l'éclair de l'amour illumine parfois une face immobile et fascinante — ce *nous-même* d'horreur et de divinité auquel s'adressent nos plus beaux poèmes ; ressuscité d'un coup dans sa pleine stature, comme étourdi de sa jeunesse provocante et enivrée de rhétorique, au seuil du tombeau de Mantoue voici le mythe de nouveau qui se dresse, à la lueur d'une torche que tient Roméo.

Juliette repose, endormie par le philtre. Le fils de Montaigu est entré, et il parle :

Combien souvent les hommes sur le point de mourir
Se sont sentis joyeux ! Ceux qui veillent sur eux
Disent : l'éclair avant la mort. Mais moi pourrai-je
Nommer cette mort éclair ? O mon amour, ma femme,
La mort a sucé le miel de ton haleine
Et n'a pas eu de prise encor sur ta beauté
Et tu n'es pas conquise. L'enseigne de beauté
Est encore cramoisie sur tes lèvres, tes joues,
Et le pâle drapeau de la mort n'est pas avancé.
....
... Ah ! chère Juliette

Pourquoi es-tu si belle encore ? Dois-je penser
Que la mort non substantielle est amoureuse
Et que le monstre maigre te conserve
Ici pour être ton amant dans la ténèbre ?
Par crainte de cela je demeure avec toi
Et plus jamais de ce palais de la nuit obscure
Je ne repartirai ; ici je veux rester
Avec les vers qui sont tes serviteurs ; ici, ici
Je vais fixer mon repos éternel,
Secouer l'influence des étoiles funestes
Et sortir de cette chair lasse du monde.
Mes yeux regardez une dernière fois !
Mes bras prenez votre dernier embrassement !
Et mes lèvres, ô vous
Portes du souffle, par un légitime baiser
Scellez un marché sans âge avec la dévorante mort !
Viens amer conducteur. Viens guide repoussant.
Toi désespéré pilote, jette enfin
Sur les récifs brisants ta barque épuisée, malade de la mer !
Voilà pour mon amour !

(Il boit.)

... Honnête apothicaire
Ta drogue est rapide. En un baiser je meurs.

Le *consolament* de la Mort vient de sceller le seul mariage qu'ait jamais pu vouloir l'Éros. Voici « l'aube » profane, encore une fois, le monde encore une fois qui recommence, et le Prince, rendu à son règne sévère :

Ce matin nous apporte une paix assombrie...
Séparons-nous pour nous entretenir encor de ces [tristesses[1]

1. *La Tragédie de Roméo et Juliette*, traduction P.-J. Jouve et G. Pitoëff.

*
**

Il est certain que Milton quoique puritain subit l'influence de doctrines cabalistiques aussi peu « spiritualistes » que possible. Mais la révolte des « puritains » contre la royauté et les évêques mondanisés n'évoque-t-elle pas la révolte des « purs » contre la féodalité et le clergé ?

Deux poèmes de Milton, qu'il écrivit dans sa jeunesse, l'*Allegro* et le *Penseroso* expriment l'opposition du Jour et de la Nuit, et le choix nécessaire qu'il n'a pas encore fait. (Il ne le fera sans doute jamais : du moins pas sans de telles réticences qu'il serait vain de conclure sur ce point plus nettement qu'il ne l'a voulu.)

Avant même d'embrasser la cause puritaine, Milton cherchant un sujet d'épopée avait envisagé parfois le thème de la légende celtique d'Arthur et des Chevaliers de la Table ronde. Dans son *Penseroso,* éloge de la Mélancolie nocturne, s'adressant à cette « Vierge sérieuse », il la prie d'évoquer encore l'âme d'Orphée, l'époux de Canacée qui possédait la bague et les miroirs magiques, et finalement les « illustres bardes »

> *qui chantèrent d'une voix grave et solennelle*
> *tournois et trophées remportés,*
> *forêts, enchantements terribles*
> *et dont le sens dépasse le son.*

« Where more is meant then meets the ear »... Il avait étudié pour son *Histoire de Bretagne* la chronique arthurienne et ses légendes. Et dans le *De doctrina christiana,* il s'était insurgé « contre la puissance créatrice de Dieu, contre les dogmes de la Trinité et de l'Incarnation... répudiant les définitions théologiques traditionnelles qui ne trouvaient point

dans la Bible leur fondement[1] ». Mettons à part ce dernier trait, qui malgré tout rattache Milton à la Réforme : n'est-ce point la même et unique hérésie que nous trouvons partout et en tous temps à l'origine du grand lyrisme passionnel ?

Quant au « matérialisme » de Milton, il s'oppose moins qu'on pourrait le croire à une doctrine « courtoise » de l'amour. Entre un monisme qui assimile l'esprit à la matière (ou l'inverse), et un dualisme qui condamne la matière au nom de l'esprit, l'histoire des sectes gnostiques et manichéennes montre bien que l'abîme n'est pas infranchissable, surtout sur le plan de l'éthique. L'idéalisme et le matérialisme ont d'importants présupposés communs. L'extrême de la luxure touche parfois l'extrême de la chasteté exaltée. Et la négation de la mort, chez Milton, le conduit à des conclusions bien proches de celles des cathares. Comme eux, Milton croit que le bon désir procède des principes intellectuels, et qu'il doit nous purger de notre mauvais désir, de la sensualité, péché majeur. Et Fludd, son maître en occultisme, enseignait que la lumière est la matière divine...

Il reste cependant que la doctrine de Milton est bien plus « rationnelle » et sociale que celle des hérétiques du Midi. (Il considère par exemple le mariage comme un « remède contre l'incontinence ».) Aussi ne devait-elle point favoriser les confusions extrêmes de la chair et de l'esprit qui ne manquèrent pas de se produire dans les sectes néo-manichéennes.

1. Floris Delattre, *Milton*, 1937. (Introduction à l'*Allegro*, au *Penseroso* et à *Samson Agonistes*.)

8. *L'Astrée* : de la mystique à la psychologie

L'histoire du mythe dans le roman, au XVIIe siècle français, peut se réduire, hélas, en une formule : la mystique se dégrade en pure psychologie. Le roman devient l'objet d'une littérature raffinée. D'Urfé, La Calprenède, Gomberville et les Scudéry n'ont plus la moindre idée du sens ésotérique de la chevalerie légendaire. La nature symbolique des sujets qu'ils reprennent les induit simplement à composer d'interminables romans à clef. Polexandre est Louis XIII, Cyrus est le Grand Condé, Diane est Marie de Médicis, etc.

Le sujet du roman demeure les « contrariétés » de l'amour, mais l'obstacle n'est plus la volonté de mort, si secrète et métaphysique dans *Tristan* : c'est simplement le point d'honneur, manie sociale. C'est l'héroïne, ici, qui est la plus astucieuse lorsqu'il s'agit d'imaginer des prétextes de séparation. Elle terrorise avec délices son chevaleresque soupirant, et l'on voit Polexandre, dans le roman de Gomberville, parcourir comme un fou les cinq parties du monde pour apaiser un regard irrité de sa maîtresse. Au dénouement, il est encore à se demander si cette « reine de l'Ile inaccessible » ne va pas lui faire couper le cou. Mais tout finit, en général, par un mariage, prévu dès la première page et retardé jusqu'à la dix-millième lorsque l'auteur est un champion du genre. C'est le roman allégorique du XVIIe siècle qui inventa le *happy ending*. Le vrai roman courtois débouchait dans la mort, s'évanouissait dans une exaltation au-delà du monde... Maintenant, l'on veut que tout rentre dans l'ordre, c'est la société qui l'emporte, et dès lors la fin du roman ne saurait être qu'un retour à ce qui n'est plus le roman : au bonheur.

Les grands thèmes tragiques du mythe n'éveillent guère dans *l'Astrée* que des échos mélancoliques. Il y a bien les douze lois d'Amour, les séparations ingénieuses, l'éloge de la chasteté, voire les défis à une mort libératrice. Mais la dialectique sauvage de Tristan n'est plus ici que coquetterie, et le combat du Jour et de la Nuit se ramène à des jeux de pénombre. Entre le corps des deux amants plus d'épée nue, mais la houlette dorée de Céladon ornée d'une faveur de la bergère.

Voici un trait qui symbolise tout le reste. Au cinquième et dernier volume de ce roman que l'on n'ose nommer un roman-fleuve, puisqu'il n'est parcouru que par les sinuosités d'un modeste ruisseau, le Lignon, Céladon désespéré appelle la mort ; Astrée, de son côté conçoit la même pensée. Ils vont demander la fin de leurs maux à la Fontaine de Vérité, gardée par des lions et des licornes : cette fontaine ne sera désenchantée, selon l'oracle, que par la mort du plus fidèle amant et de la plus fidèle amante. (Thème de Tristan : c'est le rachat de la fatalité du philtre.) Céladon s'avance, mais ô miracle, les lions et les licornes se dévorent, le ciel s'obscurcit, le tonnerre gronde, le génie de l'Amour paraît dans un nuage et annonce la fin de l'enchantement. Astrée et Céladon évanouis (c'est une mort métaphorique) sont transportés chez le druide Adamas où ils se réveillent, puis s'épousent.

On a coutume de déclarer inexplicable le succès prodigieux de *l'Astrée.* Pourtant ses charmes ne sont point inégaux à ceux de nos récents romans féeriques. Et la psychologie des écrivains français n'a pas cessé de se complaire dans l'élégance allégorique : voir Giraudoux. La Fontaine adorait « cette œuvre exquise ». Et Rousseau, de passage à Lyon, voulut aller visiter le Forez et rechercher sur les rives du Lignon l'ombre des Diane et des Silvandre. Comme il se renseignait auprès de son hôtesse, elle lui dit que le Forez était un bon pays de forges et qu'on y travaillait fort bien le fer. « Cette bonne femme, écrit-il tristement, a dû me prendre pour un apprenti serrurier. »

⁂

En vérité je me sens fort capable d'entreprendre un éloge de *l'Astrée* : du point de vue de l'*art* littéraire, c'est une réussite capitale. Jamais les ressources d'une rhétorique plus savante n'ont été à ce point harmonisées. L'on n'imagine pas de roman mieux écrit ; plus strictement réglé, dans son progrès, sur les lois d'une plus sûre esthétique. L'emploi de « personnages constants » — le berger, la bergère, le volage, la coquette, le hardi, etc. — donne à la dialectique des sentiments sa meilleure garantie de précision, et disons même de vérité. Ici c'est l'art et non « la vie » qui mène le jeu. Nous sommes en face d'une création de l'esprit, et non d'une confusion de reflets troubles, d'aveux plus ou moins indiscrets et de hasards immérités (comme sont les romans d'aujourd'hui). En un mot, *l'Astrée* est une *œuvre.* Elle suppose un métier savant, et vingt-cinq ans d'application. Le snobisme qui lui fit un succès était mieux averti que le nôtre.

Mais aussi ce caractère d'achèvement nous permet de poser une question nette : que vaut le succès même de l'effort littéraire ? Si l'on songe au mythe primitif, dont *l'Astrée* reprend tous les thèmes, l'on est frappé de constater que chez d'Urfé le tragique se dégrade en émotion, et le destin en machine romanesque. Tout se réduit à moraliser et à plaire. Faut-il penser que la littérature la plus parfaite, en raison même de sa perfection, n'est qu'un *sous-produit* des mystiques créatrices de formes et de mythes ? Et qu'elle suppose, pour fleurir et s'achever en tant qu'œuvre d'art autonome, l'épuisement temporaire des sources profondes ? N'est-ce point pour cette cause que la littérature, si fort qu'elle flatte les passions du cœur, n'offre qu'une résistance à peu près nulle aux attaques de l'esprit réaliste et de ce qu'on nomme l'intérêt civique — comme il apparaît de nos jours ? Alors que les mystiques et les religions prennent au contraire une grande vigueur dans les réfutations et railleries qu'on leur oppose ?

Ce fut assez d'un décret de l'officieux Boileau — le court *Dialogue sur les héros de roman* — pour réduire au silence et à l'oubli, jusque dans les manuels de notre siècle, la féerie romanesque née de *l'Astrée,* et le roman comique, son parasite[1].

Il n'y eut plus qu'une dernière flamme, mince et pure, qui s'appelle *la Princesse de Clèves.* La mort s'y atténue en séparation volontaire, et la chevalerie fait place à la vertu qui conclut en faveur du monde...

9. Corneille, ou le mythe combattu

C'est dans le théâtre classique — donc au cœur même d'un ordre intolérant — que la passion devait trouver sa revanche la plus éclatante.

On connaît le curieux sujet de *la Place Royale,* comédie fort désobligeante. Alidor amant d'Angélique, et aimé d'elle, « se trouve incommodé d'un amour qui l'attache trop » et il veut faire en sorte que sa maîtresse se donne à son ami Cléandre. D'où l'on conclut généralement que Corneille est le premier auteur qui ait voulu soumettre la passion à la raison, sinon à la morale. Il serait donc le premier qui ait échappé à l'emprise du mythe. Le cas vaut d'être analysé. Voici comme Alidor se plaint au premier acte :

1. Charles Sorel, auteur de *Francion,* avait écrit *l'Anti-Roman ou le berger extravagant,* reprenant dans le registre burlesque, dit « réaliste », toutes les situations conventionnelles de *l'Astrée.* De même, Scarron, etc.

Ce n'est qu'en m'aimant trop qu'elle me fait mourir;
Un moment de froideur, et je pourrais guérir;
Une mauvaise œillade, un peu de jalousie,
Et j'en aurais soudain passé ma fantaisie;
Mais las! elle est parfaite, et sa perfection
N'approche point encor de son affection;
Point de refus pour moi, point d'heures inégales;
Accablé de faveurs à mon repos fatales...

Arrêtons ici la tirade : les premiers vers suffisent à attirer notre méfiance. Quoi, c'est le bonheur qui serait fatal au repos de cet étrange amant? Et le malheur d'être trahi par Angélique le guérirait de son amour? Cet Alidor serait un curieux monstre! Disons plutôt qu'on voit trop bien ce qu'il essaye de nous dissimuler. Lui aussi, il ne veut que « brûler »! Mais il ne peut l'avouer qu'en affirmant le contraire, en affirmant qu'il veut guérir : car on avoue difficilement le goût du malheur, à cette époque.

« J'ai honte de souffrir les maux dont je me plains », dit-il plus bas. C'est donc la honte qui est cause de son mensonge. En vérité, il souffre de l'absence d'un *obstacle* entre son Angélique, trop fidèle, et lui-même. Il manque un « roi Marc » à ce jeu. C'est la situation des amants au terme des trois ans passés dans la forêt. Tristan avait le recours de rendre Iseut à son mari. Alidor est contraint d'inventer un rival. Souffrant de ce que plus rien ne le sépare d'Angélique, mais honteux d'avouer cette souffrance, il imagine de se plaindre d'être *trop* enchaîné par cette fidélité — alors qu'on voit tout au contraire qu'il désespère de ne point l'être assez. Il proclame un besoin d'être libre qui traduit un profond désir de n'être plus même en état de désirer aucune liberté. C'est ce qui se passerait si Angélique faisait mine de lui échapper. Mais voyez comme il est habile :

CLÉANDRE

Vit-on jamais amant de la sorte enflammé
Qui se tînt malheureux pour être trop aimé ?

ALIDOR

Comptes-tu mon esprit entre les ordinaires ?
Penses-tu qu'il s'arrête aux sentiments vulgaires ?

Il le prend de haut : méfions-nous. C'est qu'il se dispose à mentir.

Il ne faut point servir d'objet qui nous possède ;
Il ne faut point nourrir d'amour qui ne nous cède ;
Je le hais s'il me force ; et quand j'aime, je veux
Que de ma volonté dépendent tous mes vœux ;
Que mon feu m'obéisse, au lieu de me contraindre
Que je puisse à mon gré l'enflammer, et l'éteindre...

C'est là le Corneille classique, pensera-t-on : la volonté triomphant de la passion. Mais la suite de la comédie, même si nous ignorions les ruses du mythe, nous ferait bien voir que la vraie volonté du personnage est exactement opposée à ces hautaines déclarations.

« Il ne faut point servir d'objet qui nous possède » signifie en réalité : « Le seul objet qui vaille d'être servi, c'est celui qui nous posséderait totalement et qui, par sa fuite même, nous enflammerait sans cesse davantage — car c'est là *notre gré* véritable. » Les deux derniers mots : « ... et l'éteindre » étant pur artifice de rhétorique, destiné à persuader le lecteur, ou Cléandre, ou Corneille lui-même, que c'est la liberté qui est désirée, alors que c'est évidemment le « feu » ; et non pas le feu « obéissant »...

On s'y trompe aisément, répétons-le. Et Corneille a tout fait pour cela. Dans la dédicace de sa pièce, il s'adresse en ces termes à un personnage inconnu :

« C'est de vous que j'ai appris que l'amour d'un honnête homme doit être toujours volontaire ; qu'on ne doit jamais aimer en un point qu'on ne puisse n'aimer pas ; que, si on vient jusque-là, c'est une tyrannie dont il faut secouer le joug ; et qu'enfin la personne aimée nous a beaucoup plus d'obligation de notre amour, alors qu'elle est toujours l'effet de notre choix et de son mérite, que quand elle vient d'une inclination aveugle, et forcée par quelque ascendant de naissance à qui nous ne pouvons résister... On ne donne point ce qu'on ne saurait nous refuser. »

Voici qui est bel et bon. Mais nous n'oublions pas que ce refus de la contrainte fatale, cette liberté qui fait le prix du don, c'est une des exigences fondamentales de l'amour courtois (l'un des articles des *Leys d'Amors*). Et que cette exigence est polémique, dirigée contre le mariage. Or Alidor et son amante trop fidèle se trouvent malgré eux dans l'état de mariés, à quoi notre héros veut échapper non pour l'amour de la liberté — qu'il allègue — mais pour l'amour de la passion.

A tel prix que ce soit, il faut rompre mes chaînes
De crainte qu'un hymen, m'en ôtant le pouvoir,
Fît d'un amour par force un amour par devoir.

C'est le plus pur langage courtois. Mais voyez la curieuse contradiction : auparavant, il voulait le repos, et maintenant il craint le mariage qui lui amènerait le repos...

Je la veux offenser pour acquérir sa haine
Tant que j'aurai chez elle encor le moindre accès
Mes desseins de guérir n'auront point de succès.

Ces « desseins de guérir » (entendons : de brûler ; donc en fait : sa crainte de guérir !) sont en effet couronnés de succès au cinquième acte. Corneille l'avoue plus tard, tout en feignant de s'en étonner, comme il se doit, dans un *Examen* de sa pièce :

« Cet amour de son repos n'empêche point qu'au

cinquième acte (Alidor) ne se montre encore passionné pour cette maîtresse, malgré la résolution qu'il avait prise de s'en défaire, et les trahisons qu'il lui a faites; *de sorte qu'il semble ne commencer à l'aimer que quand il lui a donné sujet de le haïr.* »

L'aveu est complet cette fois-ci. Mais dans le plan purement psychologique où Corneille se place, le sens du *mythe* qui gouverne cette action ne peut que lui échapper, et il juge en fin de compte, très platement, qu'il n'y a là qu'une faiblesse logique. « Cela fait, conclut-il, une inégalité de mœurs qui est vicieuse. »

Ne nous étonnons point de cet aveuglement de l'auteur sur son dessein réel, pourtant si parfaitement mené à chef. L'essence du mythe de l'amour malheureux, nous le savons, c'est une passion inavouable. L'originalité de Corneille demeure d'avoir voulu combattre et nier cette passion dont il vivait, et ce mythe même que réinventent ses deux plus belles tragédies : *Polyeucte* et *le Cid.* Il a voulu sauver au moins le *principe* de la liberté, c'est-à-dire de la personne — sans lui sacrifier toutefois les effets délicieux et torturants du fatal « philtre » (ici métaphorique). Bien mieux : cette volonté de liberté est devenue l'agent le plus efficace de la passion qu'elle prétendait guérir. D'où la tension inégalée de ce « théâtre du devoir » — comme le récitent et le réciteront toujours ceux qui ne sont guère capables de l'aimer...

10. Racine, ou le mythe déchaîné

L'opposition classique de Racine et de Corneille se réduit à ceci, touchant le mythe : Racine part du philtre comme d'un fait indiscutable privant ses victimes de toute espèce de responsabilité : « *C'est*

Vénus tout entière à sa proie attachée », — tandis que Corneille ne veut y voir qu'« une tyrannie dont il faut secouer le joug ». D'où l'harmonie voluptueuse de l'un, et la dialectique tendue de l'autre ; l'un s'abandonnant au courant, l'autre lui résistant, bien qu'entraîné (ou pour mieux se sentir entraîné...).

L'*invitus invitam*[1] qui fait le sujet de *Bérénice*, c'est une formule antique interprétée par un « moderne » dans la perspective courtoise de l'amour réciproque malheureux. Ainsi devient-elle la formule même de notre mythe.

Mais Racine, dans ses premières pièces, raccourcit la portée du mythe à la mesure d'une psychologie exagérément « admissible ». « Je n'ai point poussé Bérénice jusqu'à se tuer, comme Didon, parce que Bérénice n'ayant pas ici avec Titus les derniers engagements que Didon avait avec Énée, elle n'est pas obligée, comme elle, de renoncer à la vie. » L'on sent tout l'artifice et la faiblesse du « raisonnement » qui se voit opposé à la passion de la Nuit ! « Ce n'est point une nécessité qu'il y ait du sang et des morts dans une tragédie, ajoute Racine, il suffit que l'action en soit grande, que les acteurs en soient héroïques, *que les passions y soient excitées*, et que tout s'y ressente de cette tristesse majestueuse qui fait tout le plaisir de la tragédie. »

Or cette « tristesse majestueuse qui fait tout le plaisir de la tragédie », ce n'est que la moitié du mythe, son aspect diurne, son reflet moral dans notre vie de créatures finies. Il y manque l'aspect nocturne, l'épanouissement mystique dans la vie infinie de la Nuit. Il y manque ce que l'on pourrait

1. « Titus, qui aimait passionnément Bérénice, et qui même, à ce qu'on croyait, lui avait promis de l'épouser, la renvoya de Rome *malgré lui et malgré elle*, dès les premiers jours de son empire. » (Suétone, traduit par Racine, préface de *Bérénice*.)

appeler, symétriquement, « cette joie majestueuse qui fait toute la douleur du Roman ». Car pour l'atteindre ou seulement la pressentir, il eût fallu pousser jusqu'à la mort, — cette mort que Racine ne juge pas nécessaire. La pudeur classique, tant vantée, ne va pas, quoi qu'on dise, sans un appauvrissement métaphysique, générateur de confusions incalculables. Car enfin cette « tristesse » racinienne, si « majestueuse » qu'on la veuille, ainsi bornée à soi, sans au-delà ni renversement dans la joie, acceptée telle qu'elle est dans le monde du jour, et qualifiée néanmoins de « plaisir », l'on ne voit pas en quoi ce serait davantage qu'une *morosa delectatio.*

Certes, l'on est fondé à contester la vérité dernière de la croyance mystique (manichéenne) qui est à l'origine de la passion et de son mythe : du moins faut-il bien reconnaître que cette croyance donne au drame et aux épreuves des amants une justification grandiose. S'ils aiment l'obstacle et le tourment qui en résulte, c'est que l'obstacle est un masque de la mort, et que la mort est le gage d'une transfiguration, l'instant où ce qui était la Nuit se révèle le Jour absolu. Mais faute d'atteindre cette limite, un Racine se condamne et nous condamne à goûter une mélancolie de nature essentiellement trouble. L'Éros courtois voulait nous libérer de la vie matérielle par la mort ; et l'Agapè chrétienne veut sanctifier la vie ; mais les « passions excitées » par Racine, cette « tristesse » à laquelle il nous invite à prendre on ne sait quel « plaisir », cela révèle en définitive d'assez morbides complaisances à la défaite de l'esprit, à la résignation des sens. Et déjà l'on pressent que cet abandon au « mal du siècle » (sécularisation de la passion) ne peut conduire Racine qu'au jansénisme, c'est-à-dire à la forme de mortification morose — d'autopunition dira Freud — qui se trouve la mieux adaptée au tempérament romantique.

Mais cette conversion-là ne pourra s'opérer qu'à la faveur d'une crise révélant à Racine lui-même la vraie nature de son délire. *Phèdre* est un moment décisif non seulement dans la vie du poète, mais dans l'évolution du mythe à travers l'histoire de l'Europe.

11. *PHÈDRE,* OU LE MYTHE « PUNI »

Le thème de la mort est écarté dans *Bérénice* par une « censure » morale évidemment chrétienne d'origine. Racine ne peut ni ne veut être pleinement lucide. Car sa lucidité l'obligerait à condamner ce qu'il n'ose chérir que dans son cœur le plus secret, et sans se l'avouer. Mais la crise de sa passion pour une femme qui fut peut-être la Champmeslé, et les premières atteintes d'une vraie foi vont le pousser comme malgré lui, et plus qu'il n'espérait, aux extrêmes de l'aveu.

Phèdre, c'est la revanche de la mort. Oui, Racine le sait maintenant, c'est une nécessité qu'il y ait du sang et des morts dans une tragédie, si elle a pour sujet l'amour-passion. Seulement, cette mort, il ne la désire pas comme une transfiguration : il a pris le parti du jour, la mort n'est plus que le châtiment de ses trop longues complaisances. C'est la passion, c'est sa propre passion, qu'il châtie en vouant à la mort la fille de Minos, et sa victime !

Racine, sous le couvert de son sujet antique, se punit doublement dans *Phèdre.* D'abord en faisant de l'obstacle un inceste, c'est-à-dire une entrave qu'il n'est plus admissible de vouloir vaincre. L'opinion — à laquelle Racine se montre si sensible — l'opinion est toujours avec Tristan contre le roi Marc, avec le séducteur contre le mari trompé ; elle n'est jamais avec les amants incestueux. Ensuite, Racine se punit par personnes interposées en refusant à la passion de Phèdre toute réciprocité de la part d'Hippolyte. Or *Phèdre* était écrite pour Champmeslé, qui y tint le rôle de la reine. Et Hippolyte, c'est Racine tel que maintenant il se souhaite : insensible au charme mortel... Confondant Phèdre et la femme qu'il aime, il se venge de l'objet de sa passion, et il se démontre à lui-même que cette passion est condamnable *sans appel.*

Mais je l'ai dit, Racine à l'époque de *Phèdre* est encore en pleine crise, balançant devant la décision. D'où la duplicité profonde de la pièce. La loi morale, la loi du jour qu'il veut servir désormais, oblige Racine à rendre le jeune prince insensible à l'amour de Phèdre. Il déclare donc cet amour incestueux, encore que cette reine ne soit que la belle-mère d'Hippolyte. Mais le vieil homme, le Racine naturel, cherche à tourner cette loi sévère qui, condamnant l'inceste, rend impossible la passion. Et voici comment il s'y prend : en rendant Hippolyte amoureux d'Aricie, dont on va voir qu'elle est une Phèdre déguisée. Le tour est très subtil.

« Pour ce qui est du personnage d'Hippolyte, écrit-il dans la Préface, j'avais remarqué dans les anciens qu'on reprochait à Euripide de l'avoir représenté comme un philosophe exempt de toute imperfection : ce qui faisait que la mort de ce jeune prince causait beaucoup plus d'indignation que de pitié. J'ai cru lui devoir donner quelque faiblesse *qui le rendrait un peu coupable envers son père,* sans pourtant lui rien ôter de cette grandeur d'âme avec laquelle il épargne l'honneur de Phèdre, et se laisse opprimer sans l'accuser. *J'appelle faiblesse la passion qu'il ressent malgré lui pour Aricie, qui est la fille et la sœur des ennemis mortels de son père.* »

Ainsi donc, Aricie, c'est « l'amour que le Père interdit » — un substitut voilé de l'amour incestueux[1]. (La psychanalyse nous a accoutumés à des déguisements plus savants !) Mais ce n'est pas l'inceste, c'est la passion qui intéresse — au sens fort — Racine. L'autre moyen qu'il a trouvé pour en parler voluptueusement, tout en se soumettant à la condamnation, c'est l'argument à toute épreuve du philtre. Ici, comme dans le mythe, le « Destin » servira d'alibi à la responsabilité de ceux qui aiment, et du même coup, à celle de l'auteur.

Ah ! Seigneur ! si notre heure est une fois marquée
Le ciel de nos raisons ne sait point s'informer.
(I, 1.)

Ce n'est pas ce ciel-là qu'eût adoré Corneille ! Ni ces dieux que l'on dupe, et sur qui l'on rejette la faute :

Les dieux m'en sont témoins, ces dieux qui dans mon [flanc
Ont allumé le feu fatal à tout mon sang.
(II, 3.)

Et voici la servante Œnone qui tient à Phèdre le même langage que la servante Brangaine à Isolde :

Vous aimez. On ne peut vaincre sa destinée :
Par un charme fatal vous fûtes entraînée...
(IV, 6.)

Duplicité, ai-je dit, mais à tel point essentielle à la pièce, constitutive de la crise même d'où elle est née, qu'il serait bien vain d'en faire reproche à son auteur. Il fallait *Phèdre*. Il fallait cet affleurement du mythe au jour. Il fallait cette douloureuse poussée de la volonté de mort cherchant à se délivrer d'elle-même

1. Hippolyte parlant d'Aricie, acte Ier, scène 1 : « Dois-je épouser ses droits contre un père irrité ? »

par l'impossible aveu, se retenant, s'avouant enfin à l'instant où elle y renonçait — avec le mouvement même de la reine, à trois reprises[1]. Il fallait cela pour que l'amour-passion succombât finalement à la Norme du Jour. Car c'est le jour terrestre qui pour la première fois, depuis l'apparition du mythe au XIIe siècle, triomphe de la mort de l'amante, renversant toute la dialectique de *Tristan* et de *Roméo :*

> *Et la mort à mes yeux dérobant la clarté*
> *REND AU JOUR qu'ils souillaient toute sa pureté.*
> *— Elle expire, Seigneur!*
> *— D'une action si NOIRE*
> *Que ne peut avec elle expirer la mémoire!*

Malgré tout — malgré même ce dernier trait que Racine a su faire mentir — j'en viens à croire qu'il est sincère dans sa Préface lorsqu'il écrit :

« Ce que je puis assurer, c'est que je n'ai point fait de tragédie où la vertu soit plus mise au jour que dans celle-ci ; les moindres fautes y sont sévèrement *punies* : la seule pensée du crime y est regardée avec autant d'horreur que le crime même ; *les faiblesses de l'amour y passent pour de vraies faiblesses* ; les passions n'y sont présentées aux yeux que pour démontrer tout le désordre dont elles sont cause... »

On est loin du dessein d'« exciter les passions » pour « plaire » à un besoin de « tristesse majestueuse ». On est tout près de Port-Royal.

Racine, comme Pétrarque, était de la race des troubadours qui trahissent l'Amour pour l'amour : ceux-là finissent presque toujours en religion. Mais notons-le : dans une religion de retraite — dernière injure peut-être au jour intolérable...

1. La confession du premier acte à la nourrice, celle du deuxième à Hippolyte — « Hé bien ! connais donc Phèdre et toute sa fureur... » et l'aveu de Thésée, au cinquième acte.

Malgré Corneille, malgré Racine jusqu'à *Phèdre,* la fin du XVIIe siècle français souffre ou bénéficie, comme on voudra, d'une première éclipse du mythe dans les mœurs et la philosophie.

La mise en ordre (pour ne pas dire mise au pas) de la société féodale par l'État-Roi entraîne des modifications assez profondes dans les relations sentimentales et les coutumes. Le mariage redevient l'institution de base : il atteint un point d'équilibre où les siècles suivants auront grand-peine à se maintenir, et que les siècles précédents n'ont pas connu. Les « alliances » privées se traitent dans les formes, ni plus ni moins qu'entre parties diplomatiques. L'inclination réelle ou supposée n'y ajoute guère qu'un élément d'exquise perfection, de luxe heureux, dernière touche d'une fantaisie qui sent presque l'impertinence. (Le XVIIIe la jugera vite de mauvais goût.) La convenance des rangs et la conformité des « qualités » deviennent la mesure idéale du bon mariage : curieuse analogie avec la Chine. Et de fait, c'est à partir de ce XVIIe siècle « rationnel » que nos mœurs se séparent des croyances religieuses (comme l'avait proposé Confucius) et, sans que nul paraisse y prendre garde, se rangent aux lois de la raison du siècle, reniant l'absolu chrétien. Les « mérites » et non plus la grâce imprévisible décident désormais d'une union, et rendront seuls « aimable » un parti soigneusement raisonné. Triomphe de la morale jésuite. C'est le baroque classique qui vient emprisonner, dans l'artifice de ses pompes, le sentiment. Aussi bien, l'analyse de la passion telle que la conduit un Descartes, sa réduction à des catégories psychologiques nettement distinctes, à des hiérarchies rationnelles de qualités, mérites et facultés, devait-elle aboutir nécessairement à la dissolution du mythe et de son dynamisme originel. C'est que le mythe ne déploie son empire que là précisément où s'évanouissent toutes les catégories morales — par-delà le Bien et le Mal, dans le *transport*, et dans la transgression du domaine où vaut la morale.

***

Le cas de Spinoza mériterait un chapitre, mais son influence sur les mœurs ne s'est guère fait sentir que deux siècles plus tard. (Il a fallu que les philosophes de *Sturm und Drang* le traduisissent en allemand pour les poètes, qui l'ont traduit en métaphores pour les bourgeois sentimentaux, et cela donne finalement tout un verbiage sur la divinité des impressions champêtres du dimanche.)

Spinoza définit l'amour : *un sentiment de joie accompagné de l'idée d'une cause extérieure.* C'est juste en un seul cas, d'ailleurs le seul prévu par ce mystique : si la cause extérieure est un Dieu auquel notre âme pourrait s'identifier[1]. Mais Spinoza néglige « l'obstacle ». Dans le fait, nos passions humaines sont *toujours* liées à des passions contraires, notre amour toujours lié à notre haine, et nos plaisirs à nos douleurs. Il n'est pas de cause isolée qui nous détermine purement. Entre la joie et sa cause extérieure il y a toujours quelque séparation et quelque obstacle : la société, le péché, la vertu, notre corps, notre moi distinct. Et de là vient l'ardeur de la passion. Et de là vient que le désir d'union totale se lie indissolublement au désir de la mort qui libère. C'est parce que la passion n'existe pas sans la douleur qu'elle nous rend désirable notre perte. Écoutons la

1. Nouvelle vérification de ce que nous disions à propos d'Eckhart : la mystique unitive ignore la *passion* divine.

Religieuse portugaise, Mariana Alcoforado, comme elle écrit à l'homme qui l'a séduite : « Je vous rends grâce du fond de mon cœur pour la désespérance où vous m'avez jetée, et méprise le repos où je vivais, avant de vous avoir connu... Adieu ! Aimez-moi donc toujours, faites-moi souffrir de pires douleurs encore ! »

Vers la fin du XVIIIe siècle, c'est une autre femme qui dira : « Je vous aime comme on doit aimer : dans le désespoir » (Julie de Lespinasse).

***

Mais le XVIIIe siècle avant Rousseau, c'est vraiment l'éclipse totale du Soleil noir de la Mélancolie. Les « qualités » et les « mérites » qui rendent « aimable », selon les roués de la Régence et du règne de Louis XV, ne sont plus même d'ordre moral, mais intellectuel et physique. La distinction de l'esprit et de la chair, succédant à la séparation de l'esprit et de l'âme croyante, aboutit à diviser l'être en intelligence et en sexe. A vrai dire, tout obstacle détruit, la passion n'a plus où se prendre. Et l'on parle de « passionnettes ». Le dieu d'Amour n'est plus un dur destin mais un enfant impertinent. Presque plus rien n'est défendu. De la pudeur, obstacle naturel, on garde ce qu'il faut pour la rhétorique du désir, mais non plus même pour celle de l'amour. « Belle vertu, dit Mme d'Épinay, qu'on s'attache avec des épingles ! » (Il me semble que ces épingles ne sont point citées par hasard : « Amour vous *point* », disait la rhétorique. Un peu plus tard, le sang coulera sous la Terreur ; mais nous n'en sommes encore qu'à la « guerre en dentelles ».)

Or ce siècle de la Volupté n'est pas celui de la santé sensuelle, s'il a cru se guérir du mythe. « Les femmes de ce temps n'aiment pas avec le cœur, elles aiment avec la tête », dit l'abbé Galiani. Des « débauchées de l'esprit », ajoute Walpole, donnant peut-être la meilleure formule du don-juanisme féminin. Car c'est la femme qui rêve Don Juan, et s'il se trouve pour incarner ce rêve des Richelieu et des Casanova, je suis moins sûr de leur réalité que de celle du désir qui les crée. Ce désir, les Goncourt l'ont très bien aperçu dans leur ouvrage classique sur la femme au XVIIIe siècle : « Au lieu de lui donner les satisfactions de l'amour sensuel et de la fixer dans la volupté, l'amour la remplit d'inquiétude, la pousse d'essai en essai, de tentatives en tentatives, agitant devant elle, à mesure qu'elle fait un nouveau pas dans la honte, la tentation des corruptions spirituelles, un *mensonge d'idéal,* le caprice insaisissable des rêves de la débauche. »

Un « mensonge d'idéal », c'est bien à quoi se résumera toujours la réaction cynique contre le mythe. Nous en avons donné plus d'un exemple. Le XVIIIe est trop poli pour admettre la gauloiserie : il la remplace par une *affectation* de facilité voluptueuse. Cette boutade, qui réduit tout l'amour au contact de deux épidermes, j'y vois bien moins l'affirmation d'un matérialisme inhumain qu'une preuve de la secrète persistance du mythe au cœur des hommes du XVIIIe. Il fallait bien que subsistât quelque peu d'illusion amoureuse et d'idéalisme diffus, pour que Chamfort ait pu juger « piquant » de noter cette maxime et de la publier. Cela pouvait encore étonner. Ce n'était encore, et ce ne sera jamais, qu'un idéalisme à rebours.

13. Don Juan et Sade

Comme on voit, en fermant les yeux, une statue noire à la place de la blanche que l'on vient de considérer, l'éclipse du mythe devait faire apparaître l'antithèse absolue de Tristan. Si Don Juan n'est pas, historiquement, une invention du XVIIIe, du moins ce siècle a-t-il joué par rapport à ce personnage le rôle exact de Lucifer par rapport à la Création, dans la doctrine manichéenne : c'est lui qui a donné sa figure au *Tenorio* de Molina, et qui lui a imprimé pour toujours ces deux traits si typiques de l'époque : la *noirceur* et la *scélératesse.* Antithèse vraiment parfaite des deux vertus de l'amour chevaleresque : la candeur et la courtoisie.

⁂

Il me semble que la fascination qu'exerce sur le cœur des femmes et sur l'esprit de certains hommes le personnage mythique de Don Juan peut s'expliquer par sa nature *infiniment contradictoire.*

Don Juan, c'est à la fois l'espèce pure, la spontanéité de l'instinct, et l'esprit pur dans sa danse éperdue au-dessus de la mer des possibles. C'est l'infidélité perpétuelle, mais c'est aussi la perpétuelle recherche d'une femme unique, jamais rejointe par l'erreur inlassable du désir. C'est l'insolente avidité d'une jeunesse renouvelée à chaque rencontre, et c'est aussi la secrète faiblesse de celui qui ne peut pas posséder, parce qu'il n'*est* pas assez pour *avoir...*

Mais cela nous entraînerait à quelques développements qu'il vaut mieux réserver pour plus tard[1]. Considérons ici le Don Juan du théâtre[2] comme le reflet inversé de Tristan.

1. *Doctrine fabuleuse,* 1947, contient un essai sur Don Juan repris dans *Comme toi-même,* 1961. (Édition de poche : *les Mythes de l'amour,* 1966.)

2. Celui de Mozart plutôt que celui de Molière, beaucoup moins significatif à mon avis, et qui d'ailleurs n'eut aucun succès au XVIIIe siècle.

Le contraste est d'abord dans l'allure extérieure des personnages, dans leur rythme. On imagine Don Juan toujours dressé sur ses ergots, prêt à bondir quand par hasard il vient de suspendre sa course. Au contraire, Tristan vient en scène avec l'espèce de lenteur somnambulique de celui qu'hypnotise un objet merveilleux, dont il n'aura jamais épuisé la richesse. L'un posséda mille et trois femmes, l'autre une seule femme. Mais c'est la multiplicité qui est pauvre, tandis que dans un être unique et possédé à l'infini se concentre le monde entier. Tristan n'a plus besoin du monde — parce qu'il aime ! Tandis que Don Juan, toujours aimé, ne peut jamais aimer en retour. D'où son angoisse et sa course éperdue.

L'un recherche dans l'acte d'amour la volupté d'une profanation, l'autre accomplit en restant chaste la « prouesse » divinisante. La tactique de Don Juan, c'est le viol, et aussitôt remportée la victoire, il abandonne le terrain, il s'enfuit. Or la règle de l'amour courtois faisait du viol précisément le crime des crimes, la félonie sans rémission ; et de l'hommage un engagement jusqu'à la mort. Mais Don Juan aime le crime en soi, et par là se rend tributaire de la morale dont il abuse. Il a grand besoin qu'elle existe pour trouver goût à la violer. Tristan, lui, se voit libéré du jeu des règles, des péchés et des vertus, par la grâce d'une vertu qui transcende le monde de la Loi.

Enfin tout se ramène à cette opposition : Don Juan est le démon de l'immanence pure, le prisonnier des apparences du monde, le martyr de la sensation de plus en plus décevante et méprisable — quand Tristan est le prisonnier d'un au-delà du jour et de la nuit, le martyr d'un *ravissement* qui se mue en joie pure à la mort.

On peut noter encore ceci : Don Juan plaisante, rit très haut, provoque la mort lorsque le Commandeur lui tend la main, au dernier acte de Mozart, rachetant par cet ultime défi des lâchetés qui eussent déshonoré un véritable chevalier. Tristan, mélancolique et courageux, n'abdique au contraire son orgueil qu'à l'approche de la mort lumineuse.

Je ne leur vois qu'un trait commun : tous deux ont l'épée à la main.

⁂

De la Régence à Louis XVI, Don Juan a régné sur le rêve d'une aristocratie déchue de l'héroïsme féodal. Un Richelieu ou un Lauzun dans la plus haute société, un Casanova au niveau de l'aventure scélérate, tels sont les parangons qui prennent la place de l'idéal détruit par le XVIIe siècle. Ce refoulement du mythe par l'ironie universelle, et le triomphe applaudi des « félons », préparent les plus étranges retours. Parmi tant de facilités, de raffinements intellectuels ou voluptueux, de satiétés, l'un des besoins les plus profonds de l'homme demeure privé d'assouvissement, et c'est le besoin de souffrir. Un corps social qui le cultive, s'alanguit, comme l'a montré le déclin du Moyen Age ; mais un corps social qui l'ignore et croit pouvoir le ridiculiser, se déssèche et s'énerve bien vite. L'esprit conçoit en cruauté active les souffrances qu'il interdit au cœur de subir. Point de bonté chez qui n'a pas souffert : sa fantaisie perd le contact vital, et tout pouvoir de « sympathie ». La femme n'est plus pour l'homme du XVIIIe qu'un « objet ». Mesurons l'un à l'autre ces extrêmes : la femme-idéal, pur symbole d'un Amour qui entraîne l'amour au-delà des formes visibles ; et la femme-objet de plaisir, instrument plus ou moins aimable d'une sensation qui enferme l'homme en soi...

Je distingue dans la contradiction de Don Juan et de Tristan, dans la tension insupportable de l'esprit qui *vit* cette contradiction parce qu'il subit la sensualité et désire l'idéal courtois, les données de l'œuvre de Sade, et les raisons précises de sa révolte.

C'est dans *les Crimes de l'amour* que Sade nous parle de son admiration pour la poésie de Pétrarque. Admiration traditionnelle dans sa famille, depuis le mariage qui avait uni Hugues de Sade, ancêtre direct du marquis, à la Dame de Pétrarque, Laure de Noves[1]. Pétrarque semblait ignorer simplement l'existence du désir et des corps, la réalité d'un « objet ». Sade, qui est un homme du XVIIIe, connaît trop bien sa monotone tyrannie. Ce que Pétrarque négligeait, c'est l'obstacle physique dont il faut se venger. Il n'existe que trop, cet objet, c'est lui qui détient le plaisir et le plaisir est une fatalité. Comment s'en libérer, si ce n'est par l'excès, car tout excès vient de l'esprit! Rien de plus glacialement rationaliste que les inventions « voluptueuses » multipliées par la rage du Marquis. Là où est le plaisir, là sera la souffrance, et la souffrance est le signe d'un rachat. Purification par le mal : péchons jusqu'à détruire les derniers charmes du péché. Au lieu de négliger l'objet, détruisons-le par des tortures d'où nous tirerons encore quelque plaisir, et cela fait partie de notre ascèse! Une fureur dialectique s'empare de Sade. Le meurtre seul peut rétablir la liberté, mais le meurtre de ce qu'on aime, puisque c'est cela qui nous enchaîne. On ne tue bien que son amour, parce que lui seul est *souverain.* Le crime d'amour impur sauvera la pureté.

Lisons maintenant avec cette clé la défense morale du meurtre telle que la présente Dolmancé dans *la Philosophie dans le boudoir* : « Eh quoi! un *souverain*

1. L'abbé de Sade, propre oncle du marquis, est l'auteur d'un ouvrage intitulé : *Remarques sur les premiers poètes français et les troubadours,* et de trois volumes (anonymes) de Mémoires sur Pétrarque.

ambitieux pourra détruire à son aise et sans le moindre scrupule les ennemis qui nuisent à ses projets de grandeur ? *Des lois cruelles, arbitraires, impérieuses,* pourront de même assassiner chaque siècle des millions d'individus, et nous, faibles et malheureux particuliers, nous ne pourrons pas sacrifier un seul être à nos *vengeances* ou à nos caprices ? Est-il rien de si barbare, de si ridiculement étrange, et ne devons-nous pas, *sous le voile du plus profond mystère, nous venger amplement* de cette ineptie ? » (C'est moi qui ai souligné.)

Si le marquis de Sade avait été interrogé sur les mobiles secrets de sa morale, il se fût sans nul doute réfugié derrière un verbiage cynique. Mais tous ses arguments sont transparents : ils signifient avec exactitude le contraire de leur sens littéral[1]. Cette glorification du sexe est une constante et rationnelle profanation de la morale profanée du XVIIIe. C'est la « voie négative » d'un athée qui désespère d'échapper à ses liens, et qui défie l'amour spirituel de se manifester en tuant le criminel[2]. Car là seulement serait la délivrance — selon la foi des troubadours...

14. La Nouvelle Héloïse

Paysan de Genève, Rousseau échappe à l'influence du don-juanisme citadin, mais non pas à une littérature qui trouve dans son tempérament des compli-

1. « On a de Sade : *Juliette ou les Malheurs de la vertu* (1791), puis *Justine ou les Prospérités du vice.* C'est le contraire exactement (donc en psychanalyse, le contraire aussi de ce contraire, et ainsi de suite) des *Remèdes de l'une et l'autre fortune* de Pétrarque. » (C.-A. Cingria, *Pétrarque.*)
2. Voir Appendice 13.

cités bien profondes et qui n'est autre que le pétrarquisme. Le roman de Rousseau à proprement parler n'est pas une renaissance du mythe primitif de Tristan. Il n'a pas la violence sauvage de la légende, et encore moins son arrière-plan ésotérique. Ce qui revit en lui, c'est l'état d'âme créé chez les imitateurs des troubadours par une doctrine qu'ils « sécularisaient », n'en connaissant que la rhétorique profane. C'est l'*acedia*, l'heureuse mélancolie cultivée par l'ermite de Vaucluse. Qu'on relise les sommaires analytiques joints par un éditeur zélé à la troisième édition du roman : l'on y retrouve les situations que prévoyaient les *leys de cortezia*. C'est le *Canzoniere* mis en prose — et quelque peu embourgeoisé. (Çà et là une citation, une allusion, témoignent de la connaissance que Rousseau avait de Pétrarque, véritable inventeur du sentiment de la nature et du lyrisme de la solitude.) Avec d'Urfé, la courtoisie avait tourné en casuistique profane. Chez Rousseau, elle devient une sorte de piétisme raffiné. Ici encore, la décadence est manifeste.

L'Héloïse qui vécut au XIIe [1] et dont nous possé-

1. Rappelons que l'amour fameux d'Abélard et Héloïse est *le premier exemple historique* de la passion dont nous parlons ici. Voici le *Chant funèbre* d'Héloïse composé (par elle-même ?) en vers latins (cité par Rémusat : *Abélard*, t. I). L'amante supplie :

Soulage-moi de ma croix,
Conduis vers la lumière
Mon âme délivrée !

Et le cœur des religieuses reprend :

Qu'ils se reposent de leur labeur
Et de leur douloureux amour !
Ils demandaient l'union des habitants des cieux,
Déjà ils sont entrés dans le sanctuaire du Sauveur.

Abélard répondit assez mal à cette passion. Mais sa théologie, fort hérétique, se rapproche sur des points essentiels de la doctrine spiritualiste des cathares. Et dans ses *Lamentations*, il laisse échapper le grand cri du romantisme et de Tristan : « *Amoris impulsio, culpae justificatio.* »

dons les lettres à Abélard, évoque Iseut, Juliette et Mlle de Lespinasse, beaucoup plus que Julie d'Étange. Et Saint-Preux, malgré son beau nom, n'a plus rien du mystique ni du chevalier. Au surplus, le roman n'aboutit à la mort qu'après un renoncement à la passion, et cette mort de Julie est chrétienne — autant qu'il peut dépendre de Rousseau. (Il insiste longuement, dans une lettre à son éditeur, sur son protestantisme et celui de ses héros : mais malgré sa sincérité, l'on ne peut que suspecter un « calvinisme » qui parle de l'Être suprême et paraît ignorer le Christ...)

Tout cela ne m'empêchera point de confesser un goût très vif pour le style de ce roman — seul comparable à *l'Astrée* sous ce rapport — et une admiration sérieusement motivée pour sa lucidité psychologique. On a trop vite jugé le « rousseauisme » moral en attribuant à l'auteur du roman les croyances de ses personnages. Si Rousseau fut le premier à décrire ces erreurs, c'est qu'il en souffrit plus que d'autres et avec plus de résolution de s'y soustraire. Mais on néglige habituellement les conclusions de l'œuvre pour ne garder que le souvenir du ton, de l'émotion et de certaines complaisances qu'entraîne le genre romanesque. Il est visible que Rousseau, pas plus que Pétrarque à la fin de sa vie, n'est dupe de la « religion » d'amour. Qu'on relise la grande lettre de Julie mariée (IIIe partie, lettre XVIII), analysant le passé des amants : on ne saurait dépister avec plus de rigueur, quoique féminine, les confusions intéressées de l'Éros et de l'Agapè. « La vertu est si nécessaire à nos cœurs que, quand on a une fois abandonné la véritable, on s'en fait ensuite une à sa mode, et l'on y tient plus fortement peut-être, parce qu'elle est de notre choix. »

Toutefois, l'on n'a pas tort d'attribuer au « climat » de *la Nouvelle Héloïse,* si nouveau pour le

XVIIIe siècle, une faculté de contagion contre laquelle les conclusions de l'auteur ne pouvaient rien. Et là, c'est bien le mythe qui reparaît, alangui, honteux et confus, mais à travers le voile des larmes vertueuses, reconnaissable à je ne sais quel frisson funèbre. A peine Saint-Preux voit-il ses « vœux » comblés (I, lettre LV) qu'il se met à douter sombrement : « Non, ce ne sont point ces transports que je regrette le plus : ah non ! retire s'il le faut ces faveurs enivrantes pour lesquelles je donnerais mille vies, mais *rends-moi tout ce qui n'était point elles, et les effaçait mille fois.* Rends-moi cette étroite union des âmes... Julie, dis-moi donc si je ne t'aimais point auparavant, ou si maintenant je ne t'aime plus ? Quel doute !... » Il s'effraye de l'équivoque du soupir, mais n'en conclut pas moins avec une sorte de dépit à peine voilé : « J'ai pris pour toi des sentiments plus paisibles, il est vrai, mais plus affectueux et de plus de différentes espèces... Les douceurs de l'amitié tempèrent les emportements de l'amour... » Le Tristan qui se réveille en lui après la « faute » de la possession se passerait bien de ces douceurs paisibles... Lui aussi désirait brûler, et non pas rassasier son désir. Lui aussi va multiplier les *obstacles* les plus gratuits, les prétextes de séparation, les situations voluptueusement inextricables. D'où l'insistance pénible et, dès cette date, quelque peu excessive me semble-t-il, sur la roture de Saint-Preux, laquelle est censée interdire toute possibilité d'union légale. D'où encore l'assimilation du préjugé social et des exigences d'une vertu déclarée religieuse par opportunité. Mais on distingue les mobiles inavoués de la confusion. Au XIIe siècle, c'était la loi de courtoisie qui imposait la chasteté ; ici, c'est la coutume bourgeoise. Mais sous le couvert de l'une et de l'autre, c'est toujours le mythe qui agit. Dans la lettre déjà citée où elle récapitule leurs épreuves, Julie appelle

« sainte ardeur » l'amour chaste qui les ravissait — bien qu'il fût dès ce moment condamnable — et « crime », « horreurs », « corruption », ce même amour après la possession. La faute qui compte, pour eux, on le voit bien, c'est celle qui lèse la « courtoisie », non la vertu bourgeoise trop souvent invoquée. Et ainsi de suite : il serait aisé de reprendre, à propos de *la Nouvelle Héloïse,* toute notre exégèse de *Tristan,* notre dialectique de l'obstacle. Il y a pourtant cette différence capitale que Rousseau aboutit au mariage, c'est-à-dire au triomphe du monde sanctifié par le christianisme, alors que la légende glorifiait dans la mort l'entière dissolution des liens terrestres.

15. Le romantisme allemand

C'est à partir de l'état d'âme sentimental — et non mystique[1] — des amants de *la Nouvelle Héloïse* que le romantisme va tâcher de rejoindre une mystique primitive qu'il ignore, mais dont il redécouvre, par éclairs, la vertu sacrale et mortelle.

Du *Tristan* de Thomas par Pétrarque et *l'Astrée* jusqu'à la tragédie classique, nous avons vu le mythe se dégrader, s'humaniser, s'analyser en éléments de moins en moins mystérieux ; enfin Racine l'abat, non sans avoir reçu dans cette lutte avec l'ange mauvais la plus douloureuse blessure. Et Don Juan bondit sur la scène : de Molière à Mozart, c'est la grande éclipse du mythe. Mais à partir du roman de Rousseau, qui naît comme en marge du siècle, nous allons

1. Est-ce la faute à Rousseau ? Ou plutôt au symbolisme ? Beaucoup de dames d'aujourd'hui croient que « mystique » signifie sentimental. Vitraux, pénombre bleue, arpèges, somnolence de l'esprit, rêverie des sens...

parcourir le même chemin en sens inverse : par *Werther*, cette réplique d'*Héloïse* mais qui finit beaucoup plus mal — se rapprochant du modèle primitif — l'on arrive à Jean-Paul, à Hölderlin, à Novalis. Dans la panique de la Révolution, de la Terreur, des guerres européennes, certains aveux deviennent possibles, certaines souffrances osent enfin dire leur nom. L'adoration de la Nuit et de la Mort accède pour la première fois au plan de la *conscience* lyrique. Napoléon à peine vaincu, voici l'envahissement de l'Europe par une plus insidieuse tyrannie. Jusqu'au jour où Wagner, d'un seul coup, dressera le mythe dans sa pleine stature et dans sa virulence totale : la musique seule pouvait dire l'indicible, elle a forcé le dernier mystère de *Tristan*.

Mon propos n'est point de recenser les innombrables manifestations du mythe dans nos littératures, surtout modernes, mais seulement de poser des jalons et de réduire certaines contradictions tout apparentes. On me pardonnera de ne point multiplier les preuves de l'évidente renaissance du thème courtois — donc de l'amour réciproque malheureux — chez tous les romantiques allemands sans exception[1]. Quelques textes choisis entre mille en diront plus que tous les commentaires ici possibles, et trop tentants. (Dans leur nudité même, je sens trop bien qu'ils risquent de prendre figure d'arguments, à cet endroit de notre voyage, du seul fait de leur trop parfaite convenance à nos définitions du mythe...)

1. W. Schlegel commença en 1808 une rédaction modernisée de *Tristan*. Puis Rückert, Immermann, Platen, bien d'autres, esquissèrent des *Tristan* (poèmes et drames). Le poème de Platen débute ainsi : « Celui dont les yeux ont une fois contemplé la beauté est déjà voué à la mort... »

Lettre de Diotina à Hölderlin

« Hier soir, j'ai longuement réfléchi sur la passion. Sans doute, *la passion de l'amour suprême ne trouve jamais son accomplissement ici-bas !* Comprends bien mon sentiment : chercher *cette* satisfaction serait folie. *Mourir ensemble !* (Mais silence ! ceci paraît exalté, et pourtant c'est si vrai !) Voilà le seul accomplissement. Mais nous avons des devoirs sacrés en ce bas monde. Il ne nous reste plus rien que la confiance la plus parfaite l'un dans l'autre et la foi dans la toute-puissante divinité de l'Amour qui à jamais nous guidera, invisible, et renforcera sans cesse notre union[1]. »

Journal intime de Novalis :

« Lorsque j'étais sur le tombeau [*de sa fiancée*] la pensée m'est venue que ma mort donnerait à l'humanité un exemple de fidélité éternelle, et qu'elle instaurerait, en quelque sorte, la possibilité d'aimer comme je l'ai fait. »

« Lorsqu'on fuit la douleur, c'est qu'on ne veut plus aimer. Celui qui aime devra ressentir éternellement le vide qui l'environne, et garder sa blessure ouverte. Que Dieu me conserve cette douleur qui m'est indiciblement chère... »

« Notre engagement n'était pas pris pour ce monde... »

Maximes de Novalis :

« Toutes les passions finissent comme une tragédie, tout ce qui est limité finit par la mort, toute poésie a quelque chose de tragique. »

1. Les italiques sont dans le texte original.

« Une union qui est conclue même pour la mort est un mariage qui nous donne une compagne pour la Nuit. C'est dans la mort que l'amour est le plus doux ; pour le vivant, la mort est une nuit de noces, un secret de doux mystères. »

« L'ivresse des sens appartient peut-être à l'amour comme le sommeil à la vie. Ce n'est pas la plus noble part, et l'homme vigoureux préférera toujours veiller à dormir. »

Voici deux textes qui rendent un son proprement manichéen :

« On doit séparer Dieu et la Nature. Dieu n'a rien à faire avec la Nature, il est le but de la Nature, l'élément avec lequel elle doit un jour s'harmoniser. »

« Nous sommes des esprits émanés de Dieu, des germes divins. Un jour nous deviendrons ce que notre Père est lui-même[1]. »

Et dans les *Hymnes à la Nuit,* où l'Éros ténébreux supplie que le matin ne renaisse plus (thème des « aubes ») :

« Que ton feu spirituel dévore mon corps, qu'en une étreinte aérienne je m'unisse étroitement à toi, et que dure alors éternellement notre nuit nuptiale ! »

Et l'on devrait citer toutes les œuvres de Tieck, définissant l'amour comme « une maladie du désir, une divine langueur... »[2].

1. Autre vision manichéenne du monde : la grande œuvre du peintre Otto Runge, *les Quatre Saisons,* devait représenter les quatre saisons de l'esprit : le matin, qui est l'éclairage illimité de l'univers ; le jour, forme illimitée de la créature, le soir, négation illimitée de l'existence à l'origine de l'univers ; la nuit, profondeur illimitée de la connaissance de Dieu, existence absolue. (*Cf.* Ricarda Huch, *les Romantiques allemands,* p. 285.)

2. Tieck raconte l'histoire du troubadour Jaufré Rudel dans *Sternbald,* et caractérise longuement l'amour courtois dans *le Sabbat des sorcières* et dans *Phantasus.*

L'exaltation de la mort volontaire, amoureuse et divinisante, voilà le thème religieux le plus profond de cette nouvelle hérésie albigeoise que fut le romantisme allemand. La mort est le but idéal des « hommes élevés » de *la Loge invisible* de Jean-Paul. Elle se confond avec l'amour chez Novalis. Elle fut pour Kleist « le seul accomplissement » possible d'une « passion d'amour suprême » à laquelle se refusait son corps.

Mais les poètes ne sont plus les seuls à tenter l'au-delà nocturne : un philosophe comme G. von Schubert spécule sur le « côté nocturne » (*Nachtseite*) de l'existence. Fichte lui-même donne la définition de l'amour-par-essence-impossible, le vrai amour qui repousse tout objet pour s'élancer à l'infini. C'est, dit-il, « le désir de quelque chose d'entièrement *inconnu,* qui se révèle uniquement par un besoin, par un malaise, par un vide, à la recherche de ce qui le comblerait, mais ignorant d'où cela peut venir... ».

Hoffmann ne dit pas autre chose lorsqu'il baptise cet *inconnu* : la poésie :

« Et voici que jaillit, pur feu céleste qui réchauffe et éclaire sans consumer, toute la félicité ineffable de la vie supérieure, germée au plus secret de l'âme. L'esprit déploie mille antennes toutes vibrantes de désir, tisse son filet autour de *celle* qui est apparue, et elle est à lui... *et elle n'est jamais à lui,* car la soif de son aspiration est à jamais insatiable. »

C'est toute l'aventure des mystiques unitives qui de nouveau prend son départ dans la conscience occidentale, c'est, éternelle hérésie passionnelle, la transgression rêvée de toutes limites, et le suprême désir qui nie le monde. Ainsi revivent de tous côtés et se rassemblent les éléments épars du mythe, que Wagner seul osera nommer, mais alors pour le recréer dans une synthèse définitive. Rien d'étonnant si le premier poème inspiré par le souvenir des cathares et de leur mystique fut composé par l'un des plus purs romantiques : c'est l'épopée des *Albigeois* de Lenau. On peut y lire ces vers qui sont une sorte de profession de foi de la « religion nouvelle » rêvée par Novalis et ses amis :

> *Elle aussi, l'ère du Christ, que Dieu nous voile,*
> *Passera, la Nouvelle Alliance sera rompue ;*
> *Alors nous concevrons Dieu comme l'Esprit,*
> *Alors se célébrera l'Alliance éternelle.*
> L'Esprit est Dieu ! *ce cri puissant retentira*
> *Comme un tonnerre de joie à travers la nuit de*
> *[printemps !*

16. Intériorisation du mythe

Le rythme intime du romantisme allemand, la diastole et la systole de son cœur, c'est l'enthousiasme et la tristesse métaphysique. C'est la dialectique abyssale de l'hérésie manichéenne, le renversement perpétuel du jour en Nuit et de la nuit en Jour. Le même élan qui portait l'âme vers la lumière et l'unité divine, considéré du point de vue de ce monde n'est plus qu'un élan vers la mort, une séparation essentielle. Tel est le tragique de l'Ironie transcendantale, ce mouvement perpétuel du romantisme, cette passion qui ruine sans relâche tous les objets qu'elle peut concevoir et désirer (la nature, l'être aimé, le moi), tout ce qui n'est pas l'Unité incréée, la dissolution sans retour. Mais cet enthousiasme est réel, c'est l'« endieusement » des troubadours, l'*endiosada* des mystiques espagnols, la *joy d'amor* dans son délire dionysiaque. Il en jaillit perpétuellement, au point suprême de son élévation, des fantaisies extravagantes. Il y a une gaieté romantique, comme il y a un attendrissement : moments de détente, entre deux élancements contradictoires, retours au monde...

C'est ce moment de joie bizarre, né de l'ironie métaphysique, qui fait défaut au romantisme français. Ici, les données sont les mêmes mais le rythme est moins ample et l'esprit va trop vite au but. La France de la Révolution et de l'Empire n'a plus d'énergie disponible pour la spéculation spirituelle : elle n'a point de « religion nouvelle », point de philosophes romantiques[1], peu ou point de métaphysique, et peu ou point de fantaisie — cette surabondance de l'esprit exalté par son propre drame.

⁂

Le romantisme en France n'aura guère débordé le champ de la psychologie individuelle. Il y gagne une lucidité qui le conduit plus rapidement que les Allemands, dans un domaine plus restreint, à des conclusions désolées.

Certes, Chénier décrit comme un vrai romantique :

L'enthousiasme errant, fils de la belle Nuit.

Et la célèbre invocation : « Levez-vous vite, orages désirés qui devez emporter René dans les espaces d'une autre vie », c'est le chant pur de la passion de la Nuit. Mais il n'est point d'aube mystique à l'horizon spirituel, ni de véritable joie d'amour au sommet de ces élancements. Le moi n'est jamais transcendé, il se refuse à l'illusion dernière d'une libération cosmique. Il retombe, désenchanté, à l'analyse de sa tristesse et de son impuissance lucide.

1. Il faudra attendre un siècle pour en voir un : Bergson, disciple de Schelling.

Romantisme mûri, désabusé, l'on serait même tenté de dire : trop rigoureux... Auprès de lui, Jean-Paul et Novalis feront toujours figure d'adolescents. Le goût de la mort, chez les Allemands, exalte la saveur de vivre : c'est peut-être qu'il est plus « naïf », plus assuré de la réalité de son au-delà. Voyez-les se reprendre sans cesse aux formes désirables de la terre, oublier, plaisanter follement, tout ardents de curiosité ; d'une merveilleuse inconséquence... Ce qui appauvrit le romantique français, c'est qu'il demeure un sceptique éloquent, c'est qu'il redoute la naïveté, la vulgarité foisonnante que les plus purs poètes allemands savaient goûter malgré leur nostalgie[1]. René s'amuse un jour à effeuiller une branche de saule sur un ruisseau, attachant une idée à chaque feuille que le courant entraîne. Il s'intéresse aux accidents qui menacent les débris de son rameau... On croit lire un poète allemand, on va retrouver la richesse du monde... Mais déjà l'homme du XVIIIe se réveille et se juge ridicule : « Voilà donc à quel degré de puérilité notre superbe raison peut descendre ! » Et c'est la « superbe raison » qui conclut sur une épigramme : « Et encore est-il vrai que bien des hommes attachent leur destinée à des choses d'aussi peu de valeur que mes feuilles de saule. » Le reste de la page, admirable, jusqu'aux fameux orages désirés[2].

1. Voir le *Journal* de Novalis, et le portrait qu'il donne de sa fiancée perdue, Sophie von Kühn, morte à seize ans. Il note « ses plats préférés » et qu'« elle boit volontiers du vin ». Le Français hausse les épaules devant de tels enfantillages.

2. On lit dans le *Cantique des cantiques :* « Levez-vous, aquilons, venez autans ! soufflez sur mon jardin pour que ses parfums se répandent ! » Et saint Jean de la Croix : « Viens, Auster qui réveille les amours, — Aspire à travers mon jardin — et que s'en répandent les odeurs. » (*Cantico*, XXVI.)

⁂

« Pour ces rationalistes malgré eux, pour ces athées qui n'arrivent point à croire à leurs chimères les plus consolantes, l'amour ne sera pas longtemps félicité ineffable de la vie supérieure » dont parle E.T.A. Hoffmann ; mais plutôt cet amour « taciturne et toujours menacé » des plus beaux vers de Vigny.

Cette absence d'intérêt naïf pour les formes quotidiennes de la vie facilitera le détachement de l'esprit, la purification abstraite du sentiment. Les êtres et les choses, ces prétextes, percés par un regard désabusé, cesseront bientôt d'être les vrais obstacles. Et le mythe, appauvri de ses formes extérieures, deviendra ce qu'il est en son principe : une autodestruction voluptueuse du moi. « On est détrompé sans avoir joui, dit René : il reste encore des désirs et l'on n'a plus d'illusions... On habite, avec un cœur plein, un monde vide. »

Alors la femme elle-même cesse d'être le symbole indispensable de la nostalgie passionnée. Dans l'*Oberman* de Senancour, l'« obstacle » est purement intérieur, il est dans la dualité du moi qui ne peut ni s'affirmer ni se dissoudre, ni se posséder ni être possédé.

Nous savions que Tristan n'aimait pas Iseut pour elle-même, mais seulement pour l'amour de l'Amour dont sa beauté lui offrait une *image*. Lui pourtant l'ignorait, et sa passion était naïve et forte. René et surtout Oberman ne peuvent même plus croire à l'image : ils ont compris que le drame se passe en eux, entre les lois inacceptables de la vie terrestre et finie, et le désir d'une transgression de nos limites, mortelle mais divinisante.

Rares sont toutefois les romantiques français qui atteignirent cette connaissance audacieuse, desséchée, exacte, et plus proche qu'on ne pourrait croire de la mystique négative. La plupart reviendront aux illusions de l'amour humain, sans retrouver pourtant la forte naïveté du mythe. Ils raffineront merveilleusement les « prétextes » traditionnels à la séparation des deux amants : du *Lys dans la vallée* (le plus naïf) jusqu'à *Adolphe* (le plus lucide) c'est tantôt le mariage et l'honneur, ou le devoir social, ou la vertu, ou le secret mélancolique de l'amant, ou quelque scrupule religieux, enfin le narcissisme avoué... Intériorisation progressive du mythe, à mesure que l'obstacle invoqué s'effrite et se dissout dans une critique sceptique, tandis que les morales s'abâtardissent, et que tout élément « sacré » disparaît de la vie sociale.

17. Stendhal, ou le fiasco du sublime

Homme du XVIIIe siècle, ayant subi la « touche » du romantisme, et fréquentant d'ailleurs une société des plus sceptiques, Stendhal nous offre un exemple parfait pour l'analyse de la profanation du mythe.

Voici un homme que le besoin de la passion tourmente : il a découvert dans son « âme », c'est-à-dire dans son goût du sublime, ce vide dont parlait Fichte, cet appel insatiable à l'inconnu, à l'Inconnue qui pourrait seule le combler. Aimer passionnément, ce serait vivre ! Il s'imagine de très bonne foi qu'un tel besoin relève de la nature physique. (Et il a même là-dessus sa petite explication matérialiste.) Il rirait bien si je lui démontrais que ce n'est là que l'empreinte du mythe dans son esprit, une habitude héritée de la culture, et spécialement de la littérature, puisque mystique et religion, pour lui, sont mortes. Mais il est obligé de constater que ce désir de passion, et la passion elle-même dans le monde où il vit, sont condamnés par la raison et par le scepticisme général. D'où le besoin qu'il éprouve de justifier ce besoin ; d'où son fameux traité *De l'amour.* Aux premières lignes de la préface vous le sentez en pleine polémique : « Quoiqu'il traite de l'amour, ce petit volume n'est point un roman, et surtout n'est pas amusant comme un roman. C'est tout uniment une description exacte et scientifique d'une sorte de folie très rare en France... » Stendhal baptise cette folie : l'amour-passion.

⁂

Tout le monde connaît la thèse du traité. Il y a quatre amours différents : l'amour-passion, l'amour-goût, l'amour physique et l'amour de vanité. Le premier seul trouve grâce aux yeux de l'auteur. La théorie de la cristallisation doit l'expliquer. « Ce que j'appelle cristallisation, c'est l'opération de l'esprit qui tire de tout ce qui se présente la découverte que l'objet aimé a de nouvelles perfections. » Ainsi aux mines de sel de Salzbourg, lorsqu'on jette un rameau dans l'eau profonde, on le retrouve trois mois après « garni d'une infinité de diamants mobiles et éblouissants ». Tomber amoureux, dans cette théorie, c'est attribuer à une femme des perfections qu'elle ne possède nullement. Et pourquoi cela ? Parce que l'on a besoin d'aimer, et qu'on ne peut aimer que la beauté. Disons plus simplement que la cristallisation, c'est le moment où l'on idéalise la femme aimée.

Je crois que c'est Ortega qui a souligné le premier[1] que cette célèbre théorie revient à faire de l'amour passionné une simple *erreur.* « Non point que la passion se trompe souvent, précise-t-il, mais elle est en soi une erreur... Le cas Stendhal n'est pas douteux : il s'agit d'un homme qui n'aimait pas réel-

1. José Ortega y Gasset, *Über die Liebe.*

lement, et qui surtout ne fut pas réellement aimé. » Tristan aimait, Don Juan était aimé ; mais celui qui n'a du premier que la nostalgie, et du second que l'inconstance, se voit amené à définir l'amour comme une maladie de l'esprit — dans la pure tradition antique, sauf qu'il s'affirme heureux d'être malade. Le voici donc dans la situation d'un médecin qui étudie sur lui-même les progrès et les singularités d'un mal qu'il ne croit pas mortel.

Toute la différence entre la cristallisation et l'idéalisation courtoise tient en ceci : Stendhal sait qu'il y aura décristallisation (retour à la lucidité). Le contrepoison du philtre, pour lui, c'est l'infidélité. La tragédie tourne au vaudeville.

Une chose me frappe : sa description est admirable de vivacité, d'exactitude, parfois de profondeur ; mais elle est totalement pessimiste — puisque aussi bien il s'agit d'une erreur et dont il se désole d'être tiré. D'où peut provenir ce pessimisme incompatible avec la conception de la vie qu'il s'était faite ? C'est la question qu'il ne se pose jamais.

Il note très bien : « Le plaisir ne produit pas la moitié autant d'impression que la douleur, ensuite, outre ce désagrément dans la quantité d'émotion, la *sympathie* est au moins la moitié moins excitée par la peinture du bonheur que par celle de l'infortune. » Et encore : « Une âme faite pour les passions sent d'abord que cette vie heureuse (le mariage) *l'ennuie*, et peut-être aussi qu'elle ne lui donne que des idées communes. » Et plus loin : « Il y a peu de peines morales dans la vie qui ne soient rendues chères par l'*émotion* qu'elles excitent. »

Voilà qui est vrai : nous aimons la douleur, et le bonheur nous ennuie un peu... Cela vous paraît tout naturel ? Et pourtant un Hindou, un Chinois s'en étonnent. Un Grec ressuscité ne s'en étonnerait pas moins. D'où nous viennent donc ce goût et ce dégoût bizarres ? Ne sont-ils pas contre nature ? Encore une fois, Stendhal ne se pose pas la question, n'étant pas en mesure de la résoudre. En matérialiste grossier — c'est la bonne espèce, la plus franche — il supprime simplement tout problème, grâce à sa théorie de la cristallisation, donc de l'erreur. Ce qui explique la passion, à son avis, c'est une erreur favorable au désir. « Ce phénomène, dit-il, vient de la nature qui nous commande d'avoir du plaisir et qui nous envoie le sang au cerveau. » Voilà donc le jugement obscurci, et qui se met à « cristalliser ». Mais on ne voit pas comment l'instinct se déciderait à commettre l'erreur nécessaire à cette opération rusée. (L'instinct seul, livré à lui-même.)

Je crois, comme Ortega, que la solution stendhalienne est d'abord inexacte, au regard des faits. Il existe un amour qui, loin de se tromper, est seul capable de découvrir dans l'être aimé les qualités réelles qui s'y cachent. De plus, n'est-ce point là le type d'une solution verbale ? Car dire que la passion est une erreur — elle l'est parfois — ce n'est pas encore expliquer cette erreur. L'instinct ou la nature n'ont pas coutume de se tromper de la sorte... S'il y a erreur, elle ne peut venir que de l'esprit.

La vérité, c'est que Stendhal est la victime d'un phénomène spirituel que ses croyances matérialistes ne sont plus en mesure de justifier. Victime heureuse d'ailleurs, et cela suffit à l'empêcher de pousser plus avant son enquête. Qu'est-ce que ce livre qu'il nous laisse ? Le témoignage d'une inquiétude qu'éprouve l'esprit lucide devant le mythe : non qu'il désire vraiment s'en libérer, mais il en a perdu la clé.

Ce n'est pas qu'au cours de sa recherche Stendhal n'ait plusieurs fois « brûlé ». Il consacre deux longs chapitres à l'amour en Provence au XIIe siècle, et reproduit le code d'amour courtois en appendice.

(Raynouard et Fauriel venaient de provoquer la renaissance des études romanes.) « Singulière civilisation », dit-il. Et il rêve un peu là-dessus. On dirait qu'il pressent quelque chose... Mais non : « Vingt anecdotes que je pourrais citer montrent partout dans cette Provence *une galanterie aimable, spirituelle et conduite entre les deux sexes sur les principes de la justice...* » Il finira, bien entendu, par les citer, ces anecdotes.

18. Wagner, ou l'achèvement

« Délivré du monde, je te possède enfin, ô toi seule qui remplis toute mon âme, suprême volupté d'amour ! »

L'homme qui a écrit cela (dans *Tristan et Isolde*) savait que la passion est quelque chose de plus que l'erreur : qu'elle est une décision fondamentale de l'être, un choix en faveur de la Mort, si la Mort est la libération d'un monde ordonné par le mal.

Mais l'audace de cette œuvre est de celles qui ne peuvent être tolérées qu'à la faveur d'une totale méprise, organisée et entretenue par une sorte de consensus social, d'aveuglement tout à la fois juré et inconscient. A force de l'entendre répéter par les bons juges, on a fini par croire que le *Tristan* de Wagner est un drame du désir sensuel. Qu'un tel jugement ait pu s'accréditer en dépit de flagrantes évidences, voilà qui est significatif au plus haut point de la *nécessité sociale* des mythes. (Mensonges d'autodéfense d'une société qui veut sauver sa forme, tandis que les individus qui la composent se prêtent obscurément, sous le couvert d'un refus, aux passions qui tendent à sa perte.)

En composant *Tristan,* Wagner a violé le tabou : il a tout *dit,* tout avoué par les paroles de son livret, et plus encore par sa musique. Il a chanté la Nuit de la dissolution des formes et des êtres, la libération du désir, l'anathème sur le désir, la gloire crépusculaire, immensément plaintive et bienheureuse de l'âme sauvée par la blessure mortelle du corps. Mais le sens maléfique de ce message, il fallait le nier pour pouvoir l'accueillir, il fallait à tout prix le travestir, l'interpréter d'une manière tolérable, c'est-à-dire au nom du *bon* sens. Du mystère bouleversant de la Nuit et de la destruction des corps, l'on a fait la « sublimation » d'un pauvre secret du plein jour : l'attrait des sexes, la loi tout animale des corps — ce qu'il faut à la société pour procréer et se consolider, ce qu'il faut au bourgeois pour ressentir sa vie... Qu'on y soit parvenu si rapidement et complètement ne saurait d'ailleurs témoigner d'une vitalité sociale exceptionnelle ; c'est plutôt la frivolité du public ordinaire des théâtres, son sentimentalisme lourd, et pour tout dire sa faculté exceptionnelle de ne pas entendre ce qu'on lui chante, qui ont facilité l'opération. Ainsi le *Tristan* de Wagner peut être impunément repris devant des salles émues en toute sécurité ; si forte est la certitude générale que *personne ne croira son message.*

⁂

Le drame débute par une évocation monumentale des puissances qui gouvernent le monde du jour : haine, orgueil, et violence barbare de l'honneur féodal, jusqu'au crime. Isolde veut venger l'affront subi. Le philtre qu'elle offre à Tristan est destiné à le faire mourir : mais d'une mort que l'Amour condamne, d'une mort selon les lois du jour et de la vengeance, brutale, accidentelle, privée de sens mystique. Or la Minne suprême inspire à Brangaine l'erreur qui doit sauver l'Amour. Au philtre de mort, elle substitue le breuvage d'initiation. Ainsi l'étreinte unique de Tristan et d'Isolde aussitôt qu'ils ont bu, c'est le baiser unique du sacrement cathare, le *consolamentum* des Purs ! Dès cet instant, les lois du jour, la haine, l'honneur et la vengeance sont devenus sans force sur leurs cœurs. Les initiés pénètrent au monde nocturne de l'extase libératrice. Et le jour qui revient avec le cortège royal et ses dissonantes fanfares, le jour ne pourra plus les ressaisir : au terme de l'épreuve qu'il va leur imposer — c'est la passion — ils ont déjà pressenti l'*autre* mort, celle qui est le seul accomplissement de leur amour.

Le deuxième acte est le chant de la passion des âmes prisonnières des formes. Tous les obstacles surmontés, quand les amants sont seuls enveloppés de ténèbres, c'est le désir charnel qui les sépare encore. Ils sont ensemble et pourtant ils sont deux. Il y a ce *et* de Tristan « et » Isolde qui signifie leur dualité créée. A ce moment la musique seule peut exprimer la certitude et la substance de cette double nostalgie d'être un. Car seule elle détient le pouvoir d'harmoniser la plainte de deux voix, et d'en faire une plainte unique où déjà vibre la réalité d'un indicible au-delà d'espérance. Et c'est pourquoi le leitmotiv du duo d'amour est déjà celui de la mort.

Encore une fois revient le jour : le traître Mélot[1] blesse Tristan. Mais la passion a désormais vaincu, elle vole au jour son apparente victoire : de cette blessure par où la vie s'écoule, elle fait le gage de la suprême guérison, celle que chantera Isolde agonisante sur le cadavre de Tristan, dans l'extase de la « joie la plus haute ».

Initiation, passion, accomplissement mortel : ces

1. Mélot le délateur, c'est le personnage constant des poèmes courtois que les troubadours nommaient le *lozengier*.

trois moments mystiques auxquels Wagner, par une géniale simplification, a su réduire les trois actes du drame, exposent la signification profonde du mythe, encore masquée dans les légendes médiévales par une foule d'éléments épiques et pittoresques.

⁂

Cependant la forme d'art que Wagner a choisie n'est pas sans recréer des possibilités de « méprise ». Il *fallait* que ce fût un opéra, pour deux raisons qui tiennent à l'essence même du mythe. De même que le péché du premier homme, et de chaque homme, introduit dans le monde le temps ; de même que la faute des amants légendaires contre les lois de l'amour chaste transforme l'hymne des troubadours en un roman[1] — ainsi les puissances du jour, évoquées par le premier acte, introduisent la lutte et la durée, qui sont les éléments du *drame*. Mais le drame ne peut pas tout dire, la religion de la passion étant « essentiellement lyrique ». Dès lors la *musique* seule sera capable d'exprimer la dialectique transcendantale, le caractère éperdument contradictoire, contrapuntique de la passion de la Nuit — qui est l'appel au Jour incréé. La définition même de la musique occidentale, c'est l'accord émouvant des contraires. Expression d'un dualisme douloureux, permanent au niveau de la vie, mais qui s'évanouit dans la grâce lumineuse au-delà de la mort physique.

Or le drame achevé par la musique, c'est l'opéra. Ainsi, ce n'est point un hasard si le mythe de Tristan et celui de Don Juan n'ont pu recevoir leur expression achevée que dans la forme de l'opéra. Si Mozart et Wagner nous ont donné les chefs-d'œuvre du

1. *Cf.* chap. 11, livre II. Le roman est un poème qui n'exprime plus l'instant mais la durée.

drame musical, c'est en vertu de l'affinité originelle de ce mode d'expression et des sujets qu'ils surent choisir. La musique seule peut bien parler de la tragédie, dont elle est la mère et la fille.

Toutefois, dans le cas de *Tristan,* l'élément plastique inhérent à toute mise en scène théâtrale se trouve recréer un obstacle à la compréhension directe du mythe. Les acteurs, les costumes, les décors[1] retiennent l'attention dans le réel, imposent la présence du « jour », contredisent fatalement le sens profond de l'action. Tant qu'on regarde la scène, on est victime de l'illusion des formes — et des plus ridicules. Il n'y a là, « visiblement », qu'une grosse femme et un puissant guerrier en proie au tourment du désir... Fermez les yeux et aussitôt le drame s'éclaire ! L'orchestre décrit largement les dimensions d'une tragédie tout intérieure. La morbidesse bouleversante des mélodies révèle un monde où le désir charnel n'est plus qu'une dernière et brûlante langueur dans l'âme qui se guérit de vivre.

Seule la lumière douloureuse du troisième acte — l'obsession jaune des fiévreux — peut traduire à ma *vue* le sens profond de l'exil des amants dans l'extase. Par ce qu'il a d'artificiel, de trop violent, cet éclairage annonce que le jour meurt, et que déjà l'aube n'est plus qu'un crépuscule vainement exalté.

1. Surtout les décors réalistes que nos metteurs en scène s'obstinent à conserver (la décoration de la tente au premier acte, le lierre peint sur les murailles du burg au deuxième !). Il faudrait un décor simplifié à l'extrême, abstrait, métaphysique, rêvé. Il faudrait des acteurs hiératiques, et non pas cette interminable gesticulation de Tristan essoufflé sur sa couche, d'Isolde entravée par ses voiles...

Note de 1954 : la mise en scène nouvelle de *Tristan* à Bayreuth, œuvre de Wieland Wagner, comble les vœux que j'exprimais dans la première édition de ce livre ; elle permet d'assister les yeux ouverts au deuxième acte.

*
**

Un second lieu commun de la critique — d'ailleurs absolument contradictoire avec celui qui faisait de *Tristan* la glorification du désir sensuel — c'est le rappel de l'influence de Schopenhauer sur Wagner. Quoi qu'en aient pu penser Nietzsche, et Wagner lui-même, il me paraît que cette influence est fortement surestimée. Un créateur de la taille de Wagner ne met pas des « idées » en musique. Qu'il ait trouvé chez Schopenhauer quelques formules reprises par le livret, une cohérence intellectuelle justifiant à ses propres yeux certaines intimes déterminations, voilà sans doute ce qu'il faut retenir de la rencontre, et ce n'est pas d'un immense intérêt. L'ascèse, la négation du monde créé, l'identification de l'attrait sexuel avec le vouloir-vivre obscurcissant la connaissance, toute cette mystique que l'on s'empresse de qualifier de bouddhiste, Wagner n'avait pas à l'apprendre. C'est parce qu'il la portait vivante en lui qu'il fut le premier à retrouver sa trace dans les symboles des Minnesänger, dans la légende manichéenne de Parsifal, et par-dessous l'imagerie chrétienne, dans le Saint-Graal, la pierre sacrée des Iraniens et des cathares, la coupe de Gwyon[1], divinité celtique!

*
**

Que Wagner ait restitué le sens perdu de la légende, dans sa virulence intégrale, ce n'est point là une thèse à faire admettre, c'est l'évidence largement déclarée par la musique et les paroles de l'opéra. Par l'opéra, le mythe connaît son achèvement. Mais ce « terme » détient deux sens contra-

1. Gwyon (d'où guyon : guide, en vieux français), c'est le *Führer* qui détient les secrets d'initiation à la voie divinisante.

dictoires — comme presque tous les termes du vocabulaire de l'existence, décrivant l'être en situation d'agir, non les objets. *Achèvement* désigne l'expression totale d'un être, d'un mythe ou d'une œuvre ; d'autre part, désigne leur mort. Ainsi le mythe « achevé » par Wagner a vécu. *Vixit* Tristan ! Et s'ouvre l'ère de ses fantômes.

19. Vulgarisation du mythe

Il y eut la *voie poétique* du mythe.

Edgar Poe engendra Baudelaire, qui engendra le symbolisme, qui engendra des mandragores, des femmes sans corps, des jeunes Parques, des apparences à peine féminines de *fuites* — comme on dit que l'eau fuit d'un bassin : fissures dans le réel, fuites de rêves. C'est la tradition alanguie, intellectualisée, sophistiquée. Voie décidément trop étroite pour qu'un homme s'y engage tout entier : aussi déléguera-t-il à l'aventure quelques *facultés* détachées. Ascèse exactement facultative.

Il y eut aussi la *voie romanesque* du mythe : mais elle ne tarda guère à déboucher sur une route nationale encombrée, où l'on se promène le dimanche en famille pour voir passer les belles autos, et s'indigner des excès de vitesse.

Le Lys dans la Vallée, Adolphe, Dominique, Madame Bovary, Thérèse Raquin, la Porte étroite, Un amour de Swann : étapes françaises de la dissociation psychologique, de la dégradation de « l'obstacle » extérieure, et de la reconnaissance lucide — par là même, antiromanesque — de sa nature purement intime et subjective. (Religieuse dans le cas de Gide, quasi physique dans celui de Proust.)

Parallèlement, il convient de citer *le Triomphe de la Mort* de D'Annunzio — commentaire admirable de

Wagner —, *Anna Karenine*, et presque tous les grands romans de l'ère victorienne, et surtout *Tess d'Urberville* et *Jude l'Obscur*; et de nos jours les romans platonisants d'un Charles Morgan.

⁂

Mais les chefs-d'œuvre, désormais, nous en apprennent moins sur la descente du mythe dans les mœurs, que les romans de série, le théâtre à succès, enfin le film. Le vrai tragique de notre époque est diffus dans la médiocrité.

Le vrai sérieux, dès lors, implique la connaissance, le rejet ou l'acceptation de ce qui meut ou émeut les masses, et de l'anonymat des grands courants qui roulent les individus détachés, avec une puissance que l'esprit répugne encore à mesurer.

L'envahissement de nos littératures, tant bourgeoises que « prolétariennes », par le roman, et le roman d'amour s'entend, traduit exactement l'envahissement de notre conscience par le contenu totalement profané du mythe. Celui-ci cesse d'ailleurs d'être un vrai mythe dès qu'il se trouve privé de son cadre sacral, et que le secret mystique qu'il exprimait en le voilant se vulgarise et se démocratise. Le *droit à la passion* des romantiques devient alors la vague obsession de luxe et d'aventures exotiques que les « romans de gare » suffisent à satisfaire symboliquement. Que cela n'ait plus aucune espèce de sens valable, il suffit pour s'en assurer d'imaginer l'impuissance absolue où se trouvent les clients de cette littérature à concevoir une réalité mystique, une ascèse, un effort de l'esprit pour s'affranchir des liens sensuels : or la passion courtoise n'avait pas d'autre but, et son langage n'avait pas d'autre clé. Perdus et oubliés cette clé et ce but, la passion dont le besoin revient nous tourmenter n'est plus qu'une maladie de l'instinct, rarement mortelle, régulièrement toxique et déprimante, tout aussi dégradée et dégradante, par rapport au mythe de Tristan, que le serait par exemple l'alcoolisme par rapport à l'ivresse divine que chantaient les mystiques arabes.

L'exemple du théâtre « parisien » détient une signification plus riche pour notre objet. La bourgeoisie du second Empire eut le mérite de faire une dernière tentative pour régulariser dans son cadre social l'influence anarchisante de la passion. Car celle-ci survivait à toute mystique, par la grâce équivoque du romantisme. L'hérédité — ou ce qu'on nommait ainsi — transmettait le virus atténué du philtre ; la culture littéraire entretenait, dans une certaine jeunesse tout au moins, le besoin d'une brûlure nostalgique ; et tout cela composait une sorte de complexe que l'on prenait pour la « nature » elle-même, bien qu'il ne représentât qu'une survivance psychologique, voire physiologique.

La tentative de normalisation bourgeoise de la passion, visant à recréer une expression conventionnelle, donc admissible par l'ordre social — ce fut le théâtre de Dumas à Bataille. La fameuse « pièce à trois personnages », modèle de presque tous les auteurs dramatiques de la Belle Époque, c'est simplement l'adaptation du mythe de Tristan à la mesure d'une société moderne. Le roi Marc est devenu le cocu ; Tristan, le jeune premier, ou gigolo ; Iseut, l'épouse insatisfaite, oisive et lectrice de romans.

Ici encore, deux morales s'affrontent. Les barons félons de la légende sont figurés par les tenants de la morale « conformiste ». Ils défendent le mariage bourgeois, l'héritage, les convenances et l'Ordre. Ils sont du côté du mari, et donc légèrement ridicules. Mais la morale contraire triomphe régulièrement — fût-ce au prix d'un coup de pistolet. C'est la morale du romantisme, des droits imprescriptibles de l'amour, et elle implique la supériorité « spirituelle » de la maîtresse sur l'épouse.

Quant au philtre, alibi de la responsabilité, on lui donne le nom romantique de « fatalité de la passion ». Et les tenants du conformisme n'ont pas tort de l'assimiler à la « littérature » en général, terme de mépris vouant à une exécration globale les « tendances dissolvantes », l' « anarchie », et les idéaux « impossibles ».

Bientôt, l'on n'essaiera plus même de nier la complaisance que réclame de ses propres victimes l'élaboration du vieux philtre. Elle est minutieusement décrite, jusque dans des ruses inconscientes, en des centaines de pages, par Marcel Proust. (Voir surtout *Un amour de Swann*.)

Littérature bourgeoise ai-je dit : ses conclusions régulièrement antibourgeoises font partie intégrante de l'ordre social établi. L'instinct de conservation rend en effet cet ordre tolérant à l'égard de ce qui feint de le renier, mais qui en vit. Le calcul est très simple, et bien entendu inconscient. L'idéal glorifié par la littérature détourne en rêveries voluptueuses les tendances subversives de l'esprit. La morale du mariage en souffre évidemment, mais cela n'est pas d'une gravité urgente, puisqu'on sait bien que l'institution matrimoniale repose sur des bases financières et non plus religieuses ou morales. A dire vrai, les seuls écarts considérés comme intolérables sont ceux qui entraînent une dilapidation du « patrimoine » de la famille. (Patrimoine ne signifiant plus que fortune et propriétés.)

⁂

Cette volonté de *jouir* du mythe mais sans le *payer* trop cher, on la voit s'exprimer en toute naïveté dans le film sentimental.

Peu de genres plus strictement conventionnels et rhétoriques que le film américain des premières années de l'entre-deux-guerres. C'était l'époque du *happy end* : tout devait aboutir au long baiser final sur fond de roses ou de tentures luxueuses. Or cette figure de style n'est pas sans relations avec le mythe au dernier stade de sa déchéance. Elle exprime à la perfection la synthèse idéale de deux désirs contradictoires : désir que rien ne s'arrange et désir que tout s'arrange — désir romantique et désir bourgeois. La profonde satisfaction que produit à coup sûr le *happy end* provient précisément du fait qu'il libère le public de ses contradictions intimes.

En effet : point de roman sans obstacles. On les multiplie donc, sans souci d'une invraisemblance que le désir de romantisme rend insensible. Ainsi, pendant une heure ou deux le roman pourra rebondir et notre cœur haleter, et c'est ce que nous cherchons. Mais l'obstacle signifie, à la limite, la mort, le renoncement aux biens terrestres. C'est ce que nous ne voulons plus, dès que cela nous devient clair. Il s'agit donc de supprimer l'obstacle à temps, ce qui amène par définition la fin du roman et du film : « et ils eurent beaucoup d'enfants » signifie qu'il n'y a plus rien à raconter ; ou bien c'est le baiser en gros plan, bouchant l'écran et refermant la fenêtre de l'imagination. Toutefois, l'on s'efforcera de donner à cette fin une atmosphère « poétique » qui dissimule le passage à la vie quotidienne, et compense la déception du romantique par le soulagement du bourgeois.

Ainsi, dans le théâtre, dans le roman à succès et dans le film qui exploitent inlassablement la formule du ménage à trois, l'idéalisme tragique du mythe originel n'est plus qu'une nostalgie assez vulgaire, idéalisation de désirs anodins, d'ailleurs ramenés vers la jouissance des choses, c'est-à-dire totalement invertis par rapport à l'amour courtois.

La *religion* des troubadours se prêtait aux complicités les plus sournoises avec l'*instinct,* qu'elle excitait par sa volonté même de le nier. L'ambiguïté du langage mystique de l'hérésie devait faire naître, dès le XIIIe siècle, une rhétorique profane de la passion. Et c'est la diffusion de ce langage par la littérature romanesque qui aboutit, au cours du dernier siècle, à ce renversement des rôles : l'instinct devenant le vrai support d'une rhétorique dont les figures lui prêtent désormais un semblant d'idéalité.

20. L'INSTINCT GLORIFIÉ

Comme à la rose de Guillaume de Lorris répond la rose de Jean de Meung, comme à la rhétorique cristalline de Pétrarque s'oppose la fantasmagorie sensuelle de Boccace, le romantisme a provoqué de nos jours une révolte qui se veut « primitive ». Ce n'est plus le sentiment que l'on idéalise, c'est l'instinct.

Je songe à une certaine école de romanciers anglo-américains, qui fleurit dans l'entre-deux-guerres, un Lawrence, un Caldwell, un Miller et leurs imitateurs. Voici ce que nous disaient ces hommes : « Nous en avons assez de souffrir pour des idées, des idéaux, des petites hypocrisies idéalisées et perverses auxquelles personne ne sait plus croire. Vous avez fait de la femme une espèce de divinité coquette, cruelle et vampirique. Vos femmes fatales, et vos femmes adultères, et vos femmes desséchées de vertu, nous ont gâté la joie de vivre. Nous nous vengerons de vos « divines ». La femme est d'abord une femelle. Nous la ferons se traîner sur le ventre vers le mâle dominateur[1]. Au lieu de chanter la courtoisie, nous chante-

1. Scène d'un roman de Caldwell intitulé *la Route au tabac.*

rons les ruses du désir animal, l'emprise totale du sexe sur l'esprit. Et la grande innocence bestiale nous guérira de votre goût du péché, cette maladie de l'instinct génésique. Ce que vous appelez morale, c'est ce qui nous rend méchants, tristes et honteux. Ce que vous appelez l'ordure, voilà ce qui peut nous purifier. Vos tabous sont des sacrilèges contre la vraie divinité, qui est la Vie. Et la vie, c'est l'instinct libéré de l'esprit, la grande puissance solaire qui broie et magnifie l'individu fécond, la belle brute déchaînée, etc. » L'un de ces prophètes est allé jusqu'à dire : « Je voudrais avoir autant de vitalité qu'une vache. »

⁂

Cette nouvelle mystique de la « Vie » a pu donner naissance à de belles œuvres littéraires. Mais je la retrouve, étrangement identique, aux origines profondes d'un mouvement que nous n'avons plus à étudier ni à convaincre : il nous menace à bout portant.

Perdre sa personnalité morale et se retremper dans le flux cosmique de l'instinct, c'est l'*idéal* de nos poètes du primitivisme solaire, mais la *pratique* de cette croyance n'est pas de nature à nous tromper un seul instant : il n'y a pas de « belles » brutes, il y a des brutes. L'idée de beauté qu'un Lawrence croit encore consistante, c'est l'héritage d'une époque en faillite — une dette que plus personne, *là-bas,* n'est disposé à reconnaître. On n'a plus de comptes à rendre à cet « esprit » platonicien. Il était cause de toute la confusion, et il l'a payé de sa vie, voilà qui est clair.

Mais j'ajouterai ceci, qui est non moins clair : quand sous prétexte de détruire l'artificiel — rhétorique idéalisante, éthique et mystique du « parfait » — l'on prétend s'enfoncer dans le flot primitif de l'instinct, dans le larvaire, dans le non-fait, dans l'« infait », c'est-à-dire dans l'infect, l'on croit retrouver l'authentique de la vie, et l'on ne fait pourtant que s'abandonner au torrent des *déchets* de l'ancienne culture et de ses mythes désagrégés.

C'est qu'il n'y a plus, dans l'homme d'aujourd'hui, d'authenticité primitive. Ce que l'on appelle hérédité, dans le jargon de notre siècle, ce que l'Église appelle péché originel, cela désigne la perte irrémédiable du contact immédiat avec nos origines. Et dès lors, redescendre au-dessous de nos morales, ce n'est pas nous libérer de leurs interdictions, descendre au-dessous de l'expression créée et réglée par l'esprit (même si l'esprit, comme je le crois, nous engageait dans les voies irréelles), ce n'est pas revenir au réel, mais s'égarer dans la zone de terreur et dans les terrains vagues où se sont déversés tous les rebuts d'une civilisation intoxiquée.

L'« authentique » dont le désir nous obsède, nous ne pourrons pas le *retrouver.* Il n'est pas au terme d'un mouvement d'abandon à l'instinct énervé et au ressentiment de la chair. Il n'est pas caché mais perdu. Il ne peut qu'être *recréé* par un effort contraire à la passion, c'est-à-dire par une action, une mise en ordre, une purification — un retour à la sobriété.

Agir, ce n'est pas s'évader hors d'un monde déclaré diabolique. Ce n'est pas tuer ce corps gênant. Mais ce n'est pas non plus tirer son revolver contre l'esprit sous prétexte qu'il nous a trompés[1].

Agir, en vérité, c'est accepter les conditions qui nous sont faites, dans le conflit de l'esprit et de la chair; et c'est tenter de les surmonter non plus en

1. On connaît la phrase d'un officier hitlérien : « Chaque fois que j'entends prononcer le mot "Geist" (esprit), j'arme mon revolver. »

détruisant mais en mariant les deux puissances antagonistes. Que l'esprit vienne au secours de la chair et retrouve en elle son appui, et que la chair se soumette à l'esprit et retrouve par lui sa paix. Telle est la voie.

Éros mortel, Éros vital — l'un appelle l'autre, et chacun d'eux n'a pour fin véritable et pour terminaison réelle que l'autre, qu'il voulait détruire ! A l'infini, jusqu'à la consomption de toute vie et de tout esprit. Voilà ce que peut faire l'homme qui se prend pour son dieu. Voilà le mouvement dernier de la passion, dont l'exaspération s'appelle la guerre.

21. La passion dans tous les domaines

Le mythe sacré de l'amour courtois, au XIIe siècle, avait eu pour *fonction sociale* d'ordonner et de purifier les puissances anarchiques de la passion. Une mystique transcendante orientait secrètement, polarisait vers l'au-delà les nostalgies de l'humanité souffrante. C'était sans doute une hérésie, mais pacifique, et, par certains de ses aspects, très favorable à l'équilibre civilisateur. Cependant, du seul fait qu'elle s'opposait à la propagation de l'espèce et à la guerre, la société devait la persécuter. Ce fut Rome qui porta le fer et le feu dans les provinces gagnées à l'hérésie.

En détruisant matériellement cette religion, l'Église romaine la condamnait à se propager sous la forme la plus ambiguë et peut-être la plus dangereuse. Traquée, refoulée et désorganisée, l'hérésie ne devait pas tarder à se dénaturer de mille manières. Les confusions qu'elle favorisait malgré elle, cette glorification de l'amour humain qui était l'envers de sa doctrine, ce langage d'une ambiguïté à la fois essentielle et opportune, qui permettait tous les abus, c'est cela qui allait échapper aux tribunaux de l'Inquisition, puis envahir la conscience européenne, même orthodoxe, et par une sorte d'ironie, donner sa rhétorique passionnelle au mysticisme des plus grands saints.

Lorsque les mythes perdent leur caractère ésotérique et leur fonction sacrée, ils se résolvent en littérature. Le mythe courtois, mieux que tout autre, se prêtait à ce processus, puisqu'il n'avait pu se traduire que dans les termes de l'amour humain, bien qu'entendus au sens mystique. Ce sens évanoui restait une rhétorique. Elle pouvait exprimer nos instincts naturels, mais non sans les dévier, tout insensiblement, vers quelque au-delà de plus en plus mystérieux, apte à séduire le besoin d'*idéal* qu'avait laissé dans la conscience une connaissance mystique réprouvée, puis perdue. Telle fut la chance de la littérature en Occident ; et cela seul peut expliquer l'empire, unique dans l'histoire des cultures, que la littérature a exercé jusqu'à nos jours sur l'élite et plus tard sur les masses.

Toutefois, le classicisme s'efforça d'imposer tout au moins une *forme d'art* à ces puissances obscures privées de leur forme sacrée. C'est à ces vestiges de rites que s'attaqua le romantisme. D'où la violente exaltation, dès la fin du XVIIIe siècle, de tout ce qu'avaient voulu *contenir* le mythe originel de Tristan, puis ses substituts littéraires.

Le XIXe siècle bourgeois vit se répandre dans la conscience profane l'« instinct de mort » longtemps refoulé dans l'inconscient ou canalisé dès sa source par un art aristocratique. Et quand les cadres de la société vinrent à craquer — sous l'effet de poussées d'un tout autre ordre d'ailleurs — le contenu du mythe inonda notre vie quotidienne. Nous ne savions plus ce que signifiait cette diffuse exaltation de l'amour. Nous la prenions pour un printemps de l'instinct et pour une renaissance des forces dionysiaques persécutées par un soi-disant christianisme. Toute la littérature moderne entonna l'hymne de la « libération ».

Mais d'où lui vient alors ce ton de désespoir? Comment se fait-il que le roman qui triompha pendant trente ans, au XXe siècle, de toutes les autres formes littéraires, aboutisse à cette analyse marécageuse de nos doutes et de notre vide? Que signifie cette libération qui nous laisse tellement démunis devant la propagande des butors? Ne voit-on pas, dès les années 1930, que le roman a perdu toute sève? qu'il ne retrouve une virulence provisoire qu'en se mettant au service de mystiques partisanes? Serait-ce la fin du romantisme?

Le spectacle de nos mœurs n'autorise pas cette conclusion. Car la crise actuelle du mariage bourgeois, c'est le triomphe à retardement, dénaturé tant que l'on voudra, mais tout de même le triomphe d'une passion profanée.

Mais bien au-delà du mariage et du domaine de la sexualité proprement dite, le contenu du mythe et ses fantômes envahissent les domaines les plus divers : politique, lutte des classes, sentiment national, tout devient prétexte à « passion » et déjà s'exalte en « mystiques ». C'est que nous sommes devenus incapables de faire la part du feu, d'ordonner nos désirs, de distinguer leur nature et leur fin, d'imposer une mesure à leurs divagations — de les exprimer en figures.

Les dernières formes de l'amour ont été balayées par la guerre. Et j'insisterai sur cet exemple symbolique : nous ne faisons plus de « déclarations d'amour » dans le même temps que nous admettons la guerre sans « déclaration » préalable. Nous revenons au stade du rapt, du viol, mais sans les rites qui accompagnaient ces actes chez les peuplades polynésiennes.

Cette progressive profanation du mythe — sa conversion en rhétorique, puis la dissolution de cette rhétorique et la totale vulgarisation de son contenu, l'on peut en suivre les étapes dans un domaine en apparence fort étranger à ceux que nous venons de parcourir : dans l'évolution de la guerre et de ses méthodes en Occident.

LIVRE V

AMOUR ET GUERRE

1. Parallélisme des formes

Du désir à la mort par la *passion,* telle est la voie du romantisme occidental ; et nous y sommes tous engagés pour autant que nous sommes tributaires — inconsciemment bien entendu — d'un ensemble de mœurs et de coutumes dont la mystique courtoise a créé les symboles. Or passion signifie souffrance.

Notre notion de l'amour, enveloppant celle que nous avons de la femme, se trouve donc liée à une notion de la *souffrance féconde* qui flatte ou légitime obscurément, au plus secret de la conscience occidentale, le goût de la guerre.

Cette liaison singulière d'une certaine idée de la femme et d'une idée correspondante de la guerre, en Occident, entraîne de profondes conséquences pour la morale, l'éducation, la politique. Un fort gros livre ne serait pas de trop pour en démêler les aspects. On doit souhaiter que ce livre soit écrit, mais sans se dissimuler l'extrême difficulté de la tâche. Car en effet, pour la mener à bien, il s'agirait de posséder à fond la matière rapidement explorée dans les pages qui précèdent, puis une solide culture militaire, enfin la somme des recherches psychologiques entreprises depuis le XIXe siècle sur la question de l'« instinct combatif » dans ses relations avec l'instinct sexuel[1]. Faute de quoi, je me bornerai à soulever un certain nombre de questions, et surtout à les situer dans la logique du mythe, qui est mon vrai sujet.

On peut penser d'ailleurs que l'examen des *formes* n'est pas moins instructif, en ce domaine, que la recherche des *causes,* et qu'il est certainement moins trompeur. Il n'est pas nécessaire par exemple de recourir aux théories de Freud pour constater que l'instinct de guerre et l'érotisme sont fondamentalement liés : les figures courantes du langage le font *voir* avec plus d'évidence. Laissant donc de côté les hypothèses multiples et changeantes relatives à la genèse des instincts, je m'en tiendrai à quelques rapprochements formels entre les *arts* d'aimer et de guerroyer du XIIe siècle jusqu'à nos jours. Mon propos étant simplement de marquer un parallélisme entre l'évolution du mythe et l'évolution de la guerre, sans préjuger d'ailleurs de la priorité de l'une ou de l'autre.

2. Langage guerrier de l'amour

Dès l'Antiquité, les poètes ont usé de métaphores guerrières pour décrire les effets de l'amour naturel. Le dieu d'amour est un *archer* qui décoche des *flèches mortelles.* La femme se *rend* à l'homme qui la *conquiert* parce qu'il est le meilleur guerrier. L'enjeu de la guerre de Troie est la possession d'une femme. Et l'un des plus anciens romans que nous possédions, le *Théagène et Chariclée* d'Héliodore (IIIe siècle) parle déjà des « *luttes* d'amour » et de la « délicieuse

1. On en aura un aperçu en lisant les ouvrages de Freud, et *l'Instinct combatif* de Pierre Bovet.

défaite » de celui « qui *tombe sous les traits* inévitables d'Éros ».

Plutarque fait voir que la morale sexuelle des Spartiates s'ordonnait au rendement militaire de ce peuple. L'eugénisme de Lycurgue, et ses lois minutieuses réglant les relations des époux, n'ont d'autre but que d'augmenter l'agressivité des soldats.

Tout cela confirme la liaison naturelle, c'est-à-dire physiologique, de l'instinct sexuel et de l'instinct combatif. Mais il serait vain de chercher des ressemblances entre la *tactique* des Anciens et leur conception de l'amour. Les deux domaines restent soumis à des lois tout à fait distinctes, et privées de commune mesure.

Il n'en va plus de même dans notre histoire à partir des XIIe et XIIIe siècles. On voit alors le langage amoureux s'enrichir de tournures qui ne désignent plus seulement les gestes élémentaires du guerrier, mais qui sont empruntées d'une façon très précise à l'art des batailles, à la tactique militaire de l'époque. Il ne s'agit plus, désormais, d'une origine commune plus ou moins obscurément ressentie, mais bien d'un minutieux parallélisme.

L'amant *fait le siège* de sa dame. Il livre *d'amoureux assauts* à sa vertu. Il la *serre de près,* il la *poursuit,* il cherche à *vaincre* les dernières *défenses* de sa pudeur, et à les *tourner par surprise*; enfin la dame *se rend à merci.* Mais alors, par une curieuse inversion bien typique de la courtoisie, c'est l'amant qui sera son *prisonnier* en même temps que son *vainqueur.* Il deviendra le *vassal* de cette *suzeraine,* selon la règle des guerres féodales, tout comme si c'était lui qui avait subi la *défaite*[1]. Il ne lui reste

1. *Défaite* se dit en allemand *Niederlage,* littéralement : position de qui gît à terre, de qui est couché au-dessous. (*Cf.* l'expression « avoir le dessous ».) Rappelons aussi le symbolisme de la Tour assiégée dans *le Roman de la Rose,* et l'expression « se faire des alliés dans la place ».

plus qu'à faire la preuve de sa *vaillance,* etc. Tout ceci pour le beau langage. Mais l'argot soldatesque et civil nous fournirait une profusion d'exemples d'une verdeur encore plus significative. Et plus tard, l'introduction des armes à feu devait donner lieu à d'innombrables plaisanteries à double sens.

Ce parallélisme d'ailleurs est complaisamment exploité par les écrivains. C'est un thème de rhétorique inépuisable. « O ! trop heureux capitaine, écrit Brantôme[1], qui avez combattu et tué tant d'hommes ennemis de Dieu dans les armées et dans les villes ! O ! trop heureux encore une fois, et plus, qui avez combattu et vaincu à tant d'autres assauts et de reprises une si belle Dame entre les pavillons de votre lit ! » Il ne faudra pas s'étonner si les auteurs mystiques reprennent ces métaphores *devenues banales,* et les transposent selon le processus décrit plus haut, dans le domaine de l'amour divin. Francisco de Ossuna (l'un des maîtres de sainte Thérèse les plus imbus de rhétorique courtoise) écrit dans son *Ley de Amor* : « Ne pense pas que le combat de l'amour soit comme les autres batailles où la fureur et le fracas d'une guerre épouvantable sévit des deux côtés, car l'amour ne combat qu'à force de caresses et n'a d'autres menaces que ses tendres paroles. Ses flèches et ses coups sont les bienfaits et les dons. Sa rencontre est une offre de grande efficacité. Les soupirs composent son artillerie. Sa prise de possession est un embrassement. Sa tuerie est de donner la vie pour l'aimé. »

***

On a vu que la rhétorique courtoise traduit, à l'origine, la *lutte* du Jour et de la Nuit. La *mort* y joue

1. *Rodomontades espagnoles.*

un rôle central : elle est la défaite du monde et la victoire de la vie lumineuse. Amour et mort sont reliés par l'ascèse, comme par l'instinct sont reliés désir et guerre. Mais ni cette origine religieuse, ni cette complicité physiologique des instincts de combat et de procréation ne suffisent à déterminer l'usage *précis* des expressions guerrières dans la littérature érotique d'Occident. Ce qui explique tout, c'est l'existence au Moyen Age d'une règle effectivement commune à l'art d'aimer et à l'art militaire, et qui s'appelle la chevalerie.

3. La chevalerie, loi de l'amour et de la guerre

« Donner un style à l'amour », telle est, selon J. Huizinga, l'aspiration suprême de la société médiévale dans l'ordre éthique. « C'est une nécessité sociale, un besoin d'autant plus impérieux que les mœurs sont plus féroces. Il faut élever l'amour à la hauteur d'un rite, la violence débordante de la passion l'exige. A moins que les émotions ne se laissent encadrer dans des formes et des règles, c'est la barbarie. L'Église avait pour tâche de réprimer la brutalité et la licence du peuple, mais elle n'y suffisait pas. L'aristocratie, en dehors des préceptes de la religion, avait sa culture à elle, à savoir la courtoisie, et elle y puisait les normes de sa conduite[1]. » (Nous savons en effet que la courtoisie non seulement ne devait rien à l'Église, mais s'opposait à sa morale. Voilà qui peut

1. *Le Déclin du Moyen Age* par J. Huizinga. Cet ouvrage admirable par son information autant que par l'intelligence et la fécondité de ses vues critiques renouvelle notre conception du Moyen Age en nous faisant pénétrer par mille chemins dans la vie quotidienne des bourgeois et des nobles de l'époque. Les passages entre guillemets de ce chapitre et du suivant sont des citations de la traduction française. (Paris, 1932.)

nous inciter à réviser bien des jugements sur l'unité spirituelle de la société médiévale !) Or s'il est vrai que cette morale courtoise ne parvint guère à transformer les mœurs privées des hautes classes, qui demeuraient d'« une rudesse étonnante », du moins joua-t-elle le rôle d'un idéal créateur de belles apparences. Elle triompha dans la littérature. Et par ailleurs, elle réussit à s'imposer à la réalité la plus violente du temps, celle de la guerre. Exemple unique d'un *ars amandi,* qui donne naissance à un *ars bellandi.*

Ce n'est pas seulement dans le détail des règles de combat individuel que se fait sentir l'action de l'idéal chevaleresque, mais dans la conduite même des batailles, et jusque dans la politique. Le formalisme militaire revêt à cette époque une valeur d'absolu religieux. Il est fréquent qu'on se laisse tuer pour respecter des conventions d'une merveilleuse extravagance. « Les chevaliers de l'ordre de l'Étoile jurent que dans le combat ils ne reculeront jamais de plus de quatre arpents ; sinon ils devront mourir ou se rendre. Et cette règle étrange, si l'on en croit Froissart, coûta la vie, dès le début de l'ordre, à plus de quatre-vingts d'entre eux. » De même, les nécessités de la stratégie sont sacrifiées à celles de l'esthétique ou de l'honneur courtois. « En 1415, Henri V d'Angleterre va à la rencontre des Français avant la bataille d'Azincourt. Par erreur, le soir, il dépasse le village que les fourrageurs lui ont assigné pour y dormir cette nuit-là. Or le roi " comme celuy qui gardoit le plus les cérémonies d'honneur très loable " vient justement d'ordonner que les chevaliers en reconnaissance abandonnent la cotte d'armes afin de ne pas être, en revenant, obligés de reculer en vêtements guerriers. Maintenant, revêtu de sa cotte d'armes, il ne peut donc revenir sur ses pas ; il passe la nuit dans l'endroit où il est, et fait se ranger l'avant-garde conformément à ce nouveau plan. » Les exemples abondent de carnages inutiles provoqués par des vœux d'une folle outrecuidance et que l'on tente d'accomplir au plus grand des périls possible. C'est bien le péril qu'on recherche pour lui-même, car on n'est pas inapte en d'autres cas à trouver des prétextes pour esquiver ses engagements. La casuistique courtoise en offre d'excellents. Cette casuistique « ne régit pas seulement la morale et le droit ; elle s'étend à tous les domaines où le style et la forme sont choses essentielles : les cérémonies, l'étiquette, les tournois, la chasse et surtout l'amour ». Elle a même exercé une influence déterminante sur le droit des gens à sa naissance. « Droit de butin, droit d'attaque — fidélité à la parole donnée sont régis par des règles semblables à celles qui gouvernent le tournoi et la chasse. » L'*Arbre des batailles* d'Honoré Bonet est un traité sur le droit de guerre où l'on trouve discutées pêle-mêle à coups de textes bibliques et d'articles de droit canonique des questions de ce genre : « Si l'on perd dans la mêlée une armure empruntée, est-on tenu de la rendre ? — Est-il permis de livrer bataille un jour de fête ? — Vaut-il mieux se battre après les repas ou à jeun ? — Dans quels cas peut-on s'évader de captivité ? » Dans un autre ouvrage, on voit deux capitaines se disputer un prisonnier devant le chef : « C'est moi qui l'ai saisi le premier, dit l'un, par le bras et par la main droite, et lui ai arraché le gant. — Mais à moi, dit l'autre, il a donné cette même main avec sa parole. »

Quant aux idées politiques inspirées au Moyen Age par la conception chevaleresque, ce sont essentiellement selon Huizinga : la lutte pour la paix universelle basée sur l'union des rois, la conquête de Jérusalem et l'expulsion des Turcs. Idées chimériques mais dont l'empire ne cessera de s'exercer sur les princes jusqu'au XVe siècle, en dépit des transformations de tous ordres survenues entre-temps en Europe, et à l'encontre des intérêts réels les plus urgents.

C'est ici que se marque le mieux le caractère particulier de l'idéal courtois, radicalement contradictoire avec la « dure réalité » de l'époque : il représente un pôle d'attraction pour les aspirations spirituelles brimées. C'est une forme d'évasion romantique, en même temps qu'un frein aux instincts. Le formalisme minutieux de la guerre s'oppose aux violences du sang féodal comme le culte de la chasteté, chez les troubadours, s'oppose à l'exaltation érotique du XIIe siècle. « Dans la conscience du Moyen Âge, se forment pour ainsi dire l'une à côté de l'autre deux conceptions de la vie : la conception pieuse, ascétique, attire à elle tous les sentiments moraux ; la sensualité, abandonnée au diable, se venge terriblement. Que l'un ou l'autre de ces penchants prédomine, nous avons le saint ou le pécheur ; mais en général, ils se tiennent en équilibre instable avec d'énormes écarts de la balance. »

4. Les tournois, ou le mythe en acte

Il est pourtant un domaine où s'opère la synthèse à peu près parfaite des instincts érotiques et guerriers et de la règle courtoise idéale : c'est le terrain nettement circonscrit de la *lice* où se jouent les tournois.

Là, les fureurs du sang se donnent libre cours mais sous l'égide et dans les cadres symboliques d'une cérémonie sacrale. C'est un équivalent sportif de la fonction mythique du *Tristan* telle que nous la définissions : exprimer la passion dans toute sa force, mais en la voilant religieusement, de manière à la rendre acceptable au jugement de la société. Le tournoi « joue » le mythe, physiquement : — « Les transports de l'amour romanesque ne devaient pas seulement être présentés sous forme de lecture, mais surtout donnés en spectacle. Ce jeu peut revêtir deux formes : la représentation dramatique et le sport. Celui-ci est, au Moyen Age, de beaucoup le plus important. Le drame ne traitait encore, en général, que la matière sacrée ; l'aventure amoureuse n'y était qu'exceptionnelle. Le sport médiéval, au contraire, et surtout le tournoi, était lui-même dramatique au plus haut point et contenait, en outre, une forte dose d'érotisme. Partout et toujours, le sport a associé ces deux facteurs : dramatique et amoureux ; mais tandis que les sports modernes sont presque retournés à la simplicité grecque, le tournoi de la fin du Moyen Age, avec ses riches ornements et sa mise en scène, pouvait remplir les fonctions du drame lui-même[1]. »

Rien ne me paraît plus propre à restituer l'atmosphère de rêve du *Roman de Tristan* que les descriptions de tournois qu'on peut lire dans les œuvres de Chastellain et les Mémoires d'Olivier de la Marche, tous deux historiographes du fastueux et chevaleresque duché de Bourgogne au XVe siècle.

L'amour et la mort s'y marient dans un paysage artificiel et symbolique de très haute mélancolie. « L'héroïsme par amour — voilà le motif romanesque qui doit apparaître partout et toujours. C'est la transformation immédiate du désir sensuel en un sacrifice de soi-même qui *semble* faire partie du domaine de l'éthique... L'expression et la satisfaction du désir, qui

1. Je serais assez tenté de voir dans la fonction dramatique du tournoi l'une des origines de la tragédie moderne. Celle-ci s'est constituée précisément à l'époque où les tournois passaient de mode, et où se dissociaient leurs éléments guerrier, sportif et théâtral. La tragédie serait ainsi une « action » privée du risque *physique* que comportait le tournoi mais satisfaisant d'autant mieux le besoin d'émotion sentimentale et spirituelle.

paraissent tous deux impossibles se transforment en une chose plus élevée : l'action entreprise par amour. La mort devient alors la seule alternative à l'accomplissement du désir, et la délivrance est donc de toute manière assurée. »

La mise en scène des tournois emprunte ses idées aux *Romans de la Table Ronde*. Ainsi, au XVe siècle, le Pas d'Armes dit de la Fontaine des Pleurs est basé sur une aventure romanesque imaginaire. « La fontaine est construite à cet effet. Pendant une année entière, tous les premiers du mois, un chevalier anonyme viendra déployer, devant la fontaine, une tente dans laquelle est assise une dame (en effigie naturellement) ; celle-ci tient une licorne qui porte trois écus. Tout chevalier qui touche l'écu s'engage à un combat dans les conditions décrites par les " chapitres " du pas d'armes. C'est à cheval qu'il faut toucher les boucliers : les chevaliers trouveront toujours des chevaux prêts à cet usage. » « Le chevalier est toujours inconnu ; c'est " le blanc chevalier ", " le chevalier mesconnu ", le " chevalier à la pèlerine " ; parfois il apparaît en héros de roman et s'appelle le chevalier au cygne ou porte les armes de Lancelot, de Tristan ou de Palamedes... Le plus souvent, un voile de mélancolie est répandu sur toute l'action ; le nom de la Fontaine des Pleurs est éminemment suggestif. Les écus sont blancs, violets et noirs, semés de larmes blanches ; on les touche par pitié pour la " Dame des pleurs ". A l'emprise du Dragon, célébré à l'occasion du départ de sa fille Marguerite devenue reine d'Angleterre, le roi René apparaît en noir, sur un cheval noir caparaçonné de noir, avec une lance noire et un écu de sable aux larmes d'argent... Pour l'Arbre Charlemagne, les écus sont noirs et violets aux larmes noires ou or. »

L'élément érotique du tournoi apparaît encore dans la coutume du chevalier de porter le voile ou une pièce du vêtement de sa dame, qu'il lui remet parfois, après le combat, tout maculé de son sang. (Ainsi fait Lancelot dans *les Romans de la Table ronde.*)

« L'atmosphère de passion qui entourait les tournois explique l'hostilité de l'Église pour ces sports. Ceux-ci provoquaient parfois d'éclatants adultères, comme le témoignent, à propos du tournoi de 1389, le Religieux de Saint-Denis et, sur la foi de celui-ci, Jean Juvénal des Ursins. »

⁂

Cependant, la grande vogue des tournois est l'indice d'un déclin de la chevalerie. Celle-ci se heurte dès le début du XVe siècle (bataille d'Azincourt) à des réalités de plus en plus brutales et matérielles qui la rejettent dans la littérature, les fêtes et les jeux symboliques. « En tant que principe militaire, la chevalerie était devenue insuffisante; la tactique avait depuis longtemps renoncé à se conformer à ses règles : la guerre, aux XIVe et XVe siècles, était faite d'approches furtives, d'incursions et de raids. » Cependant « vers l'an 1400 encore, les cimiers et les blasons, les bannières et les cris de guerre conservent aux combats un caractère individuel et l'apparence d'un noble sport ». Mais dans le courant du XVe siècle, l'on se met à combattre à pied et en rangs. Autre transformation significative à la fin du siècle : les lansquenets introduisent l'usage du tambour, d'origine orientale. « Avec son effet hypnotique et inharmonieux, le tambour symbolise la transition entre l'époque de la chevalerie et celle de l'art militaire moderne; il est un élément dans la mécanisation de la guerre. » Enfin le coup de grâce sera porté à la chevalerie par l'invention de l'artillerie. « Et n'est-ce pas une ironie du sort qui fit que cette fleur des chevaliers errants à la mode de Bourgogne, Jacques de Lalaing, fut tué par un boulet de canon ? »

⁂

Il n'en reste pas moins que les conventions de la guerre et de l'amour courtois ont marqué les coutumes occidentales d'une empreinte qui ne s'effacera guère qu'au XXe siècle.

L'idée de valeur individuelle, ou d'exploit guerrier, représentée par le duel et la « prouesse » (tournoi, combat singulier des deux chefs en présence) ; l'idée de régler les batailles d'après un protocole quasi sacral ; la conception ascétique de la vie militaire (jeûnes prolongés avant l'épreuve des armes) ; les conventions permettant de déterminer le vainqueur (c'est par exemple celui qui *passe la nuit* sur le champ de bataille) ; enfin et surtout le parallélisme exact des symboles érotiques et militaires — tout cela ne cessera pas de déterminer les modes de guerroyer à travers les siècles suivants. Si bien que l'on pourra considérer tout changement dans la tactique militaire comme relatif à un changement dans les conceptions de l'amour, ou inversement.

5. Condottieri et canons

« L'Italie n'avait jamais été si florissante ni si paisible qu'elle l'était vers l'année 1490. Une paix profonde régnait dans ses provinces : les montagnes et les plaines étaient également fertiles ; riche, bien peuplée et ne reconnaissant point de domination étrangère, elle tirait encore un nouveau lustre de la magnificence de plusieurs de ses Princes, de la beauté d'un grand nombre de villes célèbres et de la majesté du Siège de la Religion. Les Sciences et les

Arts fleurissaient dans son sein, elle possédait de grands hommes d'État, et même d'excellents capitaines pour ce temps-là[1]. »

Ces capitaines, c'étaient les *condottieri*. Soldats de métier au service des Princes et des Papes, ils avaient pour coutume bien moins de faire la guerre que d'empêcher qu'on y tuât du monde. Ces aventuriers étaient avant tout d'avisés diplomates, d'astucieux commerçants. Ils savaient le prix d'un soldat. Leur tactique consistait essentiellement à faire des prisonniers et à désorganiser les corps ennemis. Parfois — c'était leur suprême réussite — ils parvenaient à battre l'adversaire d'une manière vraiment radicale : ils détruisaient l'ensemble de ses forces en achetant d'un bloc son armée. Quand ils n'y arrivaient pas, il fallait se résoudre à batailler. Mais une bataille, dit Machiavel, n'offrait alors aucun danger : « On combat toujours à cheval, couvert d'armes et assuré de la vie lorsqu'on se rend prisonnier... La vie des vaincus est presque toujours respectée. Ils ne sont pas longtemps prisonniers et ils recouvrent très aisément la liberté. Une ville a beau se révolter vingt fois, elle n'est jamais détruite ; les habitants conservent toutes leurs propriétés ; tout ce qu'ils ont à craindre, c'est de payer une contribution[2]. »

Cet art de guerre exprimait dans son plan — alors considéré comme inférieur — une culture admirablement humanisée, une « civilisation » profonde, donc le contraire d'une « militarisation ». L'État était devenu une œuvre d'art, selon l'espression de Burckhardt. La guerre elle-même s'était civilisée dans toute la mesure où le paradoxe est soutenable. Le duel des chefs était fort en honneur, et suffisait à

1. Guichardin, *Histoire des guerres d'Italie*, I, p. 2.
2. Cité par Fred Bérence, *Raphaël ou la Puissance de l'esprit*.

terminer une campagne. (Ce n'était plus d'ailleurs un « jugement de Dieu », mais le triomphe d'une personnalité.) On réprouvait l'usage des armes à feu comme contraire à la dignité de l'individu. (Le condottiere Paolo Vitelli fit même crever les yeux d'un de ses adversaires parce que le misérable avait osé soutenir la légitimité de l'emploi des canons.)

Et comment concevait-on l'amour ? Burckhardt insiste[1] sur le fait que les mariages se concluaient sans drame, après de très courtes fiançailles, et que le droit du mari à la fidélité de l'épouse ne revêtait pas ce caractère absolu qu'il avait pris dans les pays nordiques. Les femmes de la haute société recevaient une éducation aussi complète que celle des hommes, et jouissaient d'une entière égalité morale, à l'inverse de ce qui se passait en France et dans les Allemagnes. Si par ailleurs, la guerre était devenue diplomatique dans les hautes sphères, et vénale dans la pratique, il en allait de même de l'amour. Semblables aux hétaïres de la Grèce antique, les courtisanes jouaient un rôle parfois considérable dans la vie sociale. Les plus célèbres se distinguaient par leur culture, récitant et faisant des vers, jouant d'un instrument, tenant conversation.

Cette paganisation de la vie sexuelle dénote un recul sensible des influences courtoises, une dépréciation du mythe tragique. Le platonisme des petites cours ducales, si bien exprimé par Bembo et par Baldassare Castiglione dans ses dialogues du *Cortigiano,* se réduisait à une « mondanité » délicate et tout hédoniste. La « courtoisie » prenait son sens moderne de politesse et de civilité. Il n'était plus question de condamner la vie. Et « l'instinct de mort » semblait neutralisé.

1. J. Burckhardt, *Die Kultur der Renaissance,* VI, p. 1.

*
**

C'est sur cette Italie heureuse, immorale et très pacifique[1] qu'allaient se jeter les troupes françaises de Charles VIII. Le tonnerre de leurs *trente-six canons de bronze* provoqua dans la péninsule une panique de fin du monde. « Le passage de ce prince en Italie, dit Guichardin, fut la source d'une infinité de maux et de révolutions. Les États changèrent tout à coup de face, les Provinces furent ravagées, les Villes détruites, et tout le pays fut inondé de sang... L'Italie apprit aussi une nouvelle mais sanglante méthode de faire la guerre... qui troubla tellement la paix et l'harmonie de nos Provinces qu'il fut depuis impossible d'y rétablir l'ordre et la tranquillité[2]. »

Ce n'était pas que les Italiens eussent ignoré l'usage de l'artillerie jusqu'à cette date, mais ils la méprisaient, comme je l'ai dit, et comme le prouvent encore les invectives de l'Arioste contre les armes à feu. Au surplus, « les Français avaient une artillerie plus légère, et dont les pièces qu'ils appelaient *canons* étaient toutes de bronze... Les décharges étaient si fréquentes et si fortes qu'elles faisaient en peu de temps ce qu'on ne faisait auparavant en Italie qu'en plusieurs jours ; enfin *cette machine plus infernale qu'humaine* était aussi utile aux Français dans les combats que dans les sièges... ».

Autre sujet d'effroi pour l'Italie : tandis que dans la milice des *condottieri* « la plupart des hommes d'armes étaient ou paysans ou de la lie du peuple, presque toujours sujets d'un autre prince que celui

1. Il est juste toutefois de rappeler qu'on tuait facilement dans ce pays. Mais le meurtre y restait individuel. Alors que dans le monde militarisé, l'individu se voit privé de cette possibilité passionnelle, transférée à la seule collectivité. *Cf. la Défense du crime* par Sade, p. 205.

2. Guichardin, *op. cit.*, I, 37-39. *Id.* pour les citations qui suivent.

pour lequel ils faisaient la guerre », et n'étaient donc animés « ni par aucun sentiment de gloire ni par aucun motif extérieur », l'armée française se présentait comme une armée *nationale* : « Les gens d'armes étaient presque tous sujets du Roi et gentilshommes » ce qui les empêchait de « changer de maître par ambition ou par avarice ».

On pressentit dès lors d'inévitables carnages. Et en effet au combat de Rapallo, tout au début de la campagne, sur les 3000 hommes engagés, plus de 100 furent tués : « Nombre considérable par rapport à la manière dont on faisait alors la guerre en Italie », remarque Guichardin. Et ce n'était vraiment qu'un début ! Burckhardt affirme que les dévastations françaises furent peu de chose en comparaison de celles commises un peu plus tard par les Espagnols « chez lesquels peut-être l'habitude des spectacles de l'Inquisition avaient déchaîné les instincts démoniaques ». Artillerie et massacre des civils : la guerre moderne venait de naître. Elle allait peu à peu transformer les chevaliers exaltés et magnifiques en troupes disciplinées et uniformes. Évolution qui devait aboutir de nos jours à l'annihilation de toute passion guerrière, à mesure que les hommes desservant les machines se feraient eux-mêmes des machines, n'exécutant qu'un petit nombre de mouvements automatiques, destinés à donner la mort à grande distance, sans colère ni pitié.

6. La guerre classique

L'effort des hommes de guerre, aux XVIIe et XVIIIe siècles, sera de dominer le monstre mécanique, afin de sauver autant que possible le caractère humain de la guerre. On ne peut pas renoncer aux inventions techniques, à l'artillerie, aux fortifications. Du moins va-t-on multiplier les *règles* de la tactique et de la stratégie, afin que l'intelligence et la « valeur » des chefs gardent apparemment le premier rang parmi les facteurs de la lutte.

La chevalerie représentait un effort pour donner un style à l'instinct. La guerre classique est un effort pour conserver et recréer ce style malgré l'intervention de facteurs inhumains. D'où le *formalisme* étonnant de l'art militaire de ces siècles[1].

Avec Vauban, le siège d'une place forte devient une sorte d'opération de l'esprit dont les péripéties se déroulent, on l'a bien dit, comme les cinq actes d'une tragédie classique.

« C'est alors que la guerre ressemble vraiment à une partie d'échecs. Lorsque après des manœuvres compliquées, un des adversaires a perdu ou gagné plusieurs pièces — villes ou places fortes — alors vient la grande bataille : du sommet de quelque coteau, où lui apparaît tout le terrain du combat, tout l'échiquier, le maréchal fait avancer ou reculer habilement ses beaux régiments... Échec et mat, le perdant range son jeu : on remet les pions dans leur boîte ou les régiments dans leurs quartiers d'hiver, et chacun va à ses petites affaires en attendant la partie ou la campagne suivante[2]. »

Chaque fois que reparaît l'élément de *jeu* dans la guerre, on peut en déduire que la société et sa culture font un effort pour recréer le mythe de la passion, c'est-à-dire pour rendre à la puissance anar-

1. G. Ferrero, dans *la Fin des aventures*, note à juste titre qu'à la suite des dévastations qui marquèrent la guerre de Trente Ans, les armées s'imposèrent « des règles et des limites qui répondaient en même temps à un principe moral et à une nécessité pratique ». Il s'agissait d'éviter des dépenses excessives — les hommes coûtant cher — et de ne pas effrayer les peuples au point de rendre impossible tout recrutement des volontaires...

2. J. Boulenger, *le Grand Siècle*.

chique un cadre et des moyens d'expression rituels. Et c'est bien ce qui se vérifie dans le cas du XVIIe siècle : qu'on se reporte à nos chapitres sur *l'Astrée* et sur la tragédie classique.

***

« C'est ici la matière qu'on *spiritualise*, pour fixer la conduite des combattants aimés et pensants malgré tout », écrira Foch à propos de la guerre au XVIIIe siècle[1]. Mot étonnant, d'ailleurs repris de von der Goltz, dans un passage qu'il vaut la peine de citer : « L'erreur (des généraux " formalistes ") consistait à placer l'objet de la guerre dans l'exécution de manœuvres finement combinées et non dans l'anéantissement des forces de l'adversaire. Le monde militaire est toujours tombé dans ces erreurs quand il s'est mis à abandonner la notion droite et simple des lois de la guerre, à *spiritualiser la matière*, en négligeant le sens naturel des choses et l'influence du cœur humain sur les résolutions des hommes. » — « Spiritualiser » est peut-être excessif : il ne s'agissait guère que de rationaliser. Mais l'expression (méprisante !) est bien typique de la psychologie qui apparaîtra dès la Révolution française — ce déchaînement des *instincts* collectifs et des *passions* catastrophiques.

Que reprochent les stratèges modernes aux généraux de Louis XIV et de Louis XV ? C'est d'avoir essayé de faire la guerre en tuant le moins d'hommes qu'ils pouvaient. Or c'était là le triomphe d'une civilisation dont tout l'effort tendait à ordonner la Nature, la matière, et leurs fatalités, aux lois de la raison humaine et de l'intérêt personnel. Illusion si l'on

1. F. Foch, *les Principes de la guerre* (1903, réédité en 1929).

veut, mais sans laquelle nulle civilisation et nulle culture ne sont proprement concevables.

Racine aussi, nous l'avons vu, croyait qu'on pouvait faire des tragédies sans crime.

Le refus de trouver belles les catastrophes, voilà qui peut définir l'âge classique. Certes la guerre et la passion demeurent des maux inévitables, et d'ailleurs secrètement désirés ; mais la grandeur de l'homme est de limiter leur champ, de les canaliser et de les utiliser, on dirait même de les subordonner à une diplomatie, art de civils. Louis XIV déclare la guerre sous des prétextes juridiques et personnels, où l'honneur national n'a rien à voir. Querelles de gendre et de beau-père au sujet de la dot promise. Et c'est de même que l'on « traite » un mariage : intérêt, convenance des rangs, apports territoriaux et financiers... La passion n'y joue plus le moindre rôle.

L'amour lui-même, d'ailleurs, va devenir une tactique. Il perd son auréole dramatique.

7. La guerre en dentelles

L'exemple du XVIIIe siècle est le plus propre à illustrer le parallèle de l'amour et de la guerre. Il suffira de quelques touches pour l'indiquer.

Don Juan succède à Tristan, la volupté perverse à la passion mortelle. Et la guerre en même temps se « profanise » : aux Jugements de Dieu, à la chevalerie sacrée, bardée de fer, ascétique et sanglante, succèdent une diplomatie retorse, une armée commandée par des courtisans en dentelles, libertins et bien décidés à sauver « la douceur de vivre ».

Les légendes épiques et *les Romans de la Table ronde* multiplient les récits de tueries inouïes ; la gloire d'un chevalier est faite du nombre de ses adversaires pourfendus et décapités, et si possible tranchés en deux de la tête au sexe d'un formidable coup d'épée. Les exagérations sauvages de ces récits ne laissent pas de doute sur ce qui flatte la vraie passion de l'homme du Moyen Age. Gloire du sang! Mais le XVIIIe siècle considéra comme une réussite glorieuse d'avoir pris une ville assiégée et ne faisant de part et d'autre que trois morts. C'est l'art savant qui est à l'honneur. Maurice de Saxe écrit : « Je ne suis point pour les batailles, surtout au début d'une guerre. Je suis persuadé qu'un bon général pourra la faire *toute sa vie* sans s'y voir obligé. »

S'il faut cependant en venir aux mains, ce sera du moins pour une bataille « rangée », un siège « en règle », et la tradition chevaleresque dans ce qu'elle a de plus élevé et de plus fou retrouvera un dernier prestige. Voyez Condé empanaché caracolant parmi les troupes ennemies — en véritable héros de *l'Astrée* qu'il fut. Et cette suprême politesse devant la mort, à Fontenoy.

***

Mais voici la totale « profanation » de la guerre et de sa passion sacrée : c'est Law, le financier de la Régence qui la propose, reprenant, et sans doute à son insu, la méthode des *condottieri* :

« La victoire (lit-on dans ses *Œuvres*) appartient toujours à celui qui a le dernier écu. On entretient en France une armée qui coûte 100 millions par an; c'est 2 milliards pour vingt ans. Nous n'avons pas plus de cinq ans de guerre chaque vingt ans, et cette guerre, en outre, nous met en arrière de 1 milliard au moins. Voilà donc 3 milliards qui nous en coûte pour guerroyer cinq ans. Quel en est le résultat? Car le succès définitif est incertain. Avec bien du bonheur, on peut espérer de détruire 150000 ennemis par le feu, le fer, l'eau, la faim, les fatigues, les maladies. Ainsi, la destruction directe ou indirecte d'un soldat allemand nous coûte 20 000 livres sans compter la perte sur notre population, qui n'est réparée qu'au bout de vingt-cinq ans. Au lieu de cet attirail dispendieux, incommode et dangereux, d'une armée permanente, ne vaudrait-il pas mieux en épargner les frais et acheter l'armée ennemie, lorsque l'occasion s'en présenterait. Un Anglais estimait un homme 480 livres sterling. C'est la plus forte évaluation, et ils ne sont pas tous aussi chers, comme on sait ; mais enfin, il y aurait encore moitié à gagner en finance, et tout en population, car, pour son argent, on aurait un homme nouveau, au lieu que, dans le système actuel, on perd celui qu'on avait sans profiter de celui qu'on a détruit si dispendieusement. »

⁂

Les Goncourt ont très bien senti l'identité foncière des phénomènes de la guerre et de l'amour au XVIIIe. Voici dans quels termes ils décrivent la « tactique » des roués de l'époque : « C'est dans cette guerre et ce jeu de l'amour que le siècle révèle peut-être ses qualités les plus profondes, ses ressources les plus secrètes, et comme un génie de duplicité tout inattendu du caractère français. Que de grands diplomates, que de grands politiques sans nom, plus habiles que Dubois, plus insinuants que Bernis, parmi cette petite bande d'hommes qui font de la séduction de la femme le but de leurs pensées et la grande affaire de leur vie... Que de combinaisons de romancier et de stratégiste ! Pas un n'attaque une femme sans avoir fait ce qu'on appelle un *plan,* sans avoir passé la nuit à se promener et à retourner la position... Et l'attaque commencée, ils sont jusqu'au bout des comédiens étonnants, pareils à ces livres du temps dans lesquels il n'y a pas un sentiment exprimé qui ne soit feint ou dissimulé... " N'omettre rien ", c'est le précepte de l'un d'eux[1]. » Devise de général, que les Soubise, par malheur, n'oubliaient guère que sur le champ de bataille.

8. La guerre révolutionnaire

Entre Rousseau et le romantisme allemand, c'est-à-dire entre le premier réveil du mythe et son épanouissement orageux, il y a la Révolution française et les campagnes de Bonaparte, c'est-à-dire le retour dans la guerre de la passion catastrophique.

Du point de vue proprement militaire, qu'apportait la Révolution ? « Un déchaînement de passion inconnu avant elle », répond Foch. L'hérésie de l'ancienne école, précise-t-il, c'était d'avoir voulu « faire de la guerre une *science exacte,* méconnaissant sa nature même de *drame effrayant et passionné* (Jomini) ».

On sait par ailleurs quelle explosion de sentimentalisme précéda et accompagna la Révolution, phénomène beaucoup plus passionnel que politique, au sens strict du terme[2]. Longtemps contenue dans les formes classiques de la guerre, la violence, après le meurtre du Roi — action sacrée et rituelle dans les sociétés primitives —, redevient quelque chose d'horrifiant et d'attirant à la fois. C'est le culte et le mystère sanglant autour duquel se crée une communauté nouvelle : la Nation.

Or la Nation, c'est la transposition de la passion sur le plan collectif. A vrai dire, il est plus facile de le

1. E. et J. de Goncourt, *la Femme au XVIIIe siècle.*
2. Sur le sentimentalisme humanitaire qui accompagna la Terreur, voir le très curieux ouvrage d'André Monglond, *le Préromantisme français.*

sentir que de l'expliquer rationnellement. Toute passion, dira-t-on, suppose *deux* êtres, et l'on ne voit pas *à qui* s'adresse la passion assumée par la Nation... Nous savons toutefois que la passion d'amour, par exemple, est en son fond un narcissisme, auto-exaltation de l'amant, bien plus que relation avec l'aimée. Ce que désire Tristan, c'est la brûlure d'amour plus que la possession d'Iseut. Car la brûlure intense et dévorante de la passion le divinise, et comme Wagner l'a vu, l'égale au monde. *« Mon regard ravi s'aveugle... Seul je suis — Moi le monde... »*

La passion veut que le *moi* devienne plus grand que tout, aussi seul et puissant que Dieu. Elle veut (sans le savoir) qu'au-delà de cette gloire, sa mort soit véritablement la fin de tout.

L'ardeur nationaliste, elle aussi, est une auto-exaltation, un amour narcissiste du Soi collectif. Il est vrai que sa relation avec autrui s'avoue rarement comme un amour : presque toujours, c'est la haine qui apparaît en premier lieu, et qu'on proclame. Mais cette haine de l'autre, n'est-elle pas toujours présente dans les transports de l'amour-passion ? Il n'y a donc qu'un déplacement d'accent. Ensuite, que veut la passion nationale ? L'exaltation de la force collective ne peut mener qu'à ce dilemme : ou l'impérialisme triomphe — c'est l'ambition de s'égaler au monde — ou le voisin s'y oppose énergiquement, et c'est la guerre. Or on observe qu'une nation dans son premier essor passionnel recule rarement devant une guerre même sans espoir. Elle manifeste ainsi sans se l'avouer qu'elle préfère le risque de mort, et la mort même, à l'abandon de sa passion. « La liberté ou la mort », hurlaient les Jacobins à l'heure où les forces ennemies paraissaient vingt fois supérieures, à l'heure où liberté et mort étaient bien près d'avoir le même sens...

Ainsi la Nation et la Guerre sont liées comme l'Amour et la Mort. Désormais le fait national sera le facteur dominant de la guerre. « Celui qui écrit sur la stratégie et sur la tactique devrait s'astreindre à n'enseigner qu'une stratégie et une tactique *nationales,* seules susceptibles d'être profitables à la nation pour laquelle il écrit. » Ainsi s'exprime le général von der Goltz, disciple de Clausewitz, lequel n'a cessé d'affirmer que toute la théorie prussienne de la guerre devait se fonder sur l'expérience des campagnes de la Révolution et de l'Empire.

La bataille de Valmy fut gagnée par la passion contre la « science exacte ». C'est au cri de *Vive la nation!* que les sans-culottes repoussèrent l'armée « classique » des alliés. On connaît le mot de Goethe, au soir de la bataille : « De ce lieu, de ce jour, date une ère nouvelle dans l'histoire du monde. » Et Foch commente ainsi cette phrase fameuse : « Une ère nouvelle s'était ouverte, celle des guerres nationales *aux allures déchaînées* parce qu'elles allaient consacrer à la lutte toutes les ressources de la nation; parce qu'elles allaient se donner comme but non un intérêt dynastique, mais la conquête ou la propagation d'idées philosophiques... d'avantages immatériels... parce qu'elles allaient mettre en jeu des sentiments, des passions, c'est-à-dire des éléments de force jusqu'alors inexploités. »

⁂

Il serait assez curieux de préciser le parallèle entre les amours de Bonaparte puis de Napoléon d'une part, et les campagnes d'Italie puis d'Autriche, d'autre part. Un certain type de bataille correspond à la séduction de Joséphine — c'est le coup d'audace de l'inférieur qui jette toutes ses forces au point décisif, et bluffe; un autre type de bataille correspond au mariage dynastique avec l'archiduchesse Marie-Louise — et c'est la grande partie classique, Wagram par exemple, combinant une science devenue rhétorique et la surprise massive, brutale... Et il n'est pas sans intérêt non plus de noter que Waterloo fut une bataille perdue par excès de science, peut-être, ou par défaut d'élan national-révolutionnaire...

Ce qui est certain, c'est que Napoléon fut le premier à tenir compte du facteur passionnel dans la conduite des batailles. D'où ce cri d'un des généraux qu'il venait de battre en Italie : « Il n'est pas possible de méconnaître, comme ce Bonaparte, les principes les plus élémentaires de l'art de guerre. »

9. La guerre nationale

A partir de la Révolution, l'on va se battre « avec le cœur des soldats », c'est-à-dire d'une façon « farouche et tragique » (Foch). Il faudrait préciser : ce n'est pas le cœur de chaque soldat considéré comme un héros qui décidera du sort d'une guerre, mais bien le cœur collectif, si l'on ose dire, la puissance passionnelle de la Nation.

Les poètes romantiques jouèrent un rôle notable dans les guerres de libération que mena la Prusse contre Napoléon. Et les philosophies d'essence passionnelle d'un Fichte et d'un Hegel, par exemple, furent les premiers appuis du nationalisme allemand. D'où le caractère de plus en plus sanglant des guerres du XIXe siècle. Il ne s'agit plus d'intérêts, mais de « religions » antagonistes. Or les religions ne transigent point, à l'inverse des intérêts : elles préfèrent la mort héroïque. (De tous temps les guerres de religion ont été de beaucoup les plus violentes.)

Ceci vaut pour les trois premiers quarts du siècle et

particulièrement pour la période qui va de 1848 à 1870. Après quoi, les passions nationales, provisoirement apaisées, le céderont pendant quarante ans aux entreprises du capitalisme et du commerce. La violence ne cesse pas de s'exercer au nom de la Nation, mais ce sont bel et bien des intérêts qui mènent le jeu, ainsi que l'a fort bien remarqué le maréchal Foch, dans ses *Principes de la guerre* :

« La guerre fut nationale au début pour conquérir et garantir l'indépendance des peuples : Français de 1792-1793, Espagnols de 1804-1814, Russes de 1812, Allemands de 1813, Europe de 1814, et comporta alors ces manifestations glorieuses et puissantes de la passion des peuples qui s'appellent : Valmy, Saragosse, Tarancon, Moscou, Leipzig, etc. Elle fut nationale par la suite pour conquérir l'*unité* des races, la *nationalité*. C'est la thèse des Italiens et des Prussiens de 1866, 1870. Ce sera la thèse au nom de laquelle le roi de Prusse, devenu empereur d'Allemagne, revendiquera les provinces allemandes de l'Autriche. Mais nous la voyons maintenant (1903) encore nationale, et cela pour conquérir des avantages commerciaux, des traités de commerce avantageux. Après avoir été le moyen violent que les peuples employaient pour se faire une place dans le monde en tant que nations, elle devient le moyen qu'ils pratiquent encore pour s'enrichir. »

Trade follows the flag, le commerce suit le drapeau, disent les Anglais. Ce fut la période coloniale, la dernière « paix » méritée par l'Europe. On a marqué plus haut (livre IV, chap. 19) que cette période, du point de vue des mœurs et de leur littérature, se définit par une dernière tentative de mythification de la passion. Réaction que l'on n'oserait pas comparer à la chevalerie, bien qu'elle remplît la même fonction sociale (mais à la mesure de notre société). Ce n'était plus, en effet, un principe spirituel qui inspirait les « formes » et les conventions, mais des calculs d'intérêts privés, incapables de fournir les bases d'une communauté solide. La Nation même que l'on invoquait avait perdu de son prestige romantique : le pavillon couvrait les intérêts de l'État, non les passions ou l'honneur des élites. Et l'État ne jouait plus guère que le rôle honorifique d'un conseil d'administration, faisant la guerre pour des motifs bancaires (conquête de Madagascar). La guerre coloniale n'est en somme que la continuation de la concurrence capitaliste par des moyens plus onéreux pour le pays, sinon pour les grandes compagnies.

Vers la fin du XIXe siècle, l'amour[1] était devenu, dans les classes bourgeoises, un bien bizarre mélange de sentimentalisme à fleur de nerfs et d'histoires de rentes et de dots : ce qu'il n'a pas cessé d'être aujourd'hui dans les annonces matrimoniales. La sexualité pure n'intervenait que pour « troubler » ces petits calculs et ces « beaux sentiments » de série. (Comme une goutte d'eau « trouble » l'absinthe, et c'est pourquoi Jarry dit que l'eau est impure.) De même la guerre était un composé d'excitations de l'opinion publique — qu'est-ce que la « revanche », sinon un sentimentalisme national ? — et de plans commerciaux ou financiers. L'élément proprement guerrier n'y trouvait plus son compte qu'en contrebande. La guerre s'embourgeoisait. Le sang se commercialisait. Le type du militaire apparaissait déjà comme une anomalie, aux yeux des réalistes, ou

1. Je parle de cette chose abstraite et frappante, irréelle mais signifiante, qu'est la *moyenne des expressions typiques* de l'amour à une époque donnée — aussi irréelle et aussi signifiante dans le laid que dans le beau, pour le vice que pour la vertu. Il est des « signes » qui ne sont pas toute l'époque — dans chacune il y a de tout — mais qui sont d'une époque plutôt que d'une autre.

comme une survivance flatteuse aux yeux des femmes et des badauds curieux. (C'est ainsi que les démocraties s'excitent sur les mariages princiers.)

Et l'on croyait pouvoir liquider sans dommages le formidable potentiel de frénésie et de grandeurs sanglantes qu'avaient accumulé en Occident des siècles de culture de la passion.

La guerre de 1914 fut l'un des résultats les plus notables de cette méconnaissance du mythe.

10. La guerre totale

A partir de Verdun, que les Allemands baptisent la Bataille du matériel *(Materialschlacht)*, il semble que le parallélisme institué par la chevalerie entre les *formes* de l'amour et de la guerre soit rompu.

Certes, le but concret de la guerre fut toujours de forcer la résistance ennemie, en détruisant sa force armée. (Forcer la résistance de la femme par la séduction, c'est la paix ; par le viol, c'est la guerre.) Mais pour autant, l'on ne détruisait pas la nation même dont on voulait se rendre maître : on se bornait à réduire ses défenses. Bataille rangée contre une armée de métier, siège des ouvrages fortifiés, capture du chef : un système de règles précises, donc un art, désignait le vainqueur. Et ce vainqueur triomphait d'un *vivant,* d'un pays ou d'un peuple encore désirables. L'intervention d'une technique inhumaine, qui met en œuvre toutes les forces d'un État, changea la face de la guerre à Verdun.

Car dès que la guerre devient « totale » — et non plus seulement militaire — la destruction des résistances armées signifie l'anéantissement des forces vives de l'ennemi : des ouvriers embrigadés dans les usines, des mères qui procréent des soldats, bref de tous les « moyens de production », choses et personnes assimilées. La guerre n'est plus un viol mais un assassinat de l'objet convoité et hostile — c'est-à-dire un acte « total », détruisant cet objet au lieu de s'en emparer. Verdun ne fut d'ailleurs qu'un prodrome de cette guerre nouvelle, puisque le procédé se limita à la destruction méthodique d'un million de *soldats,* non de civils. Mais ce *Kriegspiel* permit de mettre au point un instrument qui, par la suite, devait se trouver en mesure d'opérer sur des étendues bien plus vastes, comme Londres et Berlin ; non plus seulement sur de la chair à canon, mais sur la chair qui fabrique les canons, ce qui est évidemment plus efficace.

La technique de la mort à grande distance ne trouve son équivalent dans nulle éthique imaginable de l'amour. C'est que la guerre échappe à l'homme et à l'instinct ; elle se retourne contre la passion même dont elle est née. Et c'est cela, non l'envergure des massacres, qui est nouveau dans l'histoire du monde.

Là-dessus, trois remarques dont on verra qu'elles ne sont pas sans liens :

a) La guerre est née *dans les campagnes* : elle a même porté leur nom jusqu'à nos jours. Mais depuis 1914, l'on assiste à son *urbanisation.* Pour une bonne part des masses paysannes, la Première Guerre mondiale fut un premier contact avec la civilisation technique. Une sorte de visite dirigée de l'exposition universelle des industries et arts appliqués de la mort, avec démonstrations quotidiennes sur le vif.

b) Cette collectivisation des moyens destructifs, mécanisés, eut pour effet de *neutraliser la passion* proprement belliqueuse des combattants. Il ne s'agissait plus de violence du sang, mais de brutalité quantitative, de masses lancées les unes contre les autres non plus par des mouvements de délire passionnel, mais bien par des intelligences calculatrices d'ingénieurs. Désormais, l'homme n'est plus que le servant du matériel ; il passe lui-même à l'état de matériel, d'autant plus efficace qu'il sera moins humain dans ses réflexes individuels. Ainsi, malgré le dopage entrepris par la propagande, la victoire dépend en fin de compte des lois de la mécanique plutôt que des prévisions de la psychologie. L'instinct combatif est déçu. De 1914 à 1918, l'explosion habituelle de sexualité qui accompagnait les grands conflits ne s'est guère produite qu'à l'arrière dans les populations civiles. En dépit des efforts du lyrisme officiel, d'une certaine littérature et de l'imagerie populaire, le retour du permissionnaire ne ressemble à rien moins qu'à la ruée du mâle longtemps privé. Des témoignages sans nombre de médecins et de soldats prouvent que la guerre du matériel s'est traduite en réalité par une « catastrophe sexuelle[1] ». L'impuissance généralisée, ou du moins ses prodromes tels qu'onanisme chronique et homosexualité, tel fut le résultat statistique de quatre années passées dans les tranchées. Et de là vient que pour la première fois, l'on ait assisté à une révolte généralisée des *soldats* contre la guerre[2], celle-ci ne figurant plus l'exutoire des passions, mais une sorte d'immense castration de l'Europe.

c) La guerre totale suppose la destruction de *toutes les formes conventionnelles* de la lutte. A

1. Conclusion de l'enquête menée sous la conduite de Magnus Hirschfeld par une douzaine de savants allemands et autrichiens, et publiée sous le titre de *Sittengeschichte des Weltkriegs* (Histoire des mœurs pendant la guerre mondiale).

2. Le lansquenet moderne, éprouvant que la guerre totale est une négation de la passion guerrière, se jette alors dans des aventures absurdes, qu'il recherche en tant qu'absurdes et inhumaines (voir *la Guerre notre mère* d'Ernst Jünger et *les Réprouvés* d'Ernst von Salomon). On va se battre pour le plaisir, ou plutôt pour le désespoir, contre n'importe qui. Prolétariat guerrier des « volontaires » (Baltikum, Espagne, Chine). C'est la débauche désespérée et vénale de celui qu'a déçu la passion. Revanche sadique.

partir de 1920, on ne se soumettra plus aux « simagrées diplomatiques » de l'ultimatum et de la « déclaration » de guerre. Les traités ne seront plus la solennelle conclusion des hostilités. Les distinctions arbitraires entre villes ouvertes et villes fortifiées, civils et militaires, moyens de destruction permis ou condamnés, tomberont. D'où résulte que la défaite d'un pays ne sera plus symbolique, métaphorique, c'est-à-dire limitée à certains *signes* convenus, mais sera concrètement la mort de ce pays. Encore une fois, dès que l'on abandonne l'idée de règles, la guerre ne traduit plus l'acte du viol sur le plan des nations, mais bien l'acte du crime sadique, la possession d'une victime morte, donc en fait la *non-possession.* Elle n'exprime plus l'instinct sexuel normal, ni même la passion qui l'utilise et le transcende, mais seulement cette perversion de la passion — d'ailleurs fatale, nous l'avons vu ailleurs — qu'est le « complexe de castration ».

11. La passion transportée dans la politique

Chassée du champ de la guerre chevaleresque, lorsque ce champ cesse d'être clos comme doit l'être un terrain de jeu, et qu'il n'est plus une lice décorée de symboles, mais un secteur de bombardement — la passion a cherché et trouvé d'autres modes d'expression en actes.

Elle y était d'ailleurs contrainte par la dépréciation des résistances morales et privées, non moins que par la dénaturation de la guerre. D'une part, dans les pays démocratiques, les mœurs se sont assouplies à tel point qu'elles tendent à n'offrir plus d'*obstacles* absolus, donc exaltants pour la passion ; d'autre part, dans les pays totalitaires, le dressage des jeunes par l'État tend à éliminer de la vie privée toute espèce de tragique intime et de problématique sentimentale. L'anarchie des mœurs et l'hygiène autoritaire agissent à peu près dans le même sens : elles déçoivent le besoin de passion, héréditaire ou acquis par la culture ; elle détendent ses ressorts intimes et personnels.

L'amour, dans l'entre-deux-guerres, fut un curieux mélange d'intellectualisme angoissé (littérature de l'inquiétude et de l'anarchie bourgeoise) et de cynisme matérialiste (*Neue Sachlichkeit* des Allemands). L'on vit bien que la passion romantique ne trouvait plus de quoi se composer un mythe ; ne trouvait plus de résistances choisies au sein d'une atmosphère d'orageuse et secrète dévotion. La crainte morbide des entraînements « naïfs » et des « duperies du cœur », alliée à un désir fébrile d'aventure, voilà le climat des principaux romans de cette période. Et cela signifie sans équivoque que *les relations individuelles des sexes ont cessé d'être le lieu par excellence où se réalise la passion.* Celle-ci paraît se détacher de son support. Nous sommes entrés dans l'ère des *libidos* errantes, en quête d'un théâtre nouveau. Et le premier qui s'est offert, c'est le théâtre politique.

La politique de masses, telle qu'on l'a pratiquée depuis 1917 n'est que la continuation de la guerre totale par d'autres moyens (pour reprendre une fois de plus, en l'inversant, la célèbre formule de Clausewitz). Le terme de « fronts » l'indique déjà. Et par ailleurs, l'État totalitaire n'est que l'état de guerre prolongé, ou recréé, et entretenu en permanence dans la nation. Mais si la guerre totale anéantit toute possibilité de passion, la politique ne fait que transposer les passions individuelles au niveau de l'être collectif. Tout ce que l'éducation totalitaire refuse aux individus isolés, elle le reporte sur la Nation personnifiée. C'est la Nation (ou le Parti) qui a des passions. C'est elle (ou lui) qui assume désormais la dialectique de l'obstacle exaltant, de l'ascèse et de la course inconsciente à la mort héroïque, divinisante.

Tandis qu'à l'intérieur et à la base, on stérilise les problèmes personnels, à l'extérieur et au sommet le potentiel de passion s'accroît de jour en jour. L'eugénisme triomphe dans la morale qui concerne les citoyens : et l'eugénisme est la négation rationnelle de toute espèce d'aventure privée. Mais cela ne peut qu'augmenter la tension de l'ensemble, personnifié dans la Nation. De 1933 à 1939, l'État-Nation d'Hitler dit aux Allemands : Procréez ! — et c'est une négation de la passion ; mais il dit aux peuples voisins : — Nous sommes trop nombreux dans nos frontières, j'exige donc des terres nouvelles ! — et c'est la nouvelle passion. Ainsi toutes les tensions supprimées à la base viennent s'accumuler au sommet. Or il est clair que ces volontés de puissance affrontées — il y a déjà *plusieurs* États totalitaires — ne peuvent en fait que se heurter passionnément. Elles deviennent l'une pour l'autre l'*obstacle.* Le but réel, tacite, fatal, de ces exaltations totalitaires est donc la guerre, qui signifie *la mort.* Et comme on le voit dans le cas de la passion d'amour, ce but est non seulement nié avec vigueur par les intéressés, mais il est réellement inconscient. Personne n'ose dire : je veux la guerre ; non plus que dans l'amour-passion, les amants ne disent : je veux la mort. Seulement, tout ce que l'on fait prépare cette fin. Et tout ce que l'on exalte y trouve son sens réel.

Il serait aisé de multiplier les preuves de ce nouveau parallélisme entre la politique et la passion. L'ascèse collectivisée, ce sont les restrictions que l'État impose au nom de la grandeur nationale. L'honneur du chevalier, c'est l'inquiète susceptibilité des Nations totalitaires. Enfin, je soulignerai un fait assez frappant : c'est que les foules réagissent au dictateur, dans un pays donné, *de la même manière* que la femme, dans ce pays, réagit aux sollicitations de l'homme. J'écrivais en 1938 : « Le Français s'étonne des succès d'Hitler auprès de la masse germanique, mais il ne s'étonnerait pas moins des façons qui plaisent aux Allemandes. Chez les Latins, faire la cour à une femme c'est l'étourdir de paroles flatteuses : ainsi nos hommes politiques quand ils courtisent une assemblée électorale. Hitler est plus brutal : il se fâche et se plaint en même temps ; il ne persuade pas, il envoûte ; il invoque enfin le destin et affirme qu'il est ce destin... De la sorte, il délivre la foule de la responsabilité de ses actes, donc du sentiment oppressant de sa culpabilité morale. Elle se rend au sauveur terrible et le nomme son libérateur dans l'instant même qu'il l'enchaîne et la possède. N'oublions pas que le terme populaire désignant en Allemagne l'acte d'épouser, c'est *freien,* verbe qui signifie littéralement : libérer... Hitler le sait peut-être un peu trop bien :

" Dans sa grande majorité, écrit-il, le peuple se trouve dans une disposition et un état d'esprit à tel point féminins que ses opinions et ses actes sont déterminés beaucoup plus par l'impression produite sur les sens que par la pure réflexion. La masse est peu accessible aux idées abstraites. Par contre, on l'empoignera plus facilement dans le domaine des sentiments... De tous temps, la force qui a mis en mouvement les révolutions les plus violentes a résidé bien moins dans la proclamation d'une idée scientifique qui s'emparait des foules que dans un fanatisme animateur et dans une véritable hystérie qui les emballait follement. " *(Mein Kampf.)* »

Oui, « de tous temps » ce fut ainsi. Mais la nouveauté de notre temps, c'est que l'action passionnelle sur les masses, telle que la définit Hitler, se double désormais d'une action rationalisante sur les individus. En outre, cette action n'est plus exercée par un meneur quelconque, mais par le Chef qui incarne la Nation. D'où la puissance sans précédent du transfert qui s'opère du privé au public.

Quel Wagner surhumain sera donc en mesure d'orchestrer la grandiose catastrophe de la passion devenue totalitaire ?

⁂

Ceci nous mène au seuil d'une conclusion que j'étais loin de prévoir en commençant ce livre. Que l'on suive l'évolution du mythe occidental de la passion dans l'histoire de la littérature ou dans l'histoire des méthodes de la guerre, c'est la même courbe qui apparaît. Et l'on aboutit pareillement à cet aspect trop ignoré de la crise de notre époque, qui est la dissolution des *formes* instituées par la chevalerie.

C'est dans le domaine de la guerre, où toute évolution est pratiquement irréversible — alors qu'il y a des « retours » littéraires —, que la nécessité d'une solution nouvelle est apparue en premier lieu. Cette solution s'appelle l'État totalitaire. C'est la réponse du XXe siècle, née de la guerre, à la menace permanente que la passion et l'instinct de mort font peser sur toute société.

La réponse du XIIe siècle avait été la chevalerie courtoise, son éthique et ses mythes romanesques. La réponse du XVIIe siècle a pour symbole la tragédie classique[1]. La réponse du XVIIIe fut le cynisme de Don Juan et l'ironie rationaliste. Mais le romantisme

1. Bachofen (auteur du *Mutterrecht* : le Matriarcat) expose une théorie analogue à propos de la tragédie grecque, considérée comme *l'Auseinandersetzung* (la discussion, l'affrontement, l'explication) entre la communauté et les puissances du mythe.

ne fut pas une réponse, à moins que l'on admette — et c'est possible — que son éloquent abandon aux puissances nocturnes du mythe n'ait été un dernier moyen de le déprimer par un excès voulu. Quoi qu'il en soit, cette défense était faible en regard du péril déchaîné. Les forces antivitales longtemps contenues par le mythe se répandirent dans les domaines les plus divers, d'où résulta une dissociation, au sens précis de relâchement des liens sociaux. La première guerre européenne fut le jugement d'un monde qui avait cru pouvoir abandonner les *formes,* et libérer d'une manière anarchique le « contenu » mortel du mythe.

Cependant, je ne pense pas que le drainage de toute passion par la Nation soit autre chose qu'une mesure de détresse. C'est repousser la menace immédiate, mais l'aggraver alors en la faisant peser sur la vie même des peuples ainsi constitués en blocs. L'État totalitaire est bien une *forme* recréée, mais une forme trop vaste, trop rigide et trop géométrique pour modeler et organiser dans ses limites la vie complexe des hommes, même militarisés. Des mesures de police ne font pas une culture, des slogans ne font pas une morale. Entre le cadre artificiel des grands États et la vie quotidienne des hommes, il subsiste encore trop de jeu, trop d'angoisse et trop de possible. Rien n'est *réellement* résolu. Dès lors :

Ou bien ce sera la guerre atomique totale, la désintégration physique et morale, et le problème de la passion sera supprimé avec la civilisation qui l'a fait naître ;

Ou bien ce sera la paix, et le problème renaîtra dans les pays totalitaires, comme il ne cesse de nous travailler dans nos sociétés libérales.

C'est l'éventualité de la paix que j'envisageai dans les deux livres terminaux : le premier situant le conflit du mythe et du mariage dans nos mœurs, le second décrivant une attitude que je donne bien moins pour *la* réponse décisive, que pour mon choix particulier.

LIVRE VI

LE MYTHE CONTRE LE MARIAGE

1. Crise moderne du mariage

Deux morales s'affrontaient au Moyen Age : celle de la société christianisée et celle de la courtoisie hérétique. L'une impliquait le mariage, dont elle fit même un sacrement ; l'autre exaltait un ensemble de valeurs d'où résultait — en principe tout au moins — la condamnation du mariage.

Le jugement porté sur l'adultère, dans l'une et l'autre perspective, caractérise fort bien l'opposition. Aux yeux de l'Église, l'adultère était tout à la fois un sacrilège, un crime contre l'ordre naturel et un crime contre l'ordre social. Car le sacrement unissait tout à la fois deux âmes fidèles, deux corps aptes à procréer, et deux personnes juridiques. Il se trouvait donc sanctifier les intérêts fondamentaux de l'espèce et les intérêts de la cité. Celui qui contrevenait à ce triple engagement ne se rendait pas « intéressant », mais pitoyable ou méprisable.

La synthèse catholique s'efforçait de marier l'eau et le feu, car on pouvait tirer des Écritures et des Pères les thèses les plus contradictoires sur la sainteté de la procréation — loi de l'espèce — et sur la sainteté de la virginité — loi de l'esprit. Pour l'Ancien

Testament, par exemple, une descendance nombreuse est signe d'élection tandis que pour saint Paul, celui qui reste vierge « fait mieux » que celui qui se marie, même chrétiennement.

L'hérésie liée dès l'origine à la *cortezia* du Midi s'opposait au mariage catholique sur les trois chefs que l'on vient de rappeler. Elle niait tout d'abord le *sacrement*, comme n'étant établi par aucun texte univoque de l'Évangile[1]. Elle condamnait la procréation comme relevant de la loi du Prince des Ténèbres, c'est-à-dire du Démiurge auteur du monde visible. Elle tendait enfin à détruire un ordre social qui permettait et exigeait la guerre, comme expression du vouloir-vivre collectif[2]. Mais le fondement de ces trois refus était en vérité la doctrine de l'Amour, c'est-à-dire l'Éros divinisant, en conflit éternel et angoissé avec la créature de chair et ses instincts asservissants.

L'apparition de la *passion* d'Amour devait donc transformer radicalement le jugement porté sur l'adultère. Certes, la pure doctrine cathare ne prétendait pas légitimer la faute en soi, puisque au contraire elle ordonnait la chasteté. Mais nous avons montré que le symbole courtois de l'amour pour une Dame (spirituelle), amour évidemment incompatible avec le mariage dans la chair, devait amener des confusions inextricables. Pour l'amateur non initié

1. Voir sur ce point : R. P. Lavaud, « l'Idée divine du mariage ». (*Études carmélitaines*, avril 1938, p. 186.) Le sacrement catholique se justifierait soit par le récit du miracle de Cana (« simple hypothèse » dit l'auteur) ; soit par le passage où Jésus proclame que l'homme ne doit pas séparer ce que Dieu a uni ; soit par des entretiens de Jésus ressuscité et de ses disciples « que les Évangélistes et les Actes mentionnent sans les rapporter en détail ». L'auteur n'indique rien de plus précis que ces trois « hypothèses » humaines pour fonder *bibliquement* le dogme traditionnel.

2. Les gnostiques ont souvent exprimé cette opinion : « Les crimes sont un tribut payé à la vie. » (Carpocrate, *cf.* Schultz, *Dokumente der Gnosis.*)

des poèmes provençaux et des romans bretons, l'adultère de Tristan reste une faute[1], mais il se trouve revêtir en même temps l'aspect d'une *aventure plus belle que la morale.* Ce qui, pour le croyant manichéen, était l'expression dramatique du combat de la foi et du monde, devient alors pour le lecteur une « poésie » équivoque et brûlante. Poésie toute profane d'apparences, dont la puissance de séduction s'accroît encore du fait que l'on ignore la signification mystique de ses symboles, et que ceux-ci ne paraissent plus révélateurs que d'un mystère *vague* et *flatteur.*

Comment expliquer autrement qu'à partir du XIIe siècle, celui qui commet l'adultère devienne soudain un personnage intéressant ? Le roi David en volant Bethsabée commet un crime et se rend méprisable. Mais Tristan, s'il enlève Iseut, vit un roman, et se rend admirable... Ce qui était « faute » et ne pouvait donner lieu qu'à des commentaires édifiants sur le danger de pécher et le remords, devient soudain vertu mystique (dans le symbole), puis se dégrade (dans la littérature) en aventure troublante et attirante.

***

Je n'entends pas ramener directement la crise actuelle du mariage au conflit de l'orthodoxie et d'une hérésie médiévale. Car cette dernière, comme telle, n'existe plus ; et si l'orthodoxie existe encore, il faut avouer qu'elle ne joue plus un rôle direct dans la vie de nos sociétés, qu'elle a tant contribué à

1. Encore que la faute soit alors considérée moins par rapport à la morale en soi, que sous l'aspect du *risque* et du *danger* qu'elle fait courir à celui qui la commet. Tandis que du point de vue des vrais cathares, nous l'avons vu, la véritable faute, c'est d'avoir « consommé » dans la chair cet adultère.

former. Ce qui explique, à mon sens, l'état présent de dé-moralisation générale, c'est la confuse dissension, au sein de laquelle nous vivons, de deux *morales*, dont l'une est héritée de l'orthodoxie religieuse, mais ne s'appuie plus sur une foi vivante, et dont l'autre dérive d'une hérésie dont l'expression, « essentiellement lyrique » aux origines, nous parvient totalement profanée et par suite dénaturée.

Voici les forces en présence : d'une part, une morale de l'espèce et de la société en général, mais plus ou moins empreinte de religion — c'est ce que l'on nomme la morale bourgeoise ; d'autre part, une morale inspirée par l'ambiance culturelle, littéraire, artistique — c'est la morale passionnelle ou romanesque. Tous les adolescents de la bourgeoisie occidentale sont élevés dans l'idée du mariage, mais *en même temps* se trouvent baignés dans une atmosphère romantique entretenue par leurs lectures, par les spectacles, et par mille allusions quotidiennes, dont le sous-entendu est à peu près : que la passion est l'épreuve suprême, que tout homme doit un jour la connaître, et que la vie ne saurait être à plein vécue que par ceux qui « ont passé par là ». Or la passion et le mariage sont par essence incompatibles. Leurs origines et leurs finalités s'excluent. De leur coexistence dans nos vies surgissent sans fin des problèmes insolubles, et ce conflit menace en permanence toutes nos « sécurités » sociales.

En d'autres temps, ce fut la fonction du mythe que d'ordonner cette anarchie latente et de la composer symboliquement dans nos catégories morales. Rôle d'exutoire, rôle civilisateur. Mais le mythe s'est déprimé et profané en même temps que les formes sociales dont il tirait ses éléments plastiques. Si maintenant il tentait de se recomposer, on pressent qu'il ne trouverait plus de *résistances* assez solides pour lui servir de masque et de prétexte.

Une immense littérature paraît chaque mois sur la « crise du mariage ». Mais je doute fort qu'il en résulte aucune espèce de solution pratique : car seul le mythe, c'est-à-dire l'inconscience, pourrait fournir à la passion une espèce de *modus vivendi,* et tous ces livres, aggravant au contraire notre conscience du problème, contribuent à le rendre insoluble. Ils sont les signes de la crise, mais aussi de notre impuissance à la réduire dans les cadres actuels.

L'institution matrimoniale se fondait en effet sur trois groupes de valeurs qui lui fournissaient ses « contraintes » — et c'est précisément dans le jeu de ces contraintes que le mythe puisait ses moyens d'expression (comme on l'a vu au livre I). Or voici que ces contraintes ou se relâchent, ou disparaissent :

1. *Contraintes sacrées.* — Le mariage, chez les peuples païens, s'est toujours entouré d'un rituel dont nos institutions gardèrent longtemps les éléments : rites de l'achat, du rapt, de la quête et de l'exorcisme. Mais de nos jours, la dot perd de son importance, par suite de l'instabilité économique. Les coutumes rappelant le rapt nuptial n'existent plus que sous forme de plaisanteries paysannes. La demande en mariage, avec échange de visites en haut-de-forme et « déclaration » officielle, est aussi démodée que le corset. Et la majorité des couples n'éprouve plus même le besoin « superstitieux » d'aller se faire bénir par un prêtre.

2. *Contraintes sociales.* — Les questions de rang, de sang, d'intérêts familiaux et même d'argent, sont en train de passer au second plan dans les pays démocratiques, et par suite les problèmes individuels déterminent de plus en plus le choix réciproque des conjoints. D'où le nombre croissant des divorces. En même temps, les cérémonies épithalamiques se simplifient ou disparaissent. Il est curieux de noter que des coutumes d'origine lointaine et sacrée telles que

la « quasi-publicité du lit nuptial » (Huizinga) subsistèrent au moins dans les provinces, jusqu'en plein XVIIe siècle : on avait oublié les mystères originels, mais les rites gardaient pour effet de socialiser l'acte du mariage, de l'intégrer dans l'existence communautaire. A partir du XVIIIe siècle, le thème du « Coucher de la mariée » n'est plus qu'une occasion d'anodines galanteries picturales. De nos jours enfin, le « voyage de noces », pour autant qu'il subsiste et garde une signification, représente bien plutôt une volonté de s'évader de l'ambiance sociale et de souligner le caractère privé de ce qu'on appelle le bonheur des époux.

3. *Contraintes religieuses.* — Dans la mesure où la conscience moderne comme telle sait encore distinguer le christianisme des contraintes sacrées et sociales, elle le repousse avec horreur. Car l'engagement religieux est pris « pour le temps et l'éternité », c'est-à-dire qu'il ne tient aucun compte des variations de tempérament, de caractère, de goûts et de conditions externes qui ne manqueront pas de se produire un jour ou l'autre dans la vie du couple. Or c'est de tout cela, justement, que les modernes font dépendre leur « bonheur » (nous reviendrons tout à l'heure sur cette notion centrale).

Cette dépréciation générale des obstacles institutionnels entraîne une chute de tension morale d'où résulte une immense confusion. L'adultère devient un sujet de délicates analyses psychologiques ou de plaisanteries vaudevillesques. La fidélité dans le mariage paraît légèrement ridicule : elle prend figure de conformisme. Il n'y a plus, à proprement parler, *conflit* de deux morales hostiles — et par suite plus de mythe possible — mais on approche d'un état de neutralisation mutuelle au terme de la consomption des vieilles valeurs non transcendées mais déprimées.

2. Idée moderne du bonheur

Le mariage cessant d'être garanti par un système de contraintes sociales ne peut plus se fonder, désormais, que sur des déterminations individuelles. C'est-à-dire qu'il repose en fait sur une idée individuelle du bonheur, idée que l'on suppose commune aux deux conjoints dans le cas le plus favorable.

Or, s'il est assez difficile de définir en général le bonheur, le problème devient insoluble dès que s'y ajoute la volonté moderne d'être le maître de son bonheur, ou ce qui revient peut-être au même, de *sentir* de quoi il est fait, de l'analyser et de le goûter afin de pouvoir l'améliorer par des retouches bien calculées. Votre bonheur, répètent les prêches des magazines, dépend de ceci, exige cela — et ceci ou cela, c'est toujours quelque chose qu'il faut *acquérir,* par de l'argent le plus souvent. Le résultat de cette propagande est à la fois de nous obséder par l'idée d'un bonheur facile, et du même coup de nous rendre inaptes à le posséder. Car tout ce qu'on nous propose nous introduit dans le monde de la comparaison, où nul bonheur ne saurait s'établir, tant que l'homme ne sera pas Dieu. Le bonheur est une Eurydice : on l'a perdu dès qu'on veut le saisir. Il ne peut vivre que dans l'*acceptation,* et meurt dans la revendication. C'est qu'il dépend de l'être et non de l'avoir : les moralistes de tous les temps l'ont répété, et notre temps n'apporte rien qui doive nous faire changer d'avis. Tout bonheur que l'on veut sentir, que l'on veut tenir à sa merci — au lieu d'y *être* comme par grâce — se transforme instantanément en une absence insupportable.

Fonder le mariage sur un pareil « bonheur » suppose de la part des modernes une capacité d'ennui presque morbide — ou l'intention secrète de tricher. Il est probable que cette intention ou cet espoir expliquent en partie la facilité avec laquelle on se marie encore « sans y croire ». Le rêve de la passion possible agit comme une distraction permanente, anesthésiant les révoltes de l'ennui. On n'ignore pas que la passion serait un malheur — mais on pressent que ce serait un malheur plus beau et plus « vivant » que la vie normale, plus exaltant que son « petit bonheur »...

Ou l'ennui résigné ou la passion : tel est le dilemme qu'introduit dans nos vies l'idée moderne du bonheur. Cela va de toute manière à la ruine du mariage en tant qu'institution sociale définie par la *stabilité*.

3. « Aimer, c'est vivre ! »

Dès le XIIe siècle provençal, l'amour était considéré comme noble. Non seulement il ennoblissait mais encore il anoblissait : les troubadours accédaient socialement au niveau de l'aristocratie qui les traitait comme des égaux. C'est peut-être de là que nous vient, par le canal de la littérature, cette idée toute moderne et romantique que la passion est une noblesse morale, qu'elle nous met au-dessus des lois et des coutumes. Celui qui aime de passion accède à une humanité plus haute, où les barrières sociales s'évanouissent. Le tzigane peut enlever la princesse, le mécano épouser l'héritière[1]. De même, le Prix de Beauté a quelque chance de devenir comtesse ou milliardaire. C'est une « adaptation » moderne — pour

1. L'aventure fameuse de la princesse de C... donna lieu au début du siècle à toute une littérature romanesque. Quant au thème de l'ouvrier ou du chauffeur qui « mérite » la fille du patron, il fut abondamment exploité par le film allemand, sous l'hitlérisme.

parler le langage du cinéma, seul adéquat en l'occurrence — de la primauté de l'amour sur l'ordre social établi.

Que la passion profane soit en réalité une forme d'intoxication, une « maladie de l'âme », comme pensaient les Anciens, tout le monde est prêt à le reconnaître, c'est un des lieux communs les plus usés des moralistes : mais personne ne peut plus le *croire*, à l'âge du film et du roman — nous sommes tous plus ou moins intoxiqués — et cette nuance est décisive.

Le moderne, l'homme de la passion, attend de l'amour fatal quelque révélation, sur lui-même ou la vie en général : dernier relent de la mystique primitive. De la poésie à l'anecdote piquante, la passion c'est toujours *l'aventure.* C'est ce qui va changer ma vie, l'enrichir d'imprévu, de risques exaltants, de jouissances toujours plus violentes ou flatteuses. C'est tout le possible qui s'ouvre, un destin qui acquiesce au désir ! Je vais y entrer, je vais y monter, je vais y être « transporté » ! La sempiternelle illusion, la plus naïve et — j'ai beau dire ! — la plus « naturelle » pensera-t-on... Illusion de liberté. Et illusion de plénitude.

Je nommerai libre un homme qui se possède. Mais l'homme de la passion cherche au contraire à être possédé, dépossédé, jeté hors de soi, dans l'extase. Et de fait, c'est déjà sa nostalgie qui le « démeine » — dont il ignore l'origine et la fin. Son illusion de liberté repose sur cette double ignorance.

Le passionné, c'est l'homme qui veut trouver son « type de femme » et n'aimer qu'elle. Souvenez-vous du rêve de Nerval, l'apparition d'une noble Dame dans le paysage des souvenirs d'enfance :

Blonde, aux yeux noirs, en ses habits anciens
Que dans une autre existence peut-être
J'ai déjà vue, et dont je me souviens...

Image de la Mère, sans nul doute, et la psychanalyse nous apprend quels empêchements tragiques cela peut signifier. Mais l'exemple d'un poète ne vaut rien ou vaut trop. J'entends décrire une illusion *apprise* par la majorité des hommes du XXe siècle : or plus encore que l'image de la Mère, ce qui les tyrannise, c'est la « beauté standard ».

De nos jours — et ce n'est qu'un début — un homme qui se prend de passion pour une femme qu'il est *seul* à voir belle est un névrosé qui s'ignore. (Dans *x* années, on le fera soigner.) Certes, la standardisation des types de femmes admis pour « beaux » se produit normalement dans chaque génération, de même que chaque époque de la mode préfère soit la tête, soit le buste, soit la croupe, soit la ligne sportive. Mais le panurgisme esthétique atteint de nos jours une puissance inconnue, développée par tous les moyens techniques, et parfois politiques, en sorte que le choix d'un type de femme échappe de plus en plus au mystère personnel et se trouve déterminé par « Hollywood » — ou par l'État. Double influence de la beauté-standard : elle définit d'avance l'objet de la passion — dépersonnalisé dans cette mesure — et disqualifie le mariage, si l'épouse ne ressemble pas à la star la plus obsédante. Ainsi la « liberté » de la passion relève des statistiques publicitaires. L'homme qui croit désirer « son » type de femme se trouve intimement déterminé par des facteurs de mode ou de commerce, c'est-à-dire par la nouveauté.

4. Épouser Iseut ?

Supposons maintenant que, malgré tout, l'homme parvienne à se fixer sur un type, compromis entre ce qu'il aime et ce que le film le persuade d'aimer. Il rencontre cette femme, il la reconnaît. C'est elle, la femme de son désir et de sa plus secrète nostalgie, l'Iseut du rêve[1]; elle est mariée, naturellement. Qu'elle divorce, et il l'épousera! Avec elle, ce sera la « vraie vie », ce sera l'épanouissement de ce Tristan qu'il porte en soi comme son génie caché! Et plus rien ne compte en regard de la révélation mythique. (Pas même la couronne s'il est roi.) Voilà le vrai « mariage d'amour » moderne : le mariage avec la passion!

Mais aussitôt paraît une anxiété dans l'entourage (ou le public) : l'amant comblé va-t-il encore aimer cette Iseut *une fois épousée*? Une nostalgie que l'on chérissait est-elle encore désirable une fois rejointe?

Car Iseut, c'est toujours l'étrangère, l'étrangeté même de la femme, et tout ce qu'il y a d'éternellement fuyant, évanouissant et presque hostile dans un être, cela même qui invite à la poursuite et qui éveille l'avidité de posséder, plus délicieuse que toute possession au cœur de l'homme en proie au mythe. C'est la femme-dont-on-est-séparé : on la perd en la possédant.

Alors commence une « passion » nouvelle. On s'ingénie à renouveler l'obstacle et le combat. On imagine différente la femme que l'on tient dans ses bras, on la déguise et on l'éloigne en rêve, on s'acharne à dépayser les sentiments qui sont en train de se nouer dans une durée étale et trop sereine. C'est qu'il faut recréer des obstacles pour pouvoir de nouveau désirer et pour exalter ce désir aux proportions d'une passion consciente, intense, infiniment intéressante... Or c'est la douleur seule qui rend consciente

1. Le titre d'un roman de Max Brod, *Die Frau nach der man sich sehnt* (la femme que l'on désire, la femme de notre nostalgie), est la meilleure définition d'Iseut. L'amour-passion veut « la Princesse *lointaine* » tandis que l'amour chrétien s'adresse au « *prochain* ».

la passion, et c'est pourquoi l'on aime souffrir et faire souffrir. Lorsque Tristan emmène Iseut dans la forêt, où plus rien ne s'oppose à leur union, le génie de la passion dépose entre leurs corps une épée nue. Descendons quelques siècles et toute l'échelle qui va de l'héroïsme religieux à la confusion sans grandeur où se débattent les hommes du temps profane : au lieu de l'épée du chevalier, entre le bourgeois et sa femme, voici le rêve sournois du mari qui ne peut plus désirer sa femme qu'en l'imaginant sa maîtresse. (Balzac déjà donne la recette, dans sa *Physiologie du mariage.*) Une innombrable et écœurante littérature romanesque nous peint ce type du mari qui redoute la « platitude », le train-train des liens légitimes où la femme perd son « attrait », parce qu'il n'est plus d'obstacles entre elle et lui. Pitoyables victimes d'un mythe dont l'horizon mystique s'est refermé depuis longtemps. Pour Tristan, Iseut figurait le symbole du Désir lumineux : son au-delà, c'était la mort divinisante, libératrice des liens terrestres. Il fallait donc qu'Iseut fût l'Impossible, car tout amour possible nous ramène à ces liens, nous réduit aux limites dans l'espace et le temps sans lesquelles il n'est point de « créatures » — alors que le seul But de l'amour infini ne peut être que le divin : Dieu, notre idée de Dieu, ou le Moi déifié. Mais pour celui que le mythe vient tourmenter sans lui révéler son secret, il n'est au-delà de la passion que dans une passion nouvelle — dans le tourment nouveau de la poursuite d'apparences toujours plus fugitives. Il était de la nature essentielle de la passion mystique d'être *sans fin* — et c'est par là que cette passion se détachait des rythmes du désir charnel; mais tandis que, pour Tristan, l'infini c'est l'éternité sans retour où s'évanouit la conscience douloureuse — pour le moderne, ce n'est plus que le retour sempiternel d'une ardeur constamment déçue.

Le mythe décrivait une fatalité dont ses victimes ne pouvaient se délivrer qu'en échappant au monde fini. Mais la passion dite « fatale » — c'est l'alibi —, où se complaisent les modernes, ne sait plus même être *fidèle,* puisqu'elle n'a plus pour fin la transcendance. Elle épuise l'une après l'autre les illusions que lui proposent divers objets, trop faciles à saisir. Au lieu de mener à la mort, elle se dénoue en infidélité. Qui ne sent la dégradation d'un Tristan qui a *plusieurs* Iseut? Pourtant ce n'est pas lui qu'il convient d'accuser, mais il est la victime d'un ordre social où les obstacles se sont dégradés. Ils cèdent trop vite, ils cèdent avant que l'expérience ait abouti. Sans cesse, il faut recommencer cette ascension de l'âme dressée contre le monde. Mais alors le Tristan moderne glisse vers le type contraire du Don Juan, de l'homme aux amours successives. Les catégories se détruisent, l'aventure n'est plus même exemplaire.

Seul le Don Juan mythique échappait à cette consomption. Mais Don Juan ne connaît pas d'Iseut, ni de passion inaccessible, ni de passé, ni d'avenir, ni de déchirements voluptueux. Il vit toujours dans l'immédiat, il n'a jamais le temps d'aimer — d'attendre et de se souvenir — et rien de ce qu'il désire ne lui résiste, puisqu'il n'*aime* pas ce qui lui résiste.

⁂

Aimer, au sens de la passion, c'est alors le contraire de vivre! C'est un appauvrissement de l'être, une ascèse sans au-delà, une impuissance à aimer le présent sans l'imaginer comme absent, une fuite sans fin devant la possession.

Aimer d'amour-passion signifiait « vivre » pour Tristan, car la vraie vie qu'il appelait, c'était la mort transfigurante. Mais nous avons perdu la transcendance. La mort n'est plus qu'une lente consomption.

A cette lumière, que jette sur nos psychologies la connaissance du mythe primitif, les succès du roman et du film apparaissent comme les signes certains d'une décadence de la personne chez les modernes, et d'une espèce de maladie de l'être. Presque toutes les complications qui servent d'intrigues à nos auteurs se ramènent au schéma monotone des ruses de la passion pour s'« entretenir », — des ruses d'une passion débile pour s'inventer de plus *secrets* obstacles. Je songe à la psychologie de la jalousie qui envahit nos analyses ; jalousie désirée, provoquée, sournoisement favorisée, et non plus chez l'autre seulement — la coquetterie est un peu simple — mais on en vient à désirer que l'être aimé soit infidèle pour qu'on puisse de nouveau le poursuivre et « ressentir » l'amour en soi... Tout cela signifie, une fois de plus, que le mythe des amants « ravis » s'est dégradé en perdant sa mystique. Le ravissement n'est plus qu'une sensation — n'aboutit pas. On retombe sans cesse au monde de la comparaison, qui est le monde de la jalousie. *« Hommes et femmes dès qu'ils passent leur seuil souffrent de jalousie »,* dit un poème tibétain[1]. C'est que, passant « leur seuil », sortant de leur être propre et du présent tel qu'il leur est donné, incapables d'accepter l'autre tel qu'il est, parce qu'il faudrait tout d'abord s'accepter, ils ne voient de toutes parts que choses à envier, qualités dont ils se sentent privés, et moins de comparaisons qui toujours tournent à leur détriment. Le mari souffre des beautés qu'il aperçoit à d'autres femmes et dont la sienne se trouve privée (même si tous la jugent la plus belle). C'est qu'il ne sait plus posséder ni plus aimer ce qu'il a dans le réel. Il a perdu la seule chose nécessaire : le sens de la fidélité. Car voici la

1. Le *Dict de Padma.*

fidélité : c'est l'acceptation décisive d'un être en soi, limité et réel, que l'on choisit non comme prétexte à s'exalter, ou comme « objet de contemplation », mais comme une existence incomparable et autonome à son côté, une exigence d'amour actif.

⁂

Je n'entends pas ici attaquer la passion : je me borne à la décrire et à la « réciter » comme dit Montaigne, sachant fort bien que je ne convaincrai pas une seule victime du mythe profané. Mais il fallait faire voir, par quelques traits, *comment* cette passion développe un certain nombre de fatalités psychologiques dont les effets ne sont plus contestables. Que l'on soit partisan de l'une ou de l'autre, il faut admettre que *la passion ruine l'idée même du mariage dans une époque où l'on tente la gageure de fonder le mariage, précisément, sur les valeurs élaborées par une éthique de la passion.*

Certes, il serait excessif d'estimer que la plupart de nos contemporains sont en proie au délire de Tristan. Bien peu ont assez soif pour boire le philtre, et j'en vois moins encore être élus par le sort pour succomber au tourment exemplaire. Mais tous ou presque tous en rêvent, ou en rêvassent. Et si brouillée et défraîchie que soit l'empreinte du mythe primitif, c'est pourtant là qu'est le secret de l'inquiétude qui tourmente aujourd'hui les couples. Rien ne répugne autant à un esprit moderne que l'idée d'une limitation volontairement assumée; et rien ne le flatte davantage que le mirage d'infini dépassement entretenu par le souvenir du mythe. Essayer de *prendre conscience* de la nature du phénomène, c'est à quoi se résume l'ambition des analyses qui précèdent; mais je sens bien qu'elles m'ont porté déjà aux limites du désobligeant : nous aimons trop nos illusions pour souffrir même qu'on nous les nomme...

5. De l'anarchie à l'eugénisme

Cependant, l'anarchie permanente que représente le mariage moderne fondé — par antiphrase — sur les débris du mythe, entraîne des menaces évidemment intolérables pour tout ordre *social*, quel qu'il soit. (Et je ne parle même pas du danger spirituel que fait courir à la personne l'éthique de l'évasion, qui est née du mythe.) D'où les multiples tentatives de « restauration » du mariage auxquelles nous avons assisté depuis la Première Guerre mondiale, début de l'ère totalitaire.

Les Églises font un honorable effort de redéfinition de l'institution et des devoirs moraux qu'elle implique[1]. Les humanistes reprennent les arguments d'un Goethe ou d'un Engels en faveur du mariage : selon le premier, il faut y voir la grande conquête de la culture occidentale et le fondement solide de toute vie personnelle ; selon le second, l'union monogamique serait la forme la plus rationnelle des relations entre les sexes, dans une société libérée des contraintes de classes et d'argent. D'autres enfin s'efforcent de fonder une science des rapports conjugaux. Jung analyse le « conflit psychologique » et les « névroses » qui seraient à l'origine du mal (d'où l'on déduit que la médecine mentale guéri-

1. L'encyclique *Casti connubii* a répondu à la décision des évêques anglicans dite de Lambeth. Les Congrès œcuméniques de Stockholm et d'Oxford (toutes les Églises non romaines) ont également touché le problème. Vatican II a reconnu que l'amour sexuel pouvait avoir un autre but que de concourir à l'explosion démographique.

rait tout). Van de Velde ou Hirschfeld, Kinsey ou Masters voient remède dans une connaissance plus exacte et largement vulgarisée des phénomènes sexuels.

L'abondance même de ces recherches[1] et de ces recettes me rend sceptique quant à leur efficacité : elle révèle l'étendue du désastre, sans apporter les éléments d'une révolution à sa mesure. En outre, il est frappant de constater que presque tous ces sages auteurs donnent quelques lignes à la louange de la passion ou tout au moins affectent de la tolérer : pour des raisons trop faciles à concevoir, on craint d'attaquer le lecteur dans ses croyances les plus intimes et les plus solidement ancrées. On a peur de paraître « puritain ». On s'efforce de faire la part du feu et l'on va même parfois jusqu'à ce paradoxe de présenter la passion amoureuse comme le couronnement d'un hymen idéalement réalisé (d'après les recettes). Personne, que je sache, n'a encore osé dire que l'amour *tel qu'on l'imagine de nos jours* est la négation pure et simple du mariage que l'on prétend fonder sur lui. C'est qu'on ne sait pas au juste ce qu'est l'amour-passion, ni d'où il vient ni où il va. On sent bien qu'il y a là quelque chose d'inquiétant, mais on a peur, en le combattant, de parler comme

1. Il serait curieux de retrouver quel est l'auteur — évidemment moderne — qui a parlé le premier d'un « problème sexuel ». Fourier peut-être ? Ou Proudhon ? Cela doit se placer aux environs des années 1820-1830, pour une série de raisons sociologiques et économiques que je ne saurais exposer ici.

Note de 1970. Fourier, étonnant précurseur de Freud, parle beaucoup d'instinct, de passion, d'érotisme et d'amour « matériel » ou « tact », mais jamais de « sexualité » ou de « sexuel » — termes auxquels recourt souvent Proudhon dans *la Pornocratie* et dans *la Justice, l'Amour, le Mariage*. En revanche, Kierkegaard discute longuement les catégories de « sensualité » et « sexualité » (synonymes pour lui) dont il montre les liens étroits avec le christianisme, dans *Ou bien... ou bien...* (« Les étapes érotiques spontanées », écrit en 1841).

un philistin. (Ce qui se produirait fatalement !) Ainsi l'on passe avec une feinte légèreté à côté du problème fondamental. « Il faut se faire lire et gagner la confiance ; on ne remonte pas le courant de toute l'époque ; la passion a toujours existé, elle existera donc toujours, et nous ne sommes pas des Don Quichotte... » Je le crois bien ! C'est même à cause de cela que vous ne ferez rien de sérieux. Et comme il *faut* pourtant que quelque chose se fasse, la seule question qui se pose à l'historien, au sociologue, c'est de savoir *quel mécanisme* va se déclencher pour rétablir la situation — ou quel réflexe collectif.

***

Deux exemples de grande envergure nous indiquent un type de réponse, une solution peut-être inévitable.

La Russie de la Révolution connut un « déchaînement » sexuel de la jeunesse que l'on serait tenté de juger sans précédent dans notre histoire européenne[1]. Quant au mariage, il fut en principe balayé durant la période des Soviets. La morale des intellectuels nihilistes ou romantiques, qui inspirait les jeunes chefs bolcheviks, se traduisit dans la réalité par une généralisation de l'union libre, de l'avortement, de l'abandon des enfants, bref de tout ce qu'on croyait contraire aux préjugés réactionnaires, qu'on se figurait, bien à tort, entretenus par le capitalisme. Dans une lettre fameuse adressée par Lénine à la camarade Zetkin, le chef décrit ce désastre des

1. En réalité, des phénomènes analogues affectèrent certaines jeunesses des pays bourgeois après la guerre. La différence est qu'en Russie on *affichait* des principes « émancipés » — qu'ailleurs on se bornait à vivre...

mœurs et il proteste avec toute l'énergie d'un « révolutionnaire professionnel » — donc puritain — contre cette anarchie sexuelle qu'il qualifie de « petite-bourgeoise ». (On n'ignore pas le sens marxiste de l'expression.)

Vingt ans plus tard, le « redressement des mœurs » s'est opéré, non par quelque sursaut vertueux, non par l'initiative d'une ligue philanthropique, mais par les soins d'une dictature exactement consciente des conditions de sa durée. Staline s'est assigné pour but prochain de refaire des cadres à sa nation. Car sans cadres, l'économie périclitait, et la « défense nationale » ne pouvait pas s'organiser sans un constant recours à la passion des premiers révolutionnaires : or c'était cette passion précisément que l'on entendait « liquider ». D'où l'absolue nécessité de restaurer les bases sociales, c'est-à-dire l'élément statique et stabilisateur au premier chef qu'est la famille. Ce fut le mécanisme de la dictature productiviste qui contraignit l'État dit socialiste à édicter une série de lois contre le divorce (qu'on rendit beaucoup plus onéreux), contre l'avortement et contre l'abandon des enfants nés hors mariage. La rigueur subite de ces lois, le choc psychologique qu'elles provoquèrent, la propagande et les mesures de contrôle policier de la vie privée changèrent notablement l'ambiance morale de la Russie dans les années 1930. Le mariage se trouva restauré sur des bases strictement utilitaires, collectivistes et eugéniques et dans une atmosphère où les problèmes individuels tendaient à perdre toute espèce de dignité, de légitimité, de virulence anarchisante.

L'Allemagne d'avant Hitler atteignit-elle un stade d'anarchie sexuelle comparable à celui de la Russie jusqu'à Staline ? Le processus de ruine des obstacles sociaux, pour s'y être développé sans violences extérieures, n'avait que plus gravement miné l'éthique matrimoniale de la jeunesse. La décadence du mythe de la passion dans la patrie du romantisme entraînait d'autre part des conséquences bien plus complexes que chez nous, et d'apparences fort hétéroclites. Le cynisme morbide de l'après-guerre allemande, la *Neue Sachlichkeit* des avant-gardes littéraires et artistiques, l'homosexualité très générale dans les associations secrètes qui préludèrent à l'hitlérisme, le déchaînement sadique des corps francs dans les pays baltes, les crimes dits « politiques » exécutés par des ligues de jeunes gens, certaines formes de naturisme, les « fiançailles d'essai » élevées au rang de coutume normale parmi les étudiants, le sérieux accordé aux conflits passionnels « à trois » ou « à quatre » — renouvelés de la *Lucinde* de Schlegel — autant de signes de la panique sexuelle provoquée par la double décadence des contraintes matrimoniales et du mythe de l'amour mortel. Déjà l'on voyait affleurer le fond du désespoir et d'anarchie intime que suppose toute morale du « bonheur » strictement individuelle.

Or la dictature hitlérienne, du fait qu'elle prétendait se fonder sur une base raciste et militaire, devait se donner pour première tâche de surmonter cette crise de mœurs. On commença par opposer à l'idéal antisocial de « bonheur » et de « vie dangereuse » un idéal collectiviste. *Gemeinnutz geht vor Eigennutz!* (Le bien commun prime l'intérêt particulier.) Et par tous les moyens spectaculaires, pédagogiques, voire religieux, on opéra cet énorme *transfert* (dont je parlais au livre V) qui consiste à donner pour seul objet légitime et possible à la passion l'idée de Nation symbolisée par le Führer.

D'abord on priva la femme de son auréole romantique : on la réduisit à sa fonction matrimoniale : faire des enfants, puis les élever jusqu'au moment où le Parti s'en chargera (c'est-à-dire pendant quatre ou cinq ans). Puis on en vint à des mesures d'ordre eugénique. On ouvrit une « école de fiancées » pour les futures femmes des S.S. (*Schutz Staffeln :* escouades de protection du régime, troupe sélectionnée incarnant l'idéal racial). Ces femmes devaient être blondes, de sang aryen et mesurer au moins 1 m 73. Ainsi le « type de femme » se trouva prescrit non par les souvenirs inconscients ni par des modes étrangères mais par la section scientifique du ministère de la Propagande. En 1938, on institua des écoles analogues pour toutes les femmes allemandes. Et l'on décréta que les mariages seraient contractés dorénavant « au nom de l'État ». Le but dernier de l'entreprise ne faisait pas de doute : on en viendrait à n'autoriser plus que les unions contractées sur une base eugénique, selon certains critères statistiques : sociaux, raciaux, physiologiques, rigoureusement indépendants des « goûts » individuels, donc des passions. A chacun sa « fiche de mariage ». Alors la science matrimoniale eût trouvé sa juste application dans l'esprit de Lycurgue et de Sparte : on en eût fait l'un des chapitres de la préparation militaire.

***

L'expérience stalinienne n'a qu'à moitié réussi si l'on en croit les descriptions de l'état présent des mœurs de la jeunesse en U.R.S.S. Le nazisme appartient au passé. Pourtant la tentation totalitaire subsiste. Il n'est pas interdit d'imaginer qu'un jour nos démocraties y succombent, au nom d'une « science » ou d'une hygiène sociologique. La pratique forcée de l'eugénisme *peut* réussir, là où toutes nos morales échouent, entraînant l'effective abolition du besoin « spirituel », et donc artificiel, de la passion. Alors le cycle de l'amour courtois sera fermé. L'Europe de la passion aura vécu. Un Occident nouveau, imprévisible, naîtra dans les laboratoires.

6. Sens de la crise

Pour mieux voir notre état, regardons l'Amérique — cette Europe délivrée de ses routines, mais aussi de ses freins traditionnels. Nulle autre civilisation connue, depuis près de sept mille ans qu'elles se succèdent, n'a donné à « l'amour » nommé *romance*[1] cette publicité quotidienne : par l'écran, par l'affiche, par le texte et les annonces des magazines, par les chansons et les images, par la morale courante et ce qui la défie. Nulle autre non plus n'a tenté avec cette naïve assurance l'entreprise périlleuse de faire coïncider le mariage et « l'amour » ainsi compris, et de baser le premier sur le second.

Pendant une grève des téléphones, en 1947, les opératrices de la petite ville de White Plains reçurent l'appel suivant : « Mon amie et moi voulons nous marier. Nous essayons de trouver un juge de paix. N'est-ce pas une urgence[2] ? » Les opératrices décidèrent aussitôt que c'en était une. Et le journal qui rapportait l'histoire l'intitula : *L'Amour est classé parmi les cas d'urgence.* Ce petit fait banal illustre des croyances toutes naturelles pour un Américain : c'est par là qu'il nous intéresse. Il montre que les termes d'« amour » et de mariage sont pratiquement

1. Terme difficile à traduire, bien qu'il rappelle précisément les origines *romanes* (troubadours et trouvères) du sentiment qu'il désigne. C'est une combinaison à doses variables de sentimentalisme et de sexualité, de jeu et de tragique à bon marché, de *glamour* et de désir instinctif, de morale conformiste et d'aventure personnelle. C'est Hollywood.

2. *My girl and I want to get married. We're trying to locate a justice of peace. Is it an emergency?* Et le titre : *Love is Classified as an Emergency.*

équivalents ; que si l'on « aime », il faut se marier sur l'heure ; qu'enfin « l'amour » doit normalement triompher de tous les obstacles, ainsi que le font voir journellement films, romans et bandes dessinées.

De fait, si l'amour romanesque triomphe d'une quantité d'obstacles, il en est un contre lequel il se brisera presque toujours : c'est la durée. Or le mariage est une institution faite pour durer — ou n'a pas de sens. Voilà le premier secret de la crise actuelle, crise qui peut se mesurer simplement par les statistiques de divorce, où l'Amérique tient le premier rang. Vouloir fonder le mariage sur une forme d'amour instable par définition, c'est travailler en fait pour l'État de Nevada. Exiger de n'importe quel film, fût-il sur la bombe atomique, qu'il tienne une certaine dose de la drogue romanesque (plus encore qu'érotique) nommée *love interest,* c'est faire de la publicité pour le virus, non pour le remède, de la maladie du mariage.

La *romance* se nourrit d'obstacles, de brèves excitations et de séparations ; le mariage, au contraire, est fait d'accoutumance, de proximité quotidienne. La *romance* veut « l'amour de loin » des troubadours ; le mariage, l'amour du « prochain ». Si donc l'on s'est marié à cause d'une *romance,* une fois celle-ci évaporée, il est normal qu'à la première constatation d'un conflit de caractères ou de goûts, l'on se demande : pourquoi suis-je marié ? Et il est non moins naturel qu'obsédé par la propagande universelle pour la *romance,* l'on admette la première occasion de tomber amoureux de quelqu'un d'autre. Et il est parfaitement logique qu'on décide aussitôt de divorcer pour trouver dans le nouvel « amour », qui entraîne un nouveau mariage, une nouvelle promesse de bonheur ; les trois mots étant synonymes. Ainsi, guérissant son ennui par une fièvre passagère, « lui pour la deuxième fois, elle pour la quatrième », l'Américain cherche l'*ajustement*. Il ne le cherche pas à l'intérieur de l'ancienne situation cependant garantie « pour le meilleur et pour le pire » par un serment. Il le cherche au contraire par le moyen d'une nouvelle « expérience », considérée comme telle, et d'ailleurs affectée dès le départ des mêmes motifs d'échec que celles qui ont précédé. C'est pourquoi le divorce revêt en Amérique un caractère moins désastreux et même plus normal qu'en Europe. Là où l'Européen voit surtout une rupture créant un désordre social et la perte d'un patrimoine de souvenirs et d'expériences communes, l'Américain a plutôt l'impression qu'il met de l'ordre dans sa vie et qu'il s'ouvre un nouvel avenir. L'économie de l'épargne, une fois de plus, s'oppose ici à celle du gaspillage, comme le souci de préserver le passé à celui de faire table rase pour construire quelque chose de plus net, sans compromis. Mais si l'on est ennemi des compromis, il est contradictoire de se marier. Et si l'on veut tirer une traite sur son avenir, il est fort imprudent de suggérer d'avance qu'on se réserve le droit de ne point l'honorer ; comme le fit cette jeune milliardaire disant aux journalistes, la veille de son mariage : « C'est merveilleux de se marier *pour la première fois* ! » (Un an plus tard, elle divorçait.)

Sur quoi, plusieurs proposent d'interdire le divorce, ou de le rendre au moins très difficile. Mais c'est le mariage, à mon avis, que l'on a rendu trop facile, en acceptant que « l'amour » suffise pour le conclure, au dédain des convenances démodées de milieu social et religieux, d'éducation et de fortune. On pourrait certes imaginer de nouvelles conditions à remplir par les candidats au mariage — cette vraie « coexistence » durable, pacifique et mutuellement éducative. On pourrait exiger des tests ou des épreuves portant sur ce qui donne à toute alliance humaine ses meilleures chances de durer : buts et rythmes de vie, vocations comparées, caractères et tempéraments. Si l'on veut le mariage, c'est-à-dire la durée, il serait normal d'en assurer les conditions. Mais ces réformes n'auraient que peu d'effet dans un monde qui a gardé, sinon la vraie passion, du moins la nostalgie de la passion, devenue congénitale à l'homme occidental.

Le mariage qui se fondait sur les convenances sociales, donc du point de vue de l'individu, sur le hasard, avait au moins autant de chances que le mariage fondé sur « l'amour » seul. Mais toute l'évolution de l'Occident va de la sagesse tribale au risque individuel ; elle est irréversible et il faut l'approuver, dans la mesure où elle tend à ordonner le destin collectif ou natif à la décision personnelle.

⁂

Il est clair que la crise présente du mariage, en Europe comme en Amérique, résulte d'une pluralité de causes profondes ou prochaines, dont le culte de la *romance* n'est qu'un exemple. (Mais je me devais de le souligner dans cet ouvrage.) La recherche du bonheur individuel primant sur la stabilité sociale, et le respect de l'évolution psychologique primant sur le sens du serment, peuvent être rattachés au complexe romanesque. Mais il y a plus, et dans d'autres domaines, ou à d'autres niveaux de la réalité, tantôt sociale, tantôt psychique.

L'émancipation de la femme (son entrée dans la vie professionnelle et sa revendication d'égalité) est un facteur non négligeable de la crise. La vulgarisation des connaissances psychologiques en est un autre : l'homme et la femme du XXe siècle, même très sommairement informés de l'existence des complexes freudiens, du jeu des refoulements et de l'origine des névroses, sont portés à plus d'exigence que leurs ancêtres quant au mariage et à la vie matrimoniale. Ces exigences iront croissant avec la diffusion des « sciences humaines », dont les premiers balbutiements ont déjà modifié d'une manière perceptible la conscience de l'Occident. Enfin, certains signes annoncent un phénomène plus profond, peut-être comparable à celui qui envahit la psyché collective du XIIe siècle et que je qualifiais au livre II de « remontée de la *çakti* ». Le puissant renouveau de la mariologie dans l'Église catholique et ses masses populaires ; les travaux tout récents de C. G. Jung et de son école sur la Sophia, Sagesse et Vierge-Mère éternelle[1] ; et par ailleurs (vraiment ailleurs !) dans l'avant-garde de la littérature européenne, le regain d'intérêt pour le catharisme, l'exaltation de la « Femme-Enfant » salvatrice de l'homme rationnel, ou l'annonce répétée d'une revanche imminente du principe féminin sur le patriarcat[2] — tout cela fait pressentir la possibilité d'une vaste évolution de la psyché moderne, dont le principe et le sens nous demeurent cachés, mais qui donnera peut-être aux historiens futurs de notre société occidentale, la clé d'une crise dont nous ne voyons encore que des symptômes superficiels, sporadiques et incohérents.

1. *Cf. Antwort auf Hiob*, de C. G. Jung (1952), ouvrage dans lequel l'auteur n'hésite pas à écrire que la proclamation en 1950 du dogme de l'Assomption de la Vierge marque l'événement religieux le plus important depuis la Réforme. Voir aussi l'étude d'Henry Corbin sur la *Sophia éternelle*, in *Revue de culture européenne*, 5, 1953.

2. Voir notamment, outre les ouvrages cités plus haut sur le catharisme et l'amour courtois, des livres comme *Arcane 17* d'André Breton, les romans lyriques de Julien Gracq, les recherches de Robert Graves sur la Grande Déesse, et d'Adrian Turel sur le matriarcat.

⁂

On sent combien serait vaine toute tentative actuelle pour « résoudre » les contradictions qu'endurent tant d'hommes et de femmes dans leur mariage. Des synthèses se préparent, peut-être, obscurément. Elles échappent encore, par nature, à la conscience individuelle. Toute solution que je serais tenté de proposer, fût-elle jugée « la bonne » par le siècle à venir, serait aujourd'hui frappée d'inefficacité, ou si elle pouvait agir, ferait plus de mal que de bien. Si je l'avais trouvée, et si j'avais le pouvoir de l'imposer à mes contemporains, je me garderais d'en rien faire.

C'est qu'une crise de cet ordre n'est pas un accident. Tenter de la couper, comme on le fait d'une fièvre, serait bien moins la guérir que nous priver de nos chances d'en comprendre un jour le secret. Et ce serait en même temps une sorte de tricherie, soit que la solution n'apporte en vérité qu'un essai de retour à l'équilibre ancien, dont la crise même dénonce toute la précarité; soit qu'elle projette sur l'avenir collectif une théorie ou des préceptes raisonnables, mais dont les effets lointains ne sauraient être évalués tant que le *sens* général de la crise nous échappe.

Il s'agit bien plutôt de déchiffrer le message et de décoder patiemment les nouvelles ambiguës que la crise nous apporte sur nous-mêmes, sur nos vœux secrets, sur la tendance réelle, peut-être créatrice, que traduisent parfois nos révoltes, nos illusions naïves, nos péchés.

Essayer de résoudre notre crise du mariage par des mesures morales, sociales ou scientifiques, déduites du seul désir d'arrêter les dégâts, ne serait-ce pas lui dénier arbitrairement le caractère qu'elle semble avoir : celui de la recherche, presque aveugle encore, d'un *nouvel équilibre du couple.* Équilibre tendu entre les exigences toujours simultanées, contraires et légitimes, de la stabilité et de l'évolution, de l'espèce et de l'individu, enfin de l'accomplissement de la personne et de l'Absolu qui seul la suscite et la juge.

LIVRE VII

L'AMOUR ACTION, OU DE LA FIDÉLITÉ

1. Nécessité d'un parti pris

A l'heure où cet ouvrage touche à sa conclusion, il me semble que son dessein le plus secret m'échappe encore. L'aveu sera jugé insolite. Mais je pressens d'assez profondes raisons de le consentir. J'ai voulu décrire la passion comme une entité historique, née dans un temps et dans des lieux déterminés, et sous les astres dont le cours est calculable. J'ai cru cerner le secret du mythe. La découverte n'est pas négligeable. Mais peut-on décrire la passion ? On ne décrit pas une forme d'existence sans y participer, fût-ce même par une révolte contre la décision dont elle est née. Et pour tout dire, j'ignore encore si cela peut avoir un sens : approuver ou rejeter la passion. Combien serait vaine l'attitude intellectuelle qui se définirait elle-même comme une condamnation de la passion : il suffit, pour l'apercevoir, d'observer que la passion, quelle qu'elle soit, ne peut ni ne veut « avoir raison ». Contre elle, on a *toujours* raison, dès l'instant qu'on parle raison. Car l'homme de la passion est justement celui qui choisit d'être dans son tort, aux yeux du monde — et dans ce tort majeur, irrévocable, que signifie le choix de la mort contre la vie.

Et comment échapper au démon que l'on fixe d'un œil fasciné ? Pour attaquer la passion dans l'amour il faudrait développer une violence spirituelle qui tuât mieux que la passion d'amour : celle au moins de l'orthodoxie contre l'hérésie primitive, mais encore plus agressive, sans doute, puisqu'il n'est plus question pour nous de recourir au bras séculier. (Sans compter que la Croisade, au total, fut un échec dont la passion sut profiter.) C'est qu'avant tout et après tout, à l'origine et à la fin de la passion, il n'y a pas une « erreur » sur l'homme ou Dieu — *a fortiori* pas une erreur « morale » — mais une décision fondamentale de l'homme, qui veut être lui-même son dieu[1]. La passion brûle dans notre cœur sitôt que le serpent au sang-froid — le cynique pur — insinue sa promesse éternellement trahie : *eritis sicut dei.*

Infinie naïveté du moraliste qui prétendait détourner l'homme de cette voie mortelle, divinisante, en lui « prouvant » qu'elle débouche dans sa perte, en lui opposant toutes les raisons de la terre, et les conseils de tous nos arts de *vivre,* quand c'est la terre qui est méprisée, et la vie qui est la faute à racheter ! Mais tuer l'homme avant qu'il ne se tue, et le tuer autrement qu'il ne veut l'être, c'est bien de cela, de cela seul qu'il s'agit, pour qui veut surpasser la passion.

Quant à stériliser le milieu culturel où la passion plonge ses racines, il est probable que l'État s'en chargera, c'est son hygiène. Il y a toutes les raisons de le prévoir, dans une époque où l'on confond thérapeutique et sotériologie (lois de l'hygiène et doctrine du salut). A vues humaines, la guérison de nos passions viendra de l'État, ce Sauveur anonyme qui

1. Je m'en tiens au cas limite de *Tristan*. Il y a des cas de passion dans le mariage chrétien, et des états de mariage dans la passion...

assumera le poids de toutes nos fautes, et de la faute initiale de vivre, pour les glorifier dans la guerre au nom de l'innocence du Peuple !

Mais pour moi, ici et maintenant, le problème ne comporte pas d'échappatoire dans le temps à venir. S'il n'est peut-être pas possible à l'homme — à un homme déterminé — de connaître ses propres désirs et de sonder en vérité ses préférences les plus secrètes, du moins peut-il connaître ses actions, et reconnaître à leurs effets les décisions qu'il a risquées. C'est donc un parti pris tout personnel que je vais tenter de définir maintenant, et après coup, tel que je le reconnais dans ma vie. Et ce n'est à aucun degré une solution que je propose. Car outre qu'une telle solution probablement n'existe pas, si elle existait ce serait pour moi seul : on ne se décide jamais que pour son compte — et le reste est indiscrétion. Mais je ne pouvais écrire un livre entier sur la passion sans *achever* ma description par ce trait qui enfin la situe, non dans l'abstrait où la passion ne peut exister — et alors en parler n'est qu'un jeu — mais dans le choix qui détermine une existence.

2. Critique du mariage

Si je ne vois pas de raison qui tienne contre la passion véritable, il m'apparaît en second lieu que la raison n'est guère plus efficace pour légitimer le mariage ; et que les arguments les plus divers que lui opposent les meilleurs esprits demeurent *absolument* valables.

De tout temps, les raisons du philistin ont eu mauvaise conscience devant les ironies du romantique. Mais elles sont mises en pleine déroute par la simple véracité. La fameuse « paix du foyer » n'existe guère qu'au niveau d'une certaine éloquence moyenne, politicienne, bourgeoise ou édifiante. Tolstoï, lui, la décrit comme un « enfer ». Et je lui fais un plus large crédit ! Étant donné que les humains des deux sexes, pris un à un, sont généralement des coquins — ou des névrosés, pourquoi seraient-ils des anges une fois appariés ? Ignore-t-on la réalité, ou n'a-t-on rien à dire de plus sérieux ? Poussez la première porte venue ! Ce silence que l'épouse est censée ménager autour du vaillant travailleur qui rentre le soir, harassé, se retremper dans la paix familiale, vous verrez que cela va, neuf fois sur dix, de l'agitation des petits soins à la criaillerie délirante. Enregistrez sur disque, au hasard, un de ces entretiens « paisibles » qui agrémentent le « foyer domestique » d'un bourgeois ou d'un ouvrier : la censure pour un coup trouverait à se justifier.

Oui, les romantiques ont raison ; et les réalistes ont raison ; et les clercs aussi ont raison, quand ils déclarent au nom de leur vocation qu'il faut choisir de faire des livres ou des enfants : *aut liberi aut libri,* disait Nietzsche.

Et Kierkegaard a raison plus qu'eux tous, lui qui d'abord exalte la passion, comme étant la suprême valeur du « stade esthétique » de la vie ; puis la surmonte en exaltant le mariage, suprême valeur du « stade éthique » (c'est la « plénitude du temps ») ; puis condamne enfin ce mariage, suprême obstacle du « stade religieux », puisqu'il nous lie au temps, précisément, quand la foi veut l'éternité ! Que répondre à cet homme qu'il n'ait déjà mieux dit ? Il a su louer le philistin et le romantique, et leur donner raison au point de leur faire honte d'avoir parfois douté d'eux-mêmes ; mais à la fin, il n'écrase pas seulement ce philistin qui se contente d'épouser la veuve du brasseur, ou ce jeune fou qui aime la fille du roi, mais l'homme pieux qui estimait que la religion devait être un amour heureux, un mariage avec sa vertu. Car l'amour du pécheur pour Dieu est « essentiellement malheureux », et cette passion chrétienne est la seule vérité, et tous nos « devoirs » humains (dont le bonheur), ne peuvent que nous en détourner. Kierkegaard condamna d'abord les pasteurs qui refusaient le célibat; puis Luther et Calvin, tous deux mariés; puis les Pères pour avoir loué le mariage; enfin saint Paul, pour l'avoir toléré... (Seul le Christ a vécu en chrétien!) Et comment réfuter ce furieux? Les incroyants sont renvoyés aux arguments des romantiques, qui valent contre leur moralisme; et les croyants aux arguments de saint Paul, qui valent contre leur humanisme. Que dit l'Apôtre?

Je pense qu'il est bon pour l'homme de ne point toucher de femme. Toutefois, pour éviter l'impudicité, que chacun ait sa femme, et que chaque femme ait son mari... La femme n'a pas autorité sur son propre corps, mais c'est le mari; et pareillement, le mari n'a pas autorité sur son propre corps, mais c'est la femme. Ne vous privez pas l'un de l'autre, si ce n'est d'un commun accord pour un temps, afin de vaquer à la prière; puis retournez ensemble de peur que Satan ne vous tente par votre incontinence. Je dis cela par condescendance, je n'en fais pas un ordre... Car il vaut mieux se marier que de brûler... Que chacun marche selon la part que le Seigneur lui a faite, selon l'appel qu'il a reçu de Dieu... Que chacun, frères, demeure devant Dieu dans l'état où il était lorsqu'il a été appelé (vierge ou marié)... usant du monde comme n'en usant pas, car la figure de ce monde passe. (I, *Cor.*, 7, 1-32.)

Et voici le coup de grâce;

Celui qui n'est pas marié s'inquiète des choses du Seigneur, des moyens de plaire au Seigneur, et celui qui est marié s'inquiète des choses du monde, des moyens de plaire à sa femme (v. 32).

⁂

Tout ce qu'on peut dire contre le mariage est vrai, par conséquent doit être dit, soit du point de vue des romantiques — si l'on croit à Iseut — soit du point de vue du clerc parfait — si l'on croit à son œuvre — soit du point de vue spirituel pur, pour ceux qui croient.

Il n'est possible alors d'affirmer le mariage qu'au-delà des deux premières critiques et en chemin vers la troisième, c'est-à-dire en maintenant sans cesse présente l'exigence inhumaine de perfection, comme une question perpétuelle, un aiguillon qui empêche de retomber sous le coup des objections humaines.

Si j'oublie cet au-delà du mariage, mais aussi de tout ordre humain, qui s'appelle le Royaume de Dieu (« Il n'y aura plus ni hommes ni femmes »), je *borne* ma vision et mon espoir à une perfection relative, à l'équilibre dans l'imperfection que représente le mariage. Alors, si je ne puis l'atteindre, il ne me reste que la révolte contre ma condition de créature ; et au contraire, si je l'atteins trop aisément, je deviendrai le philistin que dénoncent les romantiques, ou l'homme moral pris dans les rets sociaux, et incapable désormais de concevoir les vérités « cruelles » de l'esprit, dont parle Nietzsche.

Mais si je sais que l'Apôtre a raison, et si je l'accepte, je considère alors l'équilibre imparfait du mariage dans une perspective ouverte et dans l'attente — heureuse ou malheureuse — du parfait. Je sais que je tente une entreprise *folle* (et en même temps toute naturelle !) pour vivre le parfait dans l'imparfait. Mais je sais néanmoins que cet effort porte en lui-même une vérité imperturbable, s'il témoigne sans cesse en faveur de ce qui transcende tout résultat, même excellent.

3. Le mariage comme décision

Si l'on songe à ce que signifie le choix d'une femme *pour toute la vie,* l'on en vient à cette conclusion : choisir une femme, c'est parier.

Or la sagesse populaire et bourgeoise recommande au jeune homme de « réfléchir » avant de prendre une décision : elle l'entretient ainsi dans l'illusion que le choix d'une femme dépend d'un certain nombre de raisons qu'il serait possible de peser. Cette erreur du bon sens est tout à fait grossière. Vous aurez beau tenter de mettre au départ toutes les chances de votre côté — et je suppose que la vie vous laisse le temps de calculer — jamais vous ne pourrez prévoir votre future évolution, et encore moins celle de l'épouse choisie, encore bien moins celle du couple formé. Les facteurs mis en jeu sont trop hétéroclites. A supposer que vous puissiez les calculer dans le présent (comme si leur nombre était fini) et que vous disposiez d'une telle science de l'humain que leurs valeurs vous soient connues et leur hiérarchie évidente, encore ne sauriez-vous prévoir la fin d'une union faite en connaissance de *causes.* Il a fallu, dit-on, plusieurs milliers de millénaires à la nature pour sélectionner les espèces qui nous paraissent adaptées. Et nous aurions la prétention de résoudre d'un coup, en une seule vie, le problème de l'adaptation de deux êtres physiques et moraux des plus hautement organisés ! (C'est pourtant à cette utopie qu'obéit sans le savoir le mal marié, lorsqu'il se persuade qu'un second ou qu'un troisième essai le rapprochera sensiblement de son « bonheur ». Alors que tout nous montre que cent mille essais ne seraient pas encore assez pour constituer les premiers éléments, tout balbutiants et empiriques, d'une science du « mariage heureux ».) Il faut le reconnaître honnêtement : le problème qui nous est posé par la nécessité pratique du mariage apparaît d'autant plus insoluble que l'on tient davantage à le « résoudre » au sens rationnel de ce terme.

Certes, il y a du sophisme dans mon raisonnement : car tout se passe d'ordinaire comme si le bonheur des époux dépendait en réalité d'un nombre fini de facteurs : caractère, physique, fortune, rang social... Mais pour peu que se précisent les exigences individuelles[1], ces données extérieures perdent en importance, et les impondérables deviennent décisifs. Le sophisme est alors du côté du bon sens, qui recommandait un choix mûri et raisonné, selon des critères impersonnels.

Mais enfin ce n'est pas l'erreur logique qui est grave, c'est l'erreur morale qu'elle suppose. Lorsqu'on incite les jeunes fiancés à calculer leurs chances de bonheur, on détourne leur attention du problème proprement éthique. En tentant de réduire ou de dissimuler le caractère de pari que revêt objectivement un choix de cet ordre, on donne à croire que tout se ramène à une sagesse, à un savoir : et non pas à une *décision.* Or ce savoir ne pouvant être qu'imparfait, et provisoire, devrait se doubler d'une garantie. Et la seule garantie concevable est dans la force de la décision en vertu de laquelle on s'engage pour toute la vie « advienne que pourra ». Mais justement cette décision comme telle paraît secondaire ou superflue dans la mesure où l'on se persuade qu'il s'agit avant tout de calcul.

D'où je conclus qu'il serait plus conforme à l'essence du mariage, et au réel, d'enseigner aux jeunes

1. Plus on s'écarte de l'*espèce* pour se rapprocher de la *personne,* plus le choix devient *singulier.* A cette personnalisation de l'être aimé correspond d'ailleurs une spécification croissante de l'instinct, à mesure que l'homme se virilise : c'est l'argument du Dr Maranon en faveur de la monogamie.

gens que leur choix relève toujours d'une sorte d'arbitraire, dont ils s'engagent à assumer les suites, heureuses ou non. Ce n'est pas là un éloge du « coup de tête » : car tant que l'on peut calculer, j'admets qu'il est stupide de s'en priver. Mais je dis que la garantie d'une union raisonnable dans les apparences n'est jamais dans ces apparences. Elle est dans l'événement irrationnel d'une décision prise en dépit de tout, et qui fonde une nouvelle existence, initiant un risque nouveau.

⁂

Écartons tout malentendu : irrationnel ne signifie nullement sentimental.

Choisir une femme pour en faire son épouse, ce n'est pas dire à Mlle Untel : « Vous êtes l'idéal de mes rêves, vous comblez et au-delà tous mes désirs, vous êtes l'Iseut toute belle et désirable — et munie d'une dot adéquate — dont je veux être le Tristan. » Car ce serait là mentir et l'on ne peut rien fonder qui dure sur le mensonge. Il n'y a personne au monde qui puisse me combler : à peine comblé je changerais ! Choisir une femme pour en faire son épouse, c'est dire à Mlle Untel : « Je veux vivre avec vous telle que vous êtes. » Car cela signifie en vérité : c'est vous que je choisis pour *partager* ma vie, et voilà la seule *preuve* que je vous aime.

(Vraiment, pour dire : Ce n'est que cela ! — comme le diront beaucoup de jeunes gens qui s'attendent, en vertu du mythe, à je ne sais quels transports divins — il faut n'avoir connu que peu de solitude et peu d'angoisse, très peu de solitaire angoisse.)

Seule une décision de cet ordre, irrationnelle mais non sentimentale, sobre mais sans aucun cynisme, peut servir de point de départ à une fidélité réelle ; et je ne dis pas à une fidélité qui soit une recette de

« bonheur », mais bien à une fidélité qui soit possible, n'étant pas compromise en germe par un calcul forcément inexact.

4. Sur la fidélité

On fausse l'éthique du mariage en faisant de la promesse de fidélité un problème, alors que le problème ne devrait se poser *qu'à partir* de cette promesse, considérée comme absolue. La problématique du mariage n'est pas du *cur,* mais du *quomodo.* « L'éthique ne commence pas, dit Kierkegaard, dans une ignorance qu'il faudrait muer en savoir, mais dans un savoir qui exige sa réalisation. » Ce n'est pas l'engagement qui est problématique, mais les conséquences qu'il entraîne. (De même on fausse la théologie en partant du « problème de Dieu » — exactement comme si l'on ne croyait pas — alors que le seul *vrai* problème est de savoir comment Lui obéir.)

Car la fidélité est sans raisons — ou elle n'est pas — comme tout ce qui porte une chance de grandeur. (Comme la passion !)

Les moralistes et certains sociologues ont essayé de prouver que la monogamie est naturelle, et de plus qu'elle est salutaire. Cela se discute à l'infini. Et cela nous sera des plus utile dès que les hommes se régleront sur la raison et l'intérêt : quand ils n'auront plus de passions, quand ils cesseront de préférer l'erreur comme telle, quand ils cesseront de mériter cet inquiétant nom d'homme, au sens actuel.

Car pour ceux du siècle présent, je pense que la fidélité se définit comme la moins naturelle des vertus, et la plus désavantageuse pour le « bonheur ». A leurs yeux et dans leur langage, la fidélité conjugale est le succès d'un effort « inhumain ». Leur revendication fondamentale, leur religion de la Vie, s'y oppose diamétralement. Ils considèrent la fidélité comme une discipline imposée (aux humeurs et désirs spontanés) par un absurde et cruel parti pris ; ou comme une abstention prudente... Ou encore ils y voient l'effet d'une impuissance à vivre largement ; d'un goût mesquin pour le confort et le conforme, d'un défaut d'imagination ; d'une timidité méprisable ; d'un calcul d'intérêt sordide... L'habitude des modernes, leur nature acquise, c'est d'exploiter chaque situation au maximum et pour elle-même, sans plus se référer à rien qui « juge » et qui « mesure » la jouissance qu'on en tire. Seul un respect acquis de l'ordre social soutient encore, en fait, l'idée de fidélité. Mais l'obstacle n'est pas sérieux, on le tourne de tous les côtés. Voyez les excuses invoquées par le mari qui trompe sa femme ; il dit tantôt : « Cela n'a pas d'importance, cela ne change rien à nos rapports, c'est une passade, une erreur sans lendemain », et tantôt : « C'est tellement vital pour moi, tellement plus important que toutes vos petites morales et garanties de bonheur bourgeois ! » Du cynisme au tragique romantique, il n'y a pas de contradiction profonde, nous l'avons vu, la gauloiserie n'étant pas moins que la passion une évasion hors du réel, une façon de l'idéaliser. Dans les deux cas, il s'agit de *s'évader* hors de tout engagement concret considéré comme une odieuse limitation.

***

Pour moi, renonçant d'emblée à toute apologie rationaliste ou hédoniste, je ne parlerai que d'une fidélité observée *en vertu de l'absurde,* parce qu'on s'y est engagé, simplement, et que c'est un fait absolu, sur quoi se fonde la personne des époux.

Il faut bien voir que cette fidélité est à contre-courant des valeurs aujourd'hui vénérées par presque tous. Elle représente le plus profond *non-conformisme.* Elle nie la croyance commune en la valeur révélatrice du spontané et de la multiplicité des expériences. Elle nie que l'être aimé doive réunir, pour être ou pour rester aimable, le plus grand *nombre* de qualités possible. Elle nie que le but de la fidélité soit le bonheur. Elle affirme scandaleusement que c'est avant tout l'obéissance à une Vérité que l'on croit, et en second lieu la volonté de faire une œuvre. Car la fidélité n'est pas du tout une espèce de conservatisme. Elle est plutôt une construction. « Absurde » au moins autant que la passion, elle se distingue de la passion par un refus constant de subir ses rêves, par un besoin constant d'agir pour l'être aimé, par une constante prise sur le réel, qu'elle cherche à dominer, non pas à fuir.

Je dis qu'une telle fidélité fonde la personne. Car la personne se manifeste comme une œuvre, au sens le plus large du terme. Elle s'édifie à la manière d'une œuvre, à la faveur d'une œuvre, et aux mêmes conditions, dont la première est la fidélité à quelque chose qui n'était pas, mais que l'on crée.

Personne, œuvre et fidélité : les trois mots ne sont point séparables ou concevables isolément. Et tous les trois supposent un parti pris, ou mieux, une prise de parti, au sens actif de l'expression, une attitude fondamentale de créateur.

Ainsi, dans la plus humble vie, la promesse de fidélité introduit une chance de faire œuvre, et de s'élever au plan de la personne. (A condition bien entendu que cette promesse ne soit pas faite pour des « raisons » que l'on se réserve de répudier un jour, quand elles cesseront de paraître raisonnables ! Si la promesse du mariage est le type même de l'acte *sérieux,* c'est dans la mesure où elle est faite une fois pour toutes. Seul l'irrévocable est sérieux.) Toute vie, fût-elle la plus déshéritée, détient sa chance immédiate de grandeur, et c'est dans la fidélité « absurde » qu'elle pourra la réaliser : quand il y aurait toutes les raisons du monde de dire oui à cette passion éblouissante, — dire non en vertu de l'absurde, en vertu d'une promesse ancienne, d'une déraison humaine, d'une raison de foi, d'une promesse faite à Dieu, gagée par Dieu... (Et peut-être, plus tard, après coup, l'homme découvre que la folie du sacrifice consenti était la plus grande sagesse ; et que le bonheur qu'il a renoncé lui est rendu, comme Isaac fut rendu à Abraham. Mais *alors* il n'y songeait pas ! Et il se peut aussi que rien ne compense la perte : nous sommes ici dans un ordre de grandeur où nos mesures et nos équivalences n'ont plus cours.)

Mais savons-nous encore imaginer une grandeur qui n'ait rien de romantique ? Et qui soit le contraire d'une ardeur exaltée ? La fidélité dont je parle est une folie, mais la plus sobre et quotidienne. *Une folie de sobriété qui mime assez bien la raison* — et qui n'est pas un héroïsme, ni un défi, mais une patiente et tendre application.

⁂

Cependant, tout n'est pas encore clair. Tristan lui aussi fut fidèle ! Et toute passion véritable est fidèle. (Pour ne rien dire des successives fidélités de nos « liaisons », et de tous ces Tristans qui ne sont au vrai que des Don Juan au ralenti.) Où est alors la différence ? Et le mari fidèle, ne serait-ce pas simplement celui qui a reconnu dans sa femme une Iseut ?

Lorsque l'amant de la légende manichéenne a traversé les grandes épreuves d'initiation, souvenez-vous de la « jeune fille éblouissante » qui l'accueille par ces paroles : « Je suis toi-même ! » Ainsi de la fidélité du mythe, et de Tristan. C'est un narcissisme mystique, mais qui s'ignore, naturellement, et qui croit être un vrai amour pour *l'autre*. L'analyse des légendes courtoises nous a révélé que Tristan n'aime pas Iseut mais l'amour même, et au-delà de cet amour, la mort, c'est-à-dire la seule délivrance du moi coupable et asservi. Tristan n'est pas fidèle à une promesse, ni à cet être symbolique, ce beau prétexte qui s'appelle Iseut, mais à sa plus profonde et secrète passion. Le mythe s'empare de l'« instinct de mort » inséparable de toute vie créée, et il le transfigure en lui donnant un but essentiellement spirituel. Se détruire, mépriser son bonheur, c'est alors une manière de se sauver et d'accéder à une vie supérieure, la « joie suprême » d'Isolde agonisante. Fidélité qui consume la vie, mais qui consume aussi la faute, et divinise un *moi* purifié, « innocent »!

De ces origines mystiques, la « fidélité passionnée » n'a gardé parmi nous que l'illusion d'accéder à une vie plus ardente. Mais l'empire de cette illusion trahit encore l'obscure survivance de la religion primitive. Religion antérieure à notre « instinct » moderne, et qui détient l'intime secret de la passion, au-delà de ce que les psychologues peuvent y lire.

« Notre engagement n'était pas pris pour ce monde », écrivait Novalis songeant à sa fiancée perdue. C'est l'émouvante formule de la fidélité courtoise ; une négation *sans retour* de la vie. Mais la fidélité dans le mariage est au contraire un engagement pris pour *ce* monde. Partant d'une déraison « mystique » (si l'on veut), indifférente, sinon hostile au bonheur et à l'instinct vital, elle exige un retour au monde réel, tandis que la fidélité courtoise ne signifiait qu'une évasion. Dans le mariage, c'est à *l'autre,* en même temps qu'à son vrai moi, que celui qui aime voue sa fidélité. Et tandis que la fidélité de Tristan était un perpétuel refus, une volonté d'exclure et de nier la création dans sa diversité, d'empêcher le monde d'envahir l'âme, la fidélité des époux est l'accueil de la créature, la volonté d'accepter l'autre tel qu'il est, dans son intime singularité. Insistons : la fidélité dans le mariage ne peut pas être cette attitude négative qu'on imagine habituellement ; elle ne peut être qu'une action. Se contenter de ne pas tromper sa femme serait une preuve d'indigence et non d'amour. La fidélité veut bien plus : elle veut le bien de l'être aimé, et lorsqu'elle agit pour ce bien, elle crée devant elle le prochain. Et c'est alors par ce détour, à travers l'autre, que le moi rejoint sa personne — au-delà de son propre bonheur. Ainsi la personne des époux est une mutuelle création, elle est le double aboutissement de « l'amour-action ». Ce qui niait l'individu et son naturel égoïsme, c'est cela qui édifie la personne. A ce terme, on découvrira que la fidélité dans le mariage est la loi d'une vie nouvelle ; et non point de la vie naturelle (ce serait la polygamie) — et non plus de la vie pour la mort (c'était la passion de Tristan).

L'amour de Tristan et d'Iseut, c'était l'angoisse d'être *deux* ; et son aboutissement suprême, c'était la chute dans l'illimité, au sein de la Nuit où s'effacent les formes, les visages, les destins singuliers : *« Non plus d'Isolde, plus de Tristan, plus aucun nom qui nous sépare ! »* Il faut que l'autre cesse d'être l'autre, donc ne soit plus, pour qu'il cesse de me faire souffrir, et qu'il n'y ait plus que « *moi-le-monde* » !

Mais l'amour du mariage est la fin de l'angoisse, l'acceptation de l'être limité, aimé parce qu'il m'appelle à le créer, et qu'il se tourne avec moi vers le jour afin d'attester notre alliance.

⁂

Une vie qui m'est *alliée* — pour toute la vie, voilà le miracle du mariage. Une vie qui veut mon bien autant que le sien, parce qu'il est confondu avec le sien : et si ce n'était pour toute la vie, ce serait encore une menace. (Il y a toujours une telle menace dans l'échange de plaisir d'une « liaison ».) Mais combien d'hommes savent-ils la différence entre une obsession que l'on subit et un destin que l'on assume ? Il faut donc la marquer par un exemple simple.

Être amoureux n'est pas nécessairement *aimer*. Être amoureux est un état ; aimer, un acte. On subit un état, mais on décide un acte. Or, l'*engagement* que signifie le mariage ne saurait honnêtement s'appliquer à l'avenir d'un état où l'on se trouve aujourd'hui ; mais il peut et il doit impliquer l'avenir d'actes conscients que l'on assume : aimer, rester fidèle, éduquer ses enfants. On voit ici combien sont différents les sens du mot aimer dans le monde de l'Éros et dans le monde de l'Agapè. On le voit mieux encore si l'on constate que le Dieu de l'Écriture nous *ordonne* d'aimer. Le premier commandement du Décalogue : « Tu aimeras le Seigneur ton Dieu de tout ton cœur, de toute ton âme et de toute ta pensée » ne saurait concerner que des actes. Il serait totalement absurde d'exiger de l'homme un état de sentiment. L'impératif : « Aime Dieu et ton prochain comme toi-même » crée des structures de relations actives. L'impératif : « Sois amoureux ! » serait vide de sens ; ou s'il était réalisable, priverait l'homme de sa liberté.

5. Éros sauvé par Agapè

Alors l'amour de charité, l'amour chrétien, qui est Agapè, paraît enfin dans sa pleine stature : il est l'affirmation de l'être en acte. Et c'est Éros, l'amour-passion, l'amour païen, qui a répandu dans notre monde occidental le poison de l'ascèse idéaliste — tout ce qu'un Nietzsche injustement reproche au christianisme. C'est Éros, et non pas Agapè, qui a glorifié notre instinct de mort, et qui a voulu l'« idéaliser ». Mais Agapè se venge d'Éros en le sauvant. Car Agapè ne sait pas détruire et ne veut même pas détruire ce qui détruit.

Je ne veux pas la mort du pécheur, mais sa vie.

***

Éros s'asservit à la mort parce qu'il veut exalter la vie au-dessus de notre condition finie et limitée de créatures. Ainsi le même mouvement qui fait que nous *adorons* la vie nous précipite dans sa négation. C'est la profonde misère, le désespoir d'Éros, sa servitude inexprimable : — en l'exprimant, Agapè l'en délivre. Agapè sait que la vie terrestre et temporelle ne mérite pas d'être adorée, ni même tuée, mais peut être acceptée dans l'obéissance à l'Éternel. Car après tout c'est ici-bas que notre sort se joue. C'est sur la terre qu'il faut aimer. Au-delà, il n'y aura pas la Nuit divinisante, mais le jugement du Créateur.

L'homme naturel ne pouvait pas l'imaginer. Il était condamné à croire Éros, à se confier dans son désir le plus puissant, à lui demander la délivrance. Et l'Éros ne pouvait le conduire qu'à la mort. Mais l'homme qui croit à la révélation de l'Agapè voit soudain le cercle s'ouvrir : il est délivré par la foi de sa religion naturelle. Il *peut* maintenant espérer autre chose, il sait qu'il est une autre délivrance du péché.

Et voici que l'Éros à son tour se voit relevé de sa

fonction mortelle et délivré de son destin. *Dès qu'il cesse d'être un dieu, il cesse d'être un démon*[1]. Et il retrouve sa juste place dans l'économie provisoire de la Création, de l'humain.

Le païen ne pouvait autrement que de faire un dieu de l'Éros : c'était son pouvoir le plus fort, le plus dangereux et le plus mystérieux, le plus profondément lié au fait de vivre. Toutes les religions païennes divinisent le Désir. Toutes cherchent un appui et un salut dans le Désir, qui devient aussitôt, et par là même, le pire ennemi de la vie, la séduction du Rien. Mais dès lors que le Verbe s'est fait chair et qu'il nous a parlé en mots humains, nous avons appris cette nouvelle : ce n'est pas l'homme qui doit se délivrer lui-même, c'est Dieu *qui l'a aimé le premier,* et qui s'est approché de lui. Le salut n'est plus au-delà, toujours plus haut dans l'ascension interminable du désir qui consume la vie, mais ici-bas, dans l'obéissance à la Parole.

*
**

Et qu'aurions-nous alors à craindre du désir ? Il perd sa puissance absolue quand nous cessons de le diviniser. C'est ce qu'atteste l'expérience de la fidélité dans le mariage. Car cette fidélité se fonde justement sur le refus initial et *juré* de « cultiver » les illusions de la passion, de leur rendre un culte secret, et d'en attendre un mystérieux surcroît de vie.

J'essaierai de le faire concevoir par l'examen d'un

1. Voir le remarquable essai de R. de Pury, « Éros et Agapè » dans le recueil collectif intitulé *Problèmes de la sexualité.* (Collection « Présences ») : « Un chrétien peut et doit accepter Éros en tant qu'Éros, et justement pas en tant qu'Éros sublimé. Éros n'est pas le péché ; le péché c'est la sublimation d'Éros. »

fait connu. Le christianisme a proclamé l'égalité parfaite des sexes, et cela de la manière la plus précise :

La femme n'a pas autorité sur son propre corps, mais c'est le mari; et pareillement le mari n'a pas autorité sur son propre corps, mais c'est la femme. (I. *Cor.*, 7.)

La femme étant l'égale de l'homme, elle ne peut donc être « le but de l'homme » comme le croira cependant Novalis, renouvelant la mystique courtoise et les vieilles traditions celtiques. En même temps, elle échappe à l'abaissement bestial qui tôt ou tard est la rançon d'une divinisation de la créature. Mais cette égalité ne doit pas être entendue au sens moderne et revendicateur. Elle procède du mystère de l'amour. Elle n'est que le signe et la démonstration du triomphe d'Agapè sur Éros. Car l'amour réellement réciproque exige et crée l'égalité de ceux qui s'aiment. Dieu manifeste son amour pour l'homme en exigeant que l'homme soit saint comme Dieu est saint. Et l'homme témoigne de son amour pour une femme en la traitant comme une personne humaine totale — non comme une fée de la légende, mi-déesse mi-bacchante, rêve et sexe.

Mais remontons de ces prémisses générales à la psychologie la plus concrète de la relation des égaux. L'exercice de la fidélité envers une femme accoutume à considérer les autres femmes d'une manière tout à fait nouvelle, inconnue du monde de l'Éros : comme des personnes, non plus comme des reflets ou des objets. Cet « exercice spirituel » développe des facultés neuves de jugement, de possession de soi et de respect[1]. Au contraire de l'homme érotique,

1. En quoi consiste le respect, au sens où je le prends ici? En ce que l'on reconnaît dans un être la totalité d'une personne. La personne, selon la fameuse définition kantienne, c'est ce qui ne peut être utilisé par l'homme comme une chose, comme un instrument.

l'homme de la fidélité ne cherche plus à voir dans une femme seulement ce corps intéressant ou désirable, seulement ce geste involontaire ou cette expression fascinante, mais il pressent, à peine tenté, le mystère difficile et grave d'une existence autonome, étrangère, d'une vie totale dont il n'a désiré vraiment qu'un illusoire ou fugitif aspect, projeté peut-être par sa seule rêverie. Ainsi la tentative se dissipe, déconcertée, au lieu de *se faire* obsédante, et la fidélité se garantit par la lucidité qu'elle développe. L'empire du mythe faiblit d'autant ; et s'il reste improbable qu'il s'abolisse jamais sans laisser de traces dans le cœur d'un homme moderne, intoxiqué d'images — du moins perd-il son efficace : ce n'est plus lui qui détermine la personne.

En d'autres termes, on pourrait dire que la fidélité se garantit elle-même contre l'infidélité du simple fait qu'elle habitue à ne plus séparer le désir et l'amour. Car si le désir va vite et n'importe où, l'amour est lent et difficile, il engage vraiment toute une vie, et il n'exige pas moins que cet engagement pour révéler sa vérité. Et c'est pourquoi l'homme qui croit au mariage ne peut plus croire sérieusement au « coup de foudre », et encore moins à la « fatalité » de la passion. Le « coup de foudre » est sans doute une légende accréditée par Don Juan, comme la « fatalité » de la passion est accréditée par Tristan. Excuse et alibi qui ne peuvent tromper que celui qui veut être trompé, parce qu'il y trouve son intérêt ; figures de rhétorique romanesque, et acceptables à ce titre, mais qu'il serait assez absurde de confondre avec des vérités psychologiques.

Notre analyse du mythe nous a fait voir pourquoi l'on *aime croire* à la fatalité, qui est l'alibi de la culpabilité : « Ce n'est pas moi qui ai commis la faute, je n'y étais pas, c'est cette puissance fatale qui agissait en lieu et place de ma personne. » Pieux mensonge[1] du servant d'Éros. Mais de combien de complaisances secrètes se compose une « fatalité » !

Quant au coup de foudre, il est censé justifier les écarts de Don Juan. Toute la littérature nous engage à y voir la preuve d'une très puissante nature sensuelle. Don Juan, l'homme des coups de foudre et de la vie « orageuse », serait une sorte de surhomme, de surmâle. Mythe d'une puissance indéfinie et qui domine les contingences morales. Mais alors, on peut être certain qu'un pareil mythe est né de rêves *compensateurs* — soit d'une fidélité contrainte et détestée, soit d'une jalousie masochiste, soit enfin d'un début d'impuissance. Et en effet, la conduite de Don Juan est bien typique d'une certaine déficience sexuelle. C'est dans l'état de fatigue générale, et sexuellement localisée, que le corps se voit porté à ces brusques écarts, comparables aux calembours qui obsèdent un esprit fatigué : on se laisse aller à des « rapprochements » idiots. Par contre, dans un état normal du corps et de l'esprit, le risque de coup de foudre est à peu près éliminé. Il apparaît ainsi que la monogamie, normalisant les rapports sexuels, est la meilleure garantie du plaisir, c'est-à-dire de l'Éros purement charnel, et non du tout divinisé. Je répète toutefois que le mariage ne saurait être fondé sur des « arguments » de ce genre. Il s'agit ici, simplement, d'un fait d'observation qui réfute les croyances courantes, nées du mythe de Tristan et de son négatif donjuanesque. Mais cette « raison » est tout à fait inefficace aux yeux de qui préfère le mythe et veut croire aux révélations de la passion.

1. Sur la liaison absolument fondamentale de la passion et du mensonge, voir *supra* chap. 10, livre I.

⁂

On objecte alors que le mariage ne serait plus que le « tombeau de l'amour ». Mais c'est encore le mythe, naturellement, qui nous le fait croire, avec son obsession de l'amour contrarié. Il serait plus vrai de dire après Benedetto Croce que « le mariage est le tombeau de l'amour sauvage[1] » (et plus communément du sentimentalisme).

L'amour sauvage et naturel se manifeste par le *viol,* preuve d'amour chez tous les barbares. Mais le viol, comme la polygamie, révèle que l'homme n'est pas encore en mesure de concevoir la réalité de la personne chez la femme. C'est autant dire qu'il ne sait pas encore aimer. Le viol et la polygamie privent la femme de sa qualité d'égale — en la réduisant à son sexe. L'amour sauvage dépersonnalise les relations humaines. Par contre, l'homme qui se domine, ce n'est pas faute de « passion » (au sens de tempérament) mais c'est qu'il aime, justement, et qu'en vertu de cet amour, il refuse de s'imposer, il se refuse à une violence qui nie et détruit la personne. Il prouve ainsi qu'il veut d'abord le bien de l'autre. Son égoïsme passe par l'autre. On admettra que c'est une révolution sérieuse.

Et nous pourrons maintenant dépasser la formule toute négative et privative de Croce, et définir enfin le mariage comme cette *institution qui contient la passion non plus par la morale, mais par l'amour.*

1. B. Croce, *Etica e Politica.*

6. Les paradoxes de l'Occident

Ces quelques remarques sur la passion et le mariage mettent en lumière l'opposition fondamentale de l'Éros et de l'Agapè, c'est-à-dire des deux religions qui se disputent notre Occident.

La connaissance de ce conflit, de ses origines historiques et psychologiques, de son enjeu spirituel, me paraît devoir entraîner la révision d'un certain nombre de jugements courants, dans le domaine de l'éthique d'abord, mais aussi dans celui de la culture et de sa philosophie. Au terme de cet ouvrage, il suffira sans doute de dégager le *principe de correction* que nos recherches sur la passion peuvent établir.

*
**

Les Orientaux caractérisent l'Europe par l'importance qu'elle donne aux forces passionnelles. Ils y voient l'héritage du christianisme et le secret de notre dynamisme. Et il est vrai que ces trois termes : christianisme, passion, dynamisme, correspondent aux trois traits dominants de la psyché occidentale. De là vient l'impression d'évidence qu'entraînent de pareils jugements.

Cependant, si les conclusions de notre examen du mythe courtois sont justes, il faudra corriger sensiblement ce schéma de l'Occident chrétien.

Tout d'abord : ce n'est pas le christianisme qui a fait naître la passion, mais c'est une hérésie d'origine orientale. Cette hérésie s'est répandue d'abord dans les contrées les moins christianisées, précisément, là où les religions païennes menaient encore une vie secrète. L'amour-passion n'est pas l'amour chrétien, ni même le « sous-produit du christianisme » ou le « changement d'adresse d'une force que le christianisme a réveillée et orientée vers Dieu[1] ». Il est plutôt le sous-produit de la religion manichéenne. Plus exactement, il est né de la complicité de cette religion avec nos plus vieilles croyances, et du conflit de l'hérésie qui en résulta avec l'orthodoxie chrétienne. Première correction d'importance.

Ensuite, il est urgent de rappeler que le fameux « dynamisme occidental » procède de deux sources distinctes.

Si c'est notre délire guerrier que l'on entend désigner par ce terme, nous avons vu qu'il se rattache de la manière la plus précise, historiquement, à la passion. Comme la passion, le goût de la guerre procède d'une conception de la vie ardente qui est un masque du désir de mort. Dynamisme inverti, et autodestructeur.

Mais l'autre aspect du dynamisme occidental, j'entends notre génie technique, ne saurait être un seul instant ramené à la passion. L'attitude humaine qu'il révèle est l'antithèse exacte de la passion : c'est une affirmation de la valeur des choses créées, de la matière, et une application de l'esprit au monde visible. La passion ni la foi hérétique dont elle est née ne sauraient proposer comme but à notre vie la maîtrise de la Nature, puisque c'est là le but et la fonction originelle du Démiurge, et puisque le salut est justement d'échapper à sa loi démoniaque[2].

Faut-il voir à la source de cet aspect le plus réel de l'activisme européen une sorte de tempérament continental ? Ou quelque influence indirecte de l'ambition chrétienne définie par l'Apôtre (*Romains*, 8),

1. Léo Ferrero, *Désespoirs*. Le problème de la passion est admirablement défini par ce petit livre dans ses données actuelles psychologiques. (Voir Appendice 4.)

2. « L'idée antique du travail indigne de l'homme libre se retrouve dans la chevalerie », écrit Henri Pirenne, *Histoire de l'Europe*, p. 113.

et qui tendrait à restaurer le Cosmos dans sa loi primitive, troublée par le péché? La volonté chrétienne de transformer le pécheur dans son âme et dans sa conduite a entraîné en Occident l'idée de transformer le milieu humain (d'où le mythe de la révolution), et l'idée de transformer le milieu naturel (d'où la technique). Reste à savoir si le christianisme, accueilli par les Indes ou la Chine, y eût produit les mêmes effets. Mais la réponse n'importe pas ici : il nous suffit de marquer que les éléments occidentaux-chrétiens (c'est-à-dire créateurs) du dynamisme européen, sont orientés par une volonté exactement contraire à celle de la passion.

Ce qui peut induire en erreur, et ce qui a introduit de fait une fatale erreur dans l'activisme moderne, c'est la collusion de la guerre et de notre génie technique. A partir de la Révolution, la guerre devenant « nationale » exige la collaboration de toutes les forces créatrices, et en particulier de la technique. C'est alors la passion (guerrière) qui va devenir le principal moteur de la recherche mécanique : on l'a bien vu depuis 1915. Mais cette union tout à fait monstrueuse des forces de mort et des forces créatrices va dénaturer à la fois la guerre et le génie technique. La guerre mécanisée évacue la passion, et la technique en devenant mortelle, trahit les ambitions dont elle est née. Il se peut que l'Occident succombe à ce destin qu'il s'est forgé. Mais il est clair que ce n'est pas le christianisme — comme le répètent tant de publicistes — qui est responsable de la catastrophe. L'esprit catastrophique de l'Occident n'est pas chrétien[1]. Il est tout au contraire mani-

1. Il y a l'Apocalypse, dira-t-on. Mais les catastrophes qu'elle annonce représentent notre *châtiment* et non pas notre délivrance. Ce n'est pas la mort, la désincarnation, qui est le salut; mais l'acte de la grâce fait par Dieu.

chéen. C'est ce qu'ignorent communément ceux qui assimilent le christianisme et l'Occident, comme si tout l'Occident était chrétien. Si donc l'Europe succombe à son mauvais génie, ce sera pour avoir trop longtemps cultivé la religion para ou même antichrétienne de la passion.

⁂

Faut-il conclure que la passion serait la *tentation orientale de l'Occident*? S'il est vrai qu'elle ne s'est développée dans notre histoire et nos cultures qu'à partir des XIIe et XIIIe siècles, et par l'impulsion décisive de l'hérésie méridionale, il apparaît que c'est du Proche-Orient et de l'Iran, sources certaines de l'hérésie, que nous sont venues nos « mortelles » croyances. Mais dira-t-on, ces mêmes croyances n'ont pas produit les mêmes effets parmi les peuples de l'Orient? C'est qu'elles n'y ont pas trouvé les mêmes obstacles.

Ainsi notre chance dramatique est d'avoir résisté à la passion par des moyens prédestinés à l'exalter. Telle fut la tentation permanente d'où jaillirent nos plus belles créations. Mais ce qui produit la vie produit aussi la mort. Il suffit qu'un accent se déplace pour que le dynamisme change de signe.

⁂

C'est en fin de compte dans l'attitude religieuse des Occidentaux, et dans l'institution la plus typique de leur morale : le mariage, qu'il sera désormais possible de repérer avec assez de précision ce déplacement d'accent dont tout dépend.

Il est certain que l'Occidental christianisé se distingue de l'Oriental par son pouvoir d'approfondir l'être créé dans ce qu'il a de particulier. C'est tout le secret de notre fidélité. La sagesse orientale cherche la connaissance dans l'abolition progressive du divers. Nous, nous cherchons la densité de l'être dans la personne distincte, sans cesse approfondie comme telle. « D'autant plus nous connaissons les choses particulières, d'autant plus nous connaissons Dieu », dit Spinoza. Cette attitude, qui définit mon Occident, définit en même temps les conditions profondes de la fidélité, de la personne, du mariage — et du refus de la passion. Elle suppose l'acceptation du différent, et donc de l'incomplet, la prise sur le concret dans ses limitations. Le chrétien prend le monde tel qu'il est, et non point tel qu'il peut le rêver. Son activité « créatrice » consiste alors à retrouver en profondeur toute la diversité du monde créé ; et c'est ainsi que la Renaissance définit l'homme : un microcosme.

Tout ce qui détruit cette volonté centrale, ou en dévie, compromet la fidélité et donne des chances nouvelles à la passion. C'est *notre* vie et *notre* mort. Et c'est pourquoi la crise moderne du mariage est le signe le moins trompeur d'une décadence occidentale. Il est en d'autres, certes, dans les domaines les plus divers : le culte du nombre, la poésie de l'évasion, l'envahissement de la culture par les passions nationalistes : tout ce qui tend à ruiner la personne. Mais ce sont là des phénomènes complexes et collectifs, qui échappent souvent aux prises individuelles. Le signe de la crise du mariage nous parle et nous avertit mieux : aucun n'est plus sensible et quotidien, plus intimement vérifiable.

7. Au-delà de la tragédie

Cet ouvrage, à bien des égards, peut apparaître comme le bilan d'une décadence : mythe dégradé, mariage en crise, formes et conventions décriées, extension du délire passionnel aux domaines où il peut entraîner la destruction de notre civilisation. Tout cela est, tout cela nous menace, et d'autant plus qu'on voudrait le nier. Cependant, à plusieurs reprises, la connaissance de ces périls nous a fait entrevoir des possibilités de les surmonter. Par exemple, il se peut que l'Europe, après une crise totalitaire (et supposé qu'elle n'y succombe point), retrouve le sens d'une fidélité gagée au moins sur des institutions solides, à la mesure de la personne. Il se peut que les excès mêmes de la passion provoquent des résistances, c'est-à-dire des *formes* nouvelles, ramenant alors un âge classique...

Mais après tout, n'est-ce pas encore une tentation de la passion que ce souci des lendemains qui obsède aujourd'hui tant de fronts ? Notre vie ne se joue pas dans l'au-delà temporel, mais dans les décisions toujours actuelles qui fondent notre fidélité. Quoi qu'il arrive, heur ou malheur, le sort du monde nous importe bien moins que la connaissance de nos devoirs présents. Car « la figure de ce monde passe », mais notre vocation est toujours *hic* et *nunc*, dans l'acte de l'Éternel où notre espoir se fonde.

***

Deux thèmes de réflexions, amorcés çà et là dans ces pages, pourront en constituer la conclusion *ouverte*. J'ai tenté de débrouiller certains problèmes posés en termes d'histoire et de psychologie : mais les constatations tout objectives auxquelles je me suis vu conduit ne sont pas suffisantes en soi. Elles commandent certaines décisions. Elles introduisent à une problématique nouvelle, et qui n'est pas toujours aussi simpliste que le dilemme passion-fidélité peut nous le faire croire. De fait, on ne *connaît* jamais que les problèmes dont on pressent au moins la solution, le dépassement. Or le moyen de dépasser notre dilemme ne saurait être la pure et simple négation de l'un de ses termes. Je l'ai dit et j'y insiste encore : condamner la passion en principe, ce serait vouloir supprimer l'un des pôles de notre tension créatrice. De fait cela n'est pas possible. Le philistin qui « condamne » de la sorte et *a priori* toute passion, c'est qu'il n'en a connu aucune, et qu'il est *en deçà* du conflit. Pour cet homme-là le seul progrès concevable est dans la crise de sa sécurité, c'est-à-dire dans le drame passionnel[1]. Mais au-delà de la passion vécue jusqu'à l'impasse mortelle, que pouvons-nous désormais entrevoir ? Les deux thèmes que je vais esquisser indiquent deux voies de dépassement, dans la ligne de cet ouvrage, mais au-delà du schématisme inhérent à tout exposé.

⁂

Le premier thème peut être situé par rapport à un drame personnel dont les données biographiques nous sont suffisamment connues. On sait que l'événement qui devint pour Kierkegaard le point de départ de toute sa réflexion, fut la rupture de ses

1. Faut-il aller encore plus loin que Kierkegaard dans le dépassement du « stade éthique » ? Il m'arrive de le pressentir, et de penser : du point de vue de la foi, il n'y a sans doute aucun profit au « règlement des mœurs » pour les non-chrétiens. C'est une façon de les mettre, au contraire, à l'abri du désespoir réel, humain, qui les conduirait à la foi. Une cure d'âme comprise non pas au sens d'une hygiène morale bourgeoise, mais au sens chrétien — la guérison à obtenir, c'est que l'infidèle croie — devrait conduire à désirer pour l'homme non chrétien qu'il traverse tout le « bonheur » de la passion. Or on s'efforce de le retenir *en deçà*. Si bien que le seul *au-delà* concret qu'il soit en état de désirer, d'imaginer, c'est le « dérèglement des passions ».

Mais voilà ce qu'il faut ajouter : l'homme livré à ses dérèglements conçoit un désespoir dont le remède peut très bien lui apparaître : la loi. Or ce n'est que le renoncement à la loi *ainsi comprise* qui peut nous conduire à la foi.

fiançailles avec Régine. La cause intime de cette rupture nous demeure en partie mystérieuse : c'est « le secret » essentiellement impartageable et indicible, qui s'opposait aux yeux de Kierkegaard à un mariage heureux selon le monde. Ici l'*obstacle* indispensable à la passion est d'une nature à tel point subjective, singulière et incomparable, qu'on ne saurait en pressentir la gravité sans invoquer la foi de Kierkegaard. Selon lui, l'homme fini et pécheur ne saurait entretenir avec son Dieu — qui est l'Éternel et le Saint — que des relations d'amour *mortellement* malheureux. « Dieu crée tout *ex nihilo* » et celui que Dieu élit par son amour, « il commence par le réduire à néant ». Du point de vue du monde et de la vie naturelle, Dieu apparaît alors comme « mon ennemi mortel ». Nous nous heurtons ici à l'extrême limite, à l'origine pure de la passion — mais du même coup nous sommes jetés au cœur même de la foi chrétienne ! Car voici : cet homme mort au monde, tué par l'amour infini, devra marcher maintenant et vivre dans le monde comme s'il n'avait pas d'autre tâche ni plus urgente ni plus haute. Ce « chevalier de la foi », quand on le rencontre, n'a l'air de rien de surhumain : « il ressemble à un percepteur » et se conduit comme n'importe quel honnête bourgeois. Et pourtant « il a tout renoncé dans une infinie résignation, et s'il a tout ressaisi par la suite, c'est *en vertu de l'absurde* (c'est-à-dire de la foi). Il fait sans cesse le saut dans l'infini, mais avec une telle correction et une telle certitude qu'il retombe sans cesse dans le fini, et qu'on ne remarque en lui rien que de fini [1] »...

Ainsi l'extrême de la passion, la mort d'amour,

1. *Crainte et Tremblement*, traduit d'après la version allemande de E. Geismar et R. Marx.

initie une vie nouvelle, où la passion ne cesse d'être présente, mais sous l'incognito le plus jaloux : car elle est bien plus que royale, elle est divine. Et dans l'analogie de la foi, l'on peut alors concevoir que la *passion* — quel que soit l'ordre où elle se manifeste — ne trouve son au-delà réel, et son salut, que par cette *action* d'obéissance qui est la vie de fidélité.

Vivre alors « comme tout le monde », mais « en vertu de l'absurde », c'est une scandaleuse tricherie aux yeux de qui ne *croit* pas à l'absurde ; mais c'est plus qu'une synthèse, et infiniment plus et autre chose qu'une « solution », pour qui croit que Dieu est fidèle, et que l'amour ne trompe jamais l'aimé.

Certes, Kierkegaard ne parvint à « ressaisir » le monde fini que dans la *conscience* de sa perte, infiniment féconde pour son génie ; il ne recouvra pas Régine, mais ne cessa jamais de l'aimer et de lui dédier toute son œuvre. Et c'est peut-être que cette œuvre était le lieu de sa fidélité la plus réelle. Pourquoi chercher ailleurs que dans la vocation vraiment unique du Solitaire, le secret de son échec humain ? D'autres reçoivent une autre vocation, épousent Régine, et la passion revit dans leur mariage, mais alors « en vertu de l'absurde ». Et ils s'étonnent chaque jour de leur bonheur.

(Ces choses-là sont trop simples et totales pour qu'un discours vienne mettre ses délais entre la question qu'elles nous posent et la réponse de notre vie.)

⁂

Le second thème que j'esquisserai n'est peut-être pas d'une nature essentiellement hétérogène. Peut-être même doit-il être conçu comme un aspect particulier du mouvement de retour de la passion, tel que l'a décrit Kierkegaard.

Au sommet de l'ascension spirituelle qu'il nous

raconte dans le langage de la plus ardente passion, saint Jean de la Croix connaît que l'âme atteint un état de présence parfaite à l'objet aimant de l'amour, et c'est ce qu'il nomme le mariage mystique. L'âme se comporte alors à l'endroit de son amour avec une sorte d'*indifférence* quasi divine. Elle est au-delà du doute et de la distinction ressentie comme un déchirement ; elle ne désire plus rien que son amour ne veuille, elle est une avec lui dans la dualité, qui n'est plus qu'un dialogue de grâce et d'obéissance. Et le désir de la plus haute passion se voit alors comblé sans cesse dans l'acte même d'obéir, en sorte qu'il n'est plus en l'âme de brûlure, ni même de conscience de l'amour, mais seulement la sobriété heureuse de l'agir.

Dans l'analogie de la foi, l'on peut alors concevoir que la passion, née du mortel désir d'union mystique, ne saurait être dépassée et accomplie que par la *rencontre* d'un *autre,* par l'admission de sa vie étrangère, de sa personne à tout jamais distincte, mais qui offre une alliance sans fin, initiant un dialogue vrai. Alors l'angoisse comblée par la réponse, la nostalgie comblée par la présence cessent d'appeler un bonheur sensible, cessent de souffrir, acceptent notre jour. Et alors le mariage est possible. Nous sommes deux dans le contentement.

***

Une dernière fois pourtant nous reprendrons un parti de sobriété. Les mariés ne sont pas des saints, et le péché n'est pas comme une erreur à laquelle on renoncerait un beau jour pour adopter une vérité meilleure. Nous sommes sans fin ni cesse dans le combat de la nature et de la grâce. Sans fin ni cesse, malheureux puis heureux. Mais l'horizon n'est plus le même. Une fidélité gardée au Nom de ce qui ne change pas comme nous, révèle peu à peu son mystère : c'est qu'*au-delà de la tragédie, il y a de nouveau le bonheur.* Un bonheur qui ressemble à l'ancien, mais qui n'appartient plus à la forme du monde, car c'est lui qui transforme le monde.

21 février-21 juin 1938.
(Révision : 1954.)

APPENDICES

1. Caractère sacré de la légende

Pour éviter tout malentendu, je préciserai ici que mon analyse se borne à la légende *écrite* de Tristan. C'est d'elle seule que je parle quand je parle du mythe « primitif ». Il serait aisé de se prévaloir du caractère sacré que certains auteurs du siècle dernier ont cru pouvoir attribuer aux personnages de Tristan et d'Iseut (ou *Essylt*) dans la mythologie celtique. Dès le VIIe siècle, Tristan aurait été un demi-dieu, le héraut symbolique des mystères, le « gardien des marcassins sacrés », c'est-à-dire des élèves des Druides, rival de son oncle Markh, le roi-cheval, et amant d'Essylt, dont on a pu supposer que le nom signifiait « spectacle mystérieux, objet de contemplation », fée irlandaise, cavale aux crins blancs, ou encore figuration de l'eau de la chaudière de Cerridwen, qui donne l'inspiration aux bardes, guérit et ressuscite, c'est-à-dire élève l'initié à la vie de l'esprit. Tout cela est vraisemblable, et contesté. Dans les *Mabinogion,* recueil des légendes galloises, on ne trouve que cette seule indication très brève sur la légende originelle : « *Drystan, fils de Tallwch, gardien des porcs de Markh, amant d'Essylt.* » (C'est dans une énumération des amants fameux de la Bretagne.) On a voulu voir également dans la rivalité de Tristan et de Marc le symbole de la lutte entre les Bretons armoricains et les Gallo-Francs. Il est incontestable que maints éléments de la tradition bardique (orale) sont incorporés dans la légende. (*Cf.* livre II, chap. 11.) Mais il est non moins certain que Béroul, Thomas, Eilhart, l'auteur du *Roman en prose* et celui de *la Folie Tristan n'étaient pas initiés à cette tradition.* Ils ignoraient le sens primitivement sacré et symbolique des personnages dont ils nous content les amours. Et les traces qui subsistent, dans leur texte, d'anciennes pratiques de magie montrent bien que l'usage de ces dernières est oublié, à l'époque et dans les pays où ils écrivent. Tout cela n'est plus qu'ornements d'art, pittoresque, anecdotes interprétées par la fantaisie individuelle du poète. Les faits que nous décrit l'auteur de *la Folie Tristan* étaient sans doute à l'origine tout autre chose qu'une suite d'extravagances. Chaque parole et chaque geste du héros devaient correspondre à des symboles déterminés. La *maison de verre* par exemple, dans laquelle Tristan fou veut emmener Iseut, était dans la mythologie druidique le vaisseau de la mort qui s'en va par-delà les nuages jusqu'au cercle céleste du Gwynfyd. Dans *la Folie Tristan,* la maison de verre n'est plus qu'une image émouvante née de la fantaisie poétique de l'amoureux. De même, chez Thomas, le départ de Tristan pour la Bretagne n'a plus aucun sens « historique » défini ; etc. C'est pour toutes ces raisons que je ne tiens compte, dans mon analyse, que de la légende rédigée, et réinventée quant au sens, par les poètes du XIIe siècle : *elle seule agit encore sur nous,* en tant que mythe de l'amour-passion.

2. Chevalerie sacrée

« La pensée médiévale en général est saturée de conceptions religieuses. De la même manière, dans une sphère plus restreinte, la pensée de tous ceux qui vivent dans les cercles de la cour et de la noblesse est imprégnée de l'idéal chevaleresque. Cette conception envahit même le domaine de la religion : la prouesse de l'archange saint Michel était « la première milicie et prouesse chevaleureuse qui oncques fut mise en exploict » ; c'est de là que procède la chevalerie qui, en tant que « milicie terrienne et chevalerie humaine », est une imitation des chœurs des anges autour du trône de Dieu. Le poète espagnol Juan Manuel l'appelle une espèce de sacrement, qu'il compare au Baptême et au Mariage. » (J. Huizinga : *le Déclin du Moyen Age*, p. 78.)

« La conception chevaleresque constituait pour l'esprit superficiel de ces auteurs [Froissart, Monstrelet, Chastellain, La Marche...] une clef magique à l'aide de laquelle ils s'expliquaient les événements contemporains. En réalité, les guerres, tout comme la politique de leur temps, étaient extrêmement informes, et apparemment incohérentes. La guerre était un état chronique d'escarmouches isolées s'étendant sur un vaste domaine ; la diplomatie, un instrument compliqué et défectueux, dominé d'une part par des idées traditionnelles très générales, et d'autre part, par un ensemble inextricable de questions de droit isolées et mesquines. L'histoire, n'étant pas en mesure de discerner un réel développement social, se servait de la fiction de l'idéal chevaleresque à l'aide de laquelle elle réduisait le monde aux proportions d'une belle image d'honneur princier et de vertu courtoise, et créait l'illusion de l'ordre. » (*Ibid.*, p. 80.)

3. Chansons de geste et romans courtois

Les chansons de geste sont nées au XIe siècle, et pas avant comme l'a montré Joseph Bédier. Elles furent composées, pour la plupart, par des clercs, et dans des intentions précises : c'étaient en quelque sorte des poèmes publicitaires destinés à attirer la gloire et la foule à tel pèlerinage ou abbaye en magnifiant ses reliques miraculeuses et ses héroïques fondateurs. Il est compréhensible que ces chansons de clercs parlent très peu ou point d'amour.

Une seule, *la Légende de Girard de Roussillon* (composée entre 1150 et 1180 selon Bédier), contient un épisode d'amour courtois. Elle est écrite dans un dialecte intermédiaire entre le français et le provençal. A tous égards, elle marque la transition de l'épopée française au « roman » proprement dit.

L'épisode d'amour nous intéresse d'autant plus qu'il décrit une situation fort analogue — dans sa forme — à celle du *Roman de Tristan*. Or il est évident que cette situation ne peut être qu'une invention courtoise (elle tranche nettement sur le reste de la légende qui est clérical et féodal). Cette analogie avec *Tristan* nous donne un repère pour apprécier la transformation que les Béroul et les Thomas firent subir au vieux mythe celtique. Elle nous permet de mesurer l'influence *décisive* de l'amour courtois sur les auteurs du cycle breton.

Voici la donnée : le duc Girard de Roussillon a été quérir une fiancée pour Charles le Chauve, son suzerain. Accompagné du page, il va à Constantinople demander à l'empereur ses deux filles : l'aînée, Berthe, épousera Charles, la cadette, Elissent, sera la femme de Girard. Lorsque Charles voit les deux princesses, il s'éprend d'Elissent, déjà fiancée à Girard. Après un long débat, Girard consent à céder Ellisent, *à condition qu'il cesse d'être vassal au roi.* Il épouse Berthe, tandis qu'Elissent devient reine. Au jour où les deux couples se séparent, Girard prend à part deux témoins, ainsi que Berthe sa femme, et la reine.

« Femme de roi, dit-il, que pensez-vous de l'échange que j'ai fait de vous ? Je sais bien que vous me tenez pour méprisable. — Non, Seigneur, mais pour un homme de valeur et de prix. Vous m'avez faite reine, et ma sœur, vous l'avez épousée pour l'amour de moi. Écoutez-moi, vous, comtes Bertolai et Gervais. Et vous, ma chère sœur, recevez-en la confidence, et vous surtout, Jésus mon rédempteur, je vous prends pour garants et témoins que par cet anneau je donne à jamais mon amour au duc Girard. Je lui donne de mon *oscle* la fleur, parce que je l'aime plus que mon père et plus que mon mari ; et le voyant partir, je ne puis me défendre de pleurer... » Dès ce moment, ajoute le poète, « dura toujours l'amour de Girard et d'Elissent, pur de tout reproche, sans qu'il y eût entre eux autre chose que bon vouloir et entente cachée. Et pourtant Charles en conçut une telle jalousie que, pour un autre grief dont il chargera le duc, il se montra farouche et irrité. Ils en firent bataille par les plaines herbues... ».

L'analogie avec *Tristan* est très frappante. Il s'agit dans les deux cas :

D'un vassal puissant chargé de la « quête » d'une fiancée lointaine — d'une rivalité entre le vassal et son suzerain ; — d'un conflit entre l'hommage dû au suzerain et l'hommage donné à la femme ; — d'un mariage de consolation du vassal (ici avec la sœur de son amie, là avec son homonyme) — enfin dans les deux légendes, l'amour courtois et sa fidélité triomphent idéalement du mariage et de sa fidélité, en même temps que des liens féodaux.

Mais les différences ne sont pas moins significatives. Dans *Tristan,* c'est la jalousie d'Iseut aux blanches mains qui provoque la catastrophe, tandis que dans *Girard,* c'est la jalousie du suzerain. Ainsi dans le premier cas, la situation trouve un dénouement romanesque, tandis que dans le second, il est épique. Là, c'est l'amour qui conduit à la mort ; ici, ce sont les intérêts féodaux qui entraînent à des guerres sans fin.

— Voici deux autres textes « courtois ». Ils nous permettent également de concevoir que Béroul et Thomas n'ont gardé du mythe druidique guère davantage que les noms et le support matériel de l'action.

1. Sur le mariage en général : *Jugement de la comtesse de Champagne* :

« Par la teneur des présentes, nous disons et soutenons que l'amour ne peut étendre ses droits entre mari et femme. Les amants s'accordent toute chose réciproquement et gratuitement, sans aucune obligation de nécessité, tandis que les époux sont tenus par devoir à toutes les volontés l'un de l'autre. Que ce jugement que nous prononçons avec une extrême maturité, après avoir ouï plusieurs nobles dames, ait à passer pour vérité constante et irréfragable. Donné l'an 1174, le troisième des calendes de mai, indiction VII. »

2. A rapprocher du mariage blanc de Tristan : *Jugement de la reine Éléonore* :

« *Demande.* Un amant heureux avait demandé à sa dame la permission d'offrir ses hommages à une autre : il y fut autorisé et cessa de sentir pour sa première amie la tendresse qu'il lui avait portée d'abord. Après un mois, il revient à elle, proteste de ne pas s'être épris ailleurs, et de n'avoir pris aucune liberté avec l'autre dame, mais d'avoir voulu seulement mettre à l'épreuve la constance de sa maîtresse. Celle-ci l'a privé de son amour, disant qu'il s'en est rendu indigne en implorant et en acceptant pareille licence.

Arrêt de la reine Éléonore. Telle est la nature de l'amour : les amants feignent souvent de souhaiter d'autres nœuds, pour s'assurer davantage de la fidélité et de la constance de la personne aimée. C'est léser le droit des amants que de refuser, sous un prétexte semblable, ses embrassements ou sa tendresse, hormis le cas où il y aurait certitude que l'amant eût manqué à ses devoirs et à la foi promise. »

Or on n'a pas oublié que Tristan épouse la seconde Iseut alors qu'il croit que la première le néglige. Ce n'est point tant la constance de son amie que la sienne propre qu'il veut mettre à l'épreuve. A cette variante près — c'est plutôt un « transfert » au sens freudien — la situation juridique est bien du même ordre.

4. Conceptions orientales de l'amour

Il est bien entendu que j'appelle Orient une certaine attitude totale de l'homme qui s'est manifestée principalement chez les peuples et dans les religions de l'Asie. L'Iran, l'Islam, l'Arabie et le judaïsme ne sont pas cet Orient-là, et se rattachent directement (livre II, chap. 2 et 9) aux cycles religieux occidentaux. Il en va tout autrement des Indes, de la Chine, du Tibet, sinon peut-être du Japon médiéval (voir le célèbre roman *Gengi*), du Japon.

Dans un très beau recueil posthume de poèmes et d'essais de Léo Ferrero : *Désespoirs,* je trouve cette relation d'un entretien qu'a eu l'auteur avec un jeune Chinois :

« Le concept d'amour » n'existe pas en Chine. Le verbe « aimer » est employé seulement pour définir les rapports entre la mère et les fils. Le mari n'aime pas la femme : « il a de l'affection pour elle », plus ou moins. Quant aux rapports entre la femme et l'amant on dit : « *It is romance* » ; mais Daj n'a pas trouvé le verbe avec lequel ils définissent leurs sentiments.

La philosophie de Motse (taoïste) — la seule un peu chrétienne, qui a pour fondement quelque chose qui se rapproche du mot « amour », est oubliée tout de suite pendant la dynastie Han.

Les Chinois sont mariés très jeunes par leurs parents, et

le problème de l'amour ne se pose pas. Ils n'ont pas à poursuivre toute la vie cette ombre : l'amour, ce sentiment aussi vague, incertain, indéfini que tous les autres, et dont nous voulons être sûrs.

L'attitude de l'Européen qui se demande toute sa vie : « Est-ce de l'amour ou non ? Est-ce que j'aime vraiment cette femme, ou est-ce que j'ai de l'affection pour elle ? Est-ce que j'aime Dieu ou est-ce que j'ai seulement envie de l'aimer ? Est-ce que j'aime cet être ou est-ce que j'aime l'amour ? », etc., son désespoir quand il découvre, après une analyse acharnée, que non il n'aime pas cette femme ; il a seulement envie de l'aimer — cette attitude pourrait être considérée par un psychiatre chinois comme un symptôme de folie. « Nous sommes fous sans nous en rendre compte ; toute notre vie est fondée sur la passion, et nous voulons la paix, la tranquillité ! Je suis moi-même le plus fou de tous les fous, hélas ! Mais au moins maintenant je le sais. »

Et encore :

« La civilisation chinoise est fondée sur la famille, et la famille sur l'absence d'amour. Les traditions chinoises insistent sur ce point. Toute manifestation de tendresse entre mari et femme est jugée inconvenante. »

(Ces lignes datent de 1933. Elles sont entièrement confirmées par tout ce que j'ai pu lire depuis sur l'érotique chinoise, de Sylvain Lévi et Tuccé à Filliozat, Maspero et Van Gulik.) *(Note de 1971.)*

5. Mystique et amour courtois

Dans un appendice à son beau livre sur *la Théologie mystique de saint Bernard* (Paris, 1934, p. 193 à 216), M. Étienne Gilson examine le problème d'une influence possible de la mystique cistercienne sur les troubadours. En effet, « chronologiquement parlant, les deux mouvements sont à peu près contemporains ». On a donc supposé une filiation des cisterciens aux troubadours. M. Gilson réfute cette hypothèse en montrant : 1° que *l'objet* de l'amour n'est pas le même pour saint Bernard et pour les troubadours, ces derniers exaltant, selon lui, la sensualité naturelle ; 2° que la *nature* de l'amour est très différente dans les deux cas, malgré d'apparentes analogies d'expression. M. Gilson conclut qu'il ne peut donc s'agir que « de deux produits indépendants de la civilisation du XIIe siècle », ayant tout au plus en commun quelques figures de langage. Je souscris sans réserve à ce jugement. Mais je le rejoins par de tout autres voies. Car l'opposition évidente entre la courtoisie et la mystique de saint Bernard n'est pas seulement, comme l'a vu M. Gilson, celle de la « chair » et de l'« esprit » au sens paulinien de ces termes, mais surtout celle de l'hérésie et de l'orthodoxie.

Cependant certains arguments invoqués par M. Gilson me paraissent appeler une mise au point très opportune dans notre débat.

a) « *On ne peut hésiter* — écrit notre auteur — *sur l'objet et la nature de l'amour mystique tel que le conçoit saint Bernard : c'est un amour spirituel, par opposition à tout amour charnel* » (p. 195). L'amour courtois serait au contraire « *l'expression poétique de la concupiscence* » (p. 200). Certes, une opinion assez répandue prête aux troubadours une attitude idéaliste du même genre que celle de saint Bernard. Pour dissiper cette illusion, M. Gilson — après M. Jeanroy — invoque le langage « *d'une crudité intraduisible* » d'un Marcabru et même d'un Rudel.

Mais tirer argument de cette crudité en faveur de la thèse sensualiste et contre la symboliste, c'est flatter un « bon sens » des modernes qui n'est sans doute que le résidu de préjugés scientifiques dépassés. Il se pourrait que nous tenions là un bel exemple d'anachronisme. A-t-on seulement remarqué que les siècles passés usaient très couramment d'un langage plus « grossier » que le nôtre — signe d'une sensibilité sexuelle peu énervée — tandis que notre langage décoloré et faussement puritain correspond à une érotisation sans précédent des mœurs ? S'il fallait inférer des métaphores courtoises « grossières » aux mœurs des troubadours, ma déduction serait inverse de celle des savants modernes. Marcabru n'hésite pas à nommer un chat un chat : c'est que cela ne choque personne — et non du tout qu'il est un débauché. Ayant choisi le symbolisme amoureux, il joue le jeu le plus naturel, selon la coutume de son temps. Ou si l'on tient que le langage érotique traduit nécessairement une sensualité déchaînée, que pensera-t-on d'une sainte Thérèse, d'un Ruysbroek !

b) « *On n'a jamais entendu saint Bernard souhaiter d'être débarrassé de l'amour de Dieu.* » Or les troubadours gémissent sous le joug de l'Amour. Donc cet amour n'est pas spirituel. — Mais plus tard, d'autres mystiques catholiques, sainte Thérèse et saint Jean de la Croix, reprendront bel et bien les expressions des troubadours, et souhaiteront d'être libérés des tourments de l'amour divin : c'est là bien entendu, comme chez les troubadours, une manière d'exprimer la violence de leur passion, une sorte d'antiphrase. Mais encore une fois, si l'on veut déduire d'un tel « refus » que l'Amour courtois était purement sensuel, la déduction vaudrait aussi pour sainte Thérèse ; ce dont M. Gilson ne saurait se réjouir.

c) Les troubadours chantent l'amour malheureux. Mais l'amour divin des cisterciens obtient au contraire sa récompense. « *On lui est uni* (à la Béatitude) *du fait même qu'on l'aime.* » — Or M. Gilson dit fort bien, deux pages plus loin, que « *si Dieu est immanent sans être transcendant, il n'y a pas de problème mystique au sens où les chrétiens l'entendent. Ce qu'ils ont à expérimenter... c'est l'immanence d'un Dieu qui est et reste transcendant.* » Mais alors, lorsqu'une créature aime son Dieu, l'obstacle de la transcendance introduit dans l'amour un *malheur* essentiel (quoi qu'en ait dit tout à l'heure M. Gilson). On retrouve donc la situation du troubadour vis-à-vis de l'amour des êtres. Certes : « *la pureté de l'amour courtois sépare les amants, au lieu que celle de l'amour mystique les unit* ». Mais il faut voir que les amants courtois ne sont séparés sur la terre qu'en vertu de cet amour mystique qui les unit à la divinité ! Au contraire, l'amour mystique orthodoxe n'*unit* pas de cette façon, mais fait seulement *communier*.

d) Pour démontrer que l'amour courtois est sensuel, M. Gilson cite encore une strophe de Thibaut de Champagne :

Douce dame, s'il vos plesoit un soir
M'avriez vos plus de joie doné
C'onques Tristans, qui en fist son pouvoir
N'en pust avoir nul jor de son ané.

Et il commente : « A moins de réformer sérieusement notre conception des amours d'Yseult et de Tristan, nous ne pouvons avoir de doutes sur la nature des sentiments dont Thibaut est animé. » Précisément, l'objet de mon ouvrage est, entre autres, de « réformer sérieusement notre conception des amours d'Yseult et de Tristan »...

6. Freud et les surréalistes

Sur les relations entre Freud et les surréalistes, voir dans *les Pas perdus* d'André Breton la relation de sa courte et décevante visite à Freud (Vienne, 1921), puis dans le *Manifeste du Surréalisme,* 1924, et *les Vases communicants,* 1932, les pages sur le rêve, sa nécessaire revalorisation à la suite de Freud, mais aussi les limites de l'interprétation freudienne ; d'autre part, les déclarations de Freud sur un mouvement littéraire qu'il jugeait aussi sévèrement que C.G. Jung la peinture contemporaine. Dans une lettre à Stefan Zweig datée du 20 juillet 1938, qui relate la visite de Salvador Dali, Freud écrit : « Jusqu'alors, j'étais tenté de tenir les surréalistes, qui apparemment m'ont choisi comme saint patron, pour des fous intégraux (disons à 95 %, comme l'alcool absolu). Le jeune Espagnol, avec ses candides yeux de fanatique et son indéniable maîtrise technique, m'a incité à reconsidérer mon opinion. Il serait en effet très intéressant d'étudier analytiquement la genèse d'un tableau de ce genre. Du point de vue critique, cependant, on pourrait toujours dire que la notion d'art se refuse à toute extension lorsque le rapport quantitatif entre le matériel inconscient et l'élaboration préconsciente ne se maintient pas dans des limites déterminées. »

7. Avènement de la dame au jeu d'échecs

On a tenté d'expliquer la transformation du jeu par l'avènement de la Dame ou Reine, qui survint dès l'introduction des échecs en Europe, en imaginant une série de mutations phoniques à partir du nom de la pièce originelle. Dans le *shatranj* (persan pour *chaturanga,* qui signifie les quatre *angas* ou armes : les fantassins, les cavaliers, les chars et les éléphants) la pièce se nommant *firz* ou *farz* ou *farzin*, désignant un conseiller, ministre ou un général. Le mot aurait été latinisé en *fercia,* puis altéré par les Français en *fierce,* d'où selon certains : Vierge. En Russie au contraire, le mot *firz* aurait à peine changé, donnant *fers,* avec le sens de Premier ministre.

Mais voilà qui recule simplement la difficulté. Le passage de « firz » à « fercia » n'apparaît pas plus convaincant que celui de « fercia » à « vierge » (latin « virgo »). La déviation du son est aussi prononcée que celle du sens. Il s'agit en tout cas d'une erreur, qui eût aussi bien pu être toute différente, ou ne pas être, comme on le voit en Russie, où la pièce reste masculine. Ensuite, le passage de Vierge à Dame ou Reine ne va pas de soi, mais constitue, précisément — s'il s'est vraiment produit — un signe de plus de la révolution psychique du Moyen Age. C'est l'erreur sur le sens d'abord, puis la tendance révélée par l'erreur qui m'intéresse, qui signifie et qui ajoute un trait remarquable à mon tableau du XIIe siècle, dans la mesure où cela « n'explique » rien, mais manifeste une attraction visible, un champ de force mesurable.

8. Dante hérétique

Tout à fait indépendamment des travaux très sérieux d'un Asin Palacios sur une possible influence de la mystique soufiste dans la *Comédie,* il peut être intéressant de mentionner la thèse hardie et quelque peu aventureuse de deux auteurs du siècle dernier : Eugène Aroux et, à sa suite, Péladan Aroux expose le résultat de ses inductions dans un ouvrage aujourd'hui presque introuvable intitulé : *Dante, révolutionnaire, hérétique et socialiste* (1854). Non seulement Dante faisait partie de l'ordre des Templiers, mais encore cet ordre aurait été lié à l'hérésie cathare — en dépit de certaines apparences — comme le bras séculier à l'autorité spirituelle. Dès lors, toute la *Comédie,* le *Convito,* et même le *De vulgari eloquentia* devraient être interprétés symboliquement. Dans un opuscule postérieur, Aroux précise son interprétation. La brochure porte un titre significatif : *Clef de la Comédie anticatholique de Dante Alighieri, pasteur de l'Église albigeoise de la ville de Florence, affilié à l'ordre du Temple — donnant l'explication du langage symbolique des fidèles d'Amour dans les compositions lyriques, romans et épopées chevaleresques des troubadours* (1856). C'est un lexique donnant la traduction d'environ 500 termes, comme par exemple :

« *Arbres morts* ». — Les catholiques. Les troubadours traitaient les membres du clergé catholique d'arbres *automnals morts.*

« Albigéisme, Albigeois ». — Mots introuvables dans la *Comédie,* quand l'idée est partout présente.

« *Dames* ». — Les initiés du templarisme albigeois, qui par un dédoublement mystique de l'âme et du corps, étaient censés avoir les deux sexes, hommes en tant que corps et forme matérielle, et femmes en tant qu'intelligence et pensée libre des liens de la matière.

« *Lancelot* ». — ... Il faut toute la préoccupation de la lettre, chez les déchiffreurs de vieux manuscrits, pour qu'une littérature entière soit passée sous leurs yeux sans qu'ils y aient vu autre chose que des contes à dormir debout, obtenant une vogue européenne, et des amours d'une pureté angélique à servir de modèle aux races futures ! (On dirait que Rimbaud a lu cela...)

Je ne prends pas à mon compte ces « explications » parfois très pénétrantes, souvent très arbitraires. Mais il reste que l'histoire littéraire et religieuse n'a fait que confirmer, plus tard, l'exactitude de bien des vues d'Aroux. (Gaston Paris établissant vers 1880 la filiation troubadours-trouvères-roman breton ; Asin Palacios et Luigi Valli reprenant la question de l'hérésie chez Dante, etc.).

9. « Coup de foudre » et conversion

Le premier regard des amants, qui va changer toute leur vie, correspond à la première touche de l'amour divin, à la conversion du chrétien. Gottfried de Strasbourg peignant l'amour de Rivalen pour Blanchefleur (ce sont les parents de Tristan) accumule les expressions religieuses les plus insistantes :

Alors la vraie Minne
La fougueuse déesse
Le pénétra de ses ardeurs
Et son cœur brûlant
Lui révéla la source
Des peines dont il souffrait.
Alors commença pour lui une autre vie.
Il entra dans une vie nouvelle
Où tout son être fut changé.
Il devint un autre homme.
Tout ce qu'il faisait
Était comme entremêlé de folie
Et frappé d'aveuglement.
Ses sens étaient troublés
Égarés par la Minne
Et comme délivrés
De leur frein naturel.
Sa vie se consumait.

(Traduction Bossert.)

Les trois derniers vers sont une parfaite confirmation de ma définition de la passion opposée à l'amour naturel.

10. Passion et ascèce

Dans le *Tristan* de Gottfried de Strasbourg, la grotte où se réfugient les amants (correspondant à la forêt de Morrois chez Béroul) est décrite en détail, et chaque détail comporte un sens symbolique commenté par l'auteur. La « fossure » a été construite par des géants. C'est une voûte dont la clé est faite de pierres précieuses. Au milieu trône un lit de cristal, etc. Mais voici ce qui nous intéresse :

Ce n'est pas sans raison
Que la fossure est reléguée
Dans cette contrée sauvage.
Cela veut dire
Que le lieu de l'amour
N'est pas dans les routes battues
Ni autour des habitations humaines.
Il hante les déserts.
Le chemin qui conduit à sa retraite
Est dur et pénible.

(Traduction Bossert.)

Pour qui conserverait des doutes sur la nature de l'amour en question, précisons que Gottfried confesse qu'il a, lui aussi, erré au désert, mais sans y rencontrer la « récompense » de ses peines. (Il n'est pas devenu Parfait) :

J'ai connu la fossure
Quand je n'avais que onze ans
Mais je ne suis jamais allé en Cornouailles.

Comment pourrait-il s'agir d'amour physique ? Et le dernier vers indique bien que la « fossure » est purement symbolique, puisqu'elle peut exister ailleurs qu'en Cornouailles. (Temple ou grotte d'hérétiques ?)

11. Saint François d'Assise et les cathares

Paul Sabatier, dans sa fameuse biographie de saint François, se pose la question d'une influence possible de l'hérésie courtoise sur la mystique franciscaine. Il commence par nier toute communication directe de l'une à l'autre. (L'argument avancé me convainc peu : l'hérésie était de nature dogmatique, et saint François ne s'occupait pas de doctrine... Mais croit-on que tous les cathares dogmatisaient ? Il y a de plus sérieuses raisons de nier l'hérésie du saint.) Cependant, il décrit fort bien l'ambiance cathare de l'Italie au temps de la jeunesse de François. Les hérétiques, baptisés *Gazzari* en Italie (Bulgares ou Bougres dans les pays du Nord), s'étaient emparés du gouvernement de plusieurs municipalités. Le podestat d'Assise était un hérétique, avant 1204 ! Dans les cités avoisinantes, il y eut de nombreux soulèvements et émeutes occasionnés par le conflit religieux. D'autre part, on sait bien que saint François avait été le disciple enthousiaste des poètes français (d'où son nom même). Il partageait l'engouement des Italiens pour les troubadours qui séjournaient fréquemment parmi eux (tels Peire Vidal, Peire d'Auvergne, Raimbaut de Vaqueiras, Bernard de Ventadour). Enfin, l'influence de Joachim de Flore sur saint François ne saurait faire de doute. Ce fameux ermite annonçait le règne de l'Esprit, l'approche de la troisième période de l'humanité, le régime de la grâce et de l'Amour. Certains troubadours le connurent. (Richard Cœur de Lion par exemple.) Les deux doctrines ont certains points de ressemblance.

Il reste que saint François, s'il fut influencé par l'atmosphère de la religion d'Amour, en transporta toute la passion dans l'Église et l'orthodoxie, auxquelles il demeura toujours fidèle. Et Sabatier remarque, non sans profondeur, que la charité franciscaine obtint sans faire couler le sang la résorption de l'hérésie en Italie, alors que la brutalité des cléricaux dans le Midi n'y parvint — et en apparence — qu'au prix d'effroyables massacres. Seule Agapè peut triompher d'Éros. Mars déchaîné, même contre Éros, n'est guère qu'un autre aspect du « mal » qu'il veut détruire, et plus barbare.

12. Les béguines : du catharisme à la mystique chrétienne par la poétique courtoise

« A la fin du XIIe siècle et du début du XIIIe, nous voyons se multiplier les témoignages qui attestent à la fois le nombre et l'enthousiasme des femmes pieuses, souvent affectées de phénomènes extatiques, vivant hors des cloîtres... mais finissant par constituer de nouvelles communautés religieuses. » Elles sont nombreuses — des centaines de mille, selon le pape Jean XXII, en 1321 — dans tout le nord-ouest de l'Europe, et spécialement en Brabant. Leur mouvement est né « au point de rencontre de deux courants généraux » : le catharisme et les hérésies voisines d'une part, le franciscanisme et la mystique du cœur de saint Bernard de Clairvaux d'autre part. Le nom de « béguine » provient du catharisme : on le dérive tantôt de « béguin », désignant le bonnet de laine que portaient les ascètes errants, tantôt d'*albigenses.* (L'expression « avoir un béguin » signifie en français moderne « être coiffé de quelqu'un », être amoureux.) Les béguines, confondues avec les cathares au début, furent souvent persécutées par l'Église. L'une fut même brûlée vive en 1236, et plusieurs furent soumises à l'ordalie. L'époque où apparaissent les béguines « est non pas celle de l'affranchissement de la femme, mais celle où commence le règne de la Dame, qui devait en vérité former l'âme de l'Occident et fixer définitivement les traits de sa culture ». Leur mouvement devait « emprunter ses expressions, dans une curieuse mesure, à la littérature courtoise ». Leurs poèmes d'amour divin sont connus, publiés et traduits aujourd'hui en plusieurs langues. *L'inspiration cathare et cistercienne s'y manifeste dans les formes rhétoriques du lyrisme courtois,* et cette littérature influencera Maître Eckhart, puis Ruysbroek, puis Suso et les autres mystiques flamands et rhénans.

Les poèmes de la béguine Hadewych d'Anvers (milieu du XIIIe siècle) ont été traduits en français, annotés et remarquablement introduits par le frère J.-B. P..., en 1954. (C'est à cette introduction que j'emprunte toutes les citations de cet Appendice.) « Le recueil de Hadewych est par sa date comme par son style, un témoin privilégié : il fait plus que trahir une influence, il importe les thèmes, les mètres, les expressions de l'amour courtois... Parfois, le premier vers semble traduit d'un poème provençal ou français... A la lisière des Flandres se trouvaient alors en effet des centres importants de rhétorique et de poésie amoureuse : nous sommes à l'époque où la Provence vaincue achevait la conquête esthétique du nord de l'Europe. »

Ajoutons enfin ce trait impressionnant : « On sait que la thèse selon laquelle Jeanne d'Arc aurait été tertiaire franciscaine s'appuie exclusivement sur le fait qu'un document contemporain (*chronique de Morosini,* 1429) la déclare expressément *béguine.* »

Est-il besoin de souligner que la seule existence des poèmes des béguines réduit à néant les raisonnements des historiens qui s'efforçaient de démontrer, contre ma thèse, qu'un « abîme sépare » le catharisme, l'amour courtois et la mystique européenne ?

13. Sur le sadisme

Je trouve une confirmation de mon analyse du crime sadique dans deux études remarquables de Pierre Klossowski : *le Mal et la négation d'autrui dans la philosophie de D.A.F. de Sade* et *Temps et Agressivité.* (*Recherches philosophiques,* tomes IV et V.)

L'auteur montre que, pour Sade, le mal est l'unique élément de la Nature. On lit dans *la Nouvelle Justine* : « Oui, j'abhorre la Nature : et c'est parce que je la connais trop bien que je la déteste : instruit de ses affreux secrets... j'ai éprouvé une sorte de plaisir à copier ses noirceurs. » (D'où le désir sadique de se libérer des tyrannies sensuelles par l'excès de débauche.)

Autre condamnation vraiment manichéenne de la Création : « Le principe de vie dans tous les êtres n'est autre que celui de la mort ; nous les recevons et les nourrissons dans nous tous deux à la fois. » P. Klossowski oppose cette opinion de Sade à celle de Freud, qui voit une antithèse entre l'instinct de mort et Éros. L'analyse du mythe nous a montré que cette antithèse est purement apparente.

Mais si la vie et la Nature créée ne sont que noirceurs et cruauté, il faut alors pour s'en délivrer renchérir sur cette cruauté et ces noirceurs. Il n'y a qu'une alternative : exercer la cruauté sur soi ou sur le prochain. Sade choisit le prochain : il veut être criminel plutôt que victime. Ainsi la conscience sadique est l'inverse de la conscience romantique. Le romantique (Pétrarque) se châtie pour conserver l'objet aimé, tandis que Sade veut le tuer.

POST-SCRIPTUM

Non définitif et scientifico-polémique

Ce livre écrit en peu de mois à trente-deux ans n'a pas fini de me poser des questions. Trente-deux ans plus tard, j'y reviens pour constater que les problèmes qu'il abordait restent, pour moi du moins, aussi nouveaux qu'alors. On le verra bien en lisant *l'Amour III,* que je prépare. Ici, je ne veux que répondre à quelques-uns de mes critiques, et redresser quelques erreurs, qui ne sont pas toutes de leur côté, comme on s'en doute.

Au plus haut point polyvalent et inclassable, d'une transdisciplinarité sauvage (comme certaines grèves), mon ouvrage ne pouvait manquer de provoquer des réactions contradictoires et difficilement comparables. Traité tour à tour de « bel amusement » et de « livre le plus important de tous ceux qu'on a écrits et publiés sur l'amour », de « fragile autorité » et de « bible du genre », il n'a cessé d'influencer durant les trois dernières décennies nombre de romanciers, poètes et cinéastes, mais de choquer la plupart des érudits. C'est sans doute qu'il voulait déceler et faire sentir des phénomènes spirituels et affectifs qu'un certain type de spécialistes éminents sera toujours tenté de considérer comme autant de « difficultés », obscurités ou incongruités dans la « position du problème », incompatibles avec le sérieux du travail et le découpage du monde par Facultés.

La contradiction de plus en plus flagrante entre l'influence sans cesse élargie et la validité toujours contestée de mes thèses m'interdirait à elle seule de me désintéresser des conséquences de l'ouvrage et de passer tranquillement à l'ordre du jour. Il m'arrive aussi d'éprouver un vif besoin de me défouler en ne laissant pas plus longtemps impunies certaines insolences critiques. Je saisis donc le prétexte d'une réédition en grand format pour alourdir mon livre d'un post-scriptum tout à la fois technique et polémique, par lequel, comme on le dit en termes juridiques, j'entends bien renouveler ma responsabilité.

Ambiguïté des influences

Si j'en crois les confidences de quelques écrivains et les écrits de leurs commentateurs, mais plus encore les textes mêmes, c'est surtout dans le monde anglo-saxon que *l'Amour* et *l'Occident* semble avoir influencé des œuvres de poètes et de romanciers, tandis que, sur le continent, des films, des ballets et des compositions musicales manifestaient diverses « lectures » assez libres de mon ouvrage. Voilà qui pourrait être vérifié — et l'a été sur quelques points — à l'occasion de diplômes et de thèses. Il est malaisé, en revanche, d'estimer les influences dialectiques, obliques ou négatives d'un livre, même si l'on se borne à l'examen des seules œuvres écrites ou plastiques. Ainsi, de jeunes romanciers m'ont fait savoir qu'ils renonçaient à tel ouvrage commencé parce après m'avoir lu ils comprenaient *trop bien* ce qu'ils étaient en train de faire.

Enfin, certains de mes thèmes, explicités ou non, tels que le mariage comme facteur de néguentropie sociale, ou le respect de l'autre en tant que différent, sont invoqués avec une fréquence croissante par des psychanalystes, des sociologues et quelques urbanistes américains comptant parmi les plus réellement novateurs, et me reviennent comme autant d'échos approbateurs renvoyés par les nouvelles générations et par certains de leurs gourous.

Des influences produites dans la vie de mes lecteurs, je ne puis rien dire, hors la correspondance où elles m'entraînent parfois *nolens volens*. Dénué de l'autorité du confesseur, je n'en partage pas moins avec lui l'obligation du secret.

Mais le phénomène le plus ample dont mon livre ait été le catalyseur — je ne dis pas un instant la cause —, c'est peut-être la vogue actuelle du catharisme, toujours liée à l'évocation de l'amour courtois.

J'observe ici que ceux qui nient mes hypothèses jusqu'au point de supprimer toute mention de mon livre dans les leurs ne sont pas les derniers à s'ébattre sur le terrain que j'avais jalonné : la rencontre dans les mêmes lieux et les mêmes temps de la poésie des troubadours et du vaste complexe d'hérésies que symbolise le nom de catharisme.

Tout commence avec la publication en 1937 de *la Croisade contre le Graal* d'Otto Rahn, jeune Allemand fasciné par Montségur, où il croit reconnaître le château du Graal, et qui mourra mystérieusement dans un désert alpestre, tout près du nid d'aigle d'Hitler. Ses deux thèses extrêmes sont reprises d'Eugène Aroux et du Sâr Péladan : *a)* « tous les troubadours étaient cathares, tous les cathares étaient troubadours »; et *b)* la rhétorique courtoise fut le langage secret de l'hérésie. Voilà qui est insoutenable en faculté, mais qui éveille dans l'esprit une obscure évidence : l'impression que l'on vient de toucher, fût-ce à tâtons, le cœur du problème, et que d'une manière ou d'une autre, dans la réalité fondamentale qui est celle du symbole, *on brûle.*

De fait, les erreurs manifestes d'Otto Rahn vont se révéler plus fécondes pour la compréhension de l'amour courtois dans sa genèse socio-religieuse que la masse des travaux tenus pour « sérieux » qui jusqu'alors avaient conclu régulièrement au très peu de signification de leur objet.

Partant de là, et de quelque autre chose qui répond, au secret de moi-même, à ce qu'il y a justement de délirant dans la thèse d'Otto Rahn — j'indique seulement cette sensation de reconnaissance enfiévrée qui m'a toujours saisi devant les ruines de certains châteaux du Midi dans un ciel d'aube, horizon spirituel de tout l'amour courtois — j'écris pour une revue de jeunes une esquisse de l'opposition passion-mariage.

Daniel-Rops m'a proposé, pour une collection qu'il dirige, de développer le sujet en un livre. Mais au jour dit pour la remise du manuscrit, dont pas une ligne n'est encore écrite, Rops me supplie de céder mon tour dans la série à un jeune lieutenant-colonel qui vient d'écrire *la France et son armée,* livre très urgent, semble-t-il[1]. Soulagé, je me mets au travail, et puisque j'ai tout le temps, j'écris très vite. Après trois mois vécus dans un état de transe et d'allégresse quotidienne de découvrir ou d'inventer, le livre est terminé pour le solstice d'été, triomphe du Jour, et le soir même je vais à l'Opéra, où l'on donne *Tristan,* cette revanche de la Nuit.

Habet Acht! Habet Acht!
Schon weicht dem Tag
die Nacht[2] *!*

chante Brangaine sur la tour de l'aube, au point sublime du IIe acte, et je ne l'entendrai plus jamais sans pleurer — je me ferais honte.

Tôt après la publication, au printemps de 1939, je reçois plusieurs lettres de Joë Bousquet, le poète paralysé de Carcassonne, dont le prestige investit profondément le groupe des *Cahiers du Sud.* Sans doute l'avais-je consulté pendant que j'écrivais mon livre. Dans une lettre sans date de 1938, il m'écrit en effet : « Je suis trop près de la question qui vous occupe pour la saisir d'un coup d'œil. D'autre part, elle n'est qu'accessoirement pour moi matière d'érudition... Je veux dire que la question cathare m'a intéressé en expliquant la direction donnée à mon expérience poétique. » (Cette dernière phrase suffit à m'assurer que nous sommes sur la même longueur d'onde.) Puis, le livre paru, 25 mars 1939, nouvelle lettre :

Mon cher camarade,

Je prépare une note importante sur votre livre[3]. *Mais*

1. Urgent? C'était déjà trop tard. Le livre de Charles de Gaulle parut quelques mois plus tard, en juin 1938 : il n'était plus temps de construire l'armée blindée qu'il demandait.

2. *Prenez garde! Prenez garde!*
Voici que la Nuit cède au jour!

On connaît le thème de l'aube chez les troubadours :

Gardez-vous, cher guetteur de la tour
Du jaloux, votre méchant seigneur
Ennuyeux plus que l'aube
Nous, en bas, nous parlons d'amour
Grande peur
Nous fait l'aube, l'aube, oui l'aube.

(Raimbaut de Vacqueyras, *Alba.*)

3. Elle paraîtra dans le numéro de juin 1939 des *Cahiers du Sud.* « Ce n'est pas d'étayer sa conjecture que D. de R. a souci mais de la rendre

la question n'est pas là. Je prépare une entreprise qui risque de donner beaucoup de retentissement à votre travail. Comme elle ne se fera pas sans vous, il importe que la part que vous y prendrez vous aide à classer votre livre, à en dépasser les conclusions autant qu'à les éclairer... C'est presque un manifeste que je vous demande...

Un peu plus tard, le 12 avril, le critique littéraire Jean Fourès m'envoie un communiqué, qu'il me dit avoir préparé avec Joë Bousquet et qui a paru dans la presse régionale :

Nous signalons un événement littéraire qui intéresse au plus haut point la vie intellectuelle de notre région. Denis de Rougemont vient de publier une thèse d'une haute tenue spiritualiste, où il soutient que toute la poésie européenne est sortie du Languedoc et qu'il n'est pas un poète, russe, allemand, danois, anglais, etc., qui ne doive son inspiration à la tradition littéraire et religieuse issue aux XIIe *et* XIIIe *siècles des troubadours languedociens. Ce livre, qui a pour titre* l'Amour et l'Occident, *est [...] plein de références à des faits inconnus et souvent appuyées sur la haute autorité de notre éminent compatriote Déodat Roché, d'Arques, naguère encore magistrat à Carcassonne : il apporte une suite de révélations exaltantes à tous ceux qui se sont interrogés sur l'atmosphère poétique, morale et religieuse de notre pays à travers les siècles.*

Mais la guerre va suspendre tôt après notre correspondance et, j'imagine, le projet de numéro spécial composé à partir de mon livre ou autour de lui. Ce n'est qu'à mon retour d'Amérique que j'apprendrai que *le Génie d'Oc* a bel et bien paru, en 1943, qu'il a même initié la renaissance d'une mystique occitane autour de Montségur, d'une « aventure nouvelle » (selon Robert Lafont) et qu'avec les études de Simone Weil (signées alors Émile Novis) il explique que le catharisme soit soudain devenu l'un des thèmes favoris de journaux comme *Combat,* qui lancent les modes intellectuelles dans le Paris de la Libération. Je lis enfin le numéro fameux : ma thèse y est partout

plus forte que le jugement. Il est moins préoccupé de situer le mythe que d'en évaluer la fatalité spirituelle par une très stricte analyse de l'âme. »

diffuse et implicite, en filigrane, mais promptement condamnée dès qu'elle affleure en clair ; mon nom nulle part, si ce n'est dans quelque note méfiante au bas d'une page. Et voilà qui est normal, puisqu'il est, m'assure-t-on, de la nature d'un catalyseur de disparaître des combinaisons qu'il amorça.

L'ambivalence d'un tel comportement — que je retrouve dans la plupart des livres consacrés au catharisme, si leur auteur est occitan — me semble mériter quelque attention.

Cet aspect ombrageux du Languedocien qui s'éprouve à la fois obscurément cathare, en haine des croisés envahisseurs, et lié par la langue aux troubadours, mais qui n'aime guère qu'un étranger vienne se mêler de cette immense et sombre affaire passionnelle — fût-ce en fervent ami de la cause occitane —, je doute qu'il soit bien juste de le rationaliser, comme on tend à le faire aujourd'hui en invoquant le « complexe du colonisé ».

N'y aurait-il pas plutôt chez l'Occitan, antérieurement aux épreuves historiques qu'il a subies, une sorte de conduite d'échec ? On en trouve en tout cas trois motifs allégués par Joë Bousquet, dans son beau texte liminaire du *Génie d'Oc* :

Les hommes d'Oc sont les héritiers d'une civilisation déchue... La religion de ces hommes [*i.e. le catharisme*] *était, comme leur philosophie, une épopée de la chute. On dirait que le temps devait partager leur délire et faire entrer dans l'histoire le drame de leur esprit... Il est assez naturel que l'échec d'une doctrine de salut engage le salut poétique de cette doctrine. En se brisant contre les circonstances extérieures, en se heurtant à la raison d'État, la religion d'Oc, plutôt que de se mutiler, devait s'idéaliser dans le domaine de la pensée pure et fabulatrice... Cette religion devait transformer la poésie qui avait été longtemps sa sœur siamoise.*

A quoi, dans *les Celtes et la civilisation celtique*, Jean Markale semblera faire écho :

On a l'impression que les Celtes ont une affection particulière pour les histoires qui se terminent mal... La Queste du Graal se termine par la mort des découvreurs Galaad et Perceval... L'aventure de la Table ronde finit aussi par un échec complet... (p. 89). *L'instinct de mort et de sexualité se trouve illustré dans la poésie gaélique bien avant Freud et son école...* (p. 192). *D'autre part, l'affabulation, la* mythification *étant le propre de l'esprit celtique, il s'est produit une sorte de transfert : tout ce qui était défaite s'est transformé en une aventure merveilleuse, où l'écroulement de la société celtique ne peut être dû qu'à des circonstances plus ou moins tragiques* (p. 253).

Quoi de commun à ces deux vieilles nations annexées au Domaine par la force et la ruse ? Outre le fait d'avoir été soumises par les Saxons au nord, les Wisigoths au sud, bien avant d'être « mises en annexe » par les Français, il y a sans doute, dès l'origine de la *cortezia* du Midi et des légendes arthuriennes, cette même nostalgie essentielle, cette même soif d'une revanche idéale sur le réel bien plus encore que sur l'histoire ce même recours à l'imagination transfigurante qui, par-delà tous nos calculs, vaincra...

Je me suis un peu attardé sur cet exemple parce qu'il fait voir que ce qui importe, en fin de compte, ce n'est pas que l'on soit pour ou contre une thèse, mais que l'on adopte un certain *angle de vision* qu'elle impliquait et les catégories qui s'y ordonnent. Ce qui importe, c'est qu'on s'occupe de cela qui auparavant n'était pas vu, ne comptait pas, restait refoulé. C'est moins la décision que le débat, moins l'issue du débat que sa structure et la nature même du problème qu'on convient de considérer. Enfin, ce n'est pas de savoir qui gagne, mais à quel jeu l'on est en train de jouer.

Ceci m'amène à ma longue querelle avec les historiens du Moyen Age.

Et tout d'abord une confession : je savais peu, m'attaquant à beaucoup, quand j'entrepris d'écrire *l'Amour et l'Occident*. Si j'avais pu mesurer vraiment l'étendue de mon ignorance, il n'y eût pas eu de livre, c'est certain ; mais aux innocents les mains pleines. Je crois bien que les deux tiers de mes lectures sur cathares et troubadours, depuis que je travaille le sujet, je les ai faits après la sortie de l'ouvrage. Cela m'a permis de corriger bien des erreurs dans l'édition de 1956, et me met en mesure de répondre aux censeurs les plus péremptoires de mes hypothèses historiques.

La querelle au sujet des rapports entre cathares et troubadours — ou mieux entre le complexe des hérésies gnostiques et l'hérésie de l'amour courtois — est devenue dans le milieu des érudits quelque chose comme une cause célèbre, généralement jugée à mes dépens. Mais j'espère bien rire le dernier.

Reprenons les choses au départ.

On a commencé par réduire toute ma thèse à une grossière simplification permettant de l'écarter comme simpliste. Plutôt que de voir où bat le cœur de l'ouvrage : dans le drame entre la Passion de la Nuit et la Norme du Jour, entre les structures essentielles du mythe et le choix existentiel du mariage, on a cru pouvoir tout ramener à ce qui semblait le plus spectaculaire mais qui était le plus vulnérable : la thèse de Rahn qui veut que le *trobar clus* ait joué le rôle d'un langage secret de l'hérésie. Voilà qui était aussi facile à citer dans un écho de journal qu'à réfuter dans une revue spécialisée, sans toucher à ma thèse véritable, laquelle demeure : que troubadours et cathares ne peuvent être compris *séparément*, hors du grand phénomène religieux (psycho-social si l'on y tient) qui les englobe et qui les porte du XIIe au XIVe siècle. Et si vous prétendez que ces deux mouvements qui se manifestent aux mêmes dates et dans les mêmes lieux, provinces et châteaux, en butte aux mêmes ennemis jurés, et tous deux condamnés par l'Église, n'ont « rien de commun », c'est à vous de le prouver.

Voyons les preuves, ou à leur défaut, les arguments produits par les uns et les autres.

Lorsque parut mon livre, en 1939, les professeurs qui en rendirent compte dans les revues d'histoire littéraire crurent que je me trompais de manière embarrassante, du seul fait que je semblais ignorer ce qu'il était admis que l'on sût *ou non*, à ce moment-là, au sujet de l'amour courtois. Ils le prirent sur le ton légèrement excédé du spécialiste qui est payé pour savoir où en est l'affaire, et n'admet pas qu'on vienne lui raconter des fariboles. Ils me reprochaient surtout ce que je m'étais gardé de dire, et passaient à côté de mon apport, lequel intervenait sur un tout autre plan que celui de leurs expertises. Tout cela traîne encore dans des bibliographies mais n'empêche plus que les « divagations » dénoncées par les maîtres d'hier soient professées de nos jours par leurs anciens élèves dans un grand nombre d'universités.

Sans revenir sur ces premières « réfutations », je mentionnerai quelques récents récidivistes d'une conduite intellectuelle qui n'est peut-être, en somme, que le substitut laïc de l'argument d'autorité, l'invocation du « sérieux scientifique », remplaçant celle du dogme et de la tradition.

Dans l'*Histoire littéraire* de la Pléiade[1], Régine Pernoud écarte avec dédain l'idée que la courtoisie et l'hérésie aient jamais eu rien de commun, même pas les lieux géographiques.

Nous ne mentionnerons que pour mémoire une thèse qui a eu un certain écho dans le grand public, et qui a présenté les troubadours et la poésie courtoise comme autant d'échos de l'hérésie cathare. Hypothèse certainement ingénieuse, mais qui a l'inconvénient d'être entièrement contredite par les faits : lorsque le catharisme commence à se propager dans les cités commerçantes du Midi, aux environs de 1165, la poésie courtoise connaît déjà plus d'un demi-siècle d'existence. Cette théorie repose d'ailleurs sur une radicale méconnaissance tant de l'hérésie cathare elle-même, hérésie de bourgeois et de

1. Tome III, p. 25 et 26.

marchands essentiellement, que des données de la poésie courtoise...

Pour le coup, me voilà tenté de retourner le compliment à cet éminent historien de la bourgeoisie. Car invoquer en guise de « fait », d'ailleurs unique, et qui ruinerait ma théorie, la propagation de l'hérésie chez les marchands du Midi vers 1165, c'est méconnaître les données élémentaires de l'hérésie et de la poésie courtoise, j'entends leurs dates et leurs aires de diffusion, tant géographique que sociale. C'est un fait que l'hérésie s'est répandue chez les marchands des villes méridionales cinquante ans après les chansons de Guillaume de Poitiers : c'est le type même du « petit fait vrai », incontestable et dénué d'intérêt en l'occurrence. Qui donc, hormis Mme Pernoud, a jamais cru que les troubadours composaient pour les commerçants de Carcassonne ? L'amour courtois, comme son nom l'indique, se chantait dans les *cours,* non dans les magasins. Or, les seigneurs, mais surtout leurs épouses, étaient généralement du côté de l'hérésie, non de l'Église. Et l'hérésie était bien plus ancienne que Mme Pernoud ne veut le croire à seule fin d'infirmer ma thèse. Pour elle, pas de preuves « sérieuses » que le catharisme ait précédé les premiers troubadours ? Hélas, l'Église n'en demandait pas tant : dès 1017 à Orléans, 1020 à Tours, 1025 à Arras, elle fait brûler des hérétiques « manichéens ». Cent ans plus tard, en 1119, elle excommunie à Toulouse leurs descendants multipliés. Dès 1145, saint Bernard de Clairvaux prêche dans le Toulousain et l'Albigeois des missions contre l'hérésie et jette un cri d'alarme angoissé — mais par quoi ? Le malheureux ignore visiblement que le catharisme n'apparaîtra que vingt ans plus tard dans ces contrées.

A propos des cathares, qui auraient été surtout des « bourgeois » selon Mme Pernoud, mais « de modestes paysans ou de pauvres artisans » selon M. Yves Dossat, des marchands riches et entreprenants selon M. Charles Bru, mais « de petites gens » selon Belperron, plusieurs de mes critiques déclarent que ces « humbles origines » excluent tout contact avec la poésie d'oc sortie, elle, « des plus hautes classes de la société » (P. Belperron, *Joie d'Amour*, p. 227).

Cependant, on ne peut nier que Raimond V de Toulouse ait écrit en 1177 au chapitre général de Cîteaux pour lui demander son aide contre l'hérésie qui « a pénétré partout » : *« Les personnages les plus importants de ma terre se sont laissé corrompre. La foule a suivi leur exemple. »*

On se rabat alors sur « la basse extraction » des troubadours, pauvres jongleurs et baladins dont on ne saurait imaginer qu'ils aient jamais pu parler de pair à égal avec les châtelains du Languedoc ni rien espérer des nobles dames qu'ils célébraient, et qui étaient pour la plupart au moins « croyantes », dans la seconde moitié du XIIe siècle. La plupart des explications sociologiques que j'ai pu lire, et qui ne s'entendent que pour exclure toute possibilité de rencontre entre cathares et troubadours, me paraissent frappées de la même faiblesse congénitale : elles raisonnent à partir de *clichés* qu'elles tiennent pour incompatibles, et qu'elles choisissent d'ailleurs à cette fin. Même René Nelli se laisse aller à écrire que les troubadours « attendaient que l'Amour leur donnât une valeur qui ne leur appartenait pas socialement, par droit de naissance », et pour expliquer la soumission à la dame, il reprend la théorie du jongleur qui « aime en trop haut lieu ». (C'est le fameux « ver de terre amoureux d'une étoile » de V. Hugo.) Mais Nelli a coutume de nous fournir les faits qui nous permettent de discuter ses propres dires : en l'occurrence, les indications biographiques sur les 43 auteurs qu'il cite dans son anthologie des *Troubadours* (tome II, *les Poètes*). Quelle est la proportion des « jongleurs », des bourgeois ou des chevaliers parmi eux ?

Voici le décompte :

origine inconnue	4
jongleurs	3
« origine très modeste »	3
bourgeois	6
clercs	5
chevaliers et hauts barons	22

Je veux bien que Jeanroy ait compté près de cinq cents troubadours (dont on ne connaît souvent que le nom), et que les jongleurs aient pu former une forte minorité de leur cohorte, mais si René Nelli a choisi ces quarante-trois-là, c'est qu'il les estimait à la fois les meilleurs et les plus représentatifs. Ce sont eux qui ont dû donner le ton, à commencer par Guillaume IX, qui était « le plus grand prince de France », et son ami le vicomte Eble de Ventadour, jusqu'à Jaufré Rudel, prince de Blaye, et à Raimbaut, comte d'Orange, en passant par les quatre sires d'Ussel, qui sont peut-être d'une branche des Ventadour[1].

C'est à un autre procédé d'intimidation, plus cavalier que pédant, qu'a recours le chanoine Delaruelle, qui, lui aussi, sait tout ce qu'il *faut* savoir — et surtout ce qu'il *faut* ignorer — du catharisme. Dans la revue *Archeologica* (décembre 1967), il affirme que mon livre contient, « dans les passages qui touchent à l'Histoire, une erreur par phrase ». Les échantillons qu'il en donne sont des caricatures où l'erreur vient de lui. (Comment aurais-je dit, par exemple, que « l'amour-passion de *Tristan* n'est rien d'autre que le catharisme »?) Et quand il parle de la Réforme, c'est une erreur par mot que l'on devrait relever[2]. Mais ce serait peine perdue, car notre auteur annonce que le dogme aura le dernier mot. Il déclare en effet que l'on ne peut, comme l'a fait l'historien Charles Schmidt, louer la morale des Parfaits si l'on désapprouve leur doctrine, car cette distinction choque « un esprit français habitué à rechercher dans les ouvrages qu'il étudie la cohérence intime, et à penser que le dogme commande l'éthique ». Est-ce au nom de cette « cohérence », ou de l'esprit français, ou du dogme, que l'intrépide chanoine n'hésite pas à écrire : « Il n'y a jamais eu de bûcher à Montségur »? Voilà une bonne nouvelle, mais elle arrive

1. *Cf.* Jean Audiac, *les Poésies des quatre troubadours d'Ussel,* Paris, 1922.

2. Il tient Socin, ce moine italien, qui alla prêcher son hérésie particulière aux Polonais, pour un docteur de l'Église luthérienne, et il croit que les arguments des protestants « supposent une raison infaillible ». (*« La raison, cette putain ! »* disait Luther.)

trop tard pour les deux cents martyrs du sinistre champ des Crématz.

Ici encore, ce que l'assurance du ton n'arrive pas à dissimuler, c'est que l'on cherche moins à comprendre qu'à expulser le phénomène (à le refouler, pratiquement), et cela par des moyens d'autorité, par ce dogme qui « commande l'éthique » et à travers elle, qui sait, les vérités gênantes de l'histoire. Messieurs les intégristes de tous les systèmes, si vous croyez possible de fonder la cohérence de votre personne sur un dogme qui lui est extérieur, et non sur ses données psychiques ou sa vraie foi, voilà qui est bel et bon, mais gardez-le pour vous. Ne brûlez pas les hérétiques qui ont un autre système de cohérence intime, ou du moins ne dites pas que votre Église, votre parti, ou votre secte, ne les a pas brûlés du tout.

Troisième variante du même système de recours à l'autorité, que ce soit celle de la Science, de l'Église, du Parti, ou de simples coutumes que l'on baptise Tradition : elle m'est offerte par Mme Lot-Borodine. Dès avant la sortie de mon livre (dont elle avait lu des bonnes feuilles), elle a mené contre lui dans diverses revues une campagne acharnée, à base de pieuse indignation. Elle ne peut me pardonner d'avoir assimilé la Maria de l'hérésie à la Sophia gnostique, et cette Maria-Sophia à l'Église cathare[1]. J'ai beau plaider que je n'ai rien inventé, que ces « horreurs » sont dans les textes[2], cette dame n'admet pas que l'on tienne compte d'une vérité aussi choquante. André Gide a

1. Sur l'assimilation de la Sophia et de Marie, pour les cathares, *cf.* Déodat Roché, *Études manichéennes et cathares,* p. 162 à 164; et sur leur distinction (homologue à la distinction entre le Christ et Jésus), p. 146.

2. Par exemple, un cathare déclare aux inquisiteurs : *« Mariam non esse nec fuisse mulierem carnalem sed sectam suam dicunt esse Mariam virginem », cf.* René Nelli, *Érotique des troubadours,* Toulouse, 1963, p. 222-223. Voir aussi dans l'anthologie du même auteur, *les Troubadours,* II, Paris, 1966, le grand canzo *cathare* (selon moi) de Peire Cardenal, *Vera vergena Maria :* Marie est la vraie Vierge, née « en Syrie », mais devenue la Reine assise à la droite de Dieu, lequel « s'incline à ses prières » : c'est donc bien le rôle de la *Sophia aeterna* qu'elle tient alors.

pu dire à Jean Delay que mon livre lui avait expliqué ce que (sa lecture de) Freud n'avait pu faire, et Jean Delay consacre à cela vingt-cinq pages du premier tome de *la Jeunesse d'André Gide.* Mme Lot-Borodine, aussitôt, avertit le docteur d'avoir à se méfier, ce dont — visiblement impressionné — il fait part aux lecteurs de son second tome. André Gide a sans doute eu tort d'imaginer se comprendre mieux à travers l'œuvre d'un auteur aussi suspect et aussi méchamment ignorant de ce que les spécialistes orthodoxes ont décidé que l'on doit penser de la Vierge. Mais que penser de quelqu'un qui ne conçoit pas l'identité Maria-Sophia dans la psychologie religieuse[1] parce que, dit-elle, le dogme marial « exclut » la Gnose...

Un troubadour mystique : Henri Suso

Ici, l'exemple du grand mystique souabe Henri Suso illustrera mieux que tout autre la possibilité de mes hypothèses sur la série d'analogies, voire d'assimilations, entre Sagesse éternelle — Marie — *Vera Vergena* — Sophia — Église d'Amour — Dame des pensées ; et sur la rhétorique courtoise comme langage congénital de ce culte unique.

Dans son excellent petit livre sur *Suso et le Minnesang*[2], J. A. Bizet rappelle d'abord comment « l'Éternelle Sagesse » devint pour le jeune Suso (à la suite d'une extase) « une manière de théophanie substituée à la pure notion de la divinité ». Dès lors Suso, dans ses ouvrages, notamment la *Vita* et l'*Horologium sapientae,* va célébrer le culte de la Sagesse, sa Dame. « Sa mystique courtoise... serait bien la réplique en terre germanique de la " piété fleurie " que les derniers troubadours du Languedoc avaient vouée à la Vierge, ou à cette Clémence qui, croit-on, sous le masque de Clémence Isaure, ne serait qu'une autre personnification dévote » (p. 139). Et l'on retrouvera dans ses œuvres de prose poétique non seulement toutes

1. *Cf. Antwort auf Hiob* de C. G. Jung.
2. J. A. Bizet, *Suso et le Minnesang,* Paris, 1944. Voir aussi du même auteur : *Henri Suso et le déclin de la scolastique,* Paris, 1946.

les épithètes et images spécifiques, mais tous les lieux communs obligés de la *cortezia* :

— La quête de l'aimée *(inquisicio amoris)* où se reconnaît le thème de la *princesse lointaine*.

— Le désir pour une *Dame* jamais vue, qu'on ne connaît pas encore : « Mon Dieu, quand pourrai-je seulement voir la bien-aimée, entendre le son de sa voix ? Quelle est donc la figure de l'aimée, qui recèle tant de trésors charmants ? » *(Vita.)*

— Le *doute sur la véritable identité* ou essence de la Dame : « Est-elle Dieu ou créature humaine, femme ou homme, savoir secret ou puissance magique, ou quoi encore ? » *(Vita.)* (Que n'ai-je connu plus tôt cette phrase de Suso ! Elle eût fait la meilleure épigraphe à mon Livre II.) Mais il y a plus étrange dans la même page, quand il croit voir la Sagesse :

Elle était à la fois loin et près, en haut et en bas, présente et néanmoins cachée ; elle se laissait entourer, et nul cependant ne pouvait la saisir... Elle étalait sa puissance d'une extrémité à l'autre et pénétrait toutes choses de sa tendresse. Là où il croyait posséder une belle femme il trouvait un fier adolescent. Elle avait tantôt l'aspect d'une sage éducatrice, et tantôt se comportait en maîtresse magnifique.

— Le thème de l'*anneau,* gage de l'allégeance du *chevalier* désormais *serviteur.* (« O belle, ô aimable Sagesse... ah ! puisse mon âme recevoir de Vous l'anneau ! »)

— *Aimer le mal d'amour,* « le doux mal qui m'agrée », comme dit un trouvère après tous les troubadours, et Suso : *« ein suesses we... ein ellende froede »* (une douleur douce... une plaintive joie).

— *Aimer en trop haut lieu,* d'où la nécessité de garder le secret et de se méfier des délateurs ou *lauzengiers (merkaere).*

— Les ruses de la Dame pour *retarder le Prix* et contrarier la satisfaction amoureuse, et c'est le principe du *joy d'amors* ou *joc,* du *minnespîl* des Allemands — ce *ludus amoris* qui est à la fois *gaudium* et *dolor* chez Suso.

— Enfin, la *nostalgie* essentielle de toute passion qui

s'adresse à l'absolu, à l'infini : le *senen* qui est le *dezirar* des troubadours, et qui sera le *Sehnen* de Wagner.

(Et même les « mots crus » ne manquent pas, qui pour nos naïfs érudits « prouvaient la réalité » de la Dame !)

Ainsi Suso « tient cette gageure de chanter comme une femme aimée le Bien insaisissable, le Dieu sans mode et sans nom » (p. 54). D'autant plus le principe divin devient abstrait, d'autant plus il se féminise.

Bref, tout ce que nos experts en courtoisie d'une part, et en mystique de l'autre, décrètent depuis toujours et à jamais incompatible, tout est là mis ensemble, aussi merveilleusement mêlé que dans la lyrique occitane.

Bien entendu, cela ne prouve pas que les troubadours parlaient de la Sophia quand ils louaient leur Dame ; mais cela prouve qu'il n'y avait là rien d'impossible, à supposer que leur disposition eût été telle. La thèse maxima — celle que je ne défends pas — assimilant la Dame des pensées à la Santa Gleyzia des cathares, trouve ici un sérieux argument : la démonstration par le fait que le procédé impliqué par cette thèse est possible et réalisable. A ceux qui reviendront me démontrer que la rhétorique courtoise ne pouvait pas traduire une mystique sapientiale, je répondrai qu'ils doivent me convaincre d'abord que Suso n'a jamais existé, n'a pas écrit, n'a pas eu lieu.

Mais d'autre part, on nous assure que Suso demeura toute sa vie un dominicain très fidèle aux disciplines et dogmes de son ordre ; et que rien ne permet de le relier à l'hérésie, sinon précisément son refus déclaré des thèses extrêmes des Béghards et des Frères du Saint-Esprit (p. 164). Son recours aux formes courtoises tendrait donc à montrer que celles-ci sont sans liens spécifiques ni congénialité avec l'hérésie. Je distingue là, cependant, une pétition de principe quant à l'orthodoxie de Suso. De fait, sans qu'il soit même besoin de rappeler son influence sur la secte des Amis de Dieu, nous savons qu'il s'est formé dans l'atmosphère religieuse de Cologne, « bastion des Béghards hérétiques » (eux-mêmes héritiers des cathares), et aux pieds de Maître Eckhart, où il rencontrait Tauler : tous les deux condamnés par l'Église, tous les deux défendus par Suso comme fidèles à l'orthodoxie, du moins telle qu'il la concevait. Et surtout, ce culte de la Sagesse, qui est un trait décisif de sa piété, ne le partage-t-il pas avec les hérétiques ? Faudra-t-il en déduire que Suso, en cela, était hérétique — ou au contraire que les cathares en cela étaient orthodoxes ? Je retiens qu'ils ont en commun quelque chose de plus essentiel que ne le feraient croire les jugements globaux d'orthodoxie et d'hérésie : étiquettes bien vaines d'ailleurs quand il s'agit de comprendre un message spirituel.

Origines iraniennes du Graal

Peu après la sortie de *l'Amour et l'Occident,* Albert Béguin avait écrit de son auteur : « Ce qui est remarquable, c'est que ce virtuose soit en même temps un esprit désintéressé, soucieux de la seule vérité à laquelle il se dévoue[1]. »

Dix ans plus tard, sous la même signature, à propos de la pièce de Julien Gracq intitulée *le Roi pêcheur,* je lis ceci : « Pour dénier aux mythes " bretons " tout accord possible avec une épopée chrétienne (J. Gracq) s'appuie sur la fragile autorité de Denis de Rougemont, dont *l'Amour et l'Occident* est une suite de paradoxes suggestifs, mais dénuée de tout sérieux historique et se bornant à reprendre sans critique les hypothèses aventureuses de Rahn[2]. »

Les motifs de cette évolution à 180° du remarquable auteur de *l'Ame romantique et le rêve* tiennent, je crois, davantage à sa biographie qu'à une relecture de mon livre. Au sujet de *la Quête du Graal,* « d'inspiration cistercienne », il écrit : « La conception orthodoxe de l'histoire et d'autre part la hiérarchie des états spirituels n'ont jamais trouvé pour s'exprimer de forme meilleure que celle des aventures du Graal. » Or cette conception du mythe, pour « orthodoxe » que la déclare Béguin, n'en est pas moins ruinée de nos jours : d'un ensemble de travaux menés en

1. *Journal de Genève,* 26 mai 1939.
2. *Empédocle,* mai 1949.

toute indépendancee les uns des autres, il résulte que le mythe du Graal chez Wolfram d'Eschenbach et chez Chrétien de Troyes — comme l'avait entrevu F. von Suhtschek — est d'origine iranienne attestée, mithriaque, hermétique et en même temps proche de la mystique islamique des soufis. Je ne puis ici que renvoyer au monument de science passionnée que représentent les quatre gros volumes de *l'Islam iranien* d'Henry Corbin, œuvre aussi admirable par sa maîtrise technique que par sa consonance à la plus haute poésie mystique[1]. Il semble démontré que la transmission des mythes, du sacerdoce mithriaque au sacerdoce celtique, à partir de la Perse antique, s'est opérée par l'hermétisme et le soufisme. Un certain « Kyot le Provençal » (cité par Wolfram comme sa source), qui ne serait autre que Guilhem ou Guillot de Tudela (et non de Tolède, comme on l'a cru), représente, avec la famille royale des Plantagenêts, le chaînon qui permet de relier non seulement les mystiques mais aussi les chevaleries de l'Iran et de l'Europe médiévale, sans oublier « certaines doctrines cathares » qui entrent en composition dans ce tableau (*op. cit.*, p. 152).

Les travaux cités par Henry Corbin et la synthèse qu'il en donne se trouvent d'ailleurs corroborer pour l'essentiel une importante étude de Déodat Roché : *le Graal pyrénéen, cathares et templiers* (reprise dans *Études manichéennes et cathares*), et qui invoque les mêmes sources hermétiques, mithriaques, manichéennes et soufistes de la légende du Graal, en y ajoutant la source cathare. D. Roché ne disposait pas de la documentation considérable des Kahane[2] et de Coyagee[3], mais une fois de plus, sa saisie intuitive du phénomène spirituel lui a permis de devancer les érudits.

1. Henry Corbin, *En Islam iranien,* Aspects spirituels et philosophiques, Paris, 1971, Tome II, chapitre IV intitulé « Lumière de Gloire et Saint-Graal », pp. 141 à 210.

2. Henry et Renée Kahane, *The Krater and the Grail, Hermetic Sources of the Parzival,* Urbana, 1965.

3. Sir Jahangîr C. Coyagee, *The Legend of the Holy Grail : Its Iranian and Indian Analogous,* Bombay, 1939.

Dans un tout autre climat de compréhension intellectuelle et spirituelle, gagée sur une connaissance intime des problèmes en cause, je ne retrouve jamais sans plaisir ou profit deux esprits de qualité qui, de manières fort différentes, diffèrent de mes vues, l'un en les attaquant de front avec une pétulance qui ne s'est pas démentie depuis trente ans, l'autre plutôt par des réserves implicites et des silences à mes yeux signifiants : Henri Davenson et René Nelli.

Voici comment le professeur Henri I. Marrou (c'est le vrai nom de Davenson) résume dans son précieux petit livre intitulé *les Troubadours* (1961 et 1971) l'argument de notre « tension », inauguré par d'assez vifs assauts dans la revue *Esprit* dès 1939 :

Je lui reprocherai cette fureur dialectique dans le creuset de laquelle s'abolissent les contradictoires et toute diversité se réduit à l'unité : tout conflue, se mêle et se confond, non seulement troubadours et cathares, mais courtoisie occitane et légendes celtiques (le Midi précathare se révèle apparenté aux Celtes gaéliques et gallois), le courant néo-manichéen et l'influence arabe (tant pis si celle-ci roule les flots contrastés d'Al-Hallâj et d'Ibn Dawûd) : tout cela ne vient-il pas de l'Orient, et pour finir représente dans l'homme occidental le retour d'un Orient symbolique ? Je conteste surtout la valeur d'une assimilation entre l'amour courtois des troubadours et une définition de la « passion » issue tout entière à travers le Tristan *de Wagner et son Schopenhauer du plus pur romantisme allemand.*

Oui, dans ce XIIe siècle dont j'ai donné un tableau synoptique, moins détaillé quant au Midi mais un peu plus complet quant à l'Europe que celui qu'il brosse lui-même (p. 21 à 44), « tout conflue » et parfois « se mêle » *en réalité* et rien ne sert d'ajouter que *chez moi* « tout se confond » : ce malheur n'ôterait pas le fait, et s'en distingue.

Pour aller tout de suite à l'essentiel : Davenson conteste toute assimilation entre amour courtois et amour-passion, disons entre Bernard de Ventadour et Wagner, et il conclut que « faire des troubadours les chantres de l'amour réciproque malheureux, eux dont le maître mot est " Joie ", n'est qu'un étrange contresens ».

Le contresens que je vois est inverse : *Joy* est le maître mot des troubadours et ce n'est pas la joie au sens français du mot. Je crains que le contraste absolu que l'on peut établir ici entre « nos poètes d'Oc... qui ne cessent de parler de *lum* et de *clartaz* » et le « sombre apologue nordique » ne repose sur un cliché : le joyeux-troubadour-exaltant-le-printemps, tandis que les « Bretons », Celtes et autres Germains chantent la Mort.

C'est dans le grand ouvrage de René Nelli sur *l'Érotique des troubadours* (1963) que l'on puisera les éléments d'une vision plus authentique. Je cite p. 52 :

« L'idée de mort-par-amour est l'un des traits qui nous paraissent constituer la commune substance de l'amour arabe et de l'amour provençal. » Et certes, si l'on voit bien que « l'amour *insatisfait par essence* ne peut s'exprimer que sous forme d'aspiration à la mort », on peut aussi soutenir que les troubadours « mouraient d'amour comme nous mourons de soif » (p. 73). Il n'en reste pas moins que « *l'amour-trépas* des Arabes paraît correspondre à la *mort-par-amour* de l'érotique occitane » (p. 251), et que pour Guilhem Montanhagol « comme pour les anciens troubadours, le thème de la *mort-par-désir* — pour conventionnel qu'il soit — est le ressort de *Fin' Amors* » (p. 242).

Mais il y a plus : mourir d'amour, mourir au service de la Dame et, par ce service à l'extrême, tendre au salut, aller à Dieu, n'est-ce pas un thème commun aux troubadours, aux mystiques arabes, et sans nul doute à plus d'une hérésie dualiste ou manichéisante du Moyen Age ?

Prenez ma vie en hommage
Belle de dure merci,
Pourvu que vous m'accordiez
Que par vous au Ciel je tende !

s'écriait Uc de Saint-Circ, cependant qu'on peut lire dans Massignon à propos de Al-Hallaj : « Adorer Dieu par amour seulement est le crime des manichéens », et que dans le roman provençal anonyme intitulé *Flamenca*, obligé de se déguiser en clerc pour approcher une dame trop bien surveillée, « frère Guillem se fait cathare *(s'apatarine)* et *il sert Dieu en intention de sa dame* », ce qui semble bien signifier (au moins pour l'auteur du roman) « que l'hérésie consiste à adorer Dieu à travers la femme[1] ».

S'il en est bien ainsi, ni les cathares ni les troubadours ne sont très loin de l'*endura* d'amour dont meurt Tristan et où Isolde le rejoint en « joie suprême ».

H. Davenson lui-même indique (p. 41 et suivantes) à quel point « le Midi était familiarisé avec la riche matière de Bretagne... la Quête du Graal, Gauvain, Perceval, la belle histoire de Tristan et Iseult ». Aux exemples qu'il donne (Cercamon, Barbezieux, et le roman de *Flamenca*), on en ajouterait vingt sans se donner trop de mal[2]. Mais jouons la difficulté, qui a nom Bernard de Ventadour.

Dans le poème qu'on tient pour son chef-d'œuvre et où l'on sent battre le cœur du lyrisme occitan, le *canzo* de l'Alouette, tout est d'abord *lum* et *clartaz*. Mais c'est précisément du début de ce chant que Simone Weil écrit merveilleusement : « Quelques vers des troubadours ont su exprimer la joie d'une manière si pure qu'à travers elle transparaît la douleur poignante, la douleur inconsolable de la créature finie » :

Quand je vois l'alouette mouvoir
De joie ses ailes à contre-jour
Qui s'oublie et se laisse choir
Par la douceur qu'au cœur lui va[3]...

(Simone Weil : « Quand ce pays eut été détruit, la poésie anglaise reprit la même note, et rien dans les langues

1. « Le Génie d'Oc », *Cahiers du Sud*, Marseille 1943, article de René Nelli sur « L'Amour provençal », p. 66.

2. Bleheri, barde breton, vit et chante à la cour de Guillaume IX de Poitiers : quelle preuve exigera-t-on, plus vivante et créante, de contacts entre le Nord et le Sud qui ne doivent rien à Wagner ?

3. Je donne de ces quatre vers la traduction de Davenson, *op. cit.*, p. 92, dans son excellent chapitre sur la « Musique des troubadours ». La mélodie est notée sur la même page. Pour la suite du poème, j'ai repris et un peu modifié la traduction d'Alfred Jeanroy.

modernes d'Europe n'a l'équivalent des délices qu'elle renferme. »)

Mais dès la deuxième strophe éclate ce cri véritablement tristanien, arraché par l'amour que le poète ne peut s'empêcher d'éprouver pour celle « dont il n'aura jamais rien » :

Elle m'a pris le cœur, elle m'a pris moi-même, elle m'a pris le monde, puis elle s'est dérobée elle-même, ne me laissant que mon désir et mon cœur assoiffé !

Et voici la passion fatale et son narcissisme avoué :

J'ai perdu sur moi-même tout pouvoir, dès le jour où elle m'a laissé voir dans ses yeux, en un miroir qui tant me plaît. Miroir, depuis qu'en toi je me suis vu, mes soupirs profonds me tuent, et ainsi je me suis perdu, comme le beau Narcisse à la fontaine.

Et voici le recours à l'exil, toujours image de la mort :

Puisqu'il ne lui agrée point que je l'aime, jamais ne le dirai plus. Ici, je me sépare de mon amour et le renie. Elle me tue et par mort je réponds[1]*. Puisqu'elle ne me retient pas, je m'en vais, misérable, en exil, ne sais où.*

Tristan[2]*, vous n'aurez plus rien de moi, car je m'en vais, chétif, je ne sais où. Je renonce aux chansons et les renie. Loin de Joie et d'Amour, je me cache.*

Ceci encore, dans un autre *canso,* qui commence justement par : *« Tant ai le cœur plein de joie »...*

Du souci qui me hante
Où m'abriterai-je ?
La nuit il m'agite et jette
Sur le bord du lit
Je souffre plus d'amour
Que l'amoureux Tristan

1. *« Mort m'a et per mort li respon. »*
2. Ce *senhal* qui en dit long désigne peut-être ici Aliénor d'Aquitaine, ou Marguerite de Turenne, ou bien encore, selon Jeanroy, « un personnage inconnu »...

Qui endura maints tourments
Pour Iseut la blonde
Ah Dieu, que ne suis-je aronde
Pour traverser l'air
D'un vol par la nuit profonde
Jusque en sa demeure ?

Et certes, rien n'annonce les orages wagnériens dans la pure et dolente mélodie de Bernard, mais l'amour de désir infini, les tourments endurés, l'exil, et l'instance obsédante de la mort ne sont-ils pas ici, comme dans *Tristan*, liés par les complicités profondes du vertige ?

Le Ciel me garde d'assimiler et d'uniformiser ce qui diffère ! (Ce serait contraire à ma théologie, à mon éthique, et à toute ma doctrine politique.) Je dis seulement que, de la mort d'amour tenue à grand honneur par les Banou Odrah, tribu bédouine, jusqu'aux amants de Cornouailles dont Béroul et Thomas, puis Gottfried et Richard nous répètent qu'ils sont nés *« pour désirer et pour mourir, pour mourir de désirer »*, en passant par les grands troubadours du XIIe siècle et les grands romantiques allemands, il existe une continuité, qui jamais ne fut « attestée » ni ne le sera par certificats d'origine, manifestes d'école ou expertises notariées, mais par l'évidence des poèmes et la qualité de l'émotion par eux transmise ou inventée.

Loin de vouloir qu'un système d'interprétation historique gagne et s'impose, je ne cherche qu'à mieux sentir, à mieux comprendre pour mieux vivre une certaine forme exaltée d'exister, une certaine aventure de l'âme, un « voyage » diraient-ils, où nous entraîne le vin herbé du *Roman* primitif, par l'expérience poétique et musicale. C'est une question d'oreille et non de preuves écrites ou de sources à vérifier, une question d'intuition et d'accueil, et non pas de démonstration.

Je lis la *Vida* de Rudel, poète de « l'amour de loin » et croisé sans esprit de retour, dont Pétrarque nous dit « qu'il mit la voile et prit les rames à la recherche de sa mort ». Je lis et je revis l'émotion de *Tristan*.

Je propose que cette émotion soit seule arbitre entre nos thèses.

Jaufré Rudel de Blaye fut gentilhomme de grande noblesse et prince de Blaye; et il s'énamoura de la Comtesse de Tripoli, sans la voir, pour le bien qu'il en entendit dire aux pèlerins qui venaient d'Antioche; et il fit d'elle maintes poésies avec bonne musique et pauvres paroles. Et par volonté de la voir, il se croisa et prit la mer. Et dans la nef il tomba malade et fut conduit à Tripoli, dans une auberge, comme mort. On le fit savoir à la Comtesse, et elle s'en vint près de lui, à son lit, et le prit dans ses bras. Et il sut que c'était la Comtesse et aussitôt il recouvra la vue, l'ouïe et l'odorat; et il remercia Dieu d'avoir soutenu sa vie jusqu'à ce qu'il l'eût vue. Et ainsi il mourut entre ses bras; et elle le fit ensevelir à grand honneur dans la maison du Temple. Et puis ce même jour, elle se rendit nonne pour la douleur qu'elle eut de sa mort[1].

Mais comment ne pas songer ici à la fin d'une autre *Vida*, celle de Raimon Jordan, vicomte de Saint-Antonin (XIIe siècle), « où il nous est conté que la dame de ce troubadour, apprenant qu'il avait été tué dans un combat, alla s'enfermer dans une maison de femmes hérétiques ».

Cette histoire, conclut René Nelli, « montre clairement que nul ne trouvait extraordinaire dans la bonne société qu'une dame de haut rang se fît cathare par désespoir d'amour[2] ».

Pendant des années, après la publication de mon livre, c'est dans les ouvrages de René Nelli consacrés tantôt au catharisme[3] et tantôt aux troubadours[4] que j'ai trouvé

1. René Nelli et René Lavaud, *les Troubadours*, tome II, p. 261.
2. *L'Érotique des troubadours*, p. 229.
3. *Spiritualité de l'Hérésie : le Catharisme* (ouvrage collectif), 1953; *Écritures cathares*, 1959; *le Phénomène cathare*, 1969; *Vie quotidienne des cathares du Languedoc au XIIIe siècle*, 1969.
4. Nombreux articles dans les *Cahiers du Sud*; un bel essai sur la *cortezia* : *l'Amour et les Mythes du Cœur*, 1952; puis la thèse d'une extrême densité d'informations intitulée *l'Érotique des troubadours*, 1963; enfin, en collaboration avec René Lavaud, une abondante anthologie en 2 volumes, *les Troubadours*, 1965 et 1966, textes originaux et traductions, précieux commentaires.

les plus précises et sensibles confirmations ou corrections de mes hypothèses sur la nature des relations entre troubadours et cathares aux XIIe et XIIIe siècles.

Alors que Davenson ne craint pas d'écrire qu'« aucun document ne permet de saisir la moindre collusion entre troubadours et cathares » (*op. cit.,* p. 144), René Nelli rappelle non seulement le fait que je soulignais d'entrée de jeu : que « l'amour provençal » s'est développé parallèlement au catharisme, dans les mêmes régions, et que pendant deux siècles au moins les deux doctrines ont coexisté » (*l'Érotique des troubadours,* p. 228) ; mais il ajoute ceci qui est non moins évident : « En 1250, le catharisme était définitivement vaincu mais l'Église trouvait encore devant elle cette autre hérésie, " l'Amour " qu'elle savait bien *qui avait toujours fait cause commune avec lui* » (p. 236).

Et si l'on me dit que l'Église se trompait en faisant un « amalgame » des deux hérésies (je le pense aussi) et que mes « évidences » ne constituent pas encore les « documents » exigés, je trouve ceci chez René Nelli — outre l'épisode que je viens de citer de la *Vida* de R. Jordan :

Les documents du XIIIe siècle révèlent que presque toutes les dames du Toulousain, de l'Albigeois, du Carcassès, du Comté de Foix, qui accueillaient et protégeaient les troubadours étaient, à la veille de la Croisade, sinon « parfaites » du moins « croyantes » (*op. cit.,* p. 229).

Une quinzaine de troubadours ont été cathares ou à tout le moins « catharisants », parmi lesquels Raimon de Miraval, Raimon Jordan, Peire Vidal, Guilhem de Durfort, Pierre Rogier de Mirepoix, Mir Bernat (p. 232-233). (A ce nombre, je n'hésite pas à ajouter Peire Cardenal.) Il est vrai que Nelli admet qu'on chercherait en vain dans leurs œuvres « la moindre proposition spécifiquement hérétique » (p. 234), mais ceci est une autre histoire et dont j'ai parlé en son temps. (On chercherait en vain dans *les Fleurs du mal* des phrases de catéchisme ou les canons du Concile de Trente mis en vers.) Chaque troubadour cathare — et peu m'importe leur nombre dès lors qu'il y en a au moins un — est la réfutation vivante des théories multipliées non seulement sur l'absence factuelle, mais surtout sur l'impossibilité théorique de « la moindre collusion[1] ».

« Les prédicateurs cathares aimaient à citer le sirventes de Peire Cardenal *Clergue si fan pastor* » (R. Lavaud, cité dans *E. T.*, p. 223, note). Que Peire Cardenal ait été hérétique comme je le crois avec Lucie Varga, ou seulement sympathisant comme le pense Nelli, il fut en tout cas troubadour : il y a donc « collusion » là encore.

Le troubadour (tardif et catholique) Matfre Ermengau, dans son *Bréviaire d'Amour*, reprend les derniers cathares qui « par erreur d'hérésie ont coutume de blâmer l'ordre matrimonial et d'en médire ». Or c'est ce qu'ont fait tous les grands troubadours.

Enfin, le roman courtois de *Flamenca* porte des traces certaines de catharisme, tandis que le *Roman de Barlaam et Josaphat* représente peut-être en son entier une « collusion » entre le gnosticisme hérité de ses origines orientales (voir plus haut p. 116) et la morale courtoise.

Mais à propos de *Flamenca*, précisément, on voit René Nelli amorcer une prudente retraite par rapport à ses premiers textes sur le catharisme. Il écrit en 1963 : « Nous ne prétendrons pas, ce qui serait absurde, que ce roman trahit une inspiration cathare... Mais le poète y assimile si curieusement l'attitude de Guillem à celle d'un « patarin » qu'on est bien obligé de reconnaître que, *dans son esprit*, l'Amour et le catharisme pouvaient bien se confondre sur quelques points essentiels. » (*E. T.*, p. 237.)

De tout ceci résulte que la relation troubadours-cathares, si ardemment contestée (comme la relation amour courtois-Tristan), présente une sorte d'évidence spirituelle qu'aucune méthode dite objective ne parviendra jamais à bien saisir, et encore moins à démontrer inexistante. Elle s'impose à René Nelli dès qu'il considère en poète la situation du Midi au XIIe siècle, mais il en vient

1. Sophismes courants sur cathares-troubadours : — X n'est pas cathare, car il ne dit rien d'autre que Y, qui ne l'est pas. — Comment savez-vous qu'Y ne l'est pas ? — Parce qu'il s'exprime comme X, dont je viens d'établir qu'il ne fut pas cathare.

presque à la nier (non sans un peu de masochisme, dirait-on) quand il redevient l'érudit qui écrit sa thèse et qui s'est mis en tête de rivaliser avec les plus tatillons des « spécialistes »...

Certes, il n'aura jamais la (fausse) naïveté de constater comme le fait Belperron « qu'aucune source ne nous décrit la rencontre d'un Parfait et d'un troubadour dans le même château » (*Croisade contre les Albigeois*, p. 60), et que la possibilité même d'une telle rencontre doit être exclue, s'agissant de « deux éléments étrangers et même antagonistes » (*Joie d'Amour*, p. 220). Il sait bien que des rencontres comme celle que Belperron nie, faute de « sources », ne pouvaient pas ne pas se produire presque quotidiennement dans les châteaux cathares « qui accueillaient et protégeaient les troubadours » (*E.T.*, p. 228-229)[1]. Bien mieux, la rencontre d'un cathare déclaré et d'un troubadour s'est attestée au moins une fois *dans un même homme*, Guillaume de Durfort, et l'exemple suffit pour ruiner sans recours « l'impossibilité » trop souvent invoquée par Belperron comme par Davenson, R. Pernoud, etc. Toutefois, René Nelli, à propos de Durfort précisément, et de quelques autres présumés cathares, observe « qu'on chercherait en vain dans (leurs) *cansos*... La moindre proposition spécifiquement hérétique... Tous s'en tiennent aux données de l'érotique traditionnelle, ou plus exactement : les différences qui les séparent des autres troubadours, quand il y en a, ne correspondent nullement à leurs croyances respectives. *Il faudrait admettre, dès lors, que tous les troubadours ont été cathares ou qu'aucun d'eux ne l'a été.* Or il est évident que tous les troubadours n'ont pas été cathares. » Nelli en conclut que « leurs idées religieuses n'ont eu, pratiquement, aucun retentissement sur le contenu de la lyrique amoureuse ou qu'ils n'ont point

1. Par exemple dans les châteaux du Cabardès, du Minervois et du Lauragais, où vivaient des seigneurs cathares, les Cabaret, Pennautier, Miraval, Laurac, Saissac, Montréal, Aragon, Durfort, Mirepoix, etc., séjournèrent aussi, comme le prouvent leurs chansons — les voilà donc vos « sources » et vos « documents » ! — deux des grands troubadours, Peire Vidal et Raymond de Miraval. *Cf.* Michel Roquebert, *l'Épopée cathare*, notamment les p. 313 à 318.

voulu qu'elles y parussent dans leur singularité théorique » (*E. T.*, p. 234-235).

Je serais tenté de souscrire à ce raisonnement (qu'il m'est arrivé de me tenir), si je ne m'avisais d'un très sérieux défaut dans la symétrie qu'il propose : « tous ou aucun ». Car, de fait, *quelques-uns* furent cathares. Si leur croyance n'a pas modifié leur lyrique, ne serait-ce pas qu'il n'y avait nul besoin de la modifier pour qu'elle convînt à cette croyance, tant elle lui était congénitale, tant elle en dépendait intimement dès sa genèse, fût-ce même par réaction ? Et qu'en ce sens on pourrait bien soutenir que *tous* les troubadours *nolens volens* furent cathares, comme on peut dire que Victor Hugo, Baudelaire, Verlaine et Rimbaud furent catholiques. Tous les surréalistes furent anarchistes, encore qu'il soit probable que fort peu d'entre eux avaient lu Bakounine et Proudhon ; et ils furent tous influencés par Freud, encore que, selon les sources, seuls Breton et Dali aient jamais rencontré et lu le maître. Or c'est en vain qu'on chercherait dans les poèmes de Tzara et d'Eluard « la moindre proposition spécifiquement anarchiste » (ni d'ailleurs spécifiquement communiste, quand ils changeront de camp), mais toute leur poésie est anarchie, depuis les « mots en liberté » jusqu'à « l'Amour libre ». Et Breton n'a jamais cité Freud dans ses poèmes, mais je sais bien qu'il se donnait lui-même pour freudien et condamnait Jung sommairement pour avoir dévié de la doctrine (encore que sans le savoir ou sans l'admettre il fût plus proche du second que du premier par son sens du sacré, des symboles et des coïncidences signifiantes ou synchronicité).

Je ne tranche pas davantage que Nelli ; mais, contraint de choisir entre *tous* et *aucun*, je serais plus attiré par *tous*, lui peut-être à son cœur défendant par *aucun* ; les deux termes restant également incroyables — ou enfin, presque...

D'où me vient cette ultime réticence ? De quel irréductible parti pris ?

Je me sens moins sûr de mes raisons que d'avoir senti juste, je le confesse.

Quand Davenson, à propos de l'« hypothèse cathare », reconnaît que je ne l'ai pas formellement adoptée, mais ajoute que mon livre « fallacieux et charmeur ne cesse de flirter avec l'idée, *si bien qu'elle finit par s'imposer au lecteur comme une tentation obsédante* » (p. 142), je me dis : voilà qui est fort bien vu et très conforme à mon projet, s'il se ramène à faire voir et sentir qu'il est impossible à la fois de prouver la relation hérésie-courtoisie et de s'en passer, ou de la nier. Oui, j'aime cette phrase parce que ce n'est pas seulement au lecteur, mais à moi l'auteur qu'arrive toujours à neuf ce qu'elle décrit ! (Et c'est cela qui se passe aussi quand je relis Otto Rahn sur Montségur ou Luigi Valli sur Dante, ou Ferdinand de Saussure sur le décodage des vers latins.)

TANTRISME ET COURTOISIE

Sur un point très technique mais pour moi décisif, René Nelli apporte une importante contribution : je veux parler de l'*asag*, ou *assays*, ou *essai*, c'est-à-dire de *l'épreuve* que la dame impose à son soupirant, et dont j'ai parlé pp. 145 à 155, en la rapprochant du tantrisme.

Davenson a bien vu chez les Arabes comment le refus d'accomplir totalement le désir est le moyen le plus « raffiné » de l'éterniser. Ainsi, Ibn Dawûd :

Ah ! non, n'accomplis pas ta promesse de m'aimer
de peur que vienne l'oubli !...

Cependant, il ne veut plus voir que « masochisme alambiqué », « raffinement morbide, bas calcul d'une sensibilité détraquée » (p. 149) dans le même phénomène quand il s'atteste chez les troubadours, comme Cercamon (1135-1145) :

Rien ne me fait plus envie
Qu'un objet qui toujours m'échappe

ou comme Matfre Ermengau (fin XIIIe, début XIVe) :

Le plaisir de cet amour se détruit quand le désir trouve son rassasiement.

En revanche, René Nelli, au lieu de faire de l'indignation morale, cherche à comprendre la nature et la fonction de l'*asag* dans la conduite courtoise, et il se voit amené à en deviner le secret dans la « Joie d'amour » elle-même. Suivons le trajet de cette recherche dans *l'Érotique des troubadours.*

La *Joie* d'amour, ou *joy d'amors* en occitan, est un mot masculin dont le sens varie non seulement selon les époques — de Guillaume IX à Montanhagol —, mais chez un même auteur selon la tonalité du poème. C'est d'abord et généralement : *l'exaltation qui a pour cause la femme aimée et pour objet l'amour lui-même.* C'est parfois tout simplement la joie de vivre en aimant, ou c'est un *jeu* — flirt ou « petting ». Mais déjà chez Guillaume IX, le *joy* est donné par l'Amour « à celui qui observe ses lois »; et cette joie est dite « pure » parce qu'elle dépend d'un bien que l'on désire sans l'avoir (encore) obtenu : *joie de désirer.* Le sens de *joy* oscille donc entre *plaisir d'être amoureux* et *vœu d'éterniser le désir,* comme chez les Arabes.

Chez Guillaume IX, le *joy* devient aussi un influx mystérieux qui émane de la présence et des yeux de la dame :

Toute la joie du monde est nôtre
Dame, si l'un l'autre nous aimons.

et ses effets bénéfiques s'exercent sur le corps autant que sur le cœur de l'amant :

Par sa joie elle peut guérir le malade
Et par sa colère le tuer

Pour mon profit je la veux retenir
Afin de rafraîchir mon cœur
Et de renouveler mon corps
Si bien qu'il ne puisse vieillir

ou encore :

Et un homme vivra plus de cent ans
S'il peut saisir la joie de son amour

c'est-à-dire si cet homme parvient à maîtriser les lois du désir, exalté par la retenue même que lui impose la dame :

Nul ne peut être assuré de triompher de l'amour, s'il ne se soumet en tout à sa volonté.

Mais le thème de la soumission à la dame conduit à celui de l'épreuve qu'elle fait subir à son soupirant :

Ma dame me met à l'essai et m'éprouve
Pour savoir en quelle guise je l'aime.

Cet essai, *assay* ou *asag,* deviendra au XIIIe siècle, expressément cette fois, l'épreuve héroïsante de la chasteté gardée « au lit », *nudus cum nuda,* dont Mircea Eliade a décrit les modalités dans le tantrisme (voir plus haut, pp. 100 à 102).

L'*asag* apparaît alors comme une sorte de technique du *joy,* ou encore : le *joy* devient le jeu érotique par excellence, qui suppose *l'amor imperfectus* comme condition non seulement de *fin' amors* mais de joie « pure », c'est-à-dire de plaisir sans procréation.

De là les innombrables scènes décrites dans les deux grands romans courtois, *Flamenca* et *Jaufré,* dans *les Romans de la Table ronde* et dans le *Parzifal* de Wolfram d'Eschenbach, où les amants se couchent ensemble nus, mais séparés par une épée, ou un agneau, ou un enfant; et s'ils cèdent au désir, c'est la preuve qu'ils ne s'aiment pas de *fin' amors,* de vrai amour. Peut-être croyait-on, comme Hindous et Chinois, que le désir exalté par le retard du plaisir exerçait une puissance magique. « La chasteté — à condition que les esprits animaux eussent été au préalable excités — devenait une force bénéfique », écrit René Nelli, qui ajoute en note, avec un point d'interrogation qui est bien dans sa manière : « Théorie gnostique répandue peut-être, en Occident, par les cathares ? »

On sait, d'autre part, que le catharisme s'est infiltré chez les béguines et les béguins de saint François, dès le XIIIe siècle. (*Cf. supra,* p. 285, 286.) Au sujet de l'*asag* considéré comme « magie érotique fondée sur la mise en réserve du principe vital sexuel », René Nelli écrit : « La déposition de Guillaume Roux dans le *Liber de Sententiarum Inquisitionis Tholosonae* ne laisse aucun doute sur l'existence réelle et la diffusion parmi les béguins d'une semblable recherche de la tentation « méritoire » et « salutaire ». G. Roux déclare en effet que selon les béguins nul ne doit être déclaré vertueux (ou vertueuse), *nisi se pos-*

sent ponere nudus cum nuda in uno lecto et tamen non perficerent actum carnalem. (Cité *in l'Érotique des troubadours,* p. 272.) (« S'ils se révèlent incapables de se coucher dans un lit, nu contre nue, sans accomplir l'acte charnel. »)

J'ai deux raisons également importantes d'insister sur l'*asag* et sa liaison essentielle avec le *joy* courtois.

1° C'est dans et par l'*asag* que la rencontre de la *cortezia* des troubadours et du gnosticisme des cathares s'avère non seulement possible, mais à peu près inévitable, bien que les motifs, on l'a vu, soient différents de part et d'autre : chez les troubadours, exalter le désir ; chez les gnostiques, en triompher (ascétisme des parfaits), ou encore ne le permettre qu'en évitant ses suites procréatrices. (La retenue imposée aux amants par des dames croyantes combine d'une manière exemplaire les deux motifs !) Et c'est bien cela que j'entendais aussi lorsque je définissais Éros comme « le désir *sans fin* ». On voit ici comment l'amour courtois et le catharisme, tout en restant des hérésies distinctes — et j'admets entièrement sur ce chapitre les conclusions de René Nelli —, ne pouvaient guère manquer d'entrer en symbiose dans maints domaines de conduite pratique — ce qui s'est produit en effet.

2° L'*asag* apparaît lié dès l'origine aux autres thèmes de la poésie courtoise tels que Guillaume de Poitiers les « invente » entre 1110 et 1120, mais il est attesté peu de temps auparavant dans les mêmes lieux, en Poitou, au sein du mouvement religieux conduit par Robert d'Arbrissel.

SUR L'INVENTION DE L'AMOUR AU XIIe SIÈCLE

Dans sa grande étude sur Guillaume de Poitiers (*Romania,* avril 1940), Reto Bezzola, auteur des trois volumes fondamentaux sur *les Origines et la formation de la littérature courtoise en Occident,* se pose l'une des questions les plus ardues qui soient dans l'histoire des lettres et des mœurs de l'Occident : celle de l'apparition *subite,* dans cinq ou six chansons de Guillaume de Poitiers, des thèmes majeurs que vont traiter tous les poètes d'amour qui suivront — les troubadours — « et après eux, des centaines et des milliers de poètes de l'Europe entière ». *Pourquoi cette création totale (et qui paraît sans précédent) s'est-elle produite en ce lieu et à cette date?*

Le grand romaniste zurichois Theophil Spoerri, précurseur de l'analyse structurelle des textes, relève au début de son étude sur Guillaume de Poitiers[1] les treize systèmes d'explication de notre énigme, proposés (à la date de l'étude) par une quarantaine de savants. Chacun a vu un, deux ou trois des nombreux aspects littéraires ou religieux, sociaux ou psychologiques du problème, mais beaucoup de ces thèses s'annulent mutuellement par les exclusives qu'elles posent, et pas une seule n'embrasse le phénomène dans son ensemble. Or de quoi s'agit-il finalement? Je répondrai : d'un processus à la fois historique et psychique de convergence, de collusion, et de mise en tension, voire de confusion aux limites (atteintes par certaines mystiques); processus bien daté des trois premières décennies du XIIe siècle; bien localisé dans le Poitou; et au cours duquel le sentiment de l'amour humain va se *déclarer* et se chanter, à la faveur de formes et de rythmes empruntés à la liturgie. Et dès lors il ne cessera plus de rivaliser avec le sentiment religieux.

Ce processus unique, d'où naît l'amour courtois, nous pouvons le suivre à la trace sous deux de ses aspects les mieux connus (ou connaissables) soit par les textes, soit par la chronique : je veux parler de *l'évolution des formes* dans la poésie de Guillaume IX, évolution que l'on découvre parallèle à certaines *circonstances de sa biographie* liées à l'abbaye de Fontevrault, c'est-à-dire à la longue rivalité du comte-duc et du moine Robert d'Arbrissel.

Ici, c'est Reto Bezzola que l'on va suivre : nul n'a mieux situé dans son temps et son lieu la personne fulgurante de Guillaume et le conflit merveilleusement fécond qui opposa le duc au moine.

1. Theophil Spoerri, *Wilhelm von Poitiers und die Anfänge der Abendländischen Poesie, Trivium,* n° 2, Zurich, 1944.

⁂

Le Poitou et Guillaume de Poitiers sont moins à l'origine qu'au lieu focal de l'*histoire* de l'amour en Occident, et de toute sa problématique.

Derrière les succès missionnaires de Robert d'Arbrissel, il y a l'évolution religieuse du XIe siècle en Aquitaine, la diffusion secrète puis les « succès » aussi des sectes manichéennes, antiromaines, auxquelles l'arrière-grand-père de Guillaume IX — le VIIe duc, candidat à l'Empire — « s'intéresse très vivement », dit la chronique vers 1050 — et c'est cela qui va s'épanouir cent ans plus tard dans le Midi, et qu'on nommera le catharisme.

Et derrière les dons poétiques de Guillaume, il y a la séculaire tradition littéraire des cours aquitaines[1], de l'évêque Fortunat au VIe siècle et de ses lettres galantes à la reine Radegonde, abbesse du monastère de la Sainte-Croix de Poitiers, jusqu'à la propre tante du duc : Agnès, femme de l'empereur Henri III. Elle entretient avec Pierre Damien une correspondance qui nous montre « ces âmes raffinées déjà tout près du langage de saint Bernard mais aussi de celui de l'amour courtois dans sa phase la plus idéalisée[2] ».

Du Poitevin Guillaume et de ses proches amis, les Ventadour et les d'Ussel du Limousin, la poésie nouvelle va se répandre vers le sud *toulousain* et le sud-est *provençal,* avec lesquels on confond de nos jours les troubadours — mais Dante, qui s'y connaît, les nomme « *limousins* ».

La descendance nordique de Poitiers n'est pas moins féconde.

Aliénor, petite-fille de Guillaume, épousera Louis VII de France, puis Henri II Plantagenêt. Désespérément cour-

1. Pour ne rien dire des petits poèmes latins, à la louange de nobles dames et de religieuses, de Marbode et de Baudry de Bourgueil, dont Régine Pernoud après Albert-Marie Schmidt fait grand cas, encore qu'on ne voie pas de rapport entre le génie novateur de Guillaume et leurs platitudes rimées. Guillaume ne devait avoir que dédain pour ces quémandeurs sans talent.

2. R. BEZZOLA, *Guillaume IX et les Origines de l'amour courtois,* p. 166.

tisée par Bernard de Ventadour, elle donnera au monde anglo-normand et français, puis champenois, son fils Richard Cœur de Lion, bon troubadour, ses filles Marie de Champagne et Aëlis de Blois, qui tiendront cour d'amour et transmettront les secrets de la courtoisie aux auteurs des « romans bretons », dont le plus grand sera leur ami et obligé, Chrétien de Troyes.

Guillaume est le prince le plus puissant sur les terres qu'on nomme France aujourd'hui. Tous ses oncles sont ducs ou rois, ses cousines et ses tantes reines ou impératrices : du Saint-Empire, de l'Angleterre, de la Bourgogne. L'une de ses sœurs épouse le roi Pierre d'Aragon, l'autre le roi Alfonse de Castille. Lui-même épousera d'abord Ermengarde d'Anjou qui, répudiée, devient duchesse de Bretagne, puis en secondes noces la jeune veuve du roi Sanche d'Aragon, Philippa de Toulouse. Les chroniqueurs du temps, prolixes sur son compte, le décrivent comme « prodigue et coureur d'aventures », « enragé amateur de femmes », « ennemi de toute pudeur et sainteté », à tel point « qu'on aurait pensé qu'il crût le monde gouverné par le hasard, non par la Providence[1] », mais avec cela « audacieux, pieux, et d'un caractère extrêmement joyeux ». Deux fois excommunié ; la seconde fois à cause de sa liaison affichée avec la vicomtesse de Châtellerault, si bellement prénommée Dangereuse, qu'il installa dans une tour de son château. Avec cela, et avant tout, il est poète. Ses premiers « vers » (ou *cansos*) « chantent ses aventures galantes d'une manière grivoise, obscène même » pour un auditoire de « gais compagnons de débauche » (p. 152). Principal événement de sa vie : il se croise au printemps de 1101, subit une écrasante défaite à Héraclée, et après plusieurs mois de captivité à la cour de Tancrède et chez les Sarrasins, rentre à Poitiers, à l'automne de 1102. Entre-temps, Robert d'Arbrissel a fondé l'abbaye de Fontevrault. Le duel commence.

Qui est Robert d'Arbrissel ? Né vers 1050 à l'Arbressec, ce Breton fils de prêtre se fait d'abord clerc vagabond, tient des sermons violents contre le mariage des prêtres,

1. *Historia regum Anglorum*, de Guillaume de Malmesbury.

puis se retire en ermite dans la forêt de Craon. Sa soif d'ascétisme et son éloquence ont attiré des disciples, qui le rejoignent dans sa retraite. Des communes — dirions-nous — se forment autour d'eux. On leur octroie des terres à cultiver. Mais voici Robert nommé « prédicateur apostolique » par Urbain II. Il reprend la route, et ses sermons « empreints d'un profond pessimisme » dénoncent la perversité de ce monde rempli de mensonges et d'ignorance dans le peuple, de meurtres et d'adultères chez les princes, de simonie et d'hypocrisie chez les prêtres. C'est déjà l'essentiel de la prédication antiromaine des cathares, des Vaudois, et plus tard des *fraticelli*... A ces vices il oppose la vraie piété, la pauvreté, l'ascèse, le détachement. Des foules se mettent à l'accompagner, formées de milliers de jeunes disciples que les chroniques nous décrivent tels des hippies américains « marchant pieds nus, couverts de vêtements bizarres et lacérés, et remarquables par l'abondance de leurs barbes » (*barbarum prolixitate notabiles*). Les femmes quittent leur mari, les fidèles leur curé pour le suivre. Ses amis le mettent en garde contre la familiarité exagérée entre les sexes dont on accuse sa communauté ambulante. Si l'on en croit les rumeurs du temps, Robert, « suivant l'exemple d'ascètes orientaux, surtout syriens, aurait lui-même provoqué une telle promiscuité en permettant aux femmes qui le suivaient d'habiter familièrement avec lui et même de partager sa couche — tout cela pour expier ses anciens péchés véniels et pour prouver sa résistance à la tentation sensuelle ». A Rouen, il entre dans un bordel « pour se chauffer les pieds », et convertit toutes les prostituées; elles se prosternent devant lui, et il ne tarde pas à les conduire dans une contrée déserte pour y mener une sainte vie d'ermites. En 1101, il décide de créer pour ses adeptes une colonie de « cabanes » autour d'une église dédiée — bien entendu — à la Vierge. L'ensemble va devenir l'abbaye de Fontevrault, formée d'un grand couvent de femmes jouxtant trois autres maisons d'hommes. L'ordre essaimera très vite en Bretagne, dans le Limousin, le Périgord et le Toulousain et comptera jusqu'à trois mille moines et religieuses.

Lettre de Robert : « Vous savez comment tout ce que j'ai

érigé en ce monde, je l'ai fait pour les religieuses, et c'est à elles que j'ai offert toute la force de mes talents et ce qui est beaucoup plus encore, *je me suis soumis à elles, moi et mes disciples, pour le bien de nos âmes.* »

Nouveauté inouïe et qui surpasse encore celle de donner à l'abbesse le pouvoir supérieur non seulement sur les religieuses (comme Héloïse l'avait au Paraclet dans le même temps) mais sur les hommes de la communauté.

Très vite, le magnétisme qui émane de son fondateur attire à Fontevrault « les plus célèbres beautés de l'époque », parmi lesquelles la reine Bertrade de France, et l'on ne peut imaginer conversion plus retentissante. Car cette Bertrade a provoqué le plus grand scandale de l'époque en obligeant son amant, Philippe Ier, à répudier sa femme pour l'épouser, et en attirant ainsi sur le nouveau couple une excommunication telle que « toutes les cloches cessaient de sonner lorsque le roi et la " reine " entraient dans une ville ou dans un château ». Mais voilà le plus beau : en 1112, Ermengarde de Bretagne, première femme de Guillaume IX, puis en 1115 Philippa de Toulouse, sa seconde femme, accompagnée de leur fille Audéoude, passent dans le camp du moine, renient Guillaume, et prennent le voile à Fontevrault.

*Guillaume IX ne semble pas avoir pris au sérieux l'œuvre de réformateur qui s'attachait, paraît-il, à sauver de l'enfer des filles débauchées... S'il est exact que Robert d'Arbrissel préconisait entre religieux et religieuse une sorte d'*assays *mystique, destiné à mettre à l'épreuve dans un même lit leurs vertus chrétiennes et leur capacité de continence, on conçoit que Guillaume IX, peu religieux de tempérament, n'ait vu dans ces manœuvres qu'une aimable et hypocrite dépravation.*

Ainsi écrit René Nelli (*E. T.*, p. 100). A ces lignes, dont on peut retenir que Robert pratiquait l'*asag* avant tous les troubadours, et avant que Guillaume en parle dans un vers, opposons Bezzola, ici plus réaliste :

« Peut-on croire que Guillaume IX, comte de Poitiers et duc d'Aquitaine, ait assisté à ce bouleversement de toute l'aristocratie de la région, à cet exode général des nobles dames, y compris sa première et sa deuxième femme, ainsi que sa propre fille, sans s'en émouvoir de la moindre façon ?... Il nous paraît très probable que Guillaume fut vivement impressionné par le mouvement de Fontevrault et par les succès éclatants qu'il remportait dans son voisinage immédiat » (p. 207).

Première réaction de Guillaume au défi que lui portent ces « succès éclatants » : le sarcasme et l'énorme plaisanterie. Pour parodier l'abbaye des filles perdues mais « relevées » par d'Arbrissel, il fonde à Niort une colonie de petites maisons, *habitacula quaedam quasi monasteriola,* imitant les « cabanes » des débuts de Fontevrault, et il y loge des courtisanes aussi peu « relevées » que possible, instituant pour « abbesse » la plus experte.

Seconde réaction, selon Bezzola : une sourde crise morale, qui l'amène à remettre en question « ce que l'homme désire le plus », comme il le dit dans l'une de ses chansons. « Ne serait-ce pas dans cet état de malaise intérieur que naquit en lui le désir d'opposer au mysticisme ascétique de l'époque un mysticisme mondain, une élévation spirituelle de l'amour du chevalier, rivalisant avec l'attraction qu'exerçaient sur les âmes l'amour mystique et la soumission à la *domina* que progageait Fontevrault ? »

Tout d'un coup, c'est l'efflorescence lyrique, dans les formes du *conductus* ecclésiastique, puis du *zadjal* arabe, et les grands thèmes de l'amour courtois : la *soumission* du chevalier par allégeance d'amour pur à la dame, l'*assai imposé par la dame* comme épreuve de l'amour vrai, tout cela « *pour le bien de nos âmes* », disait Robert ; « *pour rafraîchir ma chair et renouveler mon corps* », traduit Guillaume ; pour *notre salut par l'amour,* diront les troubadours classiques...

Je me rends, je me livre à Elle !

Grâce pure, indicible nostalgie. A la naissance du lyrisme occidental, il y a cette conversion non de l'esprit, ni même de la conscience peut-être, mais de l'âme soudain qui s'éveille *« à la douceur du temps nouveau ».*

***

C'est par l'étude des formes prosodiques que Theophil Spoerri, sur les traces de Bezzola, aborde le même problème, et il nous livre le principe de sa méthode dans une formule où je retrouve la lettre de notre maître commun, Rudolf Kassner : *« Bewusstwerdung ist identisch mit Formwerdung ».* Ce qui veut dire que la prise de conscience d'une réalité psychique est inséparable de sa mise en forme (plastique ou poétique), ou encore qu'on ne peut utiliser impunément une forme liturgique ou littéraire, sans en être affecté et transformé : nulle rhétorique n'est innocente pour un poète. Le processus formel qui intervient ici consiste en le passage du vers latin au vers en langue vulgaire, d'oïl ou d'oc. Et l'on découvre que ce passage s'est opéré par le moyen des formes liturgiques, de l'*hymne* ambrosien et de la *séquence* convergeant dans les *tropes* de Notker, puis dans le *conduit (conductus)* bientôt autonomisé sous forme de *vers (versus)* ou de *chanson (canso)* : cette évolution séculaire vient culminer entre 1100 et 1150 dans le prestigieux répertoire d'un des hauts lieux de la musique médiévale, l'abbaye Saint-Martial de Limoges.

Or il se trouve que « l'abbé laïc » de Saint-Martial n'est autre que Guillaume, septième comte du Poitou, neuvième duc d'Aquitaine, et premier troubadour d'Europe.

Guillaume commence par imiter, dans une intention parodique — contre l'ambiance de religiosité toujours plus exaltée qu'entretient Fontevrault — les formes de l'hymne ambrosien, de la séquence et du conduit. Il met en forme d'hymne liturgique ses déclarations d'amour profane[1]. Mais voici que peu à peu, par la magie précise des rythmes de la mélodie et du verbe, ces formes se mettent à gagner

1. Dans une lettre qu'il m'adressait le 3 août 1955, Roland-Manuel me donnait un précieux exemple de ces imitations : « Il est clair que les troubadours, musiciens avant d'être poètes, modèlent leurs vers sur la mélodie. La forme strophique est d'essence musicale... Le seul texte musical que nous possédions de Guillaume de Poitiers use des mêmes formules mélodiques que nous trouvons dans un *versus* du tropaire de Saint-Martial (voir page suivante).

sur la matière du poème. Elles agissent sur le poète à son insu et le transforment. Guillaume découvre que l'amour, c'est beaucoup plus que faire faire l'amour. Tant qu'à la fin, il fera passer le mouvement même de l'esprit dans la louange de la chair, la ferveur de l'élan vers l'au-delà (exprimé par les formes liturgiques) dans la « douceur » de l'élan amoureux vers l'ici-bas.

Origine de la poésie occidentale!

Et Spoerri nous fait suivre dans le détail de la métrique des chansons I à IX la dialectique de cette contamination et les progrès d'une sorte de spiritualité séculière, absolument originale : il s'agit d'un profond mouvement de transfert des élans de l'amour divin exprimés dans la liturgie, à ceux de l'amour le plus franchement, le plus insolemment humain. Sécularisation de l'enthousiasme (au sens littéral « d'endieusement ») qui découvre la plénitude et le « salut » dans l'amour de la femme, le printemps et l'ivresse de vivre le temps neuf, cet épanchement de la grâce en la Nature. Et voici le chant fort et tremblant :

Ab la dolchor del temps novel...

Par la douceur du temps nouveau
Les bois verdissent, les oiseaux
Chantent chacun en son langage
Les versets de leur chanson neuve :
Il faut bien qu'on se mette en quête
De ce qu'homme désire le plus!

Et plus loin, dans la même chanson, les vers célèbres :

La nostr' amor vai enaissi
Com la branca de l'albespi...

Ainsi va-t-il de notre amour
Comme de la branche d'aubépine
Tant que dure la nuit sur l'arbre,
Elle tremble à la pluie, au gel.
Mais l'endemain le soleil luit
Sur la feuille et le rameau vert.

« Dans les chansons de Guillaume IX, conclut Theophil Spoerri, apparaît et prend forme ce qui va désormais caractériser l'esprit européen : toute l'ardeur naguère dirigée vers l'Autre monde se porte maintenant sur ce monde et cherche sa transformation. L'œuvre qui en résulte est finie, mais par sa forme elle rend sensible la tension infinie de la puissance qui transforme, que nul renoncement, nul désastre, ni même la mort n'arrêteront plus, et qui au travers de toutes les formes, si imparfaites soient-elles, révèle l'attrait de la perfection. »

Aux belles analyses de Spoerri, je voudrais ajouter ceci : s'il est vrai que ce qu'il nomme très bien « la magie opératoire des formes liturgiques » aide à comprendre la naissance du lyrisme courtois dans l'œuvre de Guillaume, il est un second facteur formel dont l'action n'a guère été moindre sur la conscience du poète, je veux parler de la rhétorique arabe et de l'érotique si raffinée qu'elle transportait — l'une des sources attestées de la courtoisie. Guillaume a certainement connu les procédés de composition lyrique des poètes rencontrés au Proche-Orient pendant ses mois de captivité, puis en Espagne, aux cours d'Aragon ou de Castille, chez ses beaux-frères — que

---

fréquentaient des lettrés andalous et des troupes de jongleurs toujours mixtes : chanteurs mauresques et chrétiens mêlés. Il y a mieux : à Saint-Martial même, la musique, la poésie et l'érotique des Arabes étaient fort loin d'être inconnues. On sait qu'en 1019, par exemple, vingt esclaves musulmans d'Espagne sont reçus par l'abbé, qui en retient deux à son service, et confie les autres à de grands seigneurs du pays auxquels ils servent d'interprètes[1]. (Ces esclaves sont souvent très versés dans les lettres, la poésie et la musique.) Voilà qui rend beaucoup moins mystérieuse l'influence du *zadjal* si souvent relevée sur cinq des onze chansons de Guillaume.

Mais encore : dans la lutte à jamais créatrice de toute mystique de la littérature jusqu'à nous, lutte qui opposa le moine au comte-duc, c'est-à-dire Raspoutine à Don Juan, on ne voit, me dites-vous, ni cathares ni jongleurs. Robert est catholique, Guillaume est grand seigneur...

Pour peu que l'on renonce aux clichés, il est facile de constater que l'orthodoxe en cette affaire, du point de vue de l'Église d'alors, c'est Guillaume IX, pourtant deux fois excommunié ; tandis que le gnostique, déjà cathare dans ses sermons et sa conduite, c'est Robert d'Arbrissel, honoré par le pape et fondateur d'une vingtaine de couvents.

Au surplus, l'hérésie cathare n'est pas absente du Poitou dès les débuts de son expansion européenne. Elle y parvient à peu près dans le même temps qu'à Orléans, Arras, Liège, Cologne, Reims, Toulouse : premières années du XIe siècle. En 1028, Guillaume V, inquiet du progrès de l'hérésie dans ses domaines, réunit un concile à Charroux pour étudier les moyens de combattre les « manichéens ». En 1114, Robert d'Arbrissel prêche contre les hérétiques à Agen. En 1134, l'hérétique Henri de Lausanne, chassé du Mans, se réfugie à Poitiers avant de gagner la Provence. Ces dates encadrent celles de la vie de Guillaume IX et de toute la première génération des troubadours, qui est poitevine, limousine, gasconne et charentaise par Cer-

1. *Cf.* René Nelli, *l'Érotique des troubadours,* p. 50, qui cite plusieurs autres exemples de l'influence directe des Arabes en pays d'Oc.

camon, les Ventadour, Marcabru et Rudel. Or nous savons que Marcabru, protégé par le fils de Guillaume IX, fut l'élève des moines de Saint-Martial, et Déodat Roché estime qu'il serait « opportun de rechercher les rapports de ces moines bénédictins ou cisterciens avec les cathares, puisque aussi bien c'est de cette abbaye qu'on ferait sortir le *Poème sur Boèce* dont nous avons montré la nette inspiration cathare[1] ». Je cite ces « faits » pour essayer, une fois de plus, de faire sentir combien les prises de position devant l'hérésie — hostiles, complices ou positives — comptent moins, au total, en vérité psychique, en dynamique créative, que la *mise en tension* avec le phénomène, ou le simple fait d'être pris dans son champ.

Notons aussi que les grandes dames de l'Aquitaine se rallient totalement à Robert, allant plus loin dans l'engagement religieux que n'iront les « croyantes » du catharisme toulousain vers la fin de ce XIIe siècle. C'est aussi que Guillaume n'est pas encore « converti » à la courtoisie, et qu'elles ont des raisons de le fuir. Plus tard, un Peire Vidal sera du même côté que les « croyantes », tout en restant peut-être extérieur à la secte, tandis qu'un Peire Cardenal condamnera les facilités de l'amour courtois et ridiculisera ses poètes plaintifs « qui chantent comme s'ils avaient mal aux dents ». Autant de poètes, autant de situations différentes et de jugements contradictoires sur l'Église, l'hérésie, la courtoisie, leurs luttes ouvertes et leurs liaisons secrètes. Les uns sont en relation de rivalité et les autres en consonance. Ce qui importe, c'est que ces oppositions se manifestent et s'entrecroisent dans la même sphère englobante, dans le même jeu de forces psychiques, au sein du même *complexe d'aspirations et d'interdits,* d'hérésie libératrice des âmes et d'orthodoxie conservatrice de la Cité.

L'histoire de la naissance d'Amour nous en laisse trois exemples mémorables.

Dans le duel Robert d'Arbrissel-Guillaume IX, nous voyons bien que les jugements portés sur l'Amour, sur le sens de la retenue dans l'*asag,* sur la soumission et l'allé-

1. *Cahiers d'études cathares,* n° 9, 1952.

geance de l'homme à la femme, sur la notion même de salut, sont souvent opposés, parfois mal comparables, mais consacrent et privilégient superlativement les mêmes objets, qui font la nouveauté majeure et fascinante de l'époque.

Concevons un rapport analogue, mais en tension plus dramatique, entre le grand mystique Al-Hallaj et le premier des troubadours arabes, Ibn Dawûd, vers la fin du IXe siècle. Tous les deux sont les chantres et comme les inventeurs de l'Amour voilé et secret, chaste et brûlant, tourment délicieux et mal dont nul ne veut guérir, passion salutaire et qui s'épanouit dans la mort, car « *celui qui ne meurt pas de son amour ne peut en vivre* ». Mais pour Al-Hallaj, l'Amour s'adresse à Dieu (comme à un homme), pour Ibn Dawûd, à un jeune homme (comme à un dieu) et le poète au nom de l'orthodoxie fera condamner au supplice le mystique convaincu d'hérésie... Les deux n'en sont pas moins liés par cela même, par leur problématique et par leur fanatisme, par un champ spirituel ou poétique[1].

Enfin, proches de Guillaume dans l'espace et le temps, une troisième paire d'adversaires jurés, l'un et l'autre « servants d'Amour », va faire éclater sa querelle : Pierre Abélard et Bernard de Clairvaux. Les chansons d'amour d'Abélard pour Héloïse sont presque exactement contemporaines des premières chansons courtoises de Guillaume IX (environ 1110); elles sont toutes perdues, en dépit de leur immense popularité à l'époque, mais il nous reste les lettres de ce Tristan châtié et repenti à cette Iseut devenue abbesse malgré elle, mais qui s'en tient avec obstination à sa morale du cœur. *Deus cordis potiusquam operis inspector est,* Dieu regarde au cœur plus qu'aux actes, écrit-elle. Bernard de Clairvaux développe de son côté la première mystique chrétienne de l'Amour, sublimant la sensualité du *Cantique des cantiques* en piété mariale, et finalement absolutisant l'amour : *amo quia*

1. Voir *supra*, p. 127 à 135. — Partout, dans tous les temps, les grandes antinomies ont eu partie liée. Ainsi *diva* en syriaque, *daeva* en iranien, *dew* en arménien = démon. Mais le même mot *dewa* donne *Zews, Zeus, Theos, Deus,* en hindou, en grec et en latin.

amo, amo ut amem. Sa lutte impitoyable contre la théologie d'Abélard (mort en 1142) précédera de peu sa mission dans le Midi contre le catharisme (1145), cette hérésie qui est *descendue* du Nord français (Arras, Reims, Orléans), par le Poitou, vers le comté de Toulouse, le Carcassès et l'Albigeois, dans le même temps qu'y descendait la poésie courtoise, née à Poitiers et dans le Limousin des Ventadour.

IMPRÉCATION FINALE

A la cohorte de mes adversaires, je répondrai maintenant d'une manière collective cherchant à dégager certaines formules d'erreur qui me paraissent affecter leurs critiques.

— Ils croient encore aux relations de cause à effet, chères à nos érudits qui se veulent « scientifiques », mais abandonnées depuis longtemps par les physiciens nucléaires. De ces relations, je ne faisais pas grand-chose dans ma première version, et me les suis interdites dans la deuxième. Seules me paraissent signifiantes certaines grappes de relations, structures d'interaction, gerbes de forces, bref, certains champs, tels que peuvent en définir les tensions entre Guillaume IX et Robert d'Arbrissel, ou Al-Hallaj et Ibn Dawûd, où il s'agit bien moins de savoir qui se donne pour champion de quoi, que de saisir l'homologie du phénomène avec celui des relations entre troubadours et cathares, et ses implications morales et religieuses.

— Ils veulent des preuves de type juridique (les preuves scientifiques ou expérimentales étant exclues par la nature du phénomène en cause). Vous avez beau rappeler à leur attention les coïncidences spatiales et temporelles de l'hérésie et de la courtoisie, dans les mêmes consciences et les mêmes situations conflictuelles, ils ne sont pas impressionnés. Ils me rappellent ces juges américains dont je lis ces jours-ci qu'ils ont cassé un jugement rendu contre cinq assassins convaincus d'avoir tué douze personnes : certains détails de l'instruction semblent donner matière à quelque doute, c'est-à-dire à renvoi indéfini. Si les Apôtres s'étaient présentés devant nos historiens nécessiteux de preuves au soir même de la Pentecôte, ces tabellions eussent exigé un reçu notarié du Saint-Esprit.

C'est, osons le dire, que la plupart d'entre eux ignorent tout de la genèse poétique et de la psychologie de l'œuvre que l'on crée. *Ils ne croient qu'à ce qui est « attesté ». Or la poésie ne l'est jamais.* Ils ne veulent croire qu'aux sources alléguées expressément par un auteur. Or les vraies sources en général sont inconscientes, ou refoulées, ou délibérément dissimulées.

— Ils n'ignorent pas seulement les jeux et les ruses de l'amour et de la création, mais *a fortiori* la spécificité des problèmes poétiques, mystiques et religieux. Ils croient que tout a toujours existé, et partout de la même manière. « L'amour, avec des nuances, est le même sous toutes les latitudes et à toutes les époques, surtout pour les poètes lyriques », écrit Belperron. Or, pas une seule des grandes tragédies grecques — je veux dire des trente qui nous restent — n'a l'amour pour sujet. Pas une. Est-ce que vraiment cela ne veut rien dire ?

— Ils sont victimes d'une psychologie au moins désuète, linéaire et rationaliste, n'admettant que des motifs univoques, qui les condamnent presque automatiquement à la crédulité ou à l'incrédulité à contretemps. Quand ils disent : tel troubadour a écrit exactement le contraire de ce qu'un Parfait devait professer, tel gnostique a déclaré son aversion pour l'amour et ses suites, tel éloge de la chasteté est conforme à la morale catholique puisqu'il tend à refréner la concupiscence, ou lui est diamétralement opposé puisqu'il tend à exalter le désir, je constate qu'ils n'ont pas compris la nature de l'objet dont ils traitent et sa dialectique intrinsèque. Ils n'ont pas compris l'essentiel, qui est l'union complémentaire indivisible de *certaines* réalités antinomiques — celles-là, justement, qui m'occupent ici. Non seulement, ils croient que tout homme qui se *dit* catholique, ou cathare, ou de gauche, l'*est* de ce fait et l'est en tous ses actes et ses dires ; non seulement ils croient à ce qui est allégué, étiqueté, plutôt qu'à ce qui est vécu, expérimenté, mais encore ils paraissent tout ignorer des complicités de l'amour et de la haine, de la chasteté et de l'érotisme, du désir et de l'angoisse, de l'attraction et de la répulsion, de l'indifférence affectée et de l'affectivité refoulée. Ils n'ont pas vu que l'opposition réelle n'est pas entre ceux qui exaltent et ceux qui condamnent tel ou tel élément constitutif de la *cortezia,* mais entre ceux qui la créent ou la souffrent et ceux qui en font l'objet de leurs dissertations. Ceux-là seuls croient que l'on peut en tel domaine « établir » une explication, comme on fait triompher la doctrine d'un parti à la simple majorité.

Mais seul pourra séduire la vérité celui qui aura conçu le plus haut sens.

Inconcevable naïveté des érudits qui, prononçant « Descartes ! » comme on se signe, refusent de voir les réalités de l'inconscient et tiennent pour assurée, au-delà de toute critique, l'incompatibilité de la volonté de vivre et du désir de mort, pourtant unis dans le vertige ; des Croisades et du commerce spirituel avec l'Islam ; des cathares et des troubadours ; de l'ascétisme et du brûlant désir ; du mysticisme délirant et de la complaisante chasteté !

Rien, ils n'ont rien compris à l'objet de leur étude, à ces pièges de la poésie, à cette béance de l'histoire, à ce désir en quête d'un objet, — au XIIe siècle, et à l'amour en général, et à l'amour au XIIe siècle.

***

— Assez ! s'écrieront en ce point plusieurs lecteurs que l'on suppose exaspérés. Après tout, dans votre bouquin, il n'y a pas seulement les troubadours, et ces cathares qui furent ou non leurs frères. Pourquoi revenir si longuement sur tout cela ? Parlez-nous plutôt du mariage, de la morale du couple ou de l'érotisme !

Pourquoi donc, en effet, revenir sur tout cela ? Il y a bien des raisons, et je vais dire la moins bonne en premier lieu.

Devant la meute des critiques aboyant à mes trousses dans toutes les revues dites « scientifiques » par les lettrés, je me suis senti parfois pris d'une sorte d'angoisse, et je me suis sérieusement interrogé : n'avaient-ils pas raison, peut-être ? Sur bien des points de détail, c'était probable, et même certain sur deux ou trois, mais sur l'essentiel, sur le tout ? J'ai repris tous mes raisonnements, et les leurs, et les textes anciens ; et non, vraiment : ils ne peuvent tous avoir raison, car une partie d'entre eux dit le contraire de l'autre sur chaque sujet, et ces sujets sont fort nombreux, si bien que leur consensus, qui est très près d'être nul, le serait tout à fait n'était ce point unique de leur accord contre mes thèses. Je me suis piqué au jeu, je l'avoue. C'est un jeu fascinant, merveilleusement gratuit. On sait si peu ! Chaque miette d'information nouvelle et tous les joueurs se précipitent : ça, c'est pour moi. Quel *desport* ! comme disait l'ancien franglais. Quel sport ! dit l'anglo-normand d'aujourd'hui.

Mais voici plus sérieux. Certes, il n'y a pas seulement les troubadours, mais il y eut d'abord les troubadours, parce qu'il y a d'abord la poésie, puis le sentiment qu'elle a su dire et qu'elle éveille en le disant, et c'est par là que le drame est arrivé, celui que nous attendions sans le savoir — mais dès l'instant qu'il a *parlé,* nous avons su que c'était lui que nous attendions.

Et après, il y a la morale. (J'y reviendrai.)

Il y a d'abord les troubadours parce qu'il y a d'abord l'expression, et surtout l'expression lyrique — au commencement était le Chant, qui est le Verbe musical — et cela tient à la nature même de l'amour, de cet amour-passion que j'ai décrit, et c'en est une première approche. En traitant à fond ce problème, je ne crois pas avoir cédé à quelque manie obsessive, ni m'être laissé entraîner sur un terrain où mes savants critiques seraient peut-être les mieux armés : je crois avoir plutôt tenté d'approfondir ma conception de l'amour, seul sujet de ce livre, et véritable objet de ma dispute avec les érudits. Car ce qui nous sépare en fin de compte, dans ces débats que l'on pourrait croire purement techniques, ce ne sont pas nos savoirs différents, nos inégalités d'information, ce sont nos conceptions de l'amour, et plus que cela, nos expériences différentes de la passion et de la poésie. Ce que l'on n'a pas cherché, subi, vécu soi-même, comment ferait-on pour le reconnaître, à tant de siècles de distance, chez des hommes qui ne disaient pas tout comme nous le dirions, et qui se taisaient autrement ? Il faut entrer en consonance d'âme, et cela ne se peut que par l'écoute ardente des œuvres où l'âme a laissé dans des rythmes quelques traces de sa pulsation la plus secrète, et le sillage de ses élans.

MALENTENDUS SUR LA MORALE

Les thèses morales de mon ouvrage ont soulevé beaucoup moins d'opposition — encore que les jugements contradictoires qu'elles motivèrent soient amusants à confronter.

Les catholiques m'ont approuvé à cause de la critique de l'hérésie que semblaient impliquer mes mises en garde contre la passion; mais les gnostiques ont bien senti où était mon cœur. Les magazines féminins m'ont approuvé pour ma défense de la fidélité, tout en paraissant regretter que j'exclue la passion du mariage (ce que je ne fais pas). Et les hippies m'ont applaudi en Amérique pour mes peintures de la passion, et sans doute des effets du philtre, tout en regrettant que j'assume sans trop de honte l'essence de ma culture occidentale. Les mal mariés y ont vu leur bréviaire, comme l'écrivait un philosophe allemand; les biens mariés, leurs abîmes survolés; les divorcés, leur inutile et amère justification. Et enfin, Jean-Paul Sartre, après la guerre, s'est servi de mon livre pour illustrer la thèse qu'il attaquait avant la guerre et m'accusait bien à tort de défendre. Voici les textes.

Rendant compte de mon livre en juin 1939[1], Sartre annonce d'entrée de jeu que l'intérêt de mon ouvrage « réside avant tout en ceci qu'il témoigne d'un assouplissement récent et profond des méthodes historiques sous la triple influence de la psychanalyse, du marxisme et de la sociologie ». Puis il se demande si, à l'encontre de ce qu'il tient pour ma thèse, la passion *réelle* « n'aurait pas, en tant que phénomène psychologique, sa dialectique propre » et si « certaines *structures essentielles* de la condition humaine ne pourraient pas se réaliser à travers des conditions historiques déterminées ». (Je ne croyais pas avoir dit autre chose.) Bref, il me reproche de n'avoir pas

1. Cette chronique de revue sera reprise dans *Situation I.*

vu que la transcendance c'est justement la « structure existentielle de l'homme ». Le désir « comporte *naturellement* sa contradiction propre, son malheur et sa dialectique ». Il n'y aurait donc « nul besoin d'un mythe courtois pour expliquer la passion[1] ». En somme, pour n'avoir pas reconnu que la dialectique de l'amour est de la *nature* de l'homme même, mon livre « ne semblera qu'un bel amusement ».

Sept ans plus tard, une guerre plus tard, et *l'Être et le Néant* ayant paru, tout a changé. Dans sa « Présentation des *Temps modernes* » (*Situations II*), Sartre énumère « les points essentiels » qui l'opposent à l'esprit d'analyse proustien et à la « légende de l'irresponsabilité du poète », et il écrit :

1. On notera le flottement dans les exclusives qui caractérise Sartre à cette date, flottement entre structures « essentielles » et « existentielles ». De même, entre la dialectique interne et les agents externes. Si la « dialectique propre du désir » suffisait à créer la passion, celle-ci serait universelle, ce qu'elle n'a pas été et n'est pas. Et il est clair que la courtoisie, facteur socio-culturel externe, n'a pu agir que sur des structures internes latentes, mais qui le seraient restées — comme ailleurs — sans son intervention. (Il est remarquable que des flottements analogues, sur les mêmes objets, s'observent aussi dans le Freud tardif du *Malaise dans la civilisation.*) Mais où Sartre s'égare décidément, c'est lorsqu'il donne comme exemple de ce qu'il appelle transcendance « le désir sexuel lui-même ». Le désir sexuel du chien ne ferait-il pas partie de sa « structure existentielle » ? Ne serait-il pas alors la transcendance canine ? Rien ne distinguerait plus l'homme du chien, dans le domaine de la passion. Allons ! il est trop clair que Sartre abuse des mots, et qu'ici c'est délibéré. Ce qu'il s'obstine à nommer transcendance pour embêter — pense-t-il — les théologiens, ce n'est guère que de l'*exorbitance,* c'est-à-dire un mouvement de l'homme pour se forcer courageusement (faute d'être attiré amoureusement !) hors de lui-même ; pour passer à tous risques ses limites. Comme on le voit par cette phrase révélatrice du même article : « Désirer, c'est se jeter dans le monde, en danger auprès de la chair d'une femme, en danger dans la chair même de cette femme. » Certes, on ne réfute pas une névrose, mais on a le droit de tenir pour suspect tout argument de portée générale qui en est tiré. (Le reproche vaudrait aussi dans le *cas* de Kierkegaard, qui cependant s'en est expliqué avec un humour convaincant.) C'est malheureusement ce genre d'observations toutes personnelles qui va nourrir le chapitre central consacré à l'amour dans *l'Être et le Néant* (1943). Presque aussi long à lui seul que mon livre, il n'en est jamais loin par sa problématique.

En premier lieu, nous n'acceptons pas a priori *l'idée que l'amour-passion soit une affection constitutive de l'esprit humain. Il se pourrait fort bien, comme l'a suggéré*[1] *Denis de Rougemont, qu'il eût une origine historique en corrélation avec l'idéologie chrétienne. D'une façon plus générale, nous estimons qu'un sentiment est toujours l'expression d'un certain mode de vie et d'une certaine conception du monde qui sont communs à toute une classe ou à toute une époque et que son évolution n'est pas l'effet de je ne sais quel mécanisme intérieur mais de ces facteurs historiques et sociaux.*

Mon livre est donc devenu le premier argument que *les Temps modernes* opposeront aux tenants d'une « nature humaine » invariable et de ses « structures essentielles » — celles-là même que Sartre me reprochait d'avoir négligées, dans le tome précédent de *Situations.*

⁂

Ainsi, l'accueil fait à *l'Amour et l'Occident* par ses lecteurs occidentaux et orientaux a dépendu, comme il arrive, d'une quantité de malentendus, dont je n'aurais au total qu'à me féliciter si je m'en tenais à leur résultante positive : le livre vit, tant aimé que honni, après un tiers de siècle d'exposition à toute espèce d'intempéries critiques, personnelles et publiques, psychologiques et politiques. Mais le plus grand malentendu consiste à croire que selon moi la passion et le mariage sont exclusifs l'un de l'autre, comme l'avaient décidé les cours d'amour. Cette lecture de mon livre est erronée. Qu'on m'en félicite ou m'en blâme, ce n'est pas ce que j'ai voulu dire.

J'ai voulu souligner les contrastes, renforcer la conscience des antinomies valables, inévitables et qu'il

1. « Suggéré »? Oui, par tout mon livre! Si un pavé de près de 400 pages assez serrées est enregistré par Sartre comme une simple suggestion, on comprend mieux qu'il ait besoin de 5000 pages pour traiter vraiment un sujet, fût-il aussi considérable que sa haine pour Flaubert — déjà déclarée à l'envi dans cette même « Présentation des *Temps modernes* ».

faut assumer : mouvement-sécurité, extases-durée, passion-mariage, rêver l'Éros et le subir ou vivre l'Agapè et l'agir. Et j'ai pensé qu'une fois mieux vue la nature des antinomies, loin de tenter vainement de les résoudre en éliminant l'un de leurs termes, il fallait décider de vivre leur drame, et choisir d'exister dans leur tension toujours changeante et surprenante.

Je me fondais sur cette phrase d'Héraclite, qui transparaît, citée ou non, dans tous mes livres : *« Ce qui s'oppose coopère, et de la lutte des contraires procède la plus belle harmonie. »*

Sur tout cela, je n'ai pas varié depuis trente ans. J'ai peut-être mûri, par quoi je veux dire que j'ai peut-être mieux compris comment nos deux termes s'impliquent, se posent en s'opposant, ne vivent pas l'un sans l'autre, et finissent par nouer des alliances fédérales, dont le premier modèle est le mariage.

Passion et inceste

Dans son ouvrage sur la *Prohibition de l'inceste* (1905), Durkheim, bien avant Freud (dans *Totem et Tabou*), suppose que la culture est née des interdits jetés d'abord sur la femme du père, puis sur l'ensemble des femmes du clan.

J'insisterais davantage, aujourd'hui, sur le thème de l'inceste dans *Tristan,* et sur ses aspects œdipiens (indiqués très nettement, sinon bien développés, par exemple au chapitre 12 du livre II).

Certes, Tristan n'a pas pu désirer sa mère, qui est morte en couches. Mais sa tristesse vient de cette mort, comme son nom même, et comme sa culpabilité. Et lorsqu'il couche *par accident* avec Iseut, qui est la femme promise de son « père », c'est-à-dire du roi Marc, son oncle maternel, lequel joue le rôle du père chez les Celtes, il a commis et consommé l'inceste, mais en transe, dans le fantasme et le rêve éveillé provoqués par le philtre, ce haschich de l'époque.

Il a *conquis* Iseut de haute lutte. Il aurait *droit* (selon d'anciennes coutumes) à sa possession intégrale, et il l'a déjà possédée, ce qui est juste, puisqu'il s'est montré le plus fort. Il semble qu'il échappe ainsi à la situation œdipienne (où l'enfant est toujours le plus faible, et même *trop* faible). Pourtant, parce qu'il a besoin d'un père, il choisit d'observer le droit civil, où il redevient le plus faible, et il choisit de faire d'Iseut l'épouse de Marc, son véritable « père » coutumier. Du même coup, il culpabilise son amour, pourtant légitimé par Courtoisie, laquelle veut que l'amant s'adresse à une femme mariée.

Mais l'inverse du complexe d'Œdipe, sa réflexion dans un miroir, n'est pas moins bien décrit par *le Roman en prose.*

On y voit tout d'abord l'adolescent Tristan, âgé de quatorze ou quinze ans, séjourner chez son oncle le roi Marc « comme un homme étranger, et il fit si bien qu'en peu de temps il n'y eut à la cour du roi demoiselle que l'on prisât une maille en comparaison de lui ». A ce moment donc, Marc aime Tristan, qu'il ignore être son neveu. Puis Tristan triomphe du Morholt, et révèle sa naissance royale. Mais, blessé, il s'en va vers l'Irlande où il est soigné par Iseut, et lorsqu'il revient à la cour de Tintagel « le roi l'établit maître et seigneur de son hôtel et de tout ce qu'il possède ». Or ici, sans la moindre transition, le *Roman* nous dit : « Le roi Marc prend bientôt Tristan en haine, car il le craint plus qu'autrefois. » Il envoie donc son neveu à la « queste » d'Iseut, qu'il veut pour femme, sachant bien que Tristan risque sa vie s'il retourne au pays du Morholt. Et Tristan le sait aussi : « Quand Tristan entend cette nouvelle, il pense que son oncle l'envoie en Irlande plutôt pour y mourir que pour avoir Iseut. » Mais il n'en jure pas moins devant Dieu « qu'il fera tout ce qui est en son pouvoir ». (Sa culpabilité œdipienne vis-à-vis de Marc, substitut du père décédé, est redoublée par le souvenir de sa mère, qu'il a fait mourir en venant au monde.) Conquis par les prouesses de Tristan, le roi d'Irlande lui dit enfin : « Tristan vous avez tant fait..., je vous remets Iseut *pour vous ou pour votre oncle.* » Tous ces géants, dragons et traîtres qui le blessent d'une épée empoisonnée, et qu'il tue, ne sont-ils pas les symboles « paternels » de l'interdit à surmonter, non sans blessure ?

La vengeance du « père » étant la castration du fils symbolisée par la *séparation* (perte du sein maternel, sevrage), on comprend que Tristan ne puisse aimer (au sens du *dürfen* allemand, ou permission) que si l'objet de son amour est *éloigné* (*l'amors de lonh* de Jaufré Rudel).

Les principaux moments dialectiques du complexe se retrouvent donc dans les relations triangulaires entre Tristan, Marc et Iseut.

Ces contradictions sont illustrées par tous les épisodes du roman, elles *font* le roman : alternances de séparations nostalgiques et de revoirs extatiques, nouvelles séparations pour éviter la faute sociale, mais aussi pour recréer la situation courtoise d'*amour de loin* (tout vaut mieux que la vie quotidienne partagée).

Si Tristan décidait de garder Iseut pour lui, il violerait le tabou courtois. S'il couchait avec elle mariée à Marc, il violerait le tabou de l'inceste, et tout s'effondrerait — l'ordre social — dans une extase éblouissante. Or il respecte l'ordre féodal, il ne veut pas que tout s'effondre autour de lui.

En fait, il viole tour à tour les deux tabous, c'est bien là son « âpre tourment », soit qu'il retrouve Iseut ou qu'il se sépare d'elle; soit qu'il vive avec elle dans la forêt, ou qu'il la rende volontairement au roi.

Les effets déstructurants de l'inceste et les effets exaltants de la courtoisie convergent vers l'extase dans la mort, terme de l'entropie passionnelle, chute voluptueuse dans l'indifférencié, qui est le néant.

Il n'a voulu garder de l'amour que les moments éblouissants, ceux de la passion interdite, et le temps du désir nostalgique où l'on ressent le mieux l'amour-en-soi. Dès lors l'éblouissement suprême ne peut plus être que mortel : c'est la mort des Banou Odrah, la tribu légendaire où l'on meurt quand on aime.

Freud l'a bien vu : nulle civilisation ne pourrait survivre à la disparition du tabou de l'inceste; la courtoisie pas davantage, ni la passion, ajouterons-nous.

Mais si l'on a de bonnes raisons de croire que la prohibition de l'inceste est la loi minimale pour qu'une culture se différencie de la nature[1], alors nous voyons que *Tristan*, poème du Triangle essentiel (Père, Mère et Fils) et de la

1. *Cf.* Cl. Lévi-Strauss, *les Structures élémentaires de la parenté*, 1949.

primordiale situation créatrice, est bien autre chose, et bien plus qu'une « épopée de l'adultère » : c'est le poème de la culture occidentale.

Passion et allergie

Ce qui se déclenche chez les victimes angoissées, mais émerveillées d'un coup de foudre, est caractérisé par les réactions hyperboliques de tout l'être à une incitation des plus banales, qui serait chez tout autre *normale,* autrement dit facile à compenser, neutraliser, par la réponse que chacun sait. Mais voici tout d'un coup qu'à cette incitation tout l'être des amants se met à réagir, dans un branle-bas général, par une fièvre, une rougeur, des arythmies du cœur, ou au contraire par une espèce de catalepsie hiératique, les yeux rivés dans une mutuelle hypnose. Or ils disent tous qu'ils aiment être saisis par une telle fièvre, par ce bouleversement des sens et de l'âme. La passion est ce trouble effrayant mais délicieux que provoque la présence de certains êtres, pour des raisons qu'eux-mêmes, comme ceux qui réagissent à leur présence, disent ignorer absolument. Et je les crois. (Plus tard, ils essayeront de rationaliser, poétiser, moraliser, et là, je cesserai de les croire.)

Cherchant des analogies de ce phénomène à un niveau physiologique, je ne trouve guère que le mécanisme de l'*allergie* : réaction excessive à un agent externe qui est d'ordinaire inoffensif, mais qui soudain, pour des raisons que nul ne connaît, provoque, chez celui qui s'est trouvé *sensibilisé* par un premier contact, une surcompensation violente, par exemple une surabondante production d'antihistaminiques suite à une simple piqûre de moustique.

Ce premier contact, c'est, dans la légende, la première rencontre en Irlande, la scène du bain. Mais c'est la poésie courtoise et le roman breton qui, désormais, vont *sensibiliser* hommes et femmes et provoquer chez eux cette « réponse altérée de l'organisme à des substances normalement tolérées » qui caractérise l'allergie.

Les deux phénomènes, passion et allergie, évoquent aussi la mobilisation de toute la nation pour un incident de frontière non vérifié, ou une guerre qui tuera des millions d'hommes pour venger un assassinat, qui d'ailleurs arrangeait tout le monde.

A l'incitation du désir, la réaction passionnelle, tout d'un coup, déborde immensément. Et que le désir soit ou non satisfait n'y change rien dans les cas graves (au surplus compliqués de drogue) comme celui de Tristan et d'Iseut. La passion une fois déclarée exige beaucoup plus que cette satisfaction, elle veut tout, et surtout l'impossible : l'infini dans un être fini.

La réponse « normale » au désir étant de faire l'amour, ou de s'éloigner, la réponse passionnelle (allergique) est de se rendre la proie d'une fièvre quasi mortelle dans certains cas, d'un délire qui tour à tour fait crier de douleur ou jette dans des extases, pousse au crime ou accule au suicide, transfigure le monde ou le dévaste aux yeux du malade qui gémit, mais qui redoute de guérir et refuse qu'on le soigne.

La cure consisterait dans une confrontation du fiévreux à la réalité. L'équivalent des antihistaminiques prescrits dans les cas d'allergie serait d'amener le passionné à regarder et à voir l'autre tel qu'il est. Or c'est à quoi le passionné se refuse, et de toute sa passion, précisément. Il préfère s'éloigner de celle qu'il risquerait de trop bien voir dans la sobre lumière des jours partagés.

Ce n'est pas amour, qui tourne à réalité. Cette sentence courtoise signifie que *fin amors* est jouissance du désir, non du plaisir; mais on peut en étendre le sens jusqu'à voir qu'elle motive et invente la plupart des obstacles du roman — légaux, sexuels, psychologiques — qui tous écartent une occasion de mieux voir la réalité, écartent la proximité. Et quand les passionnés sont contraints de vivre ensemble, le philtre cesse bientôt d'agir! A l'extrême, il s'agit d'écarter la réalité physique de l'être aimé — surtout celle de la femme pour l'homme, car il n'y a pas ici de symétrie, et je n'ai pas encore trouvé une seule femme qui ait chanté *l'amour de loin*[1].

1. Voir là-dessus dans mon *Amour III* (en préparation) le chapitre sur « La Femme rêvée ».

L'amour-passion serait-il une allergie que l'on aime, allergie positive, allergie délicieuse — et pas mieux expliquée que les autres, jusqu'ici ?

Passion et drogue

La cause la plus fréquente de l'allergie est le contact avec certaines substances, ou leur ingestion.

La passion naît en général de la seule *mise en présence* de deux êtres. Dans le cas de Tristan et d'Iseut, il en va bien ainsi, selon Thomas ; mais selon Béroul, c'est le philtre bu qui déclenche tout, après plusieurs rencontres demeurées sans effet (même la scène du bain, si chargée d'érotisme : voir plus haut p. 36). Et non seulement le philtre intervient de l'extérieur et par accident, mais encore Béroul en limite les effets dans le temps *« à trois ans d'amistié »*.

Béroul suit de très près « l'histoire » (comme disent les médecins) de cette intoxication caractérisée[1] à laquelle il rapporte expressément la faute des amants. Rappelons ici la double confession qu'il met dans leur bouche (p. 49) :

Tristan :

Qu'el m'aime, c'est par la poison
Ge ne me pus de lié partir
N'ele de moi...

Et Iseut :

Il ne m'aime pas, ne je lui,
Fors par un herbé dont je bui
Et il en but : ce fu péchiez.

Le procédé de Béroul, qui revient en somme à *isoler* la

1. Que pouvait être la drogue au XIIe siècle ? Probablement l'ergot de seigle, dont les effets ressemblent à ceux du LSD, mais sûrement plus aphrodisiaques.

passion légendaire, permet d'en suivre mieux la dialectique propre. On y retrouve le rythme du dicton « un peu, beaucoup, passionnément, pas du tout », qui rappelle que la passion anéantit son objet. Sa brûlure, au début délicieuse, qu'on appelle l'état amoureux, n'est que sa forme encore voilée — « un peu, beaucoup » — qui se lie au désir, s'en fait complice, et le plus souvent s'évanouit une fois son ardeur satisfaite. Mais la passion déclarée, triomphante, brûle tant que le philtre agit, pour subitement tomber au « pas du tout » de la comptine. Comme si son ardeur consumait l'*image* d'un être aimé dans le rêve de la drogue (« *S'il m'aime, c'est par la poison* »...), et quand l'amant se retrouve devant l'Iseut *réelle*, il s'aperçoit que ce n'est pas elle qu'il a aimée.

On sait le rôle du voyage sur mer dans les légendes celtiques. Il y en a quatre dans le roman de Béroul, et chacun d'eux se trouve lié à une histoire de « venin » comme dit *le Roman en prose*. Blessé par l'épée empoisonnée du géant Morholt, qu'il a tué, et sans espoir de survivre à son mal, Tristan s'embarque à l'aventure dans une nacelle sans voile ni rames, emportant son épée et sa harpe. Cela finit en Irlande, où Iseut le guérit. Le deuxième voyage, en quête de la fiancée de Marc, répète à peu près le premier. Le troisième ressemble le plus à ce que les jeunes Américains baptisent « voyage » : c'est le retour avec Iseut, la scène du philtre, « la poison » bue. Le dernier est celui d'Iseut voguant vers son amant pour tenter de le guérir d'une nouvelle blessure empoisonnée, mais cette fois-ci elle ne le rejoindra que dans la mort.

Une difficulté très curieuse se manifeste à l'examen de ces voyages. Lors des trois blessures liées à des navigations solitaires, Iseut intervient pour guérir Tristan des effets du poison, puis ils sont de nouveau séparés. Mais quand ils boivent ensemble le même philtre, font-ils le même « voyage », ou est-ce une illusion ? C'en est une certainement aux yeux de celui qui veille, convaincu que ceux qui rêvent ne peuvent communiquer, et qu'il n'y a point de passage du rêve de l'un au rêve de l'autre. Mais si les deux amants partagent cette illusion, ne devient-elle pas la vérité de leur passion ? Vous dénoncerez à juste titre leur illusion de réalité, sans les toucher le moins du monde : tant que le philtre agit et maintient l'*amistié,* ils vivent la réalité de leur double illusion.

Mais ce que l'analogie de la drogue fait bien sentir, c'est le caractère invinciblement solipsiste, narcissique et ségrégatif de la passion. Ceux qui « voyagent » sont toujours seuls. Leur passion n'atteint pas la réalité de l'autre, et n'aime en fait que son image.

Et c'est pourquoi le mariage ne peut se fonder sur elle.

Passion et mariage

Un des plus grands malentendus nés de mon livre consiste à répéter qu'il condamne la passion — ce qui est faux — parce qu'elle est l'ennemie intime de l'institution matrimoniale et de son éthique — ce qui est exact ; d'où l'on déduit que « l'amour » serait incompatible avec le mariage — ce qui est ridicule. Il s'agit là d'une de ces vues plus que sommaires qu'exigent les légendes sous les photos de magazines, et il est superflu de redire ici que je la désavoue radicalement.

Que dès sa genèse au XIIe siècle l'amour-passion se constitue en hostilité au mariage ; que les finalités d'Éros et d'Agapè soient en relation d'antinomie systématique, c'est ce que j'ai tenté d'établir. J'ai voulu souligner des contrastes, indiquer des incompatibles, en préalable aux choix que tout homme se doit de faire et s'imagine, à tort ou à raison, faire librement.

J'ai tenté d'isoler la passion comme on le fait d'un corps chimique pour mieux connaître ses propriétés. Et j'ai montré qu'isolée de son contraire (l'amour actif ou *Agapè*), à l'état pur, passif ou extatique, elle est mortelle, comme chez Tristan et quelques-uns des grands mystiques. Reste à voir ce qu'elle peut produire quand elle entre en composition — si elle le tolère.

Le chlore pur est mortel, mais le chlorure de sodium est le sel de nos repas — de nos agapes.

Ni répressif ni marcusien, je n'entends rien interdire ni rien autoriser. Je n'ai dit nulle part : faites ceci mais pas cela ? J'ai dit seulement : Si vous faites ceci ou cela, voilà ce que vous ferez en réalité, à quels types de comportement vous obéirez, dans quelles structures du mythe vous serez engagé. Je n'écris pas pour feindre de légiférer, ni même pour conseiller, mais bien pour alerter. Et pour aider à prendre des vues justes. Si je mérite le nom de moraliste, c'est dans la mesure où j'ai cherché à rendre mon lecteur plus responsable, plus libre de choisir en connaissance de cause, bien mieux : en connaissance de fins.

Il n'est peut-être pas de domaine où ce travail paraisse plus nécessaire, et où l'humanité contemporaine se révèle plus nécessiteuse, que celui de l'affectivité, laissée en friche quand elle n'est pas vilipendée par notre société scientifico-technique. A tel point que toute une jeunesse se voit réduite à chercher son salut dans des conduites d'évasion ou de régression infantile ou tribale — drogue, communautés hippies, communes sexuelles.

A la lumière de cette dernière observation, on comprendra peut-être mieux l'opiniâtreté de mon *enquête sur les origines de l'amour* : elle peut donner la clé de plus d'une tradition érotique ou sentimentale devenue réflexe ou nostalgie chez l'homme moderne, et dès lors d'autant plus envoûtante et contraignante qu'il n'en connaît plus le sens, jadis libérateur, et ne sait plus en lire les symboles.

J'ai tenté de réinventer la genèse de la passion d'amour. J'ai prouvé qu'elle dépend du mariage comme la mystique dépend du dogme et de l'institution ecclésiastique, et demeure orientée précisément par le projet de les nier ou dépasser[1]. J'ai dit l'erreur du romantisme embourgeoisé qui domine encore nos coutumes : vouloir *fonder le mariage sur l'amour passionnel,* c'est-à-dire sur ce qui le nie dès l'origine. Une erreur à peine moins fatale serait de vouloir *exclure la passion du mariage.* Je l'avais dit assez clairement, dès ma première version. Je n'ai pas varié depuis, mais un peu avancé sur les voies que j'avais jalonnées.

1. *Cf.* Karl Barth, *Dogmatique de l'Église,* tome I, 2** (4e volume de la trad. franç., p. 108, n.).

Dans *Comme toi-même*[1], je suggérais que l'obstacle dont se nourrit toute passion peut renaître au sein du mariage :

« S'il est vrai que la passion cherche l'Inaccessible, et s'il est vrai que l'Autre en tant que tel reste aux yeux d'un amour exigeant le mystère le mieux défendu, — Éros et Agapè ne pourraient-ils nouer une alliance paradoxale au sein même du mariage accepté ? Tout *Autre* n'est-il pas l'Inaccessible, et toute femme aimée une Iseut, même si nul interdit moral ou nul tabou ne vient symboliser, pour les besoins de la fable et la commodité du romancier, l'essence même de l'obstacle excitant, celui qui ne dépendra jamais que de l'être même : l'autonomie de la personne aimée, son étrangeté fascinante ? »

Cette recherche de l'Ange, qui est le mystère de l'autre, excitant à la fois l'Éros et l'Agapè, ne serait-ce pas une troisième forme de l'amour, homologue des mystiques du mariage spirituel, aussi dites épithalamiques ?

La fidélité que j'ai prônée, et que beaucoup confondent avec un règlement de police des mœurs, je ne sais quelle mesure répressive, ou au mieux une vertu que l'on s'impose, est simplement la condition *sine qua non* de toute œuvre d'art ou de vie dont l'élaboration exige du temps et une concentration de toutes les facultés. (Rien là que le dogme révèle, ou qui ne se puisse fonder à l'évidence dans la réalité psychologique.)

Je n'ai pas varié davantage en admettant non sans ferveur, dans *Comme toi-même,* la nostalgie de la gnose et sa passion, qu'on pensait que j'avais condamnées.

De fait, je n'ai jamais « condamné la passion » et me suis expliqué sur ce point dans le chapitre conclusif de ma première version, où l'on peut lire : « Je l'ai dit et j'y insiste encore : condamner la passion en principe, ce serait vouloir supprimer l'un des pôles de notre tension créatrice. De fait cela n'est pas possible. »

1. Première édition chez Albin Michel, 1961. Réédition en livre de poche, intitulée selon l'ancien sous-titre : *les Mythes de l'amour,* Paris, Gallimard, « Idées », 1967.

En vérité, je ne veux rien condamner et je ne propose aucune automutilation : trop de névroses déjà s'en chargent. J'ai tenté de faire voir et sentir les contrastes vitaux, conflits, antinomies, qui sous-tendent notre réalité, et d'en mieux définir les termes.

Il s'agit maintenant d'assumer leurs tensions et de les équilibrer en création, loin de vouloir follement exclure l'un de leurs termes : nous n'avons pas ce pouvoir et le Diable lui-même ne peut éliminer ni le bien ni le mal, et pas même sa personne du jeu.

Croire qu'il résulte de mon livre que la passion doive ou puisse être oblitérée afin que règne Agapè triomphante, j'oserai dire au terme de ce Post-scriptum que ce serait méconnaître foncièrement la cohérence de ma pensée.

Toute ma morale, et toute mon érotique, et toute ma politique tiennent en effet dans le principe de la composition des opposés et de la mise en tension des pôles contraires.

La personne, source et fin de toute valeur morale, c'est l'homme libre et relié à la communauté par une vocation singulière, qui à la fois le distingue de la masse et le relie à la communauté, dans laquelle il est seul responsable de sa manière unique d'être avec tous.

Le couple est la cellule sociale originelle, dont les forces constitutives sont deux êtres de lois singulières, différentes, mais qui choisissent de composer une « union sans fusion, sans séparation, et sans subordination » comme il est dit de l'union des deux natures en Jésus-Christ[1] ; cependant que le conflit d'Éros et d'Agapè anime leurs journées et leurs rêves.

Enfin la politique, qui est l'art d'aménager les relations humaines dans la Cité (*polis*), se réduit au fédéralisme, qui est l'art d'unir des communautés là seulement où leur union seule peut sauver leur autonomie.

Toute tentative d'éliminer l'un des deux pôles de ces tensions, de le confondre avec son opposé, de le réduire à la loi de l'autre (qu'il soit le plus fort ou le plus fin) par annexion ou colonisation, ou d'établir une subordination

1. Canons du Concile de Chalcédoine en 456.

quelconque de l'un à l'autre, fonde et appelle l'État totalitaire et détruit à mes yeux l'intérêt de la vie, pour parler d'une manière très générale; quant au sujet qui nous occupe : c'est détruire l'existence de l'Amour essentiel.

BIBLIOGRAPHIE

I. — Le mythe de Tristan

Bédier (J.), Édition du *Tristan* de Thomas, 2 vol., 1902-1905. (Le 2e tome contient une table de concordance des divers textes primitifs de la légende.)

— *Les Deux Poèmes de la Folie Tristan,* 1907.

— *Le Roman de Tristan et Iseult* (transcription moderne, 185e mille).

Bossert (A.), *La Légende chevaleresque de Tristan et Iseult,* 1902 (sur le *Tristan* de Gottfried de Strasbourg).

Dottin (G.), *L'Épopée irlandaise,* 1926.

Hubert (H.), *Les Celtes,* 2 vol., 1932.

Loth (J.), *Les Mabinogion* (*in* H. d'Arbois de Jubainville, *Cours de littérature celtique,* 12 vol.), 1884.

Michel (F.), *Poèmes français et anglo-normands sur Tristan,* 2 vol., Londres, 1835-1839.

Muret (E.), Édition du *Tristan et Iseut* de Béroul, 1903.

Paris (G.), « Les origines celtiques de Tristan » (in *Revue de Paris,* 15 avril 1884).

Thomas, *Tristan et Iseult,* trad. partielle en français moderne par R. Herbomez et J. Beaurieux, 1935.

Vinaver (E.), Édition du *Roman en prose,* 1911.

— *Le Roman de Tristan dans l'œuvre de Thomas Malory,* 1925.

Wagner (R.), *Tristan und Isolde,* 1860.

Weber (G.), *Gottfried von Strassburg « Tristan » und die*

Krise des hochmittelalterlischen Weltbildes um 1200, 2 vol., Stuttgart, 1953.

II. — ORIGINES RELIGIEUSES DU MYTHE

Sur le manichéisme et les cathares :

ALFARIC (P.), *L'Évolution intellectuelle de saint Augustin (du manichéisme au néo-platonisme)*, 1918.
ALPHANDERY (P.), *Les Idées morales chez les hétérodoxes latins au début du XIIIe siècle*, 1903.
ANGEBERT (J. et M.), *Hitler et la tradition cathare*, 1971.
ANITCHKOF (E.), *Joachim de Flore et les milieux courtois*, Rome, 1931.
— « Les survivances manichéennes à l'Occident et chez les Slaves » (*Revue des études slaves*, VIII), 1928.
BELPERRON (P.), *La Croisade contre les Albigeois*, 1942.
BENVENISTE (E.), « Hymnes manichéens » (*Yggdrasil*, 25 août), 1937.
BORST (Arno), *Die Katharer*, Stuttgart, 1953.
CLÉDAT, *Le Nouveau Testament traduit au* XIIIe *siècle en langue provençale*, suivi d'un *Rituel cathare*, 1887.
CORBIN (H.), « Pour l'hymnologie manichéenne » *(Yggdrasil)*, 1937.
CUMONT (F.), *La Cosmogonie manichéenne*, Bruxelles, 1908.
— *Recherches sur le manichéisme*, Bruxelles, 1912.
DŒLLINGER, *Beitrage zur Sektengeschichte des Mittelalters* (Gnostiques et manichéens), 1890.
DONDAINE (A.-O. P.), *Un traité néo-manichéen du* XIIIe *siècle, le* Liber de duobus principiis, *suivi d'un fragment de rituel cathare*, Rome, 1939.
ELIADE (Mircea), *Techniques du Yoga*, 1948.
GUI (B.), *Manuel de l'Inquisiteur* (trad. et introd. G. Mollat), 2 vol., 1920-1927.
GUIRDHAM (Dr. A.), *Les Cathares et la réincarnation*, 1971.
LACARRIÈRE (J.), *La Cendre et les Étoiles*, 1970.
MIGNE, *Patrologiœ cursus completus (series latina)*, tome CCXII (Chronique de P. des Vaux de Cernay sur les Albigeois).
MOLINIER (Ch.), *L'Endura* (*Annales de la Faculté des Lettres de Bordeaux*, III), 1881.

NATAF (A.), *Le Miracle cathare,* 1968.
NELLI (R.), BRU (Ch.), DE LAGGER (Chan.), ROCHÉ (D.) et SOMMARIVA, *Spiritualité de l'hérésie : le catharisme,* 1953.
NELLI (René), *Écritures cathares,* 1959.
— *Le Phénomène cathare,* 1964.
— *La Vie quotidienne des cathares au Languedoc au XIIIe siècle, 1969.*
NIEL (F.), *Montségur, la Montagne inspirée,* 1954.
— *Albigeois et Cathares,* Paris, 1955.
PALADILHE (D.), *Les Grandes Heures cathares,* 1969.
PEYRAT (N.), *Histoire des Albigeois,* 2 vol., 1880.
ROCHE (D.), *Études manichéennes et cathares,* Arques, 1952.
ROQUEBERT (M.), *L'Épopée cathare,* Toulouse, 1970.
SCHMIDT (Ch.), *Histoire et doctrine de la secte des cathares,* 1849.
SODERBERG (H.), *La Religion des cathares,* Upsala, 1947.
VARGA (L.), « Le catharisme » *(Revue de synthèse),* juin 1936.

Voir aussi :

Cahiers d'études cathares, publiés à Arques (Aude) dès 1949.
Études carmélitaines : Mystique et Continence, Bruges, 1952.
Revue de synthèse, numéro spécial sur *le Catharisme,* tome XXIII, 1948.

Sur les troubadours :

ANDRÉ LE CHAPELAIN. *De arte honeste amandi* (début du XIIIe siècle).
ANGLADE (J.), *Les Troubadours,* 1924.
— *Anthologie des troubadours,* 1927.
BARTSCH (K.), *Chrestomathie provençale,* Marburg, 1904.
BERTONI (G.), *I trovatori d'Italia,* Modène, 1915.
BEZZOLA (R.), *Guillaume de Poitiers (Romania),* avril 1940.
CAMPROUX (Ch.), *Histoire de la littérature occitane,* Paris, 1971.
CINGRIA (Ch.-A.), « Ieu oc tan » (*Mesures,* n° 2), 1937.
DAVENSON (H.), *Les Troubadours,* Paris, 1961 et 1971.
FAURIEL, *Histoire de la poésie provençale,* 1846.

JEANROY (A.), *De nostratibus medii aevi poetis qui primum lyrica aquitaniae carmina imitari sunt,* 1889.
— *Anthologie des troubadours,* 1927.
— *La Poésie lyrique des troubadours,* 2 vol., 1934.
LEE (Vernon), *Medieval Love (Euphorion),* Londres, 1889.
LEWIS (C.-S.), *The Allegory of Love,* Oxford, 1936.
NELLI (R.), *Les Troubadours* (anthologie, 2 vol.), Paris, 1960.
— *L'Érotique des troubadours,* Toulouse, 1963.
PÉLADAN, *De Parsifal à Don Quichotte : le Secret des troubadours,* 1906.
RAHN (O.), *La Croisade contre le Graal,* trad. franç., 1934.
SPOERRI (Th.), *Wilhelm von Poitiers und die Anfänge der Abendländischen Poesie,* Zürich, 1944.
VARGA (L.), « Peire Cardinal était-il hérétique ? » (*Revue historique des religions,* mars-juin), 1938.
WECHSSLER (E.), *Frauendienst und Vassalitaet* (*Zeitschrift für franz. Sprache und Literatur,* XXIV, 159).
— *Das Kulturproblem des Minnesangs,* 2 vol., Halle, 1909.

Voir aussi :

Cahiers du Sud, numéro spécial sur *le Génie d'Oc,* Marseille, 1943.

Sur les mystiques arabes :

Cahiers du Sud : L'Islam et l'Occident, Marseille, 1947.
CORBIN (H.), *Un traité persan inédit de Sohrawardî d'Alep,* suivi d'une traduction du *Familier des Amants* (Recherches philosophiques, tome II).
— *L'Homme de lumière dans le soufisme iranien,* 1971.
CORBIN (H.) et KRAUS (P.), *Le Bruissement de l'aile de Gabriel,* traité philosophique et mystique de Sohrawardî d'Alep, introd., trad., et notes. (*Journal asiatique,* juillet-septembre 1935.)
DERMENGHEM (E.), *Mortelle Poésie* (*Hermès,* II), 1933, et plusieurs traductions d'Ibn Al-Fahrid dans *Mesures, les Cahiers du Sud, Hermès.*
MASSIGNON (L.), *La Passion de Al-Hallaj,* 1921.
— *Essai sur les origines du lexique technique de la mystique musulmane,* 1922.
MASSIGNON et KRAUS, *Akhbar Al-Hallaj,* 1936.
PERES (H.), *La Poésie andalouse au XIe siècle,* 1937.

NYKL (A.R.), *Hispano-Arabic Poetry and its Relations with the Old Provencal Troubadours,* Baltimore, 1946.

Sur les cycles romanesques du Nord :

ANITCHKOF (E.), *Le Saint-Graal et les rites eucharistiques,* (*Romania,* I, LV), 1929.
BOULENGER (J.), *Les Romans de la Table ronde,* 4 vol., 1923.
CORBIN (H.), *En Islam iranien,* tome II, 1971.
FARAL (G.), *La Légende arthurienne,* 3 vol., 1929.
HAGGERTY-KRAPPE (A.), « La légende de Tannhäuser » (*Mercure de France,* 1er juin 1938).
MACLER (F.), *Les Dew arméniens. Parsifal,* Petite bibliothèque arménienne, 1929.
MARX (J.), *La Légende arthurienne et le Graal,* 1953.
PARIS (G.), *La Littérature française au Moyen Age,* 1899.
PERNOUD (Régine), *Aliénor d'Aquitaine,* 1965.
SUHTSCHEK (F. VON), « La traduction du Parsiwalnama par Wolfram d'Eschenbach » (*Forschungen und Fortschritt,* nº 10), Berlin, 1931.
WECHSSLER (E.), *Die Sage vom helligen Graal in ihrer Entwicklung bis auf R. Wagners Parsifal,* 1898.
WESTON (J.L.), *The Grail and the Rites of Adonis (Folklore),* Londres, 1907.

Voir aussi :

Les œuvres de Chrétien de Troyes et de Robert de Boron.
La Queste du Saint-Graal éditée par A. Pauphilet, 1921.
Les traductions de Wolfram d'Eschenbach par E. Tonnelat et par M. Wilmotte.
Le numéro spécial des *Cahiers du Sud, Lumière du Graal,* 1951.

III. — LE MYTHE ET LA MYSTIQUE

ABÉLARD, *Lettre d'Abailard et d'Héloïse,* trad. E. Oddoul, 2 vol., Paris, 1839.
BARUZI (J.), *Saint Jean de la Croix et l'expérience mystique,* 2e édition, 1931.
— *Introduction à des recherches sur le langage mystique* (*Recherches philosophiques,* tome I).
BIZET (J.A.), *Suso et le Minnesang,* 1944.

— *Henri Suso et le déclin de la scolastique,* 1946.
BRUNO DE J.M. (P. Fr.), *Saint Jean de la Croix* (préface de Jacques Maritain), 1929.
BUONAIUTI (E.), *Gioacchino da Fiore,* Rome, 1931.
ECKHART, *Œuvres,* éditées par Franz Pfeiffer, 1857 et 1924.
ETCHEGOYEN (G.), *L'Amour divin, essai sur les sources de sainte Thérèse,* 1923.
FÉLICE (Ph. DE), *Poisons sacrés, ivresses divines,* 1936.
GILSON (E.), *La Théologie mystique de saint Bernard,* 1934.
JAMES (W.), *L'Expérience religieuse* (2e éd.), trad. Abauzit, 1931.
SAINT JEAN DE LA CROIX, *Œuvres,* trad. et introd. H. Hoornaert, Bruges, 1928.
LABANDE-JEANROY (Th.), *Les Mystiques italiens* (anth. et introd.), 1929.
LAMM (M.), *Swendenborg,* trad. franç., préface de P. Valéry, 1936.
MARÉCHAL (R. P.), *Études sur la psychologie des mystiques,* 2 vol., 1924 et 1937.
MINKOWSKI (Dr E.), *Vers une cosmologie,* 1936.
MONTMORAND (M. DE), *Psychologie des mystiques catholiques orthodoxes,* 1920.
OTTO (R.), *Westöstliche Mystik,* Gotha, 1929 (trad. fr., 1951).
P... (Fr. J. B.), *Hadewych d'Anvers,* poèmes des Béguines traduits du moyen-néerlandais, 1954.
RÉMUSAT (Ch. DE), *Abélard,* 1845.
RUYSBROEK, *Œuvres,* 5 vol., trad. des Bénédictins de Saint-Paul de Wisques, Bruxelles, 1921, 1930.
SABATIER (P.), *Vie de saint François d'Assise,* éd. définitive, 1931.
SAINTE THÉRÈSE D'AVILA, *Œuvres,* trad. des Carmélites, 1907.

IV. — LE MYTHE DANS LA LITTÉRATURE

Les œuvres littéraires analysées dans le livre IV sont bien connues et facilement accessibles ; il est donc inutile d'en surcharger ce mémento. On ne trouvera ci-après que les travaux spéciaux que j'ai utilisés et cités.

ASIN PALACIOS (D. M.), *La Escatologia musulmana en la Divina comedia,* Madrid, 1919.

AROUX (E.), *Dante hérétique, révolutionnaire et socialiste,* 1845.
BÉGUIN (A.), *L'Ame romantique et le rêve,* 2 vol., 1937.
BREYDERT (Frédéric), *Le Génie créateur de Mozart. Essai sur l'instauration musicale des personnages dans* les Noces, Don Juan, la Flûte enchantée, 1956.
COCHIN (H.), *Pétrarque* (anth. et introd.), 1928.
FÈVRE (L.), *Amour sacré, amour profane,* 1944.
FICHTE, *Grundlage der gesamten Wissenschaftslehre,* 1794.
GILSON (E.), *L'École des Muses,* 1951.
GONCOURT (E. et J. DE), *La Femme au* XVIIIe *siècle,* 1862.
KLOSSOWSKI (P.), *Sade, mon prochain,* 1947.
LABANDE-JEANROY (Th.), *La Poésie italienne avant Pétrarque,* 1929.
ORTEGA Y GASSET (J.), *Über die Liebe,* trad. allemande, Berlin, 1933.
PÉLADAN (J.), *La Doctrine de Dante,* 1907.
POURTALÈS (G. DE), *Wagner,* 1932.
RANK (O.), *Don Juan,* trad. franç., 1925.
SAURAT (D.), *Milton et le matérialisme chrétien en Angleterre,* 1928.

V. — AMOUR ET GUERRE

BENOIST-MÉCHIN (J.), *Histoire de l'armée allemande* (1918-1938), 2 vol., 1936 et 1938.
BOULENGER (J.), *Le Grand Siècle,* 1915.
BOVET (P.), *L'Instinct combatif,* 2e éd., 1931.
BURCKHARDT (J.), *Die Kultur der Renaissance in Italien,* 1869.
CASTIGLIONE (B.), *Il Cortigiano,* 1549, Milan, 1928.
CHASTELLAIN (G.), *Œuvres,* 8 vol., Bruxelles, 1863-1866.
FERRERO (G.), *La Fin des aventures,* 1931.
FOCH (F.), *Les Principes de la guerre,* 1903 et 1929.
FREUD (S.), *Œuvres,* trad. franç. chez Alcan, Paris.
GUICHARDIN, *Histoire d'Italie,* 3 vol., trad. franç., 1738.
HIRSCHFELD (Dr M.), *Sittengeschichte des Weltkrieges,* 2 vol., Vienne et Leipzig, 1930.
HITLER, *Mein Kampf,* 1924.
HUIZINGA (J.), *Le Déclin du Moyen Age,* trad. franç., 1932.
— *Im Schatten von Morgen,* trad. allemande, Leipzig 1936.

JÜNGER (E.), *La Guerre, notre Mère,* trad. franç., 1934.
LA MARCHE (O. DE), *Mémoires,* 4 vol., rééd., 1883-1888.
MONGLOND (A.), *Le Préromantisme français,* 2 vol., Grenoble, 1925.
SALOMON (E. VON), *Les Réprouvés,* trad. franç., 1930.

VI et VII. — LE MYTHE ET LE MARIAGE

BACHOFEN, *Mutterrecht und Urreligion,* éd. Kröner, Leipzig, s. d.
BRUNNER (E.), *Éros und Liebe (Neue Schweizer Rundschau),* Zurich, septembre 1953.
CROCE (B.), *Etica e Politica,* Bari, 1931.
DIVERS, Numéro spécial de *Foi et vie* sur les problèmes du mariage chrétien, novembre-décembre 1936. (Études de E. THURNEYSEN, W.A. VISSER'T HOOFT, etc.).
ENGELS (F.), *L'Origine de la famille, de la propriété et de l'État,* trad. franç., 1931.
FERRERO (Léo), *Désespoirs,* 1937.
FIORENTINO (U.), *Essai sur le mariage,* 1936.
GASPARRI, *Tractatus canonicus de matrimonio,* 1904.
ISWOLSKY (H.), *Femmes soviétiques,* 1937.
JUNG (C.G.), *Essais de psychologie analytique,* trad. franç., 1931.
— *Antwort auf Hiob,* Zurich, 1953.
LAVAUD (R.P.), *Le Monde moderne et le mariage chrétien,* 1934.
— *L'Idée divine du mariage (Études carmélitaines),* avril 1936.
KIERKEGAARD, *L'Alternative, Stades sur le chemin de la vie,* etc.
NYGREN (A.), *Éros und Agapè,* 2 vol., Gütersloh, 1937.
PIE X, Encyclique *Casti Connubii,* Bruges, 1931.
PURY (R. DE), *Éros et Agapè* (in *Problèmes de la sexualité,* 1937).
WESTERMARCK (E.), *A Short History of Mariage,* Londres, 1926.

Quelques ouvrages où sont discutées les thèses de ce livre :

AMENGUAL (B.), *Le Mythe de Tristan au cinéma,* Alger, 1951.
D'ARCY (M.C.), *La Double Nature de l'amour,* 1948.
— (Trad. de *The Mind and Heart of Love,* Londres, 1947.)
D'ASTORG (Bertrand), *Le Mythe de la Dame à la Licorne,* Paris, 1963.
BELPERRON (P.), *La Joie d'amour,* 1948.
ELSEN (Cl.), *Homo eroticus,* 1953.
GSTEIGER (Manfred), *Westwind,* Berne, 1968.
HAZO (Robert G.), *The Idea of Love,* New York, 1967.
HENRIQUEZ (F.), *Love in Action, the Sociology of Sex,* Londres, 1959.
LANGDON-DAVIES (John), *Sex, Sin and Sanctity,* Londres, 1954.
LILAR (Suzanne), *Le Couple,* 1963.
MAJAULT (J.) et MORIN (Violette), *Un mythe moderne, l'érotisme,* Paris, 1964.
MARROU (Henri) ou DAVENSON (H.), *Les Troubadours,* 1971.
ROUSSEAUX (André), *Littérature du XXe siècle,* tome I, 1947.
SARTRE (J.-P.), *Situations I et Situations II,* 1947.
SAUVAGE (Micheline), *Le Cas Don Juan,* 1953.
SCHNEIDER (Isid.), *The World of Love,* 2 vol., New York, 1964.
SEDE (G. de), *Le Trésor cathare,* 1966.
TABLE RONDE (Revue de la) numéro spécial sur *l'Amour courtois et les hérésies de la passion,* Paris, janvier 1956, à l'occasion de la publication de *l'Amour et l'Occident,* édition révisée ; avec la collaboration de R. AMADOU, Ch. CAMPROUX, J. CHARDONNE, H. CORBIN, M. ELIADE, ROLAND-MANUEL, René NELLI, Robert POULET, A.-M. SCHMIDT, Pierre SIPRIOT.
TAYLOR (Gordon Rattray), *Sex in History,* Londres, 1953.
UPDIKE (John), *Collected Prose,* New York, 1965.
WATTS (Alan), *Nature, Man and Woman,* New York, 1958.

IX. — ÉDITIONS DE *L'AMOUR ET L'OCCIDENT*

Éditions françaises

I. Première publication dans la collection « Présence » dirigée par H. Daniel-Rops, à la Librairie Plon, en mars 1939, 356 pages, format 12 × 19 cm.

II. Édition révisée, janv. 1956, Librairie Plon, 332 pages, format 14 × 20 cm.
Édition de poche 10/18, première publication 1962. Réimpressions en 1966, 1970, 1971.

III. Édition définitive, augmentée d'un « Post-Scriptum non définitif et scientifico-polémique », 1972, Librairie Plon, 320 pages, format 15,5 × 24 cm.

Traductions

I. *Passion and Society,* transl. by Montgomery Belgion, Faber& Faber, London, 1939.
Love in the Western World, transl. by M. Belgion, Harcourt-Brace, New York, 1939.
Love in the Western World, Philadelphie, 1952 (édition pirate).

II. *Passion and Society,* revised and augmented translation, Faber& Faber, London, 1956.
Paperback, Faber& Faber, London, 1962.
Love in the Western World, Pantheon Books, New York, 1956.
Love in the Western World, paperback, ed. Anchor Books, Doubleday, New York, 1958.
Paperback, ed. Fawcett Premier Book, New York, 1966.
Paperback, Torch Books, New York, 1972.
Fedelta e Amore (Livre VII), trad. L. Santucci, Borla, Torino, 1955.
L'Amore e l'Occidente, trad. e prefazione di Luigi Santucci, Mondadori, Milano, 1958.
El Amor y Occidente, trad. de Roberto E. Bixio, Sur, Buenos Aires, 1959.
Liefde en Avondland, vertaling P. Hijmans, Holland Maatschappij, Amsterdam, 1959.
Traduction japonaise, par K. Susuki et K. Kawamura, Ivanami Shoten, Tokyo, 1960.

Kärleken och Västerlandet, till svenska av Eva Alexanderson, Natur och Kultur, Stockholm, 1963.

Die Liebe und das Abendland (première traduction 1939, interdite, puis détruite pendant l'incendie de Berlin 1944). Deutsch von Friedrich Scholz, Kiepenheuer und Witsch, Köln, 1966.

Mitosc a Swiat Kultury Zachodniej, przelozyl Leslaw Eustachiewicz, Pax, Warszawa, 1968.

O Amor e o Occidente, trad. Ana Hatherly, Moraes Editores, Lisboa, 1968.

Traduction hongroise, et quelques autres, en cours.

TABLE DES MATIÈRES

LIVRE PREMIER

LE MYTHE DE TRISTAN

LIVRE II

LES ORIGINES RELIGIEUSES DU MYTHE

LIVRE III

PASSION ET MYSTICIME

LIVRE IV

LE MYTHE DANS LA LITTÉRATURE

LIVRE V

AMOUR ET GUERRE

LIVRE VI

LE MYTHE CONTRE LE MARIAGE

LIVRE VII

L'AMOUR ACTION, OU DE LA FIDÉLITÉ

APPENDICES

INDEX
DES AUTEURS CITÉS

Aubin Imprimeur
LIGUGÉ, POITIERS

Imprimé sur papier bouffant Lac 2000
des Papeteries Koplik France

Relié par la Nouvelle Reliure Industrielle à Auxerre

Achevé d'imprimer en août 1989
pour le compte de France Loisirs
123, bd de Grenelle, 75015 Paris
N° d'édition 15226 / N° d'impression L 31298
Dépôt légal, août 1989
Imprimé en France